문화관광부 우수 학술도서 선정

차세대 문학의 이해

문학박사 **유창근**

태영출판사

머 리 말

오늘의 사회를 글로벌 시대, 디지털 시대라고 부른다. 세계가 아주 빠른 속도로 정보를 공유하게 되면서 붙여진 이름이다.

이러한 시대의 변화는 모국어보다 외국어에 대한 관심을 증대시키고 있을 뿐 아니라, 생활 속에 멀티미디어가 급속도로 침투하여 인간의 기본적인 사고영역까지 병들게 하고 있다. 대기업들은 대학을 향해 학생들에게 말하기와 쓰기 등 소위 표현력 · 사고력 · 창의력을 길러서 내보내 달라고 아우성이다. 입사시험에 국어과목을 필수로 넣겠다고 으름장을 놓는가 하면 외국어나 전공과목에 비중을 두었던 과거의 입사시험 제도가 잘못되었다고 푸념을 늘어놓기도 한다. 현실이 낳은 이러한 병폐를 염려한 대학들이 마침내 신입생 선발에 논술고사를 대폭 강화하고 있으며, 많은 대학들이 이미 글쓰기와 말하기 과목을 필수로 이수하도록 제도화하고 있다.

그러나 중요한 사실은 이러한 논리성이나 창의력이 단기간에 이루어지는 것이 아니라, 어렸을 때부터 가정과 학교의 적극적인 관심 아래 체계적이고 합리적인 교육을 통해서만 이루어진다는 점이다. 이런 측면에서 볼 때 차세대문학은 현대사회가 요구하는 이상적 인간형을 만드는데 가장 중요하고도 필수적인 학문이라고 하겠다. 그 동안 대학에서 문학비평을 가르치며 틈틈이 차세대문학 분야에 관심을 갖다 보니 이미 여러 권의 관련 저서를 집필하게 되었다. 문학의 이론과 실제 사이에 생기기 쉬운 틈을 좁혀 보려고 노력했으나 과문한 탓으로 미숙한 부분이 많다. 앞으로 계속 보완해 나갈 예정이다.

끝으로 집필을 마칠 때까지 건강과 지혜를 주신 하나님께 영광을 돌리며, 이 책의 출판을 위해 기도하고 격려해 주신 여러분께 진심으로 감사드린다.

2005년 가을

홍남골 연구실에서 유창근

목 / 차

I. 문학의 맛보기

1. 언어의 맛
2. 사상의 맛
3. 체험의 맛
4. 정서의 맛
5. 상상의 맛
6. 장르의 맛

Ⅰ. 문학의 맛보기

만일 누가 버스 정류장에서 가까이 다가와 '그대 아직 고요의 신부여' 라고 중얼거리면, 그때 우리는 곧 문학적인 것을 마주하고 있음을 느낄 것이다. 왜냐하면 그 단어들의 결 *texture*, 리듬, 울림 *resonance* 이 그 추상 가능한 의미를 초과하고 있기 때문이다. 문학은 일상 언어를 변형하고, 그 강도를 높이며, 일상의 말로부터 체계적으로 벗어나는 것이다. 언어학자들의 더욱 전문적인 표현 그대로 시니피앙 *signifiant* 과 시니피에 *signifie* 사이의 비례가 어긋나 있기 때문이다. 그 언어는 '운전사들이 파업 중임을 모르고 계십니까?' 와 같은 진술과는 달리 언어 자체에 주의를 끌며 자신의 물질적 존재를 과시한다. 사실 이것은 러시아 형식주의자들이 주창한 문학적인 것의 정의다.

러시아 형식주의자들은 문학작품을 '장치들 *devices*' 의 집합으로 보는 것으로 출발했으며, 나중에야 이 장치들을 텍스트 체계 전체 안에 있는 상호 관련요소들 혹은 '기능들' 로 보기에 이른다. 그 장치들에는 음, 이미지, 리듬, 구문, 운율 *metre*, 운 *rhyme*, 서술기법 등 사실상 문학의 형식적 요소들 모두가 망라되어 있다. 이 모든 요소들이 공통적으로 지니고 있는 것은 '서먹하게 하는 *estranging*' 효과였다. 문학 언어에 고유한 것, 그리고 문학 언어를 다른 담론형식들로부터 구분해 주는 것은 문학 언어가 일상 언어를 다양한 방식으로 변형시킨다는 사실이다. 이는 곧 낯설게 된 언어라고 할 수 있는데, 이 서먹서먹함 때문에 일상의 세계 역시 갑자기 낯설게 된다. 일상어의 진부함 속에서 우리의 현실인식과 현실에 대한 반응은 경직되거나 둔감해지거나 형식주의자들이 말하는 것처럼 자동화 된다. 문학은 우리로 하여금 언어를 극적으로 인식하게 함으로써 이 습관적인 반응들을 새롭게 하고 사물들을 더욱 인식가능하도록 만든다. 평소보다 더욱 집요하고 자의식적인 방법으로 언어와 맞씨름할 수밖에 없음으로 해서 그 언어가 담고 있는 세계는 생생하게 되살아난다.

낯설게 하기에 대한 또다른 예로, 런던 지하철에서 이따금 볼 수 있는 '에스컬레이터에서는 반드시 개를 안고 가시기 바랍니다' 와 같은 산문적이고 뜻이 아주 분명한 진술을 잘 검토해 볼 필요가 있다. 어쩌면 이것은 처음 볼 때만큼 뜻이 그리 분명치는 않다. 그 진술은 에스컬레이터에서는 반드시 개를 안고 가야 한다는 걸 의미하는가? 만약 당신이 길 잃은 어떤 개라도 찾아서 양팔로 꼭 안아서 올라가지 않는다면 에스컬레이터 탑승 금지라도 당한다는 것인가? 언뜻 보기에는 뜻이 명료해야 할 많은 게시물이 이러한 모호함을 지니고 있다.

시는 문학에 일반적으로 포함되는 것의 일부분에 불과하다. 따라서 그 게시문을 오독하는 또 하나의 방법을 검토하여 여기서 한 걸음 더 나아가 보자. 늦은 밤 취객이 에스컬레이터의 손 난간에 엉겨 붙어 그 게시문을 몇 분 동안 열중해서 읽은 뒤 '암 지당한 말이지!' 라고 혼잣말로 중얼대는 모습을 상상해 보자. 여기서 어떤 종류의 착오가 일어나고 있는가? 그 취객이 하는 것이라고는 실제로 그 게시문을 어떤 보편적이고 심지어는 우주적인 중요성을 지닌 진실로 여기고 있는 것이다. 그는 어떤 독서관습을 그 게시문에 적용시킴으로써 그것들을 그 직접적인 맥락으로부터 떼어내어 그 실용적 목적을 넘어서는 더 넓고 아마도 더 깊은 중요성을 지닌 발언으로 확대하고 있는 것이다. 시인이 우리에게 그의 사랑은 붉은 장미와 같다고 말할 때, 우리는 그가 운율로 이러한 진술을 하고 있다는 바로 그 사실을 통해 실제로 그가 어떤 기묘한 이유로 인해 자신에게 장미와 닮아 보이는 연인을 가졌었음을 묻지 말아야 한다는 것을 안다. 그는 일반적인 사랑과 여인에 관한 어떤 것을 우리에게 말하고 있는 것이다(테리 이글턴/김현수 역, 문학이론입문).

우리는 항상 어느 정도까지 우리 자신의 관심사에 비추어 문학 작품을 해석한다. 물론 우리는 작품 자체와 많은 관심사를 공유하고 있을 수 있다. 그러나 또한 실제로 삶은 자신의 생각과 달리 동일한 작품을 두고 평가를 내리고 있는 것이 결코 아닐 수도 있다. 우리의 호메로스는 중세의 호메로스와 일치하지 않으며, 우리의 셰익스피어도 당대인들의 셰익스피어와 일치하지 않는다. 다시 말해서 모든 문학작품은 무의식적이긴 하지만 그것들을 읽는 사회에 의해 다시 씌어진다. 정말이지 한 작품을 읽는다는 것은 어느 경우에나 그것을 다시 쓰는 일이기도 하다. 어떠한 작품도 그 작품에 대한 현재의 어떤 평가도 도중에 아마도 거의 인식할 수 없을 변화를 겪지 않고서는 새로운 집단의 사람들에게 단순히 확대될 수는 없다. 이거야말로 문학이라고 여겨지는 것이 두드러지게 가변적인 한 이유이다.

문학을 구성하는 요소는 관점에 따라 다르고, 종류도 다양하다고 본다. 그러나 문학을 구성하고 있는 요소들을 크게 나누면 문학을 문학답게 하는 기본적인 요소와 문학에서 많이 다루어지는 소재나 제재로서의 요소들을 생각할 수 있다.

여기서 문학을 이해하는데 필요한 몇 가지 요소들을 간단하게 언급하고자 한다.

1. 언어의 맛

문학은 주변 현실을 재창조한다는 점에서 다른 예술과 같은 목적을 갖는다. 그러나 문학은 다른 예술과 많은 점에서 차이를 가지고 있다. 문학이 가진 다른 예술과의 차이점 중에서 가장 중요한 것 하나는 언어를 재료로 한다는 이다.

예술은 현실을 재창조하기 위해 각기 다른 재료를 사용한다. 음악은 소리를 재료로 하며 회화는 색깔을, 조각은 돌이나 쇠붙이, 나무 등을 재료로 한다. 각 예술 사이의 차이는 무엇보다도 먼저 그것들이 사용하는 재료의 성격에 따라 달라진다.

문학이 언어를 사용한다는 점은 예술로서의 장점이기도 하다. 우선 문학은 언어를 사용하기 때문에 다른 예술에 비해 훨씬 더 풍부한 예술이 될 수 있었다는 것을 지적할 수 있다. 다른 예술들이 사용하는 재료들, 이를테면 음악의 소리나 회화의 색, 조각의 돌 등은 그 자체로는 어떤 사회적, 이데올로기적 의미도 갖지 않는다. 그것들은 예술가가 그것들을 재료로 하여 하나의 체계, 즉 예술 작품을 창조했을 때만 사회적 의미를 갖는다. 그러나 문학이 재료로 하는 언어는 예술가가 그것을 예술 작품의 재료로 만들기 이전에 이미 사회적, 이데올로기적 의미를 가진 하나의 체계이다. 그런 점에서 문학은 다른 예술에 비해 훨씬 더 높은 정보능력을 지닐 수 있게 된다.

그러나 문학이 언어를 사용한다는 점은 문학의 단점일 수도 있다. 우선 우리는 음악을 듣거나 그림을 보고 그것이 예술인지 아닌지 금방 식별해 낼 수 있다. 그러나 한편의 시나 소설, 또는 수필을 보고 그것이 예술인지 아닌지 분간하는 것은 쉽지 않다. 그것은 재료로서의 언어와 예술로서의 문학이 쉽게 구분되지 않기 때문이다. 이런 경험은 사진이나 영화예술에서도 경험된 사실이다. 사진이나 영화는 다른 예술에 비해 뒤늦게 예술로 인지되기 시작했다. 얼마 전까지만 해도 그것은 예술로 인정되지 않았다. 그것은 예술로서의 사진과 재현되는 것 사이의 구분이 명확하지 못했기 때문이었다. 이동 카메라의 등장과 몽타주 기법이 나타나면서 그것은 비로소 예술로 인지되기 시작했다.

문학의 경우도 마찬가지다. 재료로서의 언어와 예술로서의 문학 사이의 구분이 명확하지 못하기 때문에 우리는 한편의 글을 예술로 보아야 하는지 일상언어로 보아야 하는지 주저하게 되는 것이다.

예술은 인간이 정보의 저장과 전달을 목적으로 만들어낸 하나의 기호 체계이다. 음악가는 그 자체로는 의미가 없는 자연적인 소리들을 질서 있는 체계로 구성하여 예술적 의미를 창조한다. 화가 역시 마찬가지다. 그들은 여러 가지 색깔과 선, 면을 이용하여 한 폭의 예술적 체계를 창조함으로써 그들의 의미를 창조한다. 여기서 우리는 예술과 재료 사이의 차이는 질서화에 있다는 것을 알 수 있다. 예술가들은 기호들을 무질서하게 나열하는 것이 아니라 나름의 규칙에 따라 체계적으로 배열하여 하나의 통일된 전체를 구성하며 그것이 예술을 만드는 것임을 알 수 있다(*http://nongae.gsnu.ac.kr/~jcyoo/theory/litlan.html*).

문학의 힘은 언어로부터 나오지만 단순히 개인을 움직이는 것만은 아니다. 신동엽의 〈껍데기는 가라〉나 김수영의 여러 편의 시들은 민중들로 하여금 독재의 억압으로부터 벗어나 자유를 추구하려는 힘으로 작용했었다. 또 스토우 부인이 쓴 〈톰 아저씨의 오두막집〉은 미국을 움직여 노예해방 전쟁을 일으키는 힘으로 작용하기도 했다. 그리고 요즘의 생태문학에 속하는 여러 작품들은 독자들로 하여금 우리가 살고 있는 환경에 대한 인식을 새롭게 하는 역할을 담당하고 있기도 하다. 또 우리 민족이 안고 있는 분단 문제를 풀어나가는데 민중의 정서적 힘이 없이는 불가능한데, 이러한 민중의 정서를 움직일 수 있는 힘도 바로 문학의 힘에서 나온다.

1) 정서 표출의 언어

일반적으로 문학은 언어를 유일한 표현 매체로 하기 때문에 언어예술이라고 부른다. 따라서 우리가 문학작품을 대한다는 것은 곧 언어와의 만남이라고 할 수 있다. 문학에 쓰이는 언어는 개념적 · 기호적 · 수학적으로 기술하는 언어가 아니라 정서를 표출하는 언어로 규정지을 수 있는데, 리처즈 *Richards*에 따르면 개념을 진술하는 언어의 쓰임을 과학적 · 지시적인 용법 *scientific use of language*이라 하고, 감정을 표출하는 말의 쓰임을 정서 환기적인 용법 *emotive use language*이라고 구별하여 사용한다. 문학이 언어를 수단으로 한다는 점에서는 과학과 일치할지 모르나 용도나 사용방법은 확연히 다르다.

2) 문학적 언어

이상섭 교수는 사람의 말을 일상적 사용 · 과학적 사용 · 문학적 사용으로 구분하여 각각 그 사용법을 제시하고 있는데, 그 중에 문학적 언어는 본래 사전에 정의되어 있는 의미뿐 아니라 그 의미에다 전혀 뜻밖의 특수한 의미, 또는 보통 느끼긴 하면서도 꼭 집어서 말할 수 없던 의미, 사전적 의미에 충돌하는 의미, 합리성을 구하는 실생활에서 멀리하려고 하는 마술적 · 미신적 의미 등이 어울려서 단지 그 한번 그 글 속에서만 통하는 의미를 형성하는 것이 문학적 언어의 큰 특징이라고 밝히고 있다. 한 마디로 문학적 언어는 사전적인 의미는 물론이고 이면에 숨어있는 2차적 의미까지를 모두 포함한다고 할 수 있다.

3) 내포적 언어

가능한 과학적 · 학술적 서술에서 벗어나 특수하고도 개별적인 의미를 의식적으로 추구하고자 하는 것이 문학인데, 한 마디 말에다 여러 의미를 한꺼번에 포함시키려는 이와 같은 말의 사용법을 철학적으로는 내연 *connotation*이라 하지만 우리는 쉽게 말의 함축적 사용이라 해도 무방하다. 그런데 함축적으로 쓰이는 한 마디 말은 한꺼번에 여러 의미를 포함하고 있어서 언어는 각각 그 주관에 따라 그 이미지를 달리할 뿐 아니라, 상황에 따라서도 역시 그 이미지의 구체적 내용을 전혀 달리할 경우가 있다. 예를 들면, '달'이란 말은 사회적으로 공인된 말이나 '달'이라고 하는 말이 누구에 의하여 사용되어졌느냐? 그리고 어떤 상황에서 사용되어졌느냐에 따라 '달'이 가지는 함축적 이미지는 매우 복잡하다.

즉, 외연적 사용으로는 '월月' 이외에 아무것도 의미하지 않지만, 내연적 사용에서는 가령 초오서 *Chaucer*에겐 '꽃피는' 이미지로, 바이론 *Byron*에겐 '황금의 그릇'으로, 엘리어트 *Eliot*에겐 '잔인한 달'로 나타난다. 또 '진달래꽃'의 외연적 의미는 '철쭉과에 속하는 갈잎떨기나무'이지만, 소월 시의 '진달래꽃'은 '버림받은 여인의 한 맺힌 분신'일 수도 있다.

2. 사상의 맛

문학작품을 위대하게 만드는 요소 중에서 으뜸가는 요소는 곧 사상이다. 다시 말해서 정서와 상상이 문학의 독창성을 만들어 준다면, 사상은 그에게 위대성을 결정해 주는 중요한 요소가 된다. 문학에 있어서 사상이란 작가의 인생관이나 세계관에 의해서 작품 속에 담겨진 의미 내용이라고 정의할 수 있다. 따라서 작품의 사상이 뛰어나고 독창성이 있으면 그 문학은 위대한 것이 되는 것이다. 문학에서 사상이라 할 때, 그것은 사고의 단원으로서의 관념에서 시작하여 조직적인 철학에 이르기까지 일체의 사고를 의미한다. 그런데 사상은 외부로부터 들어오는 영역이다. 그러한 점에서 사상은 객관적이다. 작가가 어떤 사상을 갖는다 하더라도 그것은 정서나 감정처럼 개인적 사유적인 것이 아니라 사회적이며 공유적인 것이다. 다시 말해서 작가는 사회로부터 사상을 받아온다. 그러나 사람은 흥미의 대상이 되는 자극만을 선택적으로 받아들인다. 어느 사상을 자기의 사상을 선택하느냐 함은 결국 그 사람의 요구 전체가 결정한다. 그러한 한도에서 사상은 주관적이기도 하다. 사상의 이러한 양면성이 문학에 그대로 반영되어 있기 때문에 문학론에서 사상의 문제는 항상 논쟁거리가 된다. 그러므로 작품의 사상이 뛰어나고 독창적이면 그 문학은 위대한 것이 되는 것이다. 이 점은 과거 수세기 동안 인류에게 위대한 감명을 준 문학작품은 예외 없이 인생이 무엇인가에 대하여 사상적으로 말해 준 작품이었다는 점을 통해서도 알 수 있다.

1) 사상성

아놀드 *Arnold*는 '문학이란 인생의 비평이며, 위대한 시인이란 관념을 생활 속에 힘차게, 그리고 아름답게 적응시키는 사람'이라 하였으며, 허드슨 *Hudson*도 '위대한 작가는 인생의 관찰자인 동시에 인생에 대하여 생각하는 사람'이라고 말한 바 있는데 이는 곧 문학 속에는 인생에 대한 관점, 즉 사상성이 내포되어야 함을 시사해 주는 말이다. 그러나 작가가 취급하는 사상은 작가 스스로의 작품의 표면에 나타나는 것이 아니라 작중 인물의 행동이나 사건으로 다루어져 독자의 정서적 감동을 통해 공감되도록 해야 한다.

최재서의 말대로 좋은 문학이 되기 위해서는 뛰어난 사상성이 표현되어야 하되 그것은 정서의 상태로 용해되어 있어야 하고 소위 예술적인 형상화를 이루어야 한다. 발레리 *Valery*도 그의 『문학론』에서 사고는 시구 속에서는 과일 속에 묻힌 영양소와 같이 숨겨져 있어야 한다고 말하였는데 이 역시 문학의 사상이 구체적으로 형성화되어야 한다는 점을 의미한 것이다. 문학을 독창적으로 만드는 것은 주로 정서이지만 문학을 위대하게 만드는 것은 사상이다.

2) 사상의 유형

일반적으로 사상은 객관적인 것과 주관적인 것으로 나눌 수 있는데 이를 더 세분하면 다음 네 가지로 요약할 수 있다.

첫째, 사상은 외부 환경에서 영향을 받는 것으로 주목할 때에 객관성이 의식된다. 사상의 객관성은 진리로서 나타나는데, 진리는 언어 진술과 언어 표시물,

즉 사상과 외부의 사상이 완전히 일치함으로써 성립된다. 현대 리얼리즘은 사상의 객관성을 특별히 강조하는 문학정신이다.

둘째, 우리의 내면적 요구에 응해서 정위(定位)되는 일면에 주목할 때에는 주관성이 의식된다. 주관주의는 항상 문학을 지배해 온 정신이었으며, 그것이 극단적으로 가면 사상을 배척하고 정서적 요소만을 강조하는 문학이 되지만 주정적 문학이 아니라 사상의 지위를 충분히 존중하면서도 그것을 객관화하지 않고 내면적인 요구의 합리화라 생각하는 현대 주지주의 문학의 이론에 주목할 필요가 있다.

셋째, 예술적 표현은 개인적인 충동에서 시작되지만, 정서를 표현하는 데는 그 전달자로서의 사상이 필요하다. 그래서 시인은 그 시대의 사상가들에게서 적당한 사상을 빌려온다. 예술적 표현의 수단으로 사상을 사용하는 경우다.

넷째, 문학에서 사상 문제에 대해서 가장 관심을 갖는 사람은 휴머니스트다. 그들은 문학의 필수적 요건으로 사상을 엄격히 요구한다. 그들은 작가 자신이 이념을 사랑하고 신앙하고 그것에 귀의함으로써 문학은 위대해 질 수 있다고 믿기 때문이다.

문학 작품 속에 사상이 없다면 그것은 공허한 미사여구에 지나지 않는다. 사상은 정서와 결합하여 우리에게 감동과 인생의 새로운 해석을 가능케 해 준다.

3. 체험의 맛

구체적인 대상의 표현이라든가 그 대상의 개인화 · 감정화의 의미를 다시 생각해 보면 우선 체험이라는 것이 하나의 전제조건이 되어 있다는 것을 알 수 있다. 그만큼 체험은 고금의 모든 문학작품을 통하여 하나의 보편적이고 내용적인 재료라고 볼 수 있다. 괴테가 그의 자서전 『시와 진실』 또는 작가의 수업과정을 자서전적으로 탐구한 『빌헤름 · 마이스터의 수양시대』와 같은 소설이 그의 작가로서의 태도를 보여주고 있다.

흔히 문학은 인생의 표현이요, 사회의 거울이라고 하지만, 그것은 작가의 주관을 통한 재현이지 그저 사진을 찍어 놓은 복사품은 아니다. 리얼리즘도 선택이라는 말이 있듯이 시인이나 작가의 주관이나 체험을 통하지 않은 문학작품의 창조란 거의 있을 수 없다.

그러나 체험이란 단순한 것이 아니고, 상당히 다양한 종류와 성질이 포함되어 있다. 체험이란 그 제작을 위한 하나의 토양과 같은 내용적 조건으로 보아도 틀림이 없으며, 체험이 문학을 위하여 대단히 귀중한 까닭도 여기에 있다.

1) 직접적 체험

윈터스 *Winters*는 『비평의 기능』이라는 평론집에서 '시란 다른 예술 문학 작품도 마찬가지지만, 인간의 체험을 언어로서 기술 *statement* 한 것' 이라고 문학과 경험의 관계를 밝혔으며, 괴테 *Goethe*도 '시인은 한 지방의 풍토, 계절을 묘사하기 위해 먼저 몇 차례 그 지방에 가서 직접 경험하고 감정을 익혀 가지고 비로소 작품에 착수 할 것' 이라고 말했듯이 문학 이론가들이 체험을 강조한 것은 그만큼 문학에서 체험이 귀중하기 때문이다.

최재서도 '문학이란 가치 있는 체험의 기록' 이라고 정의 내리는 부분에서 영국의 밀턴 *Milton*은 정치적 소용돌이 속에서 신고를 겪고 실명한 뒤에 〈실락원 *Paradise Lost*〉을 썼고, 워즈워드 *Wordsworth*는 전원을 체험한 후에 〈외로운 추수꾼 *Solitary Reaper*〉을 썼으며, 셰익스피어 *Shakespeare*는 비극적 체험을 분석하여 〈맥베드 *Macbeth*〉를 썼다고 제시하면서 이러한 시적 체험이나 비극적 체험이 비단 시인, 작가의 창작 조건에 그치지 않고 독자의 감상 조건임을 지적하였다. 아울러 독자는 문학작품을 감상하는 가운데 작가의 체험에 공감하고 동참할 수 있다는 것이 그의 주장이다.

2) 간접적 체험

그러나 현대문학에서 말하는 체험의 의미는 실제의 체험보다도 작품의 제작적인 뜻으로 접근해 있다는 사실을 기억해야 한다. 이점에 대하여 윈터즈

*Winters*는 훌륭한 작품에 있어서 작자의 체험을 통하여 인생의 문제가 매우 깊이 다루어지고 있다는 것은 단순히 그 체험의 주관적인 절박성을 가리킬 뿐만 아니라 그 내용을 일반화하고 심화한 것을 의미한다고 했다. 톨스토이 *Tolstoi*가 〈전쟁과 평화〉를 쓴 것은 그가 실지로 그 당시의 전쟁에 참가하고 쓴 체험담은 아니다. 더욱이 단테 *Dante*가 지옥편을 그토록 여실하게 묘사하고, 또 밀턴 *Milton*이 사탄의 지옥세계를 그토록 경탄하리만큼 묘사한 것은 그들이 지옥을 구경하고 와서 쓴 것은 물론 아니다.

그것은 물론 어떤 서적이나 학문을 참고로 한 것이지만 시인의 내적 세계를 통해서 표시된 하나의 상상력의 소산이었던 것이며 재능 있는 시인 작가에 있어서 그것은 동시에 하나의 체험인 것이다.

4. 정서의 맛

정서란 인간이 사물에 부딪쳐서 일어나는 온갖 감정을 말한다.

시인이나 예술가는 일반 사람들에 비해 훨씬 풍부한 정서를 지니고 있어 적당한 자극을 받으면 곧 분출하여 작품을 만드는 데 사용하게 된다. 정서는 감정 *feeling*이란 말과 유사하지만 그보다는 본능적이며 신체적 표출이 심한 것이며 정서보다 한층 더 복잡하고 고등한 것을 정조 *sentiment*라고 할 수 있다.

바네스 *Barness*는 이에 대하여 '우리들의 마음 속에는 막대한 정서적 태도들이 용해 상태로 존재해 있는데 이들은 외부에서 적당한 자극이 오면 언제든지 재 자극될 수 있는 감정인 것이다. 이것은 말하자면 과거 체험의 잔재인 것이다. 예술가는 이러한 감정의 잔재를 일반 사람들보다도 더 풍부하고 다양하게 가지는 사람인데, 그것이 예술가의 밑천' 이라고 밝히고 있다. 리처즈 *Richards*는 정서를 일종의 유기적 혹은 전신적 감각이라고 하였으며, 미국의 심리학자 제임스 *James*는 정서의 형성과 정을 '자극이 되는 사실을 지각한 뒤를 따라 신체적 변화들이 나타나는데 그 변화의 의식이 곧 정서' 라며 아래와 같이 예를 들어 설명하고 있다.

즉, 어둠 속에서 그림자가 불쑥 나타날 때에 우리는 반사적으로 움찔하면서 등골이 오싹하고 이마에 땀이 솟는다. 그것은 본능적인 것이지만 그러한 신체적 변화가 우리 자신에게 공포의 정서로 의식된다. 그러므로 정서의 성질은 감각적이고 어느 정도는 조절할 수 있고, 정서의 뉘앙스는 다채롭다는 것이다.

1) 미적 정서

그렇다면 제임스의 말대로 대상의 자극으로 말미암아 발생되는 생리적 변화의 총체를 의식하는 정서는 모두 문학적인 정서가 될 수 있나? 문학의 요소로서의 미적 정서가 되기 위해서는 미적 경로를 취해야 하며 이것 없이는 결코 예술, 적어도 훌륭한 예술은 될 수 없다는 것이다. 미적 경로에는 두 개의 심리적 특색이 있는데 하나는 실감의 유리요, 또 하나는 실감의 보수라고 한다. 여기서 말하는 실감의 유리란 경험 당시의 실감이 아니라 거기에서 일단 떠난 회상의 실감이오, 환각 *illusion*으로서의 정서를 뜻하며, 실감의 보수란 체험된 감정을 수정, 정리하여 미적 정서가 되도록 함을 뜻한다. 따라서 미적 정서는 생체험 그대로의 정서가 아니라 예술가의 머릿속에서 취사선택되고 순화되고 정화되고 미화된 정서이다.

러스킨 *Ruskin*은 미적 정서를 사랑 *love*, 존경 *veneration*, 찬탄 *admiration*, 기쁨 *joy*과 이에 대응하는 미움 *hate*, 분노 *indignation*, 공포 *horror*, 슬픔 *grief*으로 나누어 생각하였다. 문학에서 미적 정서는 모든 사상이나 관념까지도 순화시켜 감동을 통해서 표현 승화시키는 예술이라 할 수 있다. 그러나 작가가 어떤 정서적 체험을 문학적으로 전달할 결심을 하고 장르를 택하고 인물·배경·행동을 선택하여 구성하는 것, 적절한 낱말을 찾는 것 등 일체가 객관화의 과정을 거치는 동안 본래의 정서와는 달리 변모된다는 사실을 간과해서는 안 된다. 보산케 *Bosanquet*는 어떠한 정서나 감정이 모두 문학의 요소가 되는 것이 아니라, 구체화되지 않은 어떠한 미적 감정도 예술은 아닌 것이라며 구체성을 강조하고 있다. 또한 윈체스터 *Winchester*는 인생의 가장 보편적인 정서, 가장 영구적인 감정, 그리고 가장 개성이 강렬한 정서나 감정이 더 많은 공명을 준다고 밝힌 바 있다.

2) 열정 *passion*

정서의 기능으로 정열이란 게 있다. 헌트는 시를 진리와 미와 힘에 대한 열정이라고 정의하면서, 시는 가장 심각한 인상을 구하기 때문에 심각한 인상을 전달하려면 먼저 인상을 심각하게 받아야 한다고 설명한다. 열정*passion*의 어원은 *passio* (=*suffer*)다. *passio*의 의미는 '받는다' 지만, 그러나 그 개념은 중성적인 것은 아니다. 다시 말하면 기쁘지도 괴롭지도 않은 단순히 기계적인 받음의 행동은 아니라는 말이다. *passion*에 해당되는 *suffer*가 고통을 받는다는 의미로 쓰이는데 그것은 생각해 보면 인간이 처해있는 환경의 성질을 잘 설명하는데 불과하다. 우리가 환경에서 받는 힘은 언제나 괴로운 것이다. 그러기 때문에 *passio*에서 발생하는 *passion*은 수고와 수난을 의미한다. *passion*의 그러한 의미는 지금도 *The Passion*(그리스도의 수난)과 *Passion Play*(그리스도 수난극) 속에 남아 있다.

3) 감상벽 *sentimentalism*

일반적으로 불건강한 상태의 정서를 감상벽*sentimentalism*이라고 한다. 현대인들은 기계문명에 따라서 대단히 이지적으로 발달했지만 또 한편 자연을 떠나서 사는 관계로 옛날 사람들이 모르던 감상병을 얻게 되었다. *sentiment*는 정서와 구별해서 정조라 번역된다. 정서는 어떤 사물에 대해서 발생하는 일시적인 감정이다. 동일한 사물에 대한 정서를 누누이 반복할 때에 감정은 기억에 남게 되고 그 결과 습관적이고 고정적인 감정의 한 경향이 생겨난다. 한 여성을 여러 번 만나는 동안 그 인물 위에 여러 가지 정서와 사상이 정착될 때 그 남자가 품고 있는 것은 사랑이라는 일종의 정조다. 우리의 정서적 반응이 정조의 간섭으로 말미암아 그 반응을 일으킨 사태에 대해서 적절치 못할 때에 그것을 감상벽*sentimentalism*이라고 한다.

5. 상상의 맛

문학은 언어를 통해 현실 세계와는 다른 별도의 세계를 만들어 낸다. 그렇기 때문에 현실 세계의 구체적인 무엇을 직접 가리키지는 않는다. 그래서 문학을 허구라고도 하고 상상력의 소산이라고도 한다. 그러나 만들어 내되 멋대로가 아니라 경험 세계에 근사하게 조직된 것이다. 만일 경험 세계의 뒷받침이 없는 문학이 있다면 넋두리가 되거나 무의미한 글자의 나열에 그치고 말게 된다. 아무리 독특한 경험이라 할지라도 우리의 삶의 테두리 안에서 이루어진 것이라면 거기에는 누구든 동의하고 수긍할 수 있는 삶의 진실이 담겨 있을 터이므로 사람들은 그것을 가치 있는 것으로 받아들이게 된다. 그것을 접하는 독자는 자신의 경험을 통해 그것을 바라보고 자신에게 필요한 가치를 발견하게 된다.

진실을 추구하기 위한 인간의 노력은 매우 다양하다. 그 가운데서 문학은 진실을 추구하되 형상으로 한다는 점에서 다른 것들과 현저한 차이를 지닌다. 그런데 그 형상은 실재하는 것은 아니다. 창작자는 자신이 체험, 관찰, 생각한 바를 나타내되 주관적 관점과 상상을 통해 재구성하므로 허구성을 지닌다. 그러나 비록 허구라 할지라도 그 상상은 개연성이 있기에 공감을 준다.

문학을 가리켜 허구적 진실이라 할 때 진실은 인간을 둘러싼 그 모든 것을 꿰뚫는 보편적인 진실을 의미한다. 그리고 그 보편적 진실은 이미 실재하는 사실이 아니라 허구, 즉 만들어 낸 것이다. 그렇지만 그 진실은 인간이 그렇다고 믿어야 할 가치의 범주에 속한다. 그것을 믿게 만드는 것이 문학의 근본적인 역할이다.

문학이 이미 확보하고 있는 감염력을 바탕으로 문학의 세계를 통해 진실을 추구하고자 하는 노력을 하게 만드는 데서 문학의 생명력의 원천을 찾을 수 있다. 노래를 통해, 이야기와 연희를 통해 인간은 그러한 진실의 세계를 자기 삶의 영역으로 받아들일 수 있게 되는 셈이다. 문학의 다양한 양식과 구성 법칙은 이러한 기능의 실현을 위한 필요성에서 비롯된 것으로 봄이 타당하다.

실재하지 않는 허구의 세계로 설명되는 상상의 범주 내에 존재하는 진실을 읽어내는 일이 그리 수월한 것은 아니다. 설령 창작자의 머릿속을 들여다 볼 수 있게 되더라도 마찬가지이다. 창작자 자신 역시 명쾌하게 설명하기 어려운 복잡다기 하게 얽힌 상념들을 때로는 덜어 내고 때로는 결합하면서 이끌어 낸 것이기 때문이다. 더군다나 그 진실이 매우 추상적인 것일 때는 더욱 그러하다. 그러나 문학은 형상으로 제시된다는 점을 염두에 두면 접근의 통로가 마련된다.

문학이 다루는 형상은 가시적이고 개별적이다. 따라서 그 형상을 이루고 있는 제 요소들은 그리 어렵지 않게 지각할 수 있다. 문제는 그 요소들을 연결해 주는 보이지 않는 끈들을 찾아내는 일이다. 여기에 연상이라는 사고 활동이 개입된다. 문학과 관련된 연상은 창작 과정이냐 수용 과정이냐에 따라 다른 속성을 지니고 있다. 전자가 한정된 맥락에서 이루어지는 쪽에 가깝다면 후자는 열려 있는 맥락에서 이루어진다는 점에서 우선적으로 구별된다. 창작자는 자신이 경험했거나 지각한 요소들이 어떤 연관 관계에 있는가를 생각하면서 의미를 발견하거나 부여한다.

예를 들면, 작자는 꽃병에서 활짝 피어난 꽃과 쓰레기통에 버려진 시든 꽃을 보면서 떠오른 생각들을 정리하는 과정에서 인생의 의미를 발견하고 꽃과 인간을 동일시하는 한 편의 시를 쓰게 된다. 그러나 그 시를 읽는 독자의 입장에서는 그러한 과정이 주어지지 않았기 때문에 꽃이나 인간에 관해 가능한 모든 생각들을 떠올려 보아야 한다. 왜 두 사물이 연관되고 있는지를 파악해야 한다. 우리가 흔히 말하는 자유 연상이라는 사고 활동이 수반되는 것이다(김대행 외, 문학교육원론, 서울대학교 출판부, 2000).

1) 상상과 창조

베이컨 *Bacon*은 처음으로 문학이란 이성보다 상상력과 관계가 깊다는 생각을 분명히 하였다. 그는 상상력이 이성과 동등하다거나 더 높은 능력이라고 보지는 않았지만 '역사는 기억, 문학은 상상, 철학은 이성'에 직결되어 있음을 말하고, 역사와 철학은 사실 · 실제를 다루는데 반하여 문학은 사실에 대한 지식을 가지고 유희하는 것이라고 하였다.

상상은 사실의 세계에 매이지 않고 사실들을 마음대로 변형시켜 사실보다 더 아름답게, 좋게, 다양하게 만들어 즐기는 것이라고 하였다. 상상력의 암시 없이 시는 나올 수 없다는 러스킨의 말이나, 상상력 없이 어떠한 공명에도 들어갈 수 없다는 보산케의 말을 통하여 상상력의 문학, 창작상의 의미와 문학 감상상의 의의를 발견할 수 있다. 시인의 상상은 무에서 유를 창조하는 신의 능력을 연상시킨다고 해서 *divine power*라 불리어왔지만 그것은 비유적인 말에 지나지 않는다. 시인의 상상은 체험의 소재들을 결합해서 새 물건을 만들어 낸다는 의미에서 창조적이지 결코 무에서 유를 탄생시킨다는 뜻이 시인이 과거의 체험 없이 상상적으로 쓸 수 있다는 것을 의미하지는 않는다. 무엇이나 근거 없이 생각하는 일을 상상이라 하지는 않는다.

2) 상상의 종류

윈체스터 *Winchester*는 『문학비평의 제 원리』에서 상상의 종류를 다음과 같이 제시하고 있다. 즉, 창조적 상상은 경험에 의하여 주어지는 요소들 중에서 자발적으로 선택하여 그들을 결합해서 새로운 전일체를 만들어 낸다. 이 결합이 자의적이고 비합리적이라면 그 기능을 공상 *fancy*이라 부른다. 연상적 상상은 물체·관념 혹은 정서에다 정서적으로 친근한 이미지들을 연합한다. 그러한 정서적 친근성 위에 기초를 두지 않을 때에 그 과정을 공상이라 부를 수밖에 없다. 해석적 상상은 정신적 가치 혹은 의미를 지각하여 그러한 정신적 가치가 들어있는 부분 또는 성질을 가지고 대상을 표현한다는 것이다.

여기서 윈체스터는 상상의 종류를 세 가지로 분류하고 있는데 이를 문학의 장르와 관련시켜 보면 창조적 상상 *creative imagination*은 보다 구성적인 형식을 요구하는 소설이나 희곡의 방식으로, 연상적 상상 *associative imagination*은 시가의 방식으로, 해석적 상상 *interpretative imagination*은 수필이나 평론의 방식에 알맞은 것이라 하겠으나 엄격히 구분될 수 있는 성질이 아니므로 결국 이 모든 것이 종합적으로 이루어졌을 때 가장 이상적이라 하겠다.

러스킨은 이를 직관적 상상 *imagination penetrative*, 연상적 상상 *imagination associative*, 정관적 상상 *imagination contemplative*의 셋으로 나누어 생각하였다. 그러나 러스킨의 분류는 직관적 상상과 정관적 상상을 나눈 것이 애매하고, 윈체스터의 분류도 창조적 상상과 연상적 상상을 나눈 것이 모호하다고 최재서는 밝히고 있다.

이처럼 문학에서 상상은 과거의 체험과 이미지를 결합하여 새로운 것을 창조한다는 점에서 대단히 중요한 구실을 하고 있다.

6. 장르의 맛

장르 *genre*란 용어는 라틴어의 게누스 *genus*(종족, 혈통, 부문)에서 온 것으로 생물학자들이 동식물의 종이나 유를 분류할 때 사용하던 용어이다. 이런 생물학적 용어가 다윈 *C. Darwin*의 진화론이 예술 전반에 영향을 미친 20세기 이후 예술의 유형을 가리키는 개념으로 보편화되었다. 한 편의 문학작품이 어떤 종류에 속하느냐 하는 문제는 한 작가가 자기를 드러 내는 방식으로 어떤 추출양식을 따르는가 하는 문제에 귀착된다. 한 편의 소설을 소설로서 알아볼 수 있는 것은 그 자체가 이미 한 작가가 소설이란 장르의 규범을 따르고 있다는 것이 되며, 무엇보다도 그것이 정신기술의 한 방식으로써 그 작가의 의식에 가장 알맞기 때문이다. 그만큼 문학에 있어서 장르란 인간의 정신이 문학적 생활을 이룩해 나가는 방식을 말하므로 장르의 문제는 문학의 표현된 방식, 다시 말해서 문학 체계론의 문제가 제기될 수 있는 것이다.

기본 장르에 대한 분류가 처음 시도된 것은 플라톤의 〈공화국〉에서다. 서구의 시학에서 장르의 이론은 대상, 사물 또는 인간을 모사하는 데 있어서 가능한 두 가지 양식으로 구별한 데서 비롯한 것이다. 아리스토텔레스의 『詩學』에는 서사시, 비극, 희극, 송시, 드라마, 찬가, 풍자시 등의 명칭이 있을 뿐 서정, 서사, 극의 세 장르가 확정되어 오늘날과 같은 장르관이 형성된 것은 18세기 헤겔 *Hegel*에 와서 서사시와 극에 서정시를 추가했다.

1) 장르의 의미

장르란 문학의 종류를 밝히는 작업, 다시 말해서 문학을 분류하는 일이다.

장르 *genre*의 어원은 라틴어의 *genus*에서 유래된 말로 원래 동·식물의 분류와 체계를 세울 때 사용했던 용어였다. 그 뜻은 종류·부문·문체·양식 등으로 번역되지만 문학상의 개념으로는 문학의 종류, 문학의 부문을 가리킨다. 그렇다고 문학의 종류가 다 장르는 아니다. 문학의 장르는 문학의 종류를 작품 형성의 원리와 공통적인 질서에 따라서 구분되는 문학의 종류보다는 보다 본질적인 것이며, 문학이 무엇인가 하는 문제와 직접 관련된다.

문학을 장르로 구분하는 일은 분류의 편의상 이루어진 것이기도 하지만, 문학작품은 어떻게 만들어지고 어떻게 존재하는가 하는 문제와 무관하지 않으며 문학상의 이론을 마련하는데 결정적인 구실을 한다. 또한 웰렉 *Wellek*의 『문학의 이론』에서는 장르를 제도 *institution*라고 말하고 있다.

마치 교회·대학 혹은 국가가 하나의 제도인 것처럼, 그것은 동물이 존재하는 것처럼 혹은 건축물·예배당·도서관 혹은 신전이 존재하는 것처럼 존재하는 것이다. 우리들은 현존하는 제도로 해서 활동하며, 자기를 표현하며, 새로운 제도를 창조하며, 혹은 될 수 있는 한 정치와 제식에 관여하지 않은 채 해나갈 수 있다. 우리들은 또 제도에 참여할 수도 있지만, 그것을 개조할 수도 있다. 문학의 갈래를 건물처럼 고칠 수 없는 모양으로 있는 것이 아니라 언제든지 고치고 새로 만들어 갈 수 있는, 교회·대학·국가와 같은 제도로 보고 있다. 문학의 장르 이론은 질서의 원리 *principle of order*이다. 이 이론은 문학과 문학사를 시간과 장소가 아니라 조직 *organization*과 구조 *structure*가 만들어 내는 특수한 문학상의 틀 *literary type*로 해서 갈래 짓는다고 웰렉은 덧붙여 말한다.

2) 장르의 구분

문학의 장르 이론은 아리스토텔레스의 『시학』에서부터 찾을 수 있는데 그는 서정양식 *Lyric Mode*, 서사양식 *Epic Mode*, 극 양식 *Dramatic Mode*의 3분법을 제시한 바 있다. 이 방법은 전통적으로 가장 널리 통용되고 있는 분류법이다. 문학의 장르를 가장 단순하게 나누는 방법은 운문과 산문으로 나누는 2분법이며, 서정 · 서사 · 극의 세 양식에 교훈 문학을 더한 것이 4분법임을 쉽게 확인할 수 있다. 한편 덴지거 *Danziger*는 다음과 같은 기준에 의해 장르를 구분했다.

① 작품의 매체나 형태

② 작품이 택하는 제재의 성격

③ 창작 목적과 작가의 태도

④ 독자와의 관계에서 고려된 상황

첫째, 작품의 매체나 형태에 따라 구분하는 방법으로, 우선 운문과 산문으로 크게 나눌 수 있다. 구전문학 *oral poetry* 과 기록문학 *written poetry*, 자연시(민족시)와 예술시로 구분될 수도 있다.

둘째, 작품이 택하는 제재의 성격에 따라 구분하는 방법으로, 장르를 제재의 성격에 맞추어 본다면 그 분류가 상당수에 이를 것이다. 예를 들어, 연애소설 · 농촌소설 · 세태소설 · 해양소설 · 역사소설 등 인간 의식의 삼라만상이 대 제재가 되므로 이 분류는 매우 다양할 수 있다.

셋째, 창작 목적과 작가의 태도에 따라 구분하는 방법으로, 작가의 사상이나 인생관 · 세계관에 따라 문학의 경향이 구분되나 사조와 유파에 따라 분류할 수 있으며, 독자를 대하는 작가의 태도에 의해서 참여문학 · 목적문학 또는 경향문학 · 교훈문학 등의 장르를 말할 수 있다.

넷째, 독자와의 관계에서 고려된 상황에 따라 구분하는 방법으로, 독자와의 기준을 생각하므로, 통속문학 · 대중문학 · 순수문학 · 본격문학 등으로 분류할 수 있다. 그러나 이와 같은 기준에 의해 장르를 구분하는 것은 언제나 결정적인 것은 아니다. 관점에 따라 다른 구분이 가능할 수도 있다.

장르 이론에 대하여 중요한 업적을 남긴 프라이 *Northrop Frye*는 〈비평의 해부*Anatomy of Criticism*〉에서 신화와 원형에 관한 포괄적인 유형학을 제시해 주고 있는데, 그는 인류의 근본적 신화라고 보는 봄 · 여름 · 가을 · 겨울의 네 계절에 관련된 신화가 문학의 4대 장르, 즉 희곡(봄), 로만스(여름), 비극(가을), 아이러니와 풍자(겨울)의 원형이라고 밝힌 바 있으나 이 역시 신화를 문학의 원형으로 인정하는 경우에 효과적이라는 한계성을 배제할 수 없다.

그러나, 오늘날처럼 퓨전문학이니, 인터넷소설이니 문학의 양식이 다양하게 변화하는 시대에 아직도 문학의 3대 장르를 시 · 소설 · 희곡이라고 떠들어대는 나태하고 무지한 부류들이 활보하고 있는 한 앞으로 문학의 발전은 기대하기 어렵다.

지혜의 샘

지능을 떨어뜨리는 심한 체벌

아동학대는 아동에게 어떤 영향을 미치는가?
미국의 한 연구에서, 학대받은 아동의 기억력과 사고력은 또래의 아동보다 현저히 떨어진다는 결과가 나타났다. 어른들의 무관심이나 잘못된 행동이 아동의 성격 형성에 부정적인 영향을 준다는 것은 너무도 당연하다. 그러나 학대와 무관심은 성격에만 영향을 미치는 것이 아니라 뇌 발달에도 치명적인 악영향을 미친다.
세레브럼 의학 세미나에서 미국의 뇌의학 전문의 마틴 박사가 보고한 연구결과에 따르면, 아동학대는 두뇌발달에 영구적인 영향을 끼치며 성년이 되어서는 발작, 간질, 비정상 뇌파 등의 심각한 문제를 불러일으킨다고 한다. 이 연구결과에서 아동기에 학대받았던 성인은 감정이 갑자기 변화했고, 그것을 스스로 통제하지 못했으며, 우울증을 나타냈고, 기억력도 떨어졌으며, 자기 파괴적 행동이나 타인에 대한 공격성도 높은 편이었다. 마틴 박사는 아동기에 학대받았던 성인이 이러한 폭력적인 성향과 낮은 지능을 보이는 이유를 비정상적인 뇌의 발달 때문으로 보았다. 뇌가 발달하기 위해서는 기본적인 영양을 공급받는 것 외에 발달 촉진 호르몬과 여러 가지 화학물질을 공급받아야 하는데, 학대나 무관심이 스트레스로 작용하면 이런 물질이 훨씬 적게 분비되고 필요한 물질을 제대로 공급받지 못한 뇌는 충분히 발달하지 못하게 된다는 것이다.

학대로 인한 스트레스는 뇌 조직 중에 가장 연약한 부분들, 즉 감정을 조절하는 '대뇌 변연계'와 좌우뇌를 이어주는 '뇌량'을 먼저 손상시킨다. 뇌에서 감정 조절 기능을 하는 '대뇌 변연계'와 좌우뇌를 이어주는 '뇌량'의 기능이 떨어지면 좌뇌와 우뇌의 기능을 통합시켜 사용하는 능력이 떨어지게 된다. 사고력과 언어능력, 운동능력이 동시에 필요한 일이 있을 때 처리할 수 있는 능력이 없어지며, 지능도 높을 수가 없게 되는 것이다.

'마음의 상처'가 곧 뇌의 손상으로 이어지고, 지능이 낮은 아이를 만든다는 사실은 매를 들기 전에 이 매가 어떠한 결과를 가져올 것인가를 한번쯤 다시 생각해 보아야 할 필요성을 갖게 해준다. '사랑의 매'가 돌이킬 수 없는 결과를 낳을 수도 있기 때문이다.

(http://www.i-geni.com)

Ⅱ. 문학의 주변 탐색

1. 프로이트의 이론과 문학
2. 에릭슨의 이론과 문학
3. 장병림의 이론과 문학
4. 발단단계별 언어와 문학
5. 아동기의 이해와 문학
6. 아동기의 특징과 문학

II. 문학의 주변 탐색

누구나 문학작품을 접했을 때 자신이 아는 대로 해석하고, 아는 대로 가르치며, 아는 범위 안에서 창작을 한다. 그 중에서도 차세대문학작품은 대상 독자가 일차적으로 어린이이기 때문에 아동발달단계나 아동심리를 모르면 문학에 대한 교육은 물론 창작까지 모두 실패로 돌아갈 수밖에 없다.

본시 인간은 그 일면이 외부세계, 즉 행동의 세계로 이루어진 동시에 일부는 내면세계, 즉 심리의식의 세계로 이루어져 있다. 문학이 인간을 주요한 대상으로 하는 한 작가세계의 절반을 그 방면으로 돌리는 것은 당연한 일이다. 따라서 문학작품에서도 행동세계의 문학이라든가 심리세계의 문학이라든가 하는 것이 따로 분리되어 있지 않으며, 행동을 주로 묘사한 작품도 어느 정도의 심리나 의식을 추구하는 작품에도 어떤 의미의 행동이 묘사된다고 해야 할 것이다. 그러나 과거와 현대의 작품을 모두 살펴서 그 두 세계의 구별을 하면서 작품의 성격을 체계적으로 나누어 보면, 거기에는 분명히 주된 특징을 행동묘사에 둔 것과, 심리추구에 둔 작품으로 나누어진다.

심리학은 분명히 창작과정을 설명할 수도 있고 작품의 탄생에 관한 연구도 할 수 있다. 그러나 그 작품에 예술적 가치가 나타나지 않는 한 심리학은 필요하지 않다고 보는 것이 심리비평가들의 견해다.

결국 문학이 인간의 심리적 내면세계를 그린다고 하여도 심리학은 문학작품을 연구하는데 절대적 표준이 될 수는 없고, 겨우 문학 연구의 보조학문이 될 뿐이라는 것이다. 마치 문학과 사회가 깊은 관련이 있다고 해서 문학을 전적으로 사회현상으로 풀이할 수 없는 것과 마찬가지다. 따라서 시인이나 작가의 내면세계 심리와 의식의 내부를 진지하게 표현하되 어디까지나 예술화 · 작품화의 과정을 거쳐야 하고 독자들도 심리적인 작품을 읽고 연구하되 이것을 무슨 심리학적 사례로 생각할 것이 아니라, 문학작품으로서 받아들여야 한다고 말 할 수 있다. 특별히 차세대 문학은 일차적 대상 독자가 어린이들이기 때문에 어린이의 발달단계나 심리를 깊이 알아야 작품을 이해할 수 있고, 더 나아가서 차세대문학작품다운 작품을 창작할 수 있다고 본다. 항간에 아동심리를 전혀 모르는 상태에서 차세대문학작품을 평가하고, 작품을 창작하는 경우를 볼 수 있는데 대단히 위험하고 무모한 짓이라고 생각한다. 차세대 문학작품 가운데 수준 이하의 작품이 많다고 지적받는 가장 큰 원인은 아동문학가 스스로 아동발달이나 아동심리를 모르는 상태에서 작품을 쓰기 때문이다.

1. 프로이트의 이론과 문학

프로이트는 개별적 아동을 직접적으로 관찰한 일은 없으나 환자와 자신의 어렸을 때 경험한 회상을 바탕으로 그의 심리성적 이론을 구성하였다. 프로이트에 의하면 아동은 한정된 양의 리비도 *libido*를 가지고 태어난다는 것이다. 성적 에너지인 리비도는 신체적 즐거움을 경험하는 능력으로 그것의 집중 부위에 따라 발달단계가 구분된다. 즉, 리비도가 구강에 부착되면 구강기, 항문에 부착되면 항문기, 그리고 생식기에 부착되면 남근기가 도래한다. 프로이트가 제시한 성적 발달의 단계를 제시하면 다음과 같다.

1) 구강기 *oral stage* (0~1.5세)

리비도가 집중하는 부위가 구강(입, 혀, 입술)이다. 영아는 구강을 통하여 젖을 빨므로 성적 욕구를 충족시킨다. 만약 구강욕구가 적절하게 충족되지 않는다면, 아동기 동안 엄지손가락 빨기 손톱 물어뜯기, 연필씹기와 같은 행동이 나타나고 성장한 이후 과식이나 흡연 같은 습관이 형성된다.

2) 항문기 *anal stage* (1.5~4세)

대소변 훈련의 시기로서 리비도가 항문 주위에 집중한다. 아동은 배설물을 보유하고 방출하는 것으로 쾌감을 느낀다. 만약 부모가 충분히 준비되기 이전에 아동을 훈련하거나 지나치게 느슨한 상태로 훈련하면 극단적인 질서의식과 청결 혹은 더러움과 무질서의 형태로 항문통제에 대한 갈등이 나타난다.

3) 남근기 *phallic stage* (4~7세)

리비도가 성부위에 집중되며 성기의 자극으로부터 쾌감을 느낀다. 이 나이의 유아들은 인간의 탄생에 대한 관심을 나타내고 이성의 성기 대해서도 강한 호기심을 보인다. 그러나 여아에게는 남아와 같은 성기가 없기 때문에 남근선망 *penis envy*을 경험한다. 남아는 자신의 성기를 자랑스러워하나 아버지가 자신의 성기를 거세할지도 모른다는 거세불안 *castration anxiety*에 빠진다. 남근기의 특징적인 현상으로 남아는 엄마를 사랑하는 외디푸스 콤플렉스 *Oedipus complex*를, 그리고 여아는 아빠를 사랑하는 엘렉트라 콤플렉스 *Electra complex*를 경험하나 점차 동성의 부모를 동일시함으로써 해결된다.

4) 잠복기 *latent period* (7~12세)

리비도가 무의식 속에 잠복하므로 아동은 성적 욕구를 일시적으로 잊어버리고 그 사회가 요구하는 기본기술을 획득하기 위하여 노력한다. 아동은 가족 이외의 성인들로부터 그리고 동성의 또래들과의 놀이로부터 새로운 사회적 가치를 획득한다.

5) 생식기 *genital period* (12세 이후)

신체적인 성숙이 이루어짐에 따라 진정한 의미에서 성욕이 나타나고 리비도는 이성에게로 향한다. 이전단계에서의 발달이 성공적으로 이루어졌다면 결혼, 성숙한 성욕, 그리고 자녀의 출산과 양육이 모두 가능하다.

프로이트에 의하면, 리비도가 부착된 부위로부터 아동이 적절한 양의 신체적 즐거움을 얻을 수 있을 때 단계에서 단계로의 성공적 이동이 가능하고 적응적 성격이 형성될 수 있다. 그러므로 부모는 아동이 경험하는 신체적 즐거움을 과도하게 좌절시켜서도 안 되고, 지나치게 허용해서도 안 된다. 프로이트는 남근기가 끝날 무렵까지 아동성격의 대부분이 형성된다고 믿었다.

2. 에릭슨의 이론과 문학

프로이트가 인간의 인성발달에 초점을 둔 반면에 에릭슨은 인간이 사회 속에서 타인과 사회적 관계를 맺어 가는데 초점을 맞추어 인간의 발달을 전 생애적 발달로 보고, 각 단계마다 아동이 사회에 적용할 수 있는 방법을 설명해 주고 있다. 즉, 자아의 발달에 따른 건전한 정체감 형성을 강조하면서, 인간의 발달이란 각 단계별로 극복해야 할 심리 사회적 발달위기는 신체적 성장이나 문화적 영향에 기인하지만 아동은 전적으로 환경의 영향에 의해 좌우되지는 않는다는 것이다.

1) 신뢰감 대 불신감 단계(출생~1세)

신뢰감은 건강한 성격의 가장 기본적인 요소로서 유아는 엄마와의 신체적 · 심리적 상호작용을 통해 사회적 관계가 발달하게 된다. 어머니는 이 시기에 가장 중요한 인물인데, 어머니로부터 따뜻하고 애정적인 보살핌을 받게 되면 아동은 세상이 살기 좋은 곳이라는 확신감과 신뢰감을 획득한다. 불신은 위안을 얻기 위해 영아가 너무 오래 기다려야 하거나 거칠게 다루어질 때 형성된다. 일단 신뢰감이 형성되면 비록 어머니가 때때로 곁에 없다하더라도 누군가가 자신을 돌보아주리라는 믿음을 갖게 되어 아동은 어머니와의 신뢰감을 통해 사회적 신로감도 형성할 수 있다.

2) 자율성 대 수치와 의심 단계(2~3세)

이 단계의 아동들은 자신들의 행동의 주체가 자기 자신이라는 것을 서서히 깨닫게 되어 '나', '내꺼', '내가 할거야', '안해' 등의 말을 하며 자기주장을 나타낸다. 새로운 정신적 기술과 운동기술을 사용하여 아동은 스스로 선택하고 결정하기를 원한다. 자율성은 부모가 합리적인 정도의 자유로운 선택을 허용하고 강요하거나 창피를 주지 않을 때 길러진다. 이 시기에 부모가 아이를 너무 과잉보호하게 되면, 아이는 스스로 환경에 대처할 능력을 상실해 자신의 능력에 회의감을 갖게 된다. 특히 대소변 훈련은 아동으로 하여금 자신의 행위에 대한 독립심을 키워줌으로써 아동의 자율성 발달에 기초가 된다. 그러나 엄격한 배변 훈련은 부모의 기대에 적절한 행동을 보여주지 못하여 사랑, 노력, 시간, 돈에 있어 인색하고 소심해지거나 수치감이나 회의감을 발달시키게 된다.

3) 주도성 대 죄책감 단계(4~5세)

이 단계는 언어를 획득하고 개념들을 이해하게 되며 신체적 움직임이 많아지면서 더욱 많은 것을 행할 수 있으며, 자신의 활동에 대한 목표와 계획을 세우는 주도성이 발달하게 된다. 이 시기는 인지기능이 발달함으로써 호기심이 가장 많은 때다. 또한 이 시기는 동성부모를 동일시함으로써 갈등을 해소하면서 자신의 행동을 주도적으로 수행할 방안을 발견하게 된다. 이 갈등을 해결하는 과정에서 상상으로 이성부모에 대한 소유욕을 갖게 되는데, 이 갈등이 잘 해결되지 않으면 이성부모에 대한 성충동으로 인해 생긴 두려움 때문에 죄의식을 가질 수 있다. 가상놀이를 통하여 아동은 그들의 소망을 표현한다. 어떤 일을 솔선해서 수행하는 선도성은 부모가 아동의 의도와 방향감각을 지원할 때 발달한다. 부모가 너무 많은 자기 통제를 요구하면 과통제나 죄책감을 유발한다.

4) 근면성 대 열등감 단계(6~11세)

이 시기는 아동이 가정이라는 좁은 울타리를 벗어나 집 밖에서 새로운 영향력을 받아 아동의 세계가 확대된다. 아동은 학교에서 타인과 함께 일하고 협동하는 능력을 발달시킨다. 열등감은 가정이나 학교에서 혹은 또래와의 부정적인 경험이 무능력감을 초래하면서 발달하는데, 학교에서 주어진 학습을 수행하면서 타인으로부터 인정을 받고 과제완수로부터 오는 즐거움을 느낀다면 아동은 건전한 근면성을 개발하는 반면, 계속적인 실수를 하게 되거나 성취할 기호를 주지 않으면 자신감과 근면성이 개발되지 않고 열등감을 느낀다. 이 시기의 아동은 읽기, 쓰기, 셈하기 등의 인지기능을 학교에서 배우게 된다. 이 단계에 아동의 잠재적 능력이 개발되어 키워지지 않는다면 아동의 능력은 영원히 잠재될 수 있고, 근면성은 이후의 학교생활이나 학업성취의 기초가 된다.

5) 정체감 대 정체감 혼란 단계(12~18세)

청소년들은 내가 누구이고 사회에서 나의 위치는 어디인가에 대한 의문에 대답하려고 노력한다. 스스로 선택한 가치와 직업목표는 영속하는 개인적 정체감으로 통합된다. 부정적인 결과는 미래의 성인 역할에 대한 혼란으로 표출된다. 이 시기의 청소년은 급격한 신체변화와 사회적 요구에 당황하게 된다. 자기 존재에 대한 새로운 인식 '나' 라는 존재는 무엇인가? 라는 의문과 함께 자신의 능력을 탐색하면서 많은 고민과 갈등을 겪는다. 자신에 대한 의문에 해답을 얻지 못하여 고민, 갈등, 방황이 길어지면 정체감의 혼돈이 일어난다. 정체감이 형성된 청소년들은 자신에 대한 확신을 가지고 다가오는 성인기에 대비하지만, 정체감 혼돈의 위기를 성공적으로 극복하지 못한 청소년들은 성인기에 부정적이며, 타인을 잔인하게 취급하고 영웅에 대해 무조건적 동일시나 충성을 다하는 미성숙한 인성 특성을 가지게 된다.

6) 친밀감 대 고립감 단계(19~35세, 성인 초기)

젊은 사람들은 타인과 친밀한 유대를 확립하는데 몰두한다. 이 단계는 부모로부터 독립을 성취하여 직업을 선택하고 배우자를 찾으면서 성숙하고 책임 있는 성인으로서의 역할을 시작한다. 우정 혹은 성적 결합의 형태로 타인과 친밀한 관계를 수립한다. 그러나 친밀감을 발달시키지 못할 경우 고립감의 위기를 갖는다. 특정 이성과의 친밀한 관계를 유지시키려는 욕구로 인해 궁극적으로 배우자를 선택하게 된다. 이러한 과정에서 획득한 친밀감은 결혼생활을 성공적으로 수행하는 결정적 역할을 한다. 친밀한 관계를 수립하는데 실패한 개인은 고립감을 가지고 타인과의 접촉을 회피하거나 자신에게 위협적으로 느껴지는 사람에게 거부적이며 공격적인 태도를 보이기도 한다.

7) 생산성 대 침체감 단계(36~56세, 성인 중기)

이 시기에는 다음 세대를 교육하고, 사회적 전통을 전수시키며, 가치관을 배양시켜 전달하는 부모로서의 역할을 하게 되어 생산성을 획득한다. 또한 직업적인 성취나 자기 분야에서도 생산성을 획득할 수 있고, 사회봉사활동으로 자신의 생산성을 발휘할 수 있다. 그러나 다음 세대나 사회에 대한 관심보다는 자기 자신의 물질적인 또는 신체적인 안정에만 치중하게 되면 타인에 대한 관대함이 결여되고 인생에 보람을 느끼지 못해 따분해지며, 대인관계로부터 얻는 풍성함이 부족하게 되어 공허감을 많이 느낀다. 생산성을 확립하지 못한 사람은 성취감을 경험하지 못하고 침체에 빠진다.

8) 자아통합 대 절망 단계(57세 이후~, 성인 후기)

마지막 단계에서 개인은 지나온 날에 대해 심사숙고한다. 즉, 노년기는 자신의 생애를 돌아보면서 보람이 있었고 가치가 있었다는 것을 인식하고 오랜 삶을 통해 노련한 지혜를 획득하게 되면 자아 통합감을 얻게 된다. 만약 성취감과 만족감으로 생을 회고하며 성패에 잘 적응했다면 자아 통제감을 갖게 되는데, 자신의 삶에 만족하지 못하는 사람들은 죽음을 두려워한다. 무력감을 많이 느끼는 시기이며, 자신의 지나온 인생이 무의미한 것이었다고 느끼면 절망으로부터 벗어나기 어렵다.

프로이트나 에릭슨의 발달이론은 인간의 단계별 특성을 간략하게 서술한 것이다. 아동문학이든 성인문학이든 인간의 발달단계별 특성을 알고 문학을 접맥할 때 가장 감동적이고 아름다운 만남이 될 것이다. 특히 문학의 핵이라고 할 수 있는 언어의 발달단계별 특성을 이해하는 작업은 대단히 중요하다고 본다.

3. 장병림의 이론과 문학

앞에서 소개한 프로이트나 에릭슨의 이론에 비해 장병림은 인간의 일반적인 발달 단계 구분을 태아기 · 유(乳)아기 · 유(幼)아기 · 아동기 · 청년기 · 성인기 · 노인기의 7시기로 나누어 고찰하고 있는데, 여기서는 필요상 아동문학의 대상에 해당되는 유아기 · 아동기, 그리고 청년 전기인 소년 · 소녀기에 대해 언급하고자 한다.

1) 유아기 *infancy*

출생 후 1년 반에서부터 만 5세 경까지이다. 보행의 개시로 말미암아 행동 공간은 급격히 확대되어 가며 또 언어의 사용이 시작되므로 정신 활동도 급속히 풍부해진다. 그리고 욕구나 의도가 이전과 같이 막연한 것이 아니며 자기중심적 경향이 현저해진다. 아직 자기 행위에 대한 컨트롤이 충분하지 못하기 때문에 정신적으로 기복이 심한 시기이다. 이 시기를 더욱 자세히 보면 만 2년이 지날 무렵까지는 언어적으로는 1어문이 많으며 아직 충분히 사용할 수는 없지만 행동적으로는 간단한 행동은 완결할 수 있게 된다.

2세에서부터 만 3세 전후까지는 일시적으로 행동의 가능성이 급격히 증대하기 때문에 도리어 평형이 유지되지 못하며 동작이나 사고에도 반대되는 일이라든가, 많은 것을 단번에 처리하려고 하다가 실패하는 일이 많아진다.

3세에서부터 5세까지는 운동적으로나 사고 면에서도 현저한 발전이 보이지만 이에 따라서 자기감정이 강화되어 고집이나 고약한 심리 등의 반사회성 행동이 많아지기 때문에 제 1 반항기라고 한다. 그러나 5 세가 되면 선악에 대한 판단도 어느 정도 할 수 있게 된다.

2) 아동기 *childhood*

6~7에서부터 10~11세 경까지를 말한다. 신체 발육 면에서 본다면 신장의 증가가 현저한 제 1 신장기(5~7세) 말경부터 체중이 현저한 제 2 충실기(8~10세)를 거쳐 제 3 신장기(11~15)의 초기에 해당되는 기간이라고 보겠다. 유아기에 비하면 비교적 발육이 둔한 시기이다. 정신 발달 면에 있어서도 이 시기에는 특징적인 활동의 발달은 엿보이지 않으나 유아기의 미분화성이 여러 면에 있어서 다양한 분화를 이룩하는 시기이다.

3) 청년기 *adolescence*

아동기에 계속되는 청년기는 사춘기와 협의의 청년기로 구분되며 특히 사춘기는 청년 전기 또는 소년 · 소녀기라고도 칭하는데, 11세 경에서부터 14~15세 경 까지로서 여자는 남자보다 1년 가량 빠르다. 성적 기능의 성숙적 변화가 나타나기 시작하는 무렵이 그 시초이며 심신이 모두 하나의 변동기이다. 그러므로 신체적으로도 흥미 · 운동 · 유희 등의 성차가 현저하여지는 시기이다. 그리고 자아의식이 강하게 되고 내성적 경향이나 비판력도 증대하여 이른바 제 2 반항기라고 칭하는 시기이다.

4. 발달단계별 언어와 문학

아동문학 교육이나 창작에서 가장 중요한 부분의 하나는 언어발달에 대한 파악이다. 과거에는 언어교육의 초점을 줄 문법체계의 발달이나 습득어휘 등에 대한 것이었으나, 최근에는 의사소통 능력의 성장에 초점을 두고 있다.

1) 미 소

갓난아이가 미소를 짓는 장면을 생각해 보자. 자신의 아이가 미소를 지으면 어머니 역시 함께 미소를 지으며 반응적으로 아이를 대한다. 갓난아이의 미소는 어머니와의 상호작용을 유도하는 계기를 제공한다. 이럴 경우, 어머니는 미소에서 그치지 않고 "이것 좀 봐, 애가 웃었어요"라거나, " 맘마 줄까?"라는 등의 반응을 보이며, 아이에게 대화를 하기 시작한다. 이것은 대화에 수반되는 제스처나 웃음과 같은 비언어적 행동들이 상대방의 반응을 유도하는 사회적 상호작용의 의미를 아주 어려서부터 경험하게 되는 예이다.

2) 옹알이

옹알이를 예로 들어 보자. 생후 3~4개월 경부터 나타나 생후 8개월 경에 가장 활발한 옹알이는 주로 자음과 모음을 반복적으로 연결하여 '음마' 혹은 '다다' 와 같은 소리를 내는 양상을 말하는데, 흔히 부모들은 옹알이를 영아가 한 단어로 말을 한 것으로 착각하기도 한다. 아직 의미를 담은 단어는 아니나 영아가 이 같이 의미 없는 소리를 내더라도 성인은 이에 아주 민감하게 반응하고 똑같은 형태로 따라 하게 된다. 성인이 영아의 옹알이를 모방하면 다시 영아가 성인의 반응을 따라 옹알이를 함으로써 옹알이는 일반적인 대화의 패턴을 보이기도 한다.

3) 한 단어 시기

영아기에는 한 단어로 의사소통에 불편이 없이 성인과 상호작용하는 것을 볼 수 있다. '맘마' 하며 밥을 달라고 매달리기도 하고, 다 먹은 밥그릇을 내밀며 '맘마' 할 때는 밥을 다 먹었다는 뜻이거나 더 달라는 뜻이기도 하다.

넬슨 *Nelson*의 연구에 의하면, 18개월에서 2세 사이의 영아의 초기 50 단어는 주로 양말이나 열쇠, 신발과 같은 명사로, 이는 영아의 주변 환경에서 흔히 볼 수 있는 것들이며, 영아에 의해 움직여지고 다루어질 수 있는 것이었다. 즉, 영아는 자신의 행동이 취해질 수 있는 사물을 대상으로, 감각적이고 물리적인 활동에 기초하여 한 단어를 습득함을 알 수 있다. 넬슨 *Nelson*의 다른 연구에서는 일상적이고 반복적인 생활의 경험이 보다 폭넓은 개념적 발달 과정의 일부로, 초기 언어 습득에 중요하게 작용하는 것으로 조사되었다. 즉, 일상 생활에서의 사건이나 일화들이 재현되거나 기억되거나 분석되기 위해서는 유아의 행동, 경험, 인지적 능력들이 대화자를 만드는 데 기여한다고 본다.

4) 한 단어 이후 단계

정상적으로 모든 유아들은 18~24개월에 두 개의 단어를 결합한다. '엄마', '물', '아빠, 쉬' 와 같은 문장이 전형적인 두 단어 문장이다. 모든 2세 유아들은 다음 표와 같이 동일한 생각을 표현하기 위해 2어문을 사용한다.

어문의 기능

문장의 기능	한 국 어	영 어
1. 장소와 이름을 명명하기	저기 멍멍이	there doggy
2. 요구하기	까까 줘	give candy
3. 부정하기	배 안고파	not hungry
4. 소유를 나타내기	내 옷	my dress
5. 수식하거나 한정하기	큰 배	big boat
6. 질문하기	어디가	where go

(1) 전보문식 언어

두 단어 문장 속에는 관사, 전치사, 조동사와 같은 기능 단어들이 모두 생략되기 때문에 전보문과 같다고 해서 전보문식 언어 *telegraphic speech* 라고 불리기도 한다. 두 단어 문장은 비문법적이기는 하지만, 문장을 만드는 아동 자신이 체계적인 규칙을 반영한다.

두 단어 문장을 말하기 시작한 약 2개월 후부터 세 단어를 연결한 문장을 말할 수 있으나 두 단어 문장 다음에는 세 단어 단계가 아닌 복수 단어단계 *multiword stage* 가 온다. 생후 30개월 경에는 3~5개 단어로 구성되는 전보문식 문장이 사용된다.

(2) 문법규칙의 습득

2세부터 5세까지 유아들은 매우 복잡하고 성인같은 문장을 말하기 시작한다. 전보문식 문장에서 자주 생략되었던 관사나 전치사 같은 기능단어들이 덧붙여지기 시작하고, 성인언어의 규칙이 점점 더 많이 활용되기 시작한다.

브라운은 MLU를 사용하여 언어발달의 5단계를 확인하였다. MLU(*Mean Length of Utterance)* 란 아동이 사용한 전체 형태소의 개수를 문장수로 나누어 줌으로써 계사된다. 형태소는 의미를 전달하는 최소단위로서 기본단어와 접두사, 접미사를 포함하며 음소와 함께 단어를 구성하는 중요한 요소이다, '엄마 맴매', '언니 어부바' 는 형태소 네 개와 두 개의 문장으로 구성되기 때문에 MLU는 2가 된다. 브라운이 제시한 언어발달단계는 다음 표와 같다.

브라운의 언어발달 5단계

단계 1	단계 2	단계 3	단계 4, 5
• 두 단어 문장 • 전보문식 문장	• 세 단어 문장의 시작 • 어형변화와 과잉 규칙화의 시작	• why의문문 • 완전한 부정문의 이해 • 수동태의 사용	• 종속절 • 접속사 및 전치사를 갖는 복문의 사용

5) 아동중기의 언어발달

초등학교 아동들은 더 정확하게 발음할 수 있고 어휘는 계속해서 빠르게 확장되며 더 길고 더 복잡한 문장을 만들 수 있게 된다. 수동형의 문장이나 '~한다면' 과 같은 조건문장을 이해하고 생성하는 복잡한 구문론적 법칙을 획득한다. 이러한 문법 구사력은 청년기까지 계속해서 발달한다.

의미론적 지식의 확장으로 어휘가 급속히 증가한다. 6세 아동은 약 8,000~14,000개의 단어를 이해하며 계속해서 하루에 15개의 단어의 비율로 어휘가 확장된다. 연령증가와 함께 모호한 말이나 문장의 의미를 더 잘 추론할 수 있다.

5. 아동기의 이해와 문학

넓은 의미에서 아동기란 출생으로부터 청년기에 이르기 직전의 시기까지를 말하는데, 유(乳)아기, 유(幼)아기 및 협의의 아동기로 나눈다. 협의의 아동기는 연령적으로 6~14세로 초등학교 재학 시기에 해당되므로 학동기라고도 한다. 6~8세의 시기는 유아기적인 미분화성이 보이므로 협의의 아동기를 다시 세분하여 아동 전기와 아동 후기로 구별할 수 있다.

아동에 관한 연구는 출생하기 이전까지 거슬러 올라가서 미지의 세계인 수정의 순간부터 시작된다고 학자들은 주장하고 있다. 예를 들어, 유전적 소양의 함양에 대하여 연구하고자 할 때는 부모는 물론 조부모나 그 이전의 조상들에 관한 역사까지도 거슬러 올라가며, 환경의 영향을 연구하려면 수정의 순간부터 모든 환경을 고려해야 한다는 것이다. 일단 출생한 후부터는 생의 초기 몇 시간, 며칠까지도 중요시되며, 갓 태어난 신생아는 자신의 신체적 체계와 감각적 능력을 이용하여 장차 자기 나름대로 구성해 나갈 세상에 적응하게 된다는게 심리학자들의 주장이다. 이처럼 심리학자들은 발달에 대해 한두 가지 요인에 그 원인을 돌리기보다 유전과 환경의 상호작용으로 보고 있다. 본고에서는 주로 문학적 환경이 아동들에게 어떤 영향을 미치는가에 중점을 두어 이야기하고자 한다. 연구에 따르면 태아기 때 이미 소리나 진동과 같은 감각적 자극에 반응할 수 있고 태내 학습의 증거를 보여주고 있다는 것이다. 예를 들어, 어떤 여성은 음악회에 갔을 때 청중의 박수 소리만 나면 자신이 고통스러울 만큼 심하게 태아가 움직이기 때문에 음악회에 가기를 그만 두어야 했으며, 임신된지 13주된 태아가 어머니 복부 근처에서 울린 종소리에 대해 경련성의 동작으로 반응을 보였다는 보고도 있다. 또다른 실험에서는 태아가 음색에 따라 다르게 반응한다는 것을 발견하였는데, 임신 말기의 마지막 2개월 반 동안에 매주 다양한 음색의 소리를 임신부 가까이에서 들려주었는데, 태아는 예민한 몸동작과 증가된 심장 박동으로 여러 음색에 대해 다르게 반응했다는 것이다. 임신부가 틈나는 대로 아름다운 음악을 듣거나, 좋은 책을 읽는 것은 태아에게 의미 있는 환경을 제공하는 방법이 될 수도 있다.

듣기 기능은 신생아 때 더욱 발달하게 되는데, 1980년도에 실시한 연구에서는 3일이 채 안된 신생아들도 어머니의 목소리를 타인의 목소리와 구분할 수 있음을 보여주었다. 이 실험에서 아기가 젖꼭지를 빨면 녹음기 속에서 어머니의 목소리로 녹음된 재미있는 이야기가 흘러나오도록 하고, 또다른 경우는 어머니가 아닌 다른 여자의 목소리가 나오도록 하였는데, 녹음기에서 어머니의 목소리가 들렸을 때 약 24% 가량 더 많이 젖꼭지를 빨았다는 것이다. 습관화를 위한 한 실험에서도 1개월된 아기가 '바'와 '파'와 같이 서로 비슷한 음을 구별해 낼 수 있었음을 발표한 바 있는데, 이는 영아도 소리의 차이를 구분할 수 있음을 증명한 경우다. 헝가리의 한 연구에서도 아기가 태어나는 순간부터 서로 많은 말을 주고받아야 한다는 결과가 나온 바 있다. 이스라엘 사람들 역시 아기가 태어나면서부터 어머니의 하루 일과 가운데 가장 중요한 일 하나가 아기의 침대 곁에서 구약 이야기를 들려주는 일이라고 한다.

그동안 생후 일주일부터 3세까지의 영아는 실제보다 훨씬 과소평가되어 왔다. 신체적 · 인지적 · 정서적인 모든 요소에 있어서 기본 발달단계에 있는 이 시기야말로 생의 가장 결정적인 단계로서 극적인 변화가 일어나는 때이다. 특히 기적과도 같이 언어를 이용하여 의사소통을 한다는 측면에서 매우 중요한 의미를 지니는 때라고 할 수 있다. 베네딕트는 1975년에 아동의 초기 언어발달에 대한 영향에 대해서 연구한 일이 있는데 그에 의하면, 아주 어린 아동들에게는 길이가 짧은 문장, 더 적은 수의 단어, 더 간단한 문법, 더 천천히 그리고 반복적인 단어를 사용을 했을 때 언어학습에 도움이 된다는 것이다. 또다른 연구에 의하면 아기는 어머니가 자기에게 말을 걸고 있을 때 말을 더 많이 하는 경향이 있으며, 아기는 또한 어머니가 방에 있을 때보다 어머니가 방에서 나갔을 때 더 많은 소리를 내고, 무생물에 대하여 더 많이 말을 건넨다고 보고한 바 있다.

아동은 유아기 동안에 대단한 변화를 가져오게 된다. 많은 아동이 이미 유아원이나 유치원에 다니기는 해도 3세에서 6세까지의 이 시기를 취학 전 시기라고 부른다.

3~4세 때는 3~4 단어로 된 문장을 사용할 수 있으며, 어휘량은 약 900~1200 단어 정도에 이르는데, 동물이나 신체의 부위, 자기에게 중요한 사람 등과 같이 친숙한 것에 대해서는 이름을 부르기도 하고, 과거시제를 사용할 줄 알며, 나, 너, 나를 따위의 표현을 정확하게 구사할 수 있다는 것이다. 4~5세 때에는 4~5 단어로 된 문장을 구사할 수 있으며, 위, 아래, 앞, 뒤, 안과 같은 위치에 대한 말을 사용할 줄 알며, 명사보다는 동사를 많이 사용하고, 약 1500~2000 단어 정도의 어휘를 이해하고 구사할 수 있다는 것이다. 5~6세 때에는 6~8 단어로 구성된 문장을 사용하기 시작하며, 간단한 단어의 의미를 정의할 수도 있고, 반대말 · 접속사 · 전치사 · 관사를 사용하며, 비교적 문법에 맞게 구사할 줄도 아는데, 이 때는 어휘구사 범위도 2000~2500 단어에 이른다는 것이다. 6~7세가 되면 복합어, 합성어도 사용하게 되고, 문법적으로도 정확히 구사할 줄 알며, 사용 어휘수도 3000~4000 단어에 이르게 된다는 연구 결과가 나온 바 있다.

흔히 6~12세는 아동기 · 학령기라고 하는데, 피아제의 구체적 조작기에 해당되는 때이다. 구체적 조작시기의 아동은 조작을 수행하기 위하여 상징을 사용하며, 분류, 서열화, 수 다루기, 보존에 더욱 능숙해지고 자기중심적 사고도 감소되는 때이다. 이 때는 주로 학교에서 생활하는 시간이 많으므로 학교에서의 경험이 아동의 근본적 태도에 크게 영향을 끼친다.

6. 아동기의 특징과 문학

아동기의 특징을 이해하는 일은 아동문학을 가르치고 창작하는 사람들이 필수적으로 거쳐야 하는 통과의례라 해도 지나치지 않으리만큼 중요한 부분인데 이 시기에 나타나는 일반적인 특징을 대략 다음과 같이 요약해 볼 수 있다.

첫째, 인간의 상징적인 기능 *symbolic function*은 2세 무렵에 활발히 나타나기 시작하면서 계속 넓고 깊게 퍼져간다. 이것은 곧 인간은 자기의 생활에 주제를 부여한다는 것을 의미한다. 헤이스는 갓 낳은 원숭이와 자기 딸을 3년간 같이 기르면서 그 성장 · 발달을 비교하였다. 그의 연구에 따르면 3세가 되자 원숭이와 자기의 딸 사이에는 너무나 근본적인 차이가 있어 더 이상 서로 비교하는 것은 무의미하다고 하였다. 그것은 딸은 자기의 경험을 말로써 표현하고 거기에 어떤 주제를 부여하나 원숭이는 전혀 그 능력을 보이지 못하였다고 적고 있다.

철학 · 문학 · 수학 · 과학 · 역사 · 심리학 · 지리 · 물리 등으로 열려지는 이 무한한 상징적 세계는 바로 약 2세 때 말을 시작하면서 그 아이에게 서서히 열려지며 따라서 이 상징적 세계의 길목에 홍부놀부전도 있고, 심청전도 있고, 소공녀도 있고, 성경도 있고, 영웅전도 있게 된다.

둘째, 인간 실존의 제반 문제는 그 원형 상태 *archetype*로 어린 아이들의 성장 과정에서 나타나며, 그 과정을 통하여 아이들은 여러 형태의 어른이 된다는 것이다. 한 어린 아이의 행동을 묘사할 때 우리는 아마 쉽게 24가지 동사를 쓸 수 있을 것이다. 울고, 심술부리고, 웃고, 걷어차고, 찡찡거리고, 조르고, 발버둥질치고, 입이 쑥 나오고, 말 않고, 때리고, 밀고, 매달리고, 방정 떨고, 조잘 거리고, 흐느끼고, 울먹이고, 자버리고, 응석 부리고, 노래 부르고, 문 닫고 혼자 있고, 아양 떨고, 말대꾸하고, 소리 지르고, 찢는 등 상황이 다르기는 하나 모든 아이들에게 쉽게 볼 수 있는 행동이다. 어린아이의 24가지 행동적 특징은 아동문학을 창작하는 데 아주 유익한 자료가 될 것이다.

이것이 후에 성인으로서 경험하는 고독, 슬픔, 우울, 절망, 적개심, 죄악감, 수치감, 애원, 의존, 독립, 섭리, 신, 죽음 등 고차원의 감정과 철학으로 발전하고 불후의 문학작품을 빚어내게 되는 것이다.

셋째, 이 성장 과정이 제대로 이루어지려면 일반적으로 강한 동일시 현상이 있지 않으면 엉뚱한 결과가 생긴다. 이 동일시 현상이 부모에 대한 동일시 뿐 아니라 TV · 만화 · 동화 · 우화 · 소설 등에 나오는 인물에 대한 동일시에서 적응 방법을 배우고 자기 생활에 자기 나름의 의미를 찾아가게 된다.

넷째, 자기 생활에 의미를 찾는다는 것은 어려운 일이며 삶의 의미마저 잃고 노력조차 하지 않은 예가 많은 것으로 보아 단순한 나이와 관계가 없음을 말해준다. 아이들의 마음이 자기들의 마음과 똑같고 자기들이 생각하는 대로 되리라 생각하는 것이다.

다섯째, 이 심리적 성격에 영향을 주는 것은 두 가지인데 하나는 부모이고 다른 하나는 문화적 유산이다. 따라서 문화적 가치가 언제 어떻게 제시되느냐가 중요한 것이다. 가장 좋은 방법 중에 하나는 책을 통한 것이라고 할 수 있다. 학교는 읽기 · 쓰기 셈하기를 가르쳤고 이제 어린이는 제 나름대로 유산을 접하게 되는 것이다.

어떤 읽을거리든 아이들을 위한 것이라면 우선 호기심을 불러일으키고, 그들의 상상력을 자극시켜야 하고, 여러 가지 미묘한 정서를 명료화하고, 지적 발달을 돕고, 아이들이 처해있는 심리적 고통을 잘 쓰다듬어 주며, 성장 불안 *growth anxiety* 과 희망에 곡조를 잘 맞추고, 그러면서 해결책을 제시해 주는 그런 것이라야 할 것이다. 성격의 여러 측면을 골고루 건드리면서 어린이가 비굴감을 느껴서는 안 되고, 고통을 건드리면서 동시에 자기 자신과 미래에 자신을 갖게 하는 것이어야 한다.

한편, 설리반 *Sullivan*(1892~1949)은 성장의 사회적 측면에 대해 깊이 있게 연구한 이론가인데, 어릴 때의 대인관계 욕구의 해결이 청년기의 자아 정체감과 자기존중감 형성에도 중요한 역할을 한다고 하였다. 즉, 유아기나 아동기 때 대인관계에 실패하면 이후의 대인관계에서 불안을 갖게 되는데, 그것은 곧 자아 정체감의 발달을 저해하는 요인이 된다. 반면에 만족스러운 대인관계로 인해 갖게 되는 안정감은 발달에 따른 대인관계의 변화를 보다 잘 수용하게 하는 요소로 작용하여 청년기 자아 정체감 발달을 순조롭게 하며 이후의 대인관계 발달에도 긍정적인 영향을 미친다는 것이다.

참고로 설리반의 발달시기에 따른 대인관계 욕구를 도표화하면 아래와 같다. 아동문학을 이해하고 창작하는데 좋은 자료가 되리라 생각한다.

Sullivan의 발달 시기에 따른 대인관계 욕구들

발달 시기	연 령	대인관계 욕구
유아기	출생에서 2~3세까지	사람들과의 접촉 욕구 양육자로부터 사랑받고 싶은 욕구
아동기	6~7세까지	아동의 놀이에 성인이 참여해 주기를 원함
소년/소녀기 (*juvenile era*)	8~10세까지	또래 놀이 친구를 얻고자 하는 욕구 또래 집단에 수용되고자 하는 욕구
전청년기 (*pre adolescence*)	12~14세까지	친밀감과 동성 단짝 관계에서 교감 확인 욕구
청년 초기 (*early adolescence*)	17~18세까지	성적 접촉 욕구 이성 친구와의 친밀감 욕구
청년 후기 (*late adolescence*)	성인기까지	성인 사회에의 통합 욕구

Ⅲ. 문학의 일반적 이해

1. 차세대문학의 정의
2. 〈해리포터〉와 〈우동 한 그릇〉
3. 작품의 한계성
4. 문학의 중요성
5. 문학의 갈래
6. 작가와 문단 데뷔

Ⅲ. 문학의 일반적 이해

1. 차세대문학의 정의

차세대문학이란 차세대의 주인공인 어린이를 주 대상으로 한 동시 · 동요 · 동화 · 동극 · 문학평론 · 아동시나리오 · 소년소설 등 기존의 '순수 아동문학'과 독서 · 논술 · 문학치료 · 동화구연 · 미디어 문학 등 교육을 전제로 순수 아동문학을 현장에 적용시키는 실용 아동문학으로 이루어진 특수문학을 일컫는다. 따라서 차세대문학은 기존의 창작에만 치중해 온 순수 아동문학 보다 그 범위가 훨씬 넓다. 우리에게 차세대문학이라는 용어 자체가 다소 생소한 감이 있지만, 그동안 흔히 사용되어 왔던 유아문학, 아동문학, 청소년 문학은 단순히 발달단계에 맞춰 안이하고 근시안적인 발상에 의해 붙여진 이름에 불과하다. 따라서 일반 성인문학에 대칭되는 문학으로서 차세대문학이라는 이름은 매우 합리적이라고 할 수 있다. 물론 그동안 동서양의 많은 나라에서 아동문학이라는 이름 아래, 0세에서부터 청년기 이전까지를 대상으로 문학을 접맥시키는 과정에서, 가까운 일본에서도 지금까지 아동문학이라는 이름을 써왔고, 영어에서도 *Children's Literature* 혹은 *Juvenile Literature*라고 표기하여 발달단계의 하나인 아동기에다가 문학이라는 단어를 합성하여 아동문학이라는 이름을 오래 전부터 사용해 왔다. 그러나 엄격히 영어의 *Juvenile*은 1차적인 의미가 소년소녀, 또는 젊은 *Young*의 뜻을 가지고 있기 때문에 우리말로 번역해 사용할 때, '차세대'라는 용어가 정서에 잘 어울릴 뿐 아니라, 사실상 순수문학외에 실용문학이 포함되어 문학의 범주가 광범위하다는 점을 감안할 때, 지극히 한정적 의미를 가지고 있는 '아동문학'이라는 명칭보다 '아동문학'의 의미를 포함한 '차세대문학'이라는 명칭을 사용하는 것이 합리적이다.

미국의 대학에서 아동문학 교과서의 하나로 사용되고 있는 콘스탄틴 조쥬 *Constantine Georgiou* 의 〈어린아이와 아동문학 *Children and Their Literature*〉에서는 '오늘의 세계문학에는 어린이를 위한 문학이라 명시된 분야가 있다. 이 분야의 문학은 역사 속에서, 어른의 책과 그 일부에서, 고금동서의 문학작품에서 각 성장단계의 어린이들의 흥미와 성장에 알맞은 소재를 사태처럼 스스로 모아 커진 문학이라 할 수 있다. 세계문학의 이 분야는 광범위하고 기름지다. 이야기되는 테마는 보편적 진실과 가치와 의의가 있는 문학만이 갖는 높은 목적을 간명하게 표현하고, 그러면서도 어린에게 알맞은 매력을 갖추고 있다'고 기록함으로써, 차세대문학은 분명히 문학의 일부이며, 특징이나 기능도 일반문학과 동일하다는 것을 증명하고 있다. 다만 나이에 따라 변화가 심한 어린이들이 주된 독자가 되기 때문에 기능 가운데 특히 아동의 성장에 적합한 부분이 강조되어야 한다는 점에 차이가 있을 뿐이다. 그러나 발달단계에 따라서 문학의 명칭을 붙인다는 것이 그렇게 합리적인 방법이라고 하기 어렵다. 만약 발달단계에 따라 문학의 이름을 결정짓는다고 가정한다면, 유아문학, 아동문학, 청소년 문학만이 아니라, 영아문학, 청년문학, 장년문학, 노인문학도 있어야 한다.

석용원의 경우 아동을 포함한 동심을 가진 어른들까지 아동문학의 대상으로 삼고 있는데, 아동이라는 수식어 때문에 그 진의를 파악하기 어려운 때가 있다. 더구나 뛰어난 아동문학 작품은 아동과 성인에게 다 함께 깊은 감동을 주기 때문에 그 의미 범위를 확대시킬 필요가 있다고 본다. 앞에서도 언급한 것처럼 아동이라는 어휘 자체가 차세대라는 어휘보다 훨씬 한정적인 의미를 지니고 있기 때문에 '차세대문학'이라는 명칭을 사용하는 것이 훨씬 타당성이 있다.

아울러 차세대문학이 교육을 전제로 순수문학을 현장에 적용시키는 실용아동문학을 포함하고 있다는 특징 외에 순수창작면에서 일반문학과 비교할 때 어떤 특징을 가지고 있는지 파악한다면 차세대문학을 이해하는데 도움이 될 것이다.

첫째, 차세대문학은 연령층이 태아에서부터 영아기, 유아기, 아동기, 청소년기에 이르기까지 폭이 매우 넓기 때문에 각각 대상에 맞는 내용의 글을 쓰지 않으면 안 된다. 예를 들어, 유아동화, 동화, 소년소설 등 발달단계에 알맞도록 글의 수준을 조절해야 한다.

둘째, 차세대문학은 주된 독자가 아직 미성숙의 단계에 있기 때문에 교육성을 고려하지 않으면 안 된다. 지나치게 부정적이거나 자극적인 것, 음란물 등 비교육적인 내용 등은 자라나는 차세대들에게 정서적인 해를 끼칠 뿐 아니라, 가치관의 혼란을 초래하므로 가까이 하지 않도록 주의해야 한다. 그러나 교육적인 주제가 절대로 작품 표면에 노출되지 않도록 특히 조심해야 한다.

셋째, 차세대문학은 대상 독자들이 잘 이해할 수 있는 언어와 사상을 담지 않으면 안 된다. 대상에 알맞은 언어로 수준에 맞는 사상을 담지 않으면 결국 독자가 작품을 멀리하게 된다. 그렇다고 너무 내용이 없거나 언어가 유치해도 독자는 작품 곁을 떠나고 만다.

넷째, 차세대문학은 예술성이 뛰어나지 않으면 안 된다. 앞에서도 언급한 것처럼 차세대문학도 엄연히 문학이기 때문이다. 어린이가 주 독자라고 해서 문학성을 무시하면 후에 문학작품에 대한 올바른 판단력을 상실하게 된다.

다섯째, 차세대문학은 흥미가 있어야 한다. 물론 일반문학작품도 흥미가 있어야 하지만, 어린이를 주된 독자로 한 문학에서는 우선 재미가 없으면 문학을 멀리하게 된다. 따라서 차세대문학은 대상 독자들의 발달단계나 심리를 철저히 파악하지 않으면 안 된다.

여섯째, 차세대문학은 본질적으로 언어의 명쾌성, 테마의 명쾌성, 구성의 명쾌성, 등장인물의 명쾌성을 갖추지 않으면 안 된다. 명쾌성이란 구상과 표현의 단순성이라고 할 수 있는데, 일반문학에 비하여 오히려 제제가 더 심하기 때문에 테마나 구성 등이 명쾌하지 않으면 내용을 이해하지 못하게 된다.

2. 〈해리포터〉와 〈우동 한 그릇〉

차세대문학을 대표하는 작품으로 최근에 온 지구를 감동의 용광로 속에서 들끓게 했던 조앤 롤링의 〈해리포터〉와 구리 료헤이의 〈우동 한 그릇〉을 손꼽을 수 있다.

1) 〈해리포터〉와 조앤 롤링

1997년에 첫 권 〈해리포터와 마법사의 돌〉이 나오자, 이 책에 대한 호의적인 평이 서서히 입에서 입으로 전해지기 시작하면서, 몇 달이 채 되지 않아 전 세계 출판업자들로부터 문의 전화가 쇄도했다. 이제 어느 누구도 예측 못했던, 작가 자신도 꿈도 꾸지 못했던 '해리포터 열풍'이 지구촌을 뒤흔들기 시작한 것이다. 이제 "수중에 돈이 생기기 전에 지금 신은 신발이 맞지 않을 만큼 제시카가 커버리면 어떻게 하나 걱정 안 해도 되는" 조앤 롤링은 빈곤했던 시절과 마찬가지로 니콜슨 카페에 나가 글을 썼다고 한다. 지금 니콜슨은 세계적인 명소로 부상되어 관광객이 끊이지 않지만, 그녀는 아직 한두 시간쯤은 차분히 앉아 글 쓰는데 몰두한다고 한다.

다음 해에 나온 〈해리포터와 비밀의 방 *Harry Potter and the Chamber of Secrets*〉도 대히트였다. 다음 작인〈해리포터와 아즈카반의 죄수*Harry Potter and the Prisonet of Azkaban*〉역시 말할 것도 없다. 1, 2, 3탄 모두 1년 넘게 뉴욕타임스지의 일반도서 베스트셀러 부문에서 수위를 유지하며 롱런하고 있다. 워너브라더스 영화사도 해리포터 1, 2, 3탄의 영화의 판권을 사들였다. 4탄도 2000년 7월 8일에 맞춰 전 세계 어린이들과 어른들은 8일의 아침이 밝아오길 기다려 책을 사려는 줄이 마치 축제인 듯했다고 한다. 블룸스베리에서는 어른들이 버스-지하철 안에서 다른 어른들 눈을 의식하지 않고 마음껏 아이들 책에 빠져들 수 있도록 알록달록한 표지를 떼고 점잖은 표지를 붙인 성인 판까지 냈다.

해리포터의 작가 조앤 캐슬린 롤링은 1966년 영국의 치핑 소드베리라는 작은 촌락에서 태어났다. 그녀의 어린 시절에서 유별난 점이 있다면, 그건 바로 '몽상하는 기질'이었다. 그녀는 어려서부터 "우리가 ~이 되었다고 상상해 보자!"라는 말을 입에 담고 다닐 정도로 상상하는 놀이를 즐겨 했고, 자기가 만든 이야기를 손수 글로 적어서 여러 편의 동화를 쓰기도 했다.

액세터 대학 불문학과를 졸업한 조앤은 일반 비서직에 취직했으나, 항상 뭔가를 끄적거리며 공상하는 습관 때문에, 자신의 말처럼 "비서로는 아주 꽝"이었다. 결국 비서직에서 해고된 그녀는 궁여지책으로 다시 맨체스터에 있는 회사에 취직하는데, 바로 집과 맨체스터를 오가는 기차 안에서 '세기의 영감' 이라 이름 붙일 만한 영감이 떠오른 것이다. 그 후로 몇 달 동안 조앤은 여가가 생길 때마다, 한 마법사 소년과 그를 둘러싼 여러 가지 모험에 관한 온갖 아이디어를 닥치는 대로 적기 시작했다.

그리고 친척집에서 초라하게 양육되다가 어느 날 갑자기 자신이 마법사라는 사실을 알고 마법학교인 호그와트로 향하는 고아 소년 해리포터의 이미지가 구체화되기 시작한 것이다. 조앤이 머리를 싸매야 했던 것은, 바로 볼드모트라는 악인의 캐릭터였다. 그녀는 볼드모트가 보통 어린이 동화에 나오는 '나쁜 사람' 정도가 되어서는 안 된다고 생각했다. 진짜 생생한 '악' 을 소설 속에 구현하고 싶었던 것이다. 마지막으로 조앤이 신경 썼던 것은, 이 책을 아동 동화로 이끌고 갈 것이냐, 아니면 성인이라도 얼마든지 읽을 수 있는 소설로 가느냐 하는 문제였다. 그녀는 오랜 망설임 끝에 후자의 길을 선택했다고 밝히고 있다.

이 무렵 조앤은 포르투갈로 건너가 영어교사를 하고 있었고, 거기서 사랑하는 사람을 만나 결혼을 한다. 그리고 딸 하나를 낳았지만, 그 결혼은 3년도 채 못가 파경을 맞이하게 된다. 4개월된 딸 하나와 가방 하나를 달랑 들고 다시 영국으로 돌아온 롤링은, 이제는 '조앤 롤링 스토리' 에 빼놓을 수 없을 정도로 너무나도 유명해진, 그 빈곤한 시기를 겪게 된다. 최근 몇 해 동안 어린이와 어른들에게 가장 많이 읽힌 책은 해리포터의 시리즈였다.

조앤 롤링이란 이름을 가진 불쌍한 엄마는 그녀 옆에 잠든 어린 딸을 데리고 시골 커피숍에서 〈해리포터와 마법사의 돌〉을 써내려갔다고 한다. 마침내 〈해리포터 시리즈〉 첫 번째 권인 〈해리포터와 마법사의 돌〉을 완성한 롤링은, 출판을 하려면 에이전시의 도움을 받아야 한다는 사실을 막연하게 듣고, 주소록을 뒤져서 에이전트 두 명에게 각각 원고를 보낸다. 8만 단어에 이르는 방대한 원고를 복사할 비용이 없어서 가까스로 구한 구식 타자기로 손수 두 번 타이핑했다는 에피소드는 이미 너무나도 잘 알려진 얘기다. 그리고 드디어 크리스토퍼 리틀이라는 에이전트에게서 독점계약을 원한다는 답장이 오고, 에이전트의 노력으로 블룸스베리 출판사에서 겨우 2천 달러를 받고 계약을 맺은 것이

1996년이다.

조앤 롤링은 '무명시절 나는 실업자에 이혼녀였지만, 내 신세를 비관하지는 않았다. 해리포터 이야기를 쓰고 있노라면 마음이 저절로 명랑해져서 무일푼인 것도, 남편과 헤어진 것도 상관없었다. 내가 겪은 시련이 동화 줄거리에 영향을 미치지는 않았다. 헤리 이야기는 내 어린 시절 상상의 세계에 깊숙이 뿌리내리고 있기 때문' 이라고 밝히고 있다.

2) <우동 한 그릇>과 구리 료헤이

몇 년 전 이웃나라 일본의 작가 구리 료헤이(栗良 平)가 동화 <우동 한 그릇>을 써서 화제를 일으킨 일이 있다. 가난에 찌든 시대를 살았던 어머니와 어린 두 아들 사이에 펼쳐지는 감동적인 이야기로 이 동화가 발표되자 일본 전체가 눈물바다가 되었었다.

<우동 한 그릇>이 발간되고 나서 얼마 후 일본의 일간지들은 다음과 같은 기사를 앞 다투어 보도한 일이 있다. '지난 2월 일본 국회 예산심의위원회 회의실에서의 일이다. 질문에 나선 공명당의 오쿠보 의원이 난데없이 뭔가를 꺼내 읽기 시작했다. 대 정부 질문 중에 일어난 돌연한 행동에 의아했던 의원들은 낭독이 계속되자 그것이 한편의 동화라는 사실을 깨달았다. 이야기가 반 쯤 진행되자 좌석 여기저기에서 손수건을 꺼내는 사람들이 하나 둘 늘어가더니 낭독이 끝날 무렵에는 회의장이 울음바다로 변했다. 장관이건 방청객이건 여당이건 야당이건 편을 가를 것 없이 모두가 흐르는 눈물을 주체하지 못했다. 국회를 울리고, 거리를 울리고, 학교를 울리고 결국은 나라 전체를 울린 눈물의 피리가 바로 <우동 한 그릇>이란 동화다. 감격에 굶주렸던 현대인들에게 <우동 한 그릇>은 참으로 오랜만에 감동 연습을 시켜준 셈이다.' 일본의 매스컴들은 이어서 <우동 한 그릇>이야말로 '어른도 아이도 함께 우는 감동의 화제작' 이니, '국회를 울리고 거리를 울리고 결국 세계를 울린 화제작' 이라고 독자들의 여론을 종합하여 일제히 보도함으로써 동화 한 편의 힘이 어느 범주까지 미칠 수 있는가를 입증하였다.

이처럼 〈해리포터〉나 〈우동 한 그릇〉은 독자의 대상을 단순히 어린이에게만 한정시키지 않고, 모든 어린이는 물론 어른들까지 포함하고 있다는 점에서 차세대문학의 상징적 작품이라고 할 수 있다.

3. 작품의 한계성

한편 아동문학가가 성인을 대상으로 만든 작품 가운데는 오랜 세월의 흐름과 함께 내용이 비약하여 차세대문학적인 면에서 애독되고 있는 고전도 적지 않다. 디포 *Defoe*의 〈로빈슨 크루소 *Robinson Crusoe*〉, 스위프트 *Swift*의 〈걸리버 여행기 *Gulliver's Travels*〉, 〈아라비안나이트 *Arabian Nights' Entertainments*〉 등의 작품이 그것이다. 이런 작품들은 원작의 이미지를 살리면서 그 작품 속의 어른스러운 대목을 추출한 후 어린이들에게 잘 읽힐 수 있도록 꾸며 놓은 것이라 하겠다.

그와 대조적으로, 아동문학가 중에는 시적 정신을 찾아내어, 상징적 형태를 지닌 동화를 문학 표현의 한 양식으로 보아 아동문학을 어린이 대상으로만 삼지 않는 작가도 있다. 즉, 문학 정신의 발상의 형태에는 소설 · 시 · 평론 · 희곡 등 여러 가지가 있는데, 이 모두가 동화 형태가 아니고서는 발상되지 않는 문학 정신이 내포되어 있다는 점에서 성인문학에 통하는 한 장르로 보는 것이다.

이런 경우, 그 작품은 당연히 아동을 이해, 받아들임의 한계를 뛰어넘을 수가 있으나 아동문학 영역 확장에 의미를 부여할 수 있는 잇점도 있다. 이러한 작풍은 본래의 아동문학 정신과는 그 뜻을 달리한다고 보겠다. 어른을 위한 동화나 어른을 위한 동시, 즉 이상한 뉘앙스를 풍기는 것이 바로 그것이다. 어디까지나 아동문학은 아동을 대상으로 해서 만들어진 문학이지만, 한편으로는 그러한 문학이 성인들의 마음 속에 간직된 동심에도 작용을 하고 있음을 잊어서는 안 되겠다.

넓은 의미에서 차세대문학은 아동을 일차적 대상으로 씌어진 모든 문학작품을 말한다. 창작물은 물론 번역물 개작, 실용문학까지 모두 포함된다. 작가는 성인 작가를 비롯하여 아동 작가까지를 포함하며, 독자층도 유아와 아동은 물론 청소년과 성인까지 차세대문학의 독자에 포함시킬 수 있다. 또한 앞에서도 언급되었듯이 작품 내용에 있어서 성인을 위해 창작된 작품이라 하더라도 아동이 읽어 소화할 수 있는 작품이면 차세대문학의 범주에 넣을 수 있다. 세르반테스 *Cervantes*의 〈돈키호테 *Don Quixote*〉라든가 우리나라의 황순원이 쓴 〈소나기〉 등이 대표적인 경우라 할 수 있다. 한 마디로 차세대문학은 본질적으로 일반문학과 같은 성격의 예술이라는 관점에서 파악되어야 한다.

이와 다른 측면에서 이상현은 일반문학은 사람에 관한 진술이자 삶의 축도란 관점에서 '인생(人生)의 문학' 이라 할 수 있고 아동문학은 성장기 아동의 정서와 심성의 순환에 영향을 미친다는 관점에서 '인성(人性)의 문학' 이라며 두 가지 모두가 결국 인간에 관한 문학 예술적 추구란 관점에서는 다 같이 인간의 문학이라고 견해를 밝힌 바 있다.

순수창작면에서 '차세대문학' 이라 함은 성인 작가, 즉 아동문학가가 아동을 대상으로 창작한 모든 문학 작품을 말한다. 작가는 성인 아동문학가에 한정되며 독자층은 아동을 비롯하여 동심을 가진 어른들까지 포함한다. 어느 아동문학가가 아동을 위하여 창작집을 발간했을 경우 이는 협의의 아동문학에 해당된다. 그리고 협의의 아동문학을 위한 창작활동을 하는 작가만이 아동문학가라고 명명할 수 있다. 아울러 광의의 문학에서 언급된 바 아동의 작품을 아동문학의 범주에 포함시킬 경우라 하더라도 그 작품을 쓴 아동을 아동문학가라고 말할 수는 없다.

한편 이상현은 '아동문학' 이 지닌 특성을 구명하는 가운데 좁은 의미의 아동문학을 다음과 같이 정의하고 있다. 첫째, 작가가 동심을 가지거나 이를 의식하면서 어린이들이 이해할 수 있는 문장으로 동심의 세계를 조명하거나 묘파하는 문학, 둘째, 동심을 잃어버린 어린이 이외의 모든 사람들에게 동심을 회귀시키거나 동심적 충격을 주기 위해 쓰는 문학이 곧 아동문학이라는 것이다. 그렇다면 이미 언급한 대로 아동문학이라는 명칭은 성격상 차세대문학으로 바꾸어 부르는 것이 타당하다.

4. 문학의 중요성

독일의 시인 쉴러 *Schiller*는 그가 실제 인생에서 배운 것보다 어릴 때 들은 동화 속에서 더 깊은 의미를 찾았다고 말한 바 있다. 어릴 때 받은 문학교육이 인생에서 얼마만큼 큰 비중을 차지하는가를 제시해 주는 말이다. 또한 유아기에 있어서 문학교육의 중요성에 대하여 프뢰벨 *Fröbel*은 '만약에 우리들이 유아들의 자발적인 활동을 통하여 교육하고자 하는 바를 줄 수 있다면, 그리고 놀이할 때의 열의를 가지고 대하게 할 수 있다면, 그 얼마나 훌륭하겠는가? 그런데 동화는 그것이 실현되는 것이다.' 라고 언급하고 있으며, 알렉산더 *Alexander*도 '문학이란 사치스러운 것이 아니다. 그것은 장식품이나 문화적인 위치를 상징하는 것이 아니라 인격형성 과정에 있어서 가장 필수적인 것으로 창조력과 상상력을 길러준다. 유아들의 세계는 그들이 보는 것, 만지는 것, 듣는 것에 국한되지 않으며 상상의 세계를 통하여 다른 사람의 생활과 경험 · 느낌을 공감한다. 따라서 유아들에게도 여러 가지 방법을 통하여 문학작품을 즐길 수 있는 기회를 제공해 주어야 한다.' 고 어린이들의 문학 경험을 중시하고 있다.

프랑스의 초등학교 교육에서 어린이들에게 졸업하기 전까지 그 나라의 유명한 시를 200여 편 외우게 함으로써 어린 시절의 문학교육에 비중을 두고 있는 것은 우리에게 시사하는 바가 매우 크다.

아동문학의 수용자들은 문학 이론을 이해하거나 창작을 하기 위한 것보다는 문학작품을 감상하는 가운데 작품을 이해하고 즐거움을 찾고자 하는데 주목적을 둔다고 하겠다. 문학교육의 목적에 대해서는 그 동안 많은 학자들이 각자 주목할 만한 견해를 밝혀왔는데 야콥스 *Jacobs*는 이에 대하여 6가지 사항을 제시하고 있다.

① 문학은 즐거움을 준다. 아동들이 이야기 듣기를 좋아하는 것은 바로 즐거움 때문이다. 작품 속의 즐거움을 통하여 심신의 긴장을 풀게 되고 욕구불만을 해소함으로써 정신 건강에도 큰 도움을 준다.

② 문학은 인간의 마음을 깨끗이 해 준다. 훌륭한 문학작품은 병들고 속세에 찌든 인간의 마음을 맑고 깨끗하게 씻어주는 역할을 하므로 특히 어린이들은 문학작품을 통해서 더욱 신선한 동심을 간직하게 된다.

③ 문학은 작품을 통해 다른 사람들의 살아가는 모습을 체험하도록 도와준다. 문학작품을 통하여 체험하는 것을 간접체험이라 할 수 있는데, 이와 같은 간접체험을 통해서 보다 폭넓은 인생을 배우게 되고 저마다의 미래를 설계하기도 한다.

④ 문학은 생활지도의 역할을 담당해 준다. 어린이들은 문학 경험을 통하여 선과 악을 판단하게 되고, 자신의 위치를 확인하게 되며, 스스로의 행동 방향을 모색하게 되므로 무언의 생활지도 역할을 담당한다.

⑤ 문학은 창의적 활동을 유도한다. 어린이들일수록 무한한 창의력을 지니고 있다. 그들의 머릿속 깊이 감춰져 있는 훌륭한 생각들을 계발할 수 있도록 어른들은 끊임없이 유도해야 한다. 문학은 곧 창의적 활동을 유도하기 위한 가장 좋은 수단이 된다.

⑥ 어렸을 때부터 아름답고 풍부한 언어를 배우고 경험함으로써 모국어의 아름다움을 깨달을 뿐 아니라, 아름다운 심성이 도야된다는 것이다. 문학은 아름답고 선택된 언어로 구성되어 있다. 특히 유아기나 아동기에 있는 어린이들은 감수성이 예민하므로 문학경험을 통해서 자신도 모르게 서서히 인격이 형성되어 간다는 점에 유념할 필요가 있다.

또한 이원수는 어린이들이 성장과정에서 얻게 되는 생활체험의 한계성을 지적하면서 생활인식, 즉 생활체험에 앞서서 문학적인 체험의 중요성을 강조하였다. 그는 작품을 통하여 얻게 되는 문학적인 체험이 어린이에게는 필수적으로 이루어져야 한다고 말하면서, 문학적인 체험의 중요성을 다음과 같이 정리하고 있다. 즉, 정의와 불의에 대한 판단을 길러 주고, 남과 협동하는 생활의 가치와 그리고, 악에 대결하는 용기를 가지게 하여 나쁜 것을 극복하게 하며, 어려움을 이겨 나가는 인내력을 키워준다고 하였다. 이어서 성실하고 근면한 자세의 고귀함과 사랑의 중요성을 알게 하여 사랑의 깊이와 폭을 넓히게 한다고 말하고 있다. 그리고 판타지를 통하여 초자연적인 신비를 맛보게 하고, 우리가 살고 있는 이 세계와 우주의 신비를 알게 함으로써 보다 위대한 마음을 가지도록 한다는 것이다.

그밖에 문학은 어린이들에게 미와 추에 대한 의식을 바로 갖게 해 준다. 어린이들은 감수성이 예민하기 때문에 좋은 것보다 나쁜 것에 더 쉽게 오염된다. 어린이를 대상으로 하는 문학작품일수록 미의식이 풍부하지 않으면 안 된다. 생명에 대한 소중함과 경이로움, 지구상에 존재하는 모든 것들끼리 맺어지는 사랑의 아름다움, 우주만물이 정교한 질서 속에서 움직일 때 맛볼 수 있는 신비로움 등, 어린이가 문학작품을 통하여 습득해야 할 미의식은 참으로 많다. 이런 측면에서 볼 때 아동문학가들은 어린이들이 문학작품을 통해서 진정 아름다움의 의미를 찾고, 정신세계 깊숙이 미의식이 각인되도록 작품 창작에 많은 관심을 기울여야 한다. 유의할 점은, 미의식을 강조하려는 나머지 작품 속에 악이나 추의식을 지나치게 강조하는 일이 있어서는 안 된다. 앞에서도 지적했듯이 추하거나 악한 것을 너무 강조하면 어린이 마음 속에 미의식보다 추의식이 오랫동안 강하게 남아 있어 정서적 균형이 깨지게 된다.

아동문학 작품은 무엇보다도 흥미가 있어야 하고, 예술성이 있어야 하며, 어린이들이 작품을 읽으며 참된 것을 많이 배울 수 있도록 교육성을 지녀야 한다. 그러한 요건을 제대로 갖추었을 때 아동문학은 비로소 효과적으로 그 기능을 발휘할 것이다.

반면, 러셀 *Russell*은 보다 넓은 시각으로 문학교육의 목적을 다음과 같이 제시하고 있다.

① 인간의 여러 가지 삶의 모습을 넓고 풍부하게 경험시켜 준다.

② 다른 사람들의 생각이나 모험을 상상으로 다시 체험하고 재 경험할 수 있는 기회를 제공한다.

③ 문학작품을 통하여 문제해결의 통찰력을 기른다.

④ 다른 사람들의 문제와 어려움을 이해하는 데에 도움을 준다.

⑤ 나라와 민주적 이념을 사랑하도록 도와 준다.

⑥ 모든 나라에 공통적인 윤리적 가치를 알게 하여 현대사회를 살아나갈 올바른 인격의 기초를 닦도록 도와 준다.

⑦ 흥미와 정서적인 도피를 위한 기회를 제공한다.

⑧ 좋은 문학작품에 대한 항구적인 흥미와 취향을 계발시킨다.

문학교육의 목적은 결국 문학적 경험을 통해서 어린이에게 상상력 · 사고력 · 창의력을 길러주며 정서적으로 인격 형성에도 큰 도움을 준다고 할 수 있다. 또한 아름다운 언어를 만남으로 해서 모국어에 대한 긍지를 갖게 되며, 간접적 체험을 충족시켜 준다는데 그 목적이 있다고 하겠다.

5. 문학의 갈래

순수 아동문학의 장르를 크게 둘로 구분한다면 운문과 산문으로 나눌 수 있는데, 운문에는 동요 · 동시, 산문에는 동화 · 동극 · 평론을 포함시킬 수 있다. 학자에 따라서는 운문에 동시조와 동화시를, 산문에 동수필을 넣어야 한다고 주장하는 사람도 있으나 일반화되기까지는 앞으로 더 많은 시간이 지나야 할 것이다. 문학평론을 차세대문학 장르에 포함시키지 않는 경우에 대해서도 보다 신중한 검토와 연구가 있어야 할 것이다. 다만 차세대문학의 대상은 단순히 아동이 아니고 차세대문학가나 동심을 가진 성인들이기 때문에 차세대문학의 장르에 평론을 포함하는 것은 지극히 당연하다고 생각한다. 그렇지 않아도 우리의 아동문학을 포함한 차세대문학은 아직도 이론 면이나 창작 면에서 정립이 되지 않고 있다는 지적이 많은데, 그런 지적을 받는 중요한 원인 중에 하나가 평론의 부재 때문이고, 그로 말미암은 작가들의 안이한 창작태도라고 분석된다.

비평은 문학교육의 개척자로서 문학적 전통 형성에 크게 기여한다든가, 비평가는 어느 면에서 작품을 창작한 사람보다 그 작품을 더욱 잘 판단할 수 있는 사람이라는 긍정적 견해와는 달리 비평이란 문학에 기생하고 있는 표현방식이며, 기존 예술에 얹혀사는 예술인 동시에 문학의 중개인으로서 예술을 착취하고 대중을 부채질하는 문학의 기생충이라고 부정적 견해를 제시한 노드롭 프라이의 경우도 있으나 대부분의 학자들은 문학에서 비평의 위치를 중요하게 다루고 있는 것이 사실이다.

1) 기존의 장르 분류법

이재철은 문학 장르의 발달 과정을 중심으로 아동문학의 각 장르를 대략 다음과 같이 세분화하고 있다.

- 아동문학
  - 시
    - 동요
      - 전래동요
        - 구전문학
        - 기재동요
      - 창작동요
    - 동시
      - 자유시형 동시
      - 산문시형 동시
  - 소설
    - 동화
      - 전래동화
        - 구전동화
        - 기재동화(개작동화)
      - 창작동화
        - 문장동화
        - 구연동화
    - 아동소설
      - 개작소설
      - 창작소설
  - 희곡
    - 동극
      - 생활극
      - 아동극
    - 아동 시나리오

석용원은 기재동요 · 기재동화라는 용어 대신에 정착동요 · 정착동화라는 용어를 쓰고 있는데, 이는 구전문학이 유동적인 문학이라는 점을 의식할 때 타당성 있는 명칭이라고 본다. 또 분류상 개작동화를 놓고 이재철은 전래동화에 넣고 있으나 석용원은 창작동화에 분류시키고 있어 견해를 달리하는데 어떤 의미에서 개작동화란 전래동화를 현대감각에 맞게 작가의 사상과 정서 등을 주입시켜 고쳐 쓴 것이므로 전래동화 쪽에 분류하는 것보다는 창작동화에 분류하는 편이 타당하다.

한편 제임스 스미스 *James Smith*는 아동문학 장르를 대단히 폭넓게 설정하여 다음과 같이 개괄적으로 분류하고 있다.

* 그림책 *picture books*
  - 그림 이야기책 *picture-story book*
  - 삽화가 그려진 책 *books with illustrations*
  - 마더 구스 *mother goose*

* 동물 이야기 *animals books*
* 유머 이야기 *humor books*
* 시 *poetry*
* 전래동화 *folklore*
  • 신화 *myths*
  • 전설 *legends*
  • 서사시 *epics*
  • 요정들의 이야기 *fairy tales*
  • 발라드나 동화시 *ballads & story poems*
* 모험담 *adventure tales*
* 신비한 이야기 *mystery*
* 사랑 이야기 *romance*
* 환상적 동화 *fantasy*
* 사실적 동화 *realistic fiction*
* 논픽션 *non-fiction books*
  • 전기 *biography*
  • 정보를 주는 책 *information books*

2) 합리적인 장르 분류법

그러나 차세대문학의 장르를 반드시 3대 장르라는 규례 속에 한정시킬 필요는 없다. 오늘날 일반문학에서 문학평론이 버젓이 하나의 장르를 형성하고 있다는 사실을 볼 때, 차세대문학 장르에도 평론은 꼭 포함되어야 한다. 왜냐하면 평론이야말로 작품의 질을 높여줄 뿐 아니라 독자들에게 차세대문학을 바르게 이해시켜 주는 역할을 하기 때문이다. 평론이 건재할 때 비로소 차세대문학이 발전한다는 논리다. 한편의 문학작품을 놓고 분석 · 평가하면서 그 작품의 가치와 의의를 논의하는 일이야말로 대단히 중요한 작업이라고 본다.

특히 우리나라의 경우는 차세대문학 평론이 매우 빈약한 실정이므로 앞으로는 많은 문학평론가들이 배출되어 날카로운 평필로 우리나라 차세대문학 작품의 전체적인 질을 높여야 할 것이다. 아울러 동시나 동화를 쓴다고 해서 아무나 평론을 쓸 수 있다는 안이하고 막연한 생각도 버려야 한다.

또 하나, 우리나라에서는 크고 작은 아동문학상이 수십 종류 있지만 아직까지 평론분야의 시상을 꺼리고 있는 점도 차세대문학의 질을 저하시키는 요인이라고 본다. 앞으로 차세대문학 장르에 평론을 포함시켜, 시 · 소설 · 희곡 · 평론의 4분법으로 구분하는 것이 문학의 균형발전 및 시대적인 흐름에 부응하는 일이라 판단된다.

그밖에 동화적 줄거리를 가진 동화시나, 우리의 전통 시조 형식을 아동문학에 접근시킨 동시조가 있는데 이는 모두 동시 영역에 포함하여 분류하는 것이 바람직하다고 본다. 특별히 앞에서 언급한 것처럼 차세대 문학을 순수 아동문학과 실용 아동문학으로 대별한다고 볼 때, 기존의 3대 분류 방법은 의미가 없다.

따라서 차세대문학의 이상적 분류는 다음과 같이 정리할 수 있다.

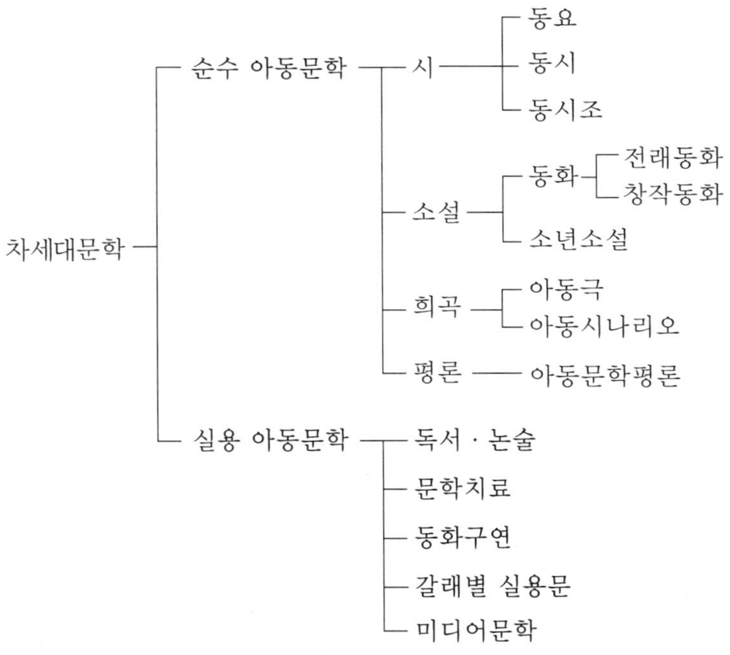

6. 작가와 문단 데뷔

1) 작 가

언급한 바와 같이 차세대문학의 작가 역시 순수문학가와 실용문학가로 구분할 수 있다. 한 마디로, 순수문학가란 동심을 바탕으로 창작활동을 하는 성인을 뜻한다. 반면, 실용문학가는 교육을 전제로 순수문학작품을 현장에 적용하는 방법을 연구 개발하는 사람을 의미한다.

따라서 동시를 쓰는 시인, 동화를 쓰는 작가, 동극 대본을 쓰는 극작가, 평론을 쓰는 문학평론가 등이 모두 순수문학가에 포함되며 동화구연가, 독서 · 논술 지도사, 독서치료사, 교재 개발 및 연구자 등은 실용문학가로 지칭할 수 있다.

한편 아동문학 작품을 어린이가 창작하고 있는 경우 작품을 쓴 어린이를 아동문학가라고 부를 수는 없다. 아무리 훌륭한 작품을 썼다고 하더라도 어린이의 경우 문학적 소양은 인정하나 인생에 대한 경험이나 학문적 기반이 아직은 미숙하기 때문에 어른들에게 하듯이 쉽게 아동문학가라는 이름을 붙여줄 수는 없다. 다시 말하면 정신적으로나 육체적으로나 아직 발달단계에 있는 어린이들에겐 아동문학가라는 이름을 붙이는게 바람직한 방법은 아니다. 요즘에 와서 어린이들 가운데 개인 동시집을 출간하여 상당한 문학적 가치를 인정받는 경우도 있으나 역시 이 경우에도 아동문학가라는 호칭을 붙여서는 안 된다.

2) 창작 태도

차세대문학가는 일반 문학 작가보다 훨씬 많은 제약성을 느끼면서 창작에 임한다. 우선 일차적 대상이 어린이라는 점을 간과할 수 없고, 오늘날을 살아가고 있는 어린이들의 생활이나 심리변화에 작가는 항상 민감하게 접근해야 한다는 어려움이 따르기 때문이다.

여기서 잠시 유경환의 얘기에 주목할 필요가 있다. 적어도 인생을 한 20년, 30

년, 40년 또는 그 이상의 인생체험을 하고 산 작가라면 모르되, 그렇지 않은 신인들이 어린이를 위한 글이나 작품을 쓰고자 할 때엔 최소한 심리학이나 교육심리학을 공부하든지, 아니면 그들과 충분한 대화를 갖든지, 아니면 이 방면의 지식을 터득하고 난 뒤에 붓을 드는 태도가 아주 중요하다.

어린이의 마음이나 지능에 있어서는 논리의 비약은 받아들여지는 일이 가능하여도 심리적인 거부반응은 흡수 소화되지 않기 때문에, 환상은 받아들여지지만 싫은 것이나 악한 것이 좋은 것으로 동일시되지는 못한다. 선과 악이 끝까지 선과 악으로 구분될 뿐인 정신 연령에선 심리적인 거부반응도 쉽사리 타협 적용되지 않는다.

그런데 때때로 교육성이라는 당위성의 압박이라든가 교훈적 결론을 위해서 어린이의 마음속에 흡수 소화되지 않는 거부반응을 억지로 적응시키려고 들거나 왜곡 굴절시키려는 작가 의도가 노출된다. 이런 작가의도의 교육성은 문학성까지도 흐려 놓는 수가 있다. 그러나 이 문제는 비단 신인들에게만 해당되는 얘기는 아니라고 본다. 차세대문학가라면 누구든지 명심해야 될 문제라고 생각한다. 흔히 많은 아동문학가들은 그들이 자라던 시대와 환경을 바탕으로 안일한 창작을 함으로써 요즘의 어린이들과 사고의 괴리가 빚어지고 있음은 곧 현대아동에 대한 이해와 연구가 부족하다는 증거이다.

다음으로 모든 문학의 작가들이 그러하듯 특히 차세대문학가의 눈은 사랑으로 충만해 있어야 한다. 사랑의 눈으로 작품을 써 나갔을 때, 그 작품은 많은 어린이들을 감동시킨다. 어린이들은 사랑에 예민한 반응을 보인다. 작품 속에 작가의 진실한 사랑이 들어있지 않을 때 어린이들은 차츰 문학작품을 멀리하게 된다. 그리고 어린이에 대한 사랑이 부족하다고 생각할 때 어린이들은 스스로 엉뚱한 방향으로 발전해 나간다. 사물 하나하나를 대할 때 차세대문학가들은 참된 사랑의 눈으로 만나지 않으면 안 된다. 어린이의 모든 문제 행동의 근원은 사랑의 부족에 있다. 벌이나 도덕적인 설교는 미움을 더할 뿐 결코 그 문제를 해결해 주지 못한다. 어린이가 사랑을 받지 못할 때는 그 대신 미움을 찾게 되어 동생을 때린다거나 가구를 부순다고 한다.

어린이가 좋아하는 대부분의 이야기는 주로 사랑의 이야기이다. 추한 괴물이 절

세의 미인을 상대로 사랑한다. 괴물이 조심스럽게 미녀에게 버림받고, 미녀를 구하고, 변함없는 사랑을 바치고 있는 동안에 드디어 미녀도 괴물을 사랑하게 된다. 한 왕자는 파랑새로 변해도 사랑하는 공주에게 충실하려고 했다. 소녀 게르다는 살아갈 기둥처럼 되어있는 소년 카이의 뒤를 따라서 눈의 여왕의 궁전까지 갔다. 인어 아가씨는 이 세상의 왕자를 사랑했기 때문에 그 몸은 죽게 되지만 마침내 불사의 영혼을 얻는다. 그들은 사랑이 어떤 것인가를 예감하고 있다. 가장 고상하고 가장 훌륭한 것으로 말이다. 사랑이란 영혼의 원리이며, 완전한 형체를 낳기 위해 서로 요구하는 두 영혼의 충동이며, 최고의 통일을 상징하는 것이라고 플라톤이 말한 것처럼 어린이들에게 사랑의 문학을 주기 위해 아동문학가들은 최선을 다해야 할 것이다.

이 밖에 여러 가지가 있지만 차세대문학가로서의 기본적인 자질을 갖추려면 부단히 연구하는 자세가 중요하다. 앞에서 언급했듯이 심리학을 중심으로 아동발달 · 아동 언어 · 교육학 · 사회학을 연구함은 물론 문학 이론에 밝아야 하고 꾸준히 남의 작품도 읽고 난 뒤 비로소 성실하게 창작에 임해야 한다.

3) 순수문학가 등단

현재 차세대문학가로서 데뷔하는 길은 크게 두 가지로 나누어 생각해 볼 수 있다. 하나는 정식으로 작품을 응모하여 일정한 심사과정을 밟아 추천을 받거나 당선됨으로써 문단에 데뷔하는 길이고, 다른 하나는 공식적인 과정을 거치지 않고 작품집을 발간하여 문인으로서 인정을 받는 길인데, 이와 같은 예는 프랑스에서 이미 보편화되고 있는 실정으로 이들을 소위 앙데팡당이라 부른다. 그러나 우리나라에서는 아직까지는 후자보다 전자의 경우를 인정하고 있는 편이다.

일반적으로 전자의 경우는 다음 세 가지의 경우로 나누어 설명할 수 있다.

첫째는 중앙 일간지 및 지방 신문사에서 매년 12월 초순까지 '동시' 또는 '동화' 장르로 작품을 공모하여 신년 1월 초에 당선작을 발표하는 신춘문예를 통하는 길이 있다. 11월 중순 경부터 각 일간지를 눈여겨 보면 신춘문예 작품 모집에 대한 공고가 1면에 나가는데 대개 12월 5일 무렵에 작품 마감을 한다.

둘째는 문학 전문지의 추천 제도를 거치는 방법이다. 일반 문학 전문잡지로는

「월간문학」지에서 4개월마다 일반 문학 장르와 함께 '아동문학' 장르의 신인 작품상 제도를 제정하여 작품을 장르별로 공모하는데 여기에 당선이 되면 바로 기성 문인으로 인정받게 된다.

차세대문학에 포함되는 '아동문학' 전문 잡지로 현재 월간지는 「아동문예」, 「아동문학」, 「어린이문학」등이 발간되고 있으며, 계간지로 「아동문학평론」, 「아동문학세상」, 「열린 아동문학」등이 발간되고 있는데, 모두 '아동문학' 장르로 추천제도에 의해 신인들을 배출하고 있다. 수시로 작품을 응모할 수 있으나 각 잡지마다 기준이 다르므로 일단 관계 잡지사에 문의를 하거나 각 잡지에 게재된 응모 요령을 잘 읽어본 다음에 작품을 제출하면 된다.

그 밖에 간헐적으로 출판사나 단체에서 '아동문학' 장르로 작품을 현상 공모하여 시상하는 경우가 있는데 이 경우는 수상을 했다 하더라도 등단을 인정받기 어려운 예가 많으므로 차세대문학가로 데뷔하기 위해서라면 신중을 기할 필요가 있다.

4) 실용문학가 자격 취득

특히, 실용아동문학에서 동화를 텍스트로 하는 동화구연지도사, 독서 · 논술지도사, 독서치료사는 자격증 취득이 필요하다. 자격증 취득은 일반적으로 국가공인자격증과 민간자격증으로 구분하는 데, 국가공인자격증은 국가기관에서 시행하고 인정하는 제도로서 현재 산업인력공단에서 시행하고 있는 자격증은 모두 국가공인자격이라고 보면 된다. 반면, 민간자격증은 민간단체 및 개인이 소정의 절차를 거친 후 적격자에게 자격증을 준다.

아울러 민간자격은 자격증 취득방법에 따라 두 가지로 구분하는 데, 하나는 각 교육기관에서 해당교육을 수료한 대상자에게 소정의 자격시험을 실시한 뒤 자격을 인증하는 경우가 있고, 또 하나는 교육과 연계하지 않고 자격증 시험만 실시하는 경우가 있다. 현재 동화구연지도사, 독서 · 논술지도사, 독서치료사 자격증은 국가공인 자격증이 없으며 모두 민간자격증으로 시행되고 있다.

동화구연지도사의 경우, 교육기관에서 주는 자격증은 각 대학교 평생교육원과 문화센터, 기타 교육기관이 있으며, 자격증만 인증하는 단체로는 (사)한국동화구연지도사협회가 있다. 독서 · 논술지도사 역시 각 대학교 평생교육원과 한우리교육원 등 기타 교육기관에서 소정의 교육을 마친 자에게 자격증을 발급하고 있다. 일정한 시험에 의해 자격을 인증하는 단체로는 (사)한국독서논술능력개발원이 있다. 독서치료사는 한국독서치료학회, 한국독서학회 등에서 자격증을 취득할 수 있으며 일정의 교육을 이수해야만 자격증 취득이 가능하다.

자격증의 신뢰도는 자격을 인증하는 절차와 객관성이 중요하므로 각자가 판단해야 할 부분이다. 더불어 이러한 자격증 취득은 주로 어린이 교육과 연계됨으로 교육자로서의 인격과 자질을 갖추는 것이 매우 중요하다.

어머니의 기도

아이들을 이해하고
아이들의 말을 끝까지 들어 주고
묻는 말에 일일이 친절하게
대답해 주도록 도와 주소서.

면박을 주는 일이 없도록 도와 주소서
아이들이 우리에게 공손히 대해 주기를
바라는 것 같이
우리가 잘못을 저질렀다고 느꼈을 때
아이들에게 잘못을 말하고
용서를 빌 수 있는 용기를 주옵소서.
우리들의 마음 속에 비열함을 없애 주시고
아이들에게
잔소리를 하지 않게 하여 주옵소서.

– 캐리마이어스의 〈자녀를 위한 기도문〉 중에서

Ⅳ. 문학의 흐름

1. 외국의 차세대문학
2. 우리나라의 차세대문학

Ⅳ. 문학의 흐름

1. 외국의 차세대문학

1) 차세대문학의 발아기

(1) 전승문학

차세대문학의 역사는 신화나 전설, 민화에서 출발했다고 할 수 있다. 이른바 전승문학이 활자가 되어 사람들에게 읽히면서부터 차세대문학이 시작된 것이다.

영국 최초의 인쇄인 캑스턴 *Caxton*(1422~1491)이 최초로 출판한 책은 1474년의 〈트로이 전쟁 이야기〉였다. 캑스턴은 어른들을 위하여 이 이야기를 썼지만 어린이 스스로가 이야기를 좋아하면서 읽기 시작하였고, 그 뒤 〈여우 레이나드〉(1481), 〈이솝 우화집〉(1484) 등 구전으로 익혀진 얘기를 간행하여 많은 사람들로부터 환영을 받았으며, 어린이를 위한 것으로는 〈세살 먹은 영리한 아이 *The Wise Child of Three Years Old*〉같은 교훈적인 책도 간행함으로써 차세대문학에 관심을 보였다.

또 미국의 그림책 화가인 원더 개그는 그의 그림책〈지나간 일은 지나간 것 *Gone is Gone*〉(1935)의 전문에서 '이것은 오래 오래된 얘기입니다. 내가 어렸을 때 할머니가 들려 준 얘기입니다. 그리고 할머니가 어렸을 때는 그 할아버지한테서 들었습니다. 그 할아버지는 보헤미아의 어린 소년이었을 무렵, 그의 어머니가 들려주었습니다. 그 어머니는 대체 어디서 들었는지 나는 모릅니다. 그러나 여러분이 얘기가 오래 오래된 얘기라는 것을 알겠지요.'라고 이 책이 전승되어온 보헤미아 민화를 기록한 것이라는 점을 밝혔다.

또한 프랑스의 페로 *Charles Perrault*는 구전되어온 민화를 동화로 개작하는 형식으로 〈페로 동화집〉(1967)을 내어 많은 어린이들의 환영을 받았는데 이 동화집 속에는 〈신데렐라〉, 〈장화신은 고양이〉, 〈빨간 모자〉, 〈잠자는 공주〉, 〈푸른 수염〉등이 실려 있다. 이 가운데 특히 계모에게 구박받던 신데렐라가 요술쟁이의 도움으로 왕자와 결혼하게 된다는 〈신데렐라〉, 꾀 많은 고양이가 자기의 주인인 방앗간 집 막내아들을 공주와 결혼하게 하는 〈장화신은 고양이〉가 당시 프랑스 어린이들에게 큰 인기를 얻었다. 〈페로 동화집〉의 특색은 옛날이야기를 그냥 모아서 엮은 것이 아니고, 아름다운 프랑스어의 간결한 표현과 이야기 가운데 많은 풍자와 교훈을 담고 있다는 점이다.

도이치란트의 언어학자인 그림 형제 *Jacob Grimm & Wilhelm Grimm*는 옛날부터 도이치란트 민족 사이에 이야기로 전해 내려온 민화, 전설 등 200편 이상을 모아〈그림 동화집〉(1812)을 내어 전승문학이 아동문학으로 성립하는데 공헌하였다. 널리 알려진 대표적인 이야기로는 늙은 당나귀와 개, 고양이, 수탉이 브레멘으로 가는 도중 도둑떼를 만나 무용담을 벌이는 〈브레멘의 음악대〉, 백설처럼 고운 공주가 계모에게 살해되지만 이웃 나라 왕자의 구원으로 되살아나 행복하게 된다는 〈백설 공주〉, 그 밖에〈헨젤과 그레텔〉, 〈개구리 왕자〉, 〈늑대와 일곱 마리 염소〉등이 실려 있다.

(2) 소설의 동화화

어린이들은 우리가 주는 것을 받을 적도 많지만 한편 자기가 원하는 것에 대해서는 손을 내미는 것이다. 그들의 마음 가운데는 풍부한 상상과 극적인 것에 끌리는 본능이 있어, 그것을 자각은 하지 않지만 탐나는 것에 대해서는 손을 내민다.

청교도주의의 걸작이라고 할 수 있는 존 번연 *John Bunyan*의 〈천로역정 *The Pilgrim's Progress*〉이 1678년에 나타났을 때 어린이들은 손을 내밀어 이것을 잡았다. 〈천로역정〉은 스스로의 신앙 때문에 박해를 받고 있던 존 번연 *John Bunyan*에 의해 옥중에서 씌어진 것이다. 이 존 번연이라는 사람은 가난한 양철집의 아들로 처음에는 그도 양철 직공이었다. 그 뒤 군인이 되었다. 군대생활을 보내는 동안에 그는 자아에 눈떠 갔다. 자신이 가장 미워할만한 배교자라는 사실을 느끼고, 다시 복음서를 읽고, 그것으로 희망과 삶의 보람을 발견하여, 마침내는 죄인의 속죄를 위하여 한 몸을 바치려고 결심하기에 이르렀다.

그리고 그는 목사가 되어 여행을 떠나 각지를 돌아다니며 끊임없이 설교를 하고 세례를 주었는데 끝내 박해를 받고 투옥되었다. 하지만 자유의 몸이 되자 곧장 다시 영혼의 목자로서 그의 사명으로 되돌아가 국교 이반파의 많은 사람들에게 이 천로역정을 주어 이것으로 그는 하나님의 예언자들과 마찬가지로 우러름을 받게 되었다. 어린이들은 〈천로역정〉에서 '거인을 쳐 없애는 재크' 와 똑같은 갖가지의 모험을 집어넣은 재미있는 옛이야기를 본 것이다. 그들은 이 얘기에서 순례 놀이를 꾸며내기도 했다. 그래서 지팡이를 잡고 모자를 쓰고 등에 괴나리봇짐을 지고 공상의 나그네 길을 나섰다. 사자를 물리치고 악한 적 아포리온과 싸우고 '의심의 성' 에 갇히고 '기쁨의 산' 을 헤맨 끝에 드디어 '왕의 궁전' 의 빛나는 문에 들어간다. 어린이들은 어른을 위해 쓴 책을 또 두 가지나 자기네 것으로 했는데, 〈로빈슨 크루소〉(1719)와 〈걸리버 여행기〉(1726)이다. 다니엘 데포 *Daniel Defoe*의 〈로빈슨 크루소〉는 원명이 〈뱃사람 로빈슨 크루소의 생애와 경이적인 모험 *The Life and Strange Suprising Adventures of Robinson Crusoe*〉인데 여기에 속편을 합해 〈로빈슨 표류기〉라고 부른다. 데포는 무인도에 4년간 혼자 살았다는 해적 알렉산더 셀카크의 생활을 모델로 하여 이 작품을 썼다고 한다. 앞의 두 작품은 18세기에 일기 시작한 시민계급을 배경으로 하는 근대소설로서 동화의 세계에 공력과 상상력의 가치를 인식시키는데 일익을 담당하였다. 그는 이 책에서 어떻게 인간이 고립된 섬에서 옷을 만들고 음식을 구하고, 잠자리를 마련하는지를 그려냄으로써 대개의 인간이 가지고 있는 거의 본능적인 여행에의 욕구를 북돋아 주고 있다. 또한 중요한 것은 살아남기 위한 현실과의 싸움뿐만 아니라 사고력과 자아를 잃지 않고 인간답게 살아가기 위한 자신과의 싸움도 묘사하고 있다는 점이다. 따라서 이 책은 어린이들에게 모험과 의지와 힘을 보여주며 어떻게 사회를 구성하고 발전시킬 수 있을까 하는 점을 보여주고 있다. 스위프트 *Jonathan Swift*의〈걸리버 여행기 *Gulliver's Travels*〉(1726)는 신랄하고 뼈를 저미는 것 같은 풍자 이야기로 어린이를 위해 쓴 것은 아니었다. 여행기 형식을 밟은 이 작품은'소인의 나라', '거인의 나라','기인의 나라', '말의 나라' 4부로 엮어졌다. 이 이야기는 영국의 항해가 걸리버가 항해 도중 난파하여 난쟁이 나라에 표착하여 높은 자리에 앉게 되고, 다시 키다리 나라에 닿아 구경거리가 되기도 하고 왕비의 총애를 받으며, 또 이상한 나라에 들려 기상천외의 일들을 경험하고, 끝으로 말의 나라에서는 말과 인간의 위치가 바뀐, 그래서 인간이 동물이 되어 인간의 가치를 잃는다는 것을 그리고 있다.

이 작품은 한 마디로 당시 영국의 정치, 사회 및 인간의 추악한 면을 풍자한 것이다. 〈걸리버 여행기〉 속에는 어린이들이 이해 못할 데가 많이 있으나 어린이들은 자기가 좋아하는 곳을 이 얘기 속에서 추려내는 것이다. 그리고 그들이 제일 마음이 끌리는 곳은 끝없이 솟는 작자의 공상력이다. 작자의 공상력은 우선 걸리버가 그처럼 재미있는 모험을 하는 작은 이 나라를 만들어 내고, 그 곳에 작은이들을 살게 하고, 다음으로 거인의 나라에서 걸리버가 똑같이 놀랍고 우스꽝스러운 경우에 떨어지는 모양을 펼쳐준 것이다.

어린이들에게 있어서 이 얘기는 1726년에 처음 나타난 때와 똑같이 오늘날도 생생하게 살았다. 〈걸리버 여행기〉는 〈로빈슨 크루소〉, 〈천로역정〉과 함께 3대 소설로 손꼽히고 있다.

2) 근대 차세대문학의 형성기

근대 아동문학의 창시자는 안데르센 *(Hans C. Andersen)*이다. 앞에서 살핀 바와 같이 근세기까지 어린이의 인격은 인정되지 않았기 때문에 어린이를 위한 문학이 별도로 존재하지 않았다. 소위 어린이를 어른들의 축소물 내지 종속물로 여겨왔다. 그러나 어린이를 위한 창작문학이 어린이를 사랑하고 이해하려는 성인들에 의해 출현되었고 안데르센은 이른바 창작 아동문학의 선구자로서 창작문학의 기틀을 마련했다고 할 수 있다.

북유럽의 대표적인 차세대문학가로서 누구보다 먼저 덴마크의 안데르센을 손꼽게 되는데, 그는 1835년부터 어린이를 위한 동화집을 내기 시작하였는데 1870년 경까지 계속해서 해마다 크리스마스 때 한 권씩 출판하여 〈미운 오리새끼〉, 〈인어공주〉, 〈벌거숭이 임금님〉등 아동문학의 최고봉으로 손꼽히는 수많은 걸작을 남긴 인물이다. 안데르센은 1805년에 덴마크의 중심부에 위치한 핀 섬의 오덴세에서 태어났다. 조그만 양화점을 운영하며 가난한 살림을 하던 아버지가 자신이 꽃피우지 못한 문학적 재능이 어린아들에게 있는 것을 발견하고 그것을 개발시키려고 애를 썼다고 한다.

그리고 안데르센의 모든 작품 세계에 흐르고 있는 풍부한 서정미는 어머니의 다정다감한 정서와 조용하고 깊은 신앙생활에서 크게 영향을 받았다. 또한 아름다운 오덴세 호반의 흩날리는 바람꽃은 어린 안데르센을 아름다운 동화의 세계로 이끌어 가기에 충분했다. 안데르센은 시와 소설을 쓰고 가수·연극배우 생활을 하는 등 다방면으로 활동했으나 결국 동화작가로서 전 세계에 알려졌다.

15세 때 배우에의 열망을 이루어 보려고 단신으로 코펜하겐으로 올라 왔으나 그의 꿈은 좌절되고 만다. 자신의 꿈과 재능을 알아주는 사람이 없어 외로움과 패배감으로 고통을 당하였지만 요나스 콜린이라는 정치가를 만남으로써 전화위복의 계기가 되었다. 그의 도움으로 슬라겔세와 헬싱고르의 라틴어 학교에서 공부하고, 마침내 코펜하겐의 대학을 졸업할 수 있었다. 라틴어 학교 시절에 이미 희곡을 발표하고 시집도 발간하여 일부 사람들에게 인정을 받았다.

1883년 이탈리아 여행에서 받은 인상과 체험을 소재로 창작한 소설〈즉흥시인〉은 독일에서부터 큰 호평을 받았고, 그가 문학가로서 알려지는 출세작이 되었다. 그리고 그해 내놓은 최초의 동화집 〈어린이를 위한 이야기〉는 그가 동화의 아버지가 되는 출발점이 되었다.

안데르센은 독신으로 지내면서 생애의 대부분을 해외여행을 하며 작품 활동을 하였다. 안데르센이 지은 동화는 모두 150여 편에 달하고 있다. 그의 동화에는 구전되어 내려오는 민화를 재구성한 것과 순수한 창작품이 있으나, 점차로 창작동화에 주력하게 된다. 〈크라우스와 소 크라우스〉, 〈들판의 백조〉, 〈바보 한스〉, 〈불 켜는 상자〉등은 대표적인 창작품이다. 재구성한 민화의 대표작으로는 〈인어 공주〉, 〈벌거숭이 임금님〉, 〈성냥팔이 소녀〉, 〈빨간 구두〉, 〈미운 오리 새끼〉 등을 들 수가 있다. 일생을 고생하며 지내던 어머니를 기리며 쓴 〈저 여자는 쓸모없다〉라는 특이한 작품도 있다. 자서전인 〈나의 생애 이야기〉는 전기문학에 있어서 매우 중요한 위치를 점하고 있다.

폴 아자르는 안데르센을 일컬어 왕이라는 칭호를 부여하고 있다. 안데르센은 이야기라는 작은 테두리 속에 우주의 온갖 무대를 넣을 수 있었고, 생명이 있는 것과 생명이 없는 것의 영혼 속에 아무도 들어갈 수 없는 것을 그는 할 수 있기 때문이다. 생명이 없는 물체가 살아 있는 것처럼 움직이거나 소리를 내도록 할 수 있기 때문에 그는 훨씬 더 멋지다.

3) 차세대문학의 전성기

안데르센에서 시작된 차세대문학의 개화는 영국의 소설가 캐롤 *Lewis Carroll*이 쓴 〈이상한 나라의 앨리스 *Alice's Adventures in Wonder-land*〉(1865)에 이르러 절정을 이룬다. 이 이야기는 어느 날 앨리스가 토끼를 쫓다가 토끼 굴 속에 들어갔는데 그 굴 속은 바로 이상한 나라였다는 공상의 세계로부터 시작된다. 앨리스는 놓쳐버린 토끼를 찾아다니다가 괴상한 일들을 겪는다. 몸이 커졌다 작아졌다 하는가 하면 자기가 흘린 눈물이 괴어서 생긴 못에 빠져 허우적거리기도 한다. 그 곳에는 토끼 · 도마뱀 · 개구리 · 가짜 바다거북 · 트럼프 등이 등장하는데, 갑자기 트럼프들이 우르르 덤벼드는 바람에 깜짝 놀라 눈을 뜨니 앨리스는 언니의 무릎을 베고 깜박 잠들어 꿈을 꾸고 있었다는 얘기로 끝맺음되는데, 그 내용이 그 때까지 지배해오던 교훈적인 면을 완전히 벗어나 어린이들에게 순수한 기쁨과 즐거움을 주기 위한 환상적인 것이었다는 점이 특이하다.

캐롤은 옥스포드 대학의 교수이며 공상과는 거리가 먼 수학자였으나 앨리스의 세계는 공상으로 가득 차 있다.

4) 시대별 대표작품

(1) 피노키오와 쿠오레

19세기에 들어서자 이탈리아에서는 조국 재건을 위한 새로운 정신 교육이 강화되었는데 차세대문학 역시 활발한 움직임을 보였다. 1881년 콜로디 *Carlo Collodi*가 「유아신문」이 창간되면서 연재한 〈피노키오 *Pinocchio*〉는 이탈리아의 다음 세대를 짊어져야 할 어린이들에게 인간성 자각을 촉구했던 세계 차세대문학사상 금자탑이었다.

콜로디는 애국 사상이 매우 깊었는데 그의 본명은 파울로 로렌찌니 *Paoli Lorenzini*로서 작가 생활을 시작하면서 어머니의 고향 이름인 콜로디를 필명으로 썼다. 처음 〈피노키오〉가 연재될 당시는 어린이들을 위한 읽을거리가 많지 않아 교훈적이 아니며 순수한 즐거움만을 주는 것이었기 때문에 상당한 반응을 보였다. 연재되었던 피노키오 이야기는 1882년에 콜로디에 의해 한 권의 책으로 엮어졌다.

제페트 할아버지는 나무토막으로 꼭두각시 인형을 만들고 피노키오라는 이름을 붙여 착한 어린이로 만들기 위해 학교에 보낸다. 그러나 피노키오는 공책을 팔아서 그 돈으로 극장 구경을 간다. 극장에서 나오다 나쁜 여우와 고양이에게 속아서 돈을 빼앗기고 느티나무에 묶이게 된다. 위험한 지경에 이르렀을 때 선녀의 도움을 받아 살아나는데도 선녀에게 거짓말을 하여 코가 길게 늘어나게 된다. 이렇게 나쁜 짓만 하던 피노키오가 마음을 고쳐먹고 할아버지에게 극히 효성스럽게 대하는 것을 보고 선녀들이 사람의 아들이 되게 해 준다는 이야기로, 비록 말썽도 부리고 거짓말도 하지만 전혀 악하지 않은 순수한 모습의 피노키오를 어린이들이 사랑한다는 것은 당연하다.

〈쿠오레 *Cuore*〉(1886)는 이탈리아의 아미치스 *Amicis*에 의해 창작되어 19세기 이탈리아 차세대문학의 정점을 이루면서 20세기로 발전해 왔다. 일명 사랑의 학교라고 불리는 이 작품의 제목〈쿠오레〉란 이탈리어로 '진심, 애정, 심장' 의 뜻을 지니고 있다. 이 책에는 여러 가지 성격의 소년 소녀들이 등장하는데, 어느 이야기를 들어도 사랑과 우정, 그리고 조국 이탈리아에 대한 애국심이 넘치고 있다. 이 책은 초등학교 3학년이 쓴 1년 동안의 이야기 형식으로 되어 있다. 엔리코 라는 소년이 쓴 일기로서, 그 사이 사이에 집안 식구들이 보내준 편지와 담임선생님인 펠보오니 선생님이 들려주신 그 달의 이야기들이 들어 있다. 그 중에서 유명한 것이 소년 마리오를 주인공으로 한 〈난파선〉이라는 이야기이다.

(2) 19세기의 기타 작품

영국의 스티븐슨 *Robert L. Stevenson*이 쓴 유명한 〈보물섬 *Treasure Island*〉

(1883), 영국 차세대문학의 거성이라고 말하는 키플링 *Kipling*의 〈정글북 *Jungle Book*〉(1894), 오스카 와일드 *Oscar Wilde*의 〈행복한 왕자 *The Happy Prince and Other Fairy Tales*〉 (1888)는 당시 영국의 명작이었다.

미국에서는 스토우 *Stowe* 부인의 〈톰아저씨의 오두막집 *Uncle Tom's Cabin*〉(1852), 올코트 Alcott의 〈작은 아씨들 *Little Women*〉(1868), 마크 트웨인 *Mark Twain*의 〈톰소여의 모험 *The Adventures of Tom Sawyer*〉(1876), 버네트 *Burnett*의 〈소공자 *Little Lord Fauntleroy*〉(1886), 〈소공녀 *A Little Princess*〉(1888) 등의 작품이 창작되어 세계 어린이들에게 애독되어 왔다.

프랑스의 말로 *Malot*가 쓴 유명한 〈집 없는 아이 *Sans Famille*〉(1878)를, 르나아르 *Renard*는 〈홍당무 *Poil de Carotte*〉(1893)를, 베르네 *Verne*는 〈달나라 여행 *De la Terre a la lune*〉(1865), 〈해저 2만 마일 *Vingt mille lieues sous les mers*〉(1870), 〈80일간의 세계일주 *Tour du monde en quatrevingts jours*〉(1873), 〈십오 소년 표류기 *Deux ans de Vacance*〉(1888) 등의 작품을 써서 명성을 떨쳤다.

특히 베르네의 작품 속에 나오는 내용들은 신기할 정도로 현재의 과학적인 현상으로 나타나고 있다는 사실에 주목할 만하다. 예를 들면, 비행기 · 잠수함 · 라디오 · 텔레비전 · 전기시계 · 백열등 · 우주여행 등 현대과학의 산물들이 그 당시 베르네의 작품 속에 나타나 있다는 점이다.

그밖에 스위스의 여류작가 슈피리 *Spyri*가 쓴 〈하이디 *Heidi*〉 (1881)는 〈알프스의 소녀〉로도 알려져 있는데 세계적으로 유명한 작품이며, 러시아의 문호 톨스토이 *Tolstoi* 작품 〈바보 이반 *Skazka ob Ivane Durake*〉 (1884) 등은 오늘날까지 많은 어린이들에게 읽혀지고 있는 세계적인 명작이다.

(3) 20세기의 차세대문학

20세기에 들어서면서 스코틀랜드 출생의 영국 작가인 제임스 베리 *James Barrie*의 걸작 〈피터 팬 *Peter Pan and Wendy*〉(1911)이 어린이들을 열광케 했다. 나뭇잎으로 만든 옷을 입고 하늘을 마음대로 날아다니는 소년 피터 팬은 태어난지 얼마 되지 않아 요정이 되어 어느 날 밤 소녀 웬디네 집에 몰래 숨어 들어간다. 거기서 웬디, 존, 마이켈 등 세 사람도 요정의 가루를 바르고 마음대로 하늘을 날 수 있게 된다. 그리하여 세 사람은 피터 팬의 섬을 향해 출발한다. 섬에 돌아온 그들은 힘을 합쳐서 해적들을 정벌하고, 포로가 되었던 인디언의 여왕을 구출하여 섬에는 또다시 평화가 찾아온다. 그리고 웬디를 비롯한 세 사람은 피터 팬에게 전송을 받으며 그리운 자기 집으로 돌아간다는 얘기이다.

영원히 어른이 되지 않는 신기한 〈피터 팬〉은 세계의 어린이들 뿐 만 아니라 모든 어른들까지 사랑을 받는 작품이다. 〈피터 팬〉에는 어린이들을 열광케 하는 무궁무진한 공상이 가득 차 있고 어린이들이 좋아하는 재료는 모두 들어 있다고 해도 과언이 아니다. 20세기 아동문학사에서 특기할 만한 일은 유아를 위한 훌륭한 작품의 출현이다. 영국 극작가 밀느 *Milne*의 〈아기 곰 푸우 *Winnie-the-Pooh*〉(1926)가 곧 그것인데 푸우의 이야기는 유아의 세계를 정확하게 파악했을 뿐 아니라 먹보 푸우를 통해서 유아의 심리 상태를 잘 보여주고 있으며, 유머와 풍자가 알맞게 접맥되면서 순박한 어린이의 마음을 잘 드러내 주는 작품이다.

어느 날 장난감 곰 푸우는 콧노래를 부르며 숲 속을 걷고 있었다. 토끼 굴 앞에 이르자 토끼를 따라 굴 속으로 들어가 먹보인 푸우는 음식을 배가 터지도록 잔뜩 먹는다. 그러나 굴을 빠져나오려고 하지만 너무 배가 불러 머리밖에 나올 수가 없어 하는 수 없이 1주일 동안 아무것도 먹지 않고 굶으며 살이 빠지기를 기다리는 수밖에 없었다. 1주일 동안 굶을 생각에 먹보 푸우는 눈물을 뚝뚝 흘린다는 얘기이다. 어린이 방에 있는 장난감 동물들을 교묘하게 의인화하면서 밝고 기지에 찬 이야기로 미소를 금치 못하게 해 주는 명작이다.

밀느는 그밖에 〈옛날에 옛날에 *Once Upon a Time*〉(1915)라는 요정 이야기를, 세 살된 그의 아들에게 들려주기 위하여 쓴 〈우리가 어렸을 때 *When We Were Very Young*〉(1924)를 출판하여 좋은 반응을 얻었다.

키플링은 루소의 자연주의의 영향을 받은 정글의 모험담 〈정글북〉외에 유년문학 · 학교 이야기 · 역사소설에 새로운 틀을 만들어 놓았으며, 그레이엄의 아름다움과 시와 웃음을 담은 〈즐거운 시냇가〉는 사람들에게 즐거움을 주었고, 네즈빗은 〈보물 찾는 어린이들〉에서 자연스러운 어린이의 모습을 포착하였으며, 〈모래의 요정〉에서 모르즈 워스가 창조한 판타지를 완성하였다. 포터의 〈피터래빗〉과 배너먼의〈꼬마 삼보〉도 전체적인 풍요로움의 산물이라 할 수 있다. 여기에 대가족 집안의 일상생활을 다룬 자퍼의 〈사랑의 일가〉와 꿀벌 중심의 곤충이야기를 통해 인간 세계를 빗대는 본젤스의 〈꿀벌 마야〉 등의 독일작품들을 더하면, 옛것을 포함하면서도 새로운 움직임이 뚜렷이 나타남을 볼 수 있다. 스웨덴의 교육부가 어린이에게 조국을 가르치기 위한 이야기를 써달라고 라게를 뢰브에게 의뢰한 결과 씌어진 〈닐스의 이상한 여행〉 등도 각국이 의식적으로 차세대문학을 중요하게 여기기 시작한 것이라고 볼 수 있다.

제2차 세계대전 뒤에는 세계평화의 이상, 국제간 협조의 강화, 문화교류 등 많은 요인이 겹쳐져, 차세대문학이 세계적인 관심사로 떠올랐다. 스웨덴의 A. 린드그렌은 초능력 소녀의 기상천외한 모험 〈말괄량이 삐삐〉, 환상적인 영웅담 〈백마의 왕자 미오〉 등으로 어린이의 내면세계와 행동을 교묘한 이야기로 구성하였다. 현실감이 풍부한 이야기로서 운네르스타트와 페터슨 등이 향토색 짙은 소년 · 소녀를 묘사하였다. 노르웨이에서는 그림과 곡이 들어 있는 인간미 넘치는 코미디인 에그네르의 〈유쾌한 도둑들〉과 갑자기 숟가락만큼 작아지는 주부이야기인 프로이센의 〈작은 숟가락 아줌마〉가, 핀란드에서는 〈무민 계곡의 혜성〉으로 시작하는 얀손의 〈 무민 시리즈 〉가 나왔다. 1930년대에 브뤼노프의 〈바바르〉가 나왔을 뿐 부진했던 프랑스도 기요가 〈코끼리 사마〉와 그 밖의 동물이야기를 썼고, 베르나의 〈목 없는 말〉, 보스코의 〈소년과 강〉등이 나와 풍성해졌는데, 가장 유명한 것은 인간에 대한 깊은 사색이 담겨진 생텍쥐페리 *Saint-Exupery*의 〈어린 왕자 *Le Petit Prince*〉이다.

〈어린 왕자〉는 그가 43세 때에 미국에서 발표했던 동화로 위대한 인간의 자유에 대한 증언이다. 저자가 운명하고 난 다음, 즉 1945년에 출판되었는데, 단순하고 소박하면서도 격조 높은 문장으로 서술되었고 사상성이 매우 짙은 작품이다. 생텍쥐페리는 미국에 있으면서 프랑스에서 배를 주리고 추위에 떨고 있는, 그래서 위로를 받아야 할 처지에 있는 점령하의 프랑스 저항인 들에게 격려를 해 주어야 할 의무를 느끼게 된다. 이 책에서 강조되고 있는 것은 한 인간의 길들인 것에 대한 사랑이다. 생텍쥐페리의 환상은 자유와 불란서이다. 〈어린 왕자〉에서 환상에 대한 아름다움을 다음과 같이 적고 있다.

> "사막은 아름다워" 그가 덧붙여 말했다. 그리고 그것은 사실이었다. 나도 옛날부터 사막을 좋아했다. 모래 언덕에 앉아 있으면 아무것도 안 보이고 아무 소리도 안 들린다. 하지만 무엇인가가 조용히 빛이 난다.
>
> "사막이 아름다운 건, 어디엔가 우물이 숨어 있어서 그래." 그가 말했다.
>
> 나는 갑자기 모래의 그 신비스러운 번쩍거림을 이해하게 되었다. 내가 어린애였을 때, 나는 고가에서 살고 있었다. 전설에 의하면 거기에는 보물이 숨겨져 있다는 것이었다. 물론 그 누구도 그걸 발견해 내지 못했다. 어쩌면 찾아보지도 않았을 것이다. 그러나 그것 때문에 그 집은 매력이 있었다. 내 집은 그의 가슴 깊숙이에 한 비밀을 숨기고 있었다…….
>
> "그래." 나는 어린 왕자에게 말했다.
>
> "집이건, 별이건, 사막이건, 그것들을 아름답게 하는 것은 눈에 안 보이는 것이야."

영어권에서의 발달도 괄목할 만하여, 영국에서는 서트클리프의 〈등불을 들고〉, 하넷의 〈양털 꾸러미〉 등 고증과 상상력에 의한 치밀한 역사소설과 메인의 날카로운 심리통찰과 신선한 문체에 의한 〈5월의 꿀벌들〉, L. 보스턴의 고가 팬터지 〈그린노의 어린이들〉 등이 속속 출간되었다. 그 중에서도 영원한 삶과 신을 탐구한 *C. S.* 루이스의 〈최후의 싸움〉을 중심으로 하는 〈나르니아나라 이야기(7권)〉와 톨킨의 〈반지 이야기(3권)〉는 아동문학, 특히 판타지의 가능성을 크게 넓혀 오늘날에도 큰 영향을 미치고 있다. 또한 피어스의 〈한밤중에 톰은 뜰에서〉도 이 시기의 걸작으로 꼽힌다. 미국의 사실주의는 네덜란드계 데용의 〈황새와 여섯 어린이들〉에 의해서 어린이의 내면을 탐구하는 깊이를 얻었으며, 오델의 〈푸른 돌고래 섬〉에 의해서 고도의 문학성을 획득하기에 이르렀다. 판타지에서도 화이트의 〈샬로트의 선물〉처럼 현실감과 비범한 착상이 융합되어 아름다운 작품이 만들어졌다. 1950년대는 이상주의와 낙천적 기류가 지배했으며 또 아동문학다운 틀이 암암리에 지켜지던 시기였다.

도덕관의 변화, 과학기술의 급속한 발전 특히 매스 미디어의 확대, 경제발전

등이 상승작용을 하여 어린이를 둘러싼 상황도 크게 변화하였고, 아동문학도 급격한 질적 변모를 가져왔다. 그 하나는 골딩의 〈파리대왕〉과 샐린저의 〈호밀밭의 파수꾼〉등 성인소설로 보았던 작품들이 아동문학의 바로 바깥에 위치할 정도로 범위가 넓어졌다는 것이다. 상징적인 작품은 영국의 타운센드의 〈아놀드의 무더운 여름〉으로, 16세 소년의 희망 없는 생활의 실태묘사가 격렬한 논쟁을 초래하였다. 이후 영국에서는 월시, 페이튼, 클레트 등이 이 분야에서 노력하고 있다. 영역의 확대는 또 어린이와 상황을 보다 사실적으로 파악하는 관점을 가져왔다. 독일에서는 리히터가 나치 정권하의 유대인의 비극을 〈그 무렵 프리드리히가 있었다〉로 종합하고 해르틀링은 〈힐베르라는 아이가 있었다〉에서 장애아의 문제를 정면에서 주시하였다. 또 오스트리아의 뇌스틀링거는 패전 직후의 오스트리아 상황을 어린이의 눈으로 그린 빈틈없는 사실주의 작품 〈그해 봄은 빨리 찾아왔다〉등으로 새로운 매력을 창조하고 있다. 보다 현실에 접근하고자 하는 흐름은, 필연적으로 어린이를 둘러싼 차별 · 편견 · 몰이해 등에 대한 강한 비판을 모티프로 하는 작품을 탄생시켰다. 영국은 이러한 경향이 드물었으나 70년대 중반부터 애실리, 리슨, 니들 등이 인종차별 · 계급차별에 대한 비판과 어린이에 대한 어른의 책임 등을 날카롭게 지적하는 작품들을 쓰기 시작하였다. 미국에서는 〈바빌론까지는 몇 마일〉에서 흑인소년의 몽상과 현실을 어린이의 눈으로 정확하게 파악한 폭스, 〈그로버군〉에서 극한 상황에서의 어린이의 강한 면을 묘사한 클리버, 〈나는 아릴라〉에서 미국 흑인과 인디언의 역사와 꿈과 현실을 말한 해밀턴 등에 의하여 문제를 제기하고 항의하는 단계를 훨씬 넘어서는 높이에 도달하였다. 판타지의 분야에서도 서사시적 판타지에 가너의 〈올빼미 모양의 접시〉, 귄의 〈그림자와의 싸움〉등이 탄생하였으며, 독일에서는 메르헨의 전통과 철학성이 짙은 엔데의 〈끝없는 이야기〉가 신선한 세계를 열었다.

20세기 차세대문학의 대표적인 특징 한 가지를 들면, 일반 문학의 저명한 작가들이 환상적인 동화를 많이 썼다는 점이다. 예를 든다면 프랑스의 모리야끄 *Mauriac*가 〈장난꾸러기〉, 모로아 *Maurois*가 〈무엇이든지 할 수 있는 나라〉를 썼고, 독일의 헤르만 헤세 *Hermann Hesse*는 〈우화집〉을, 오스트리아의 잘텐 Salten은 동물에 관한 이야기를 시적으로 표현한 〈밤비 *Bambi*〉와 〈밤비의 아이들 *Bambis Kinder*〉을 창작한 것이라고 하겠다.

그리고 알키 제이 *Alki Zei*의 〈온실 속의 살쾡이 *Wildcat under Grass*〉가 1968년 이솝의 나라 그리스에서 발행되었고, 베트남의 보딘 *Vo-Dinh*은 〈임금님의 아저씨인 두꺼비 *The Toad is the Emperor's Uncle*〉를 1970년에 발표하여 주목을 끌었다.

그 밖에 리히터의 〈그 무렵 프리드리히가 있었다〉, 클리버의 〈그로버군〉, 주디 블루머의〈어느 못난 4학년 이야기〉, 코미아의 〈초콜릿 전쟁〉, 엔데의 〈끝없는 이야기〉, 미셸 토르니에의 〈엄지손가락 중의 가출〉, 마히의 〈유령 출몰〉, 마레르바의 〈슈퍼 형사 돼지〉, 마히의 〈우주의 카탈로그〉, 토크마코와의 〈그리고 즐거운 아침이 온다〉, 멜빌 버제스의 〈마약〉, 파인의 〈튤립의 감촉〉 등이 20세기 말을 장식했다.

한편 이웃나라 일본에서는 안도오 미끼오 안둥미기부의 〈정글짐이 잠겼다〉, 화다노보루의 〈곤충인간의 아침〉, 우에노 료오의 〈상투쟁이 공놀이 노래〉, 오오이시 미꼬도의 〈이상한 회리바람〉등이 화제를 모으기도 했다.

그러나 21세기 차세대문학 최대의 화제작으로 일본의 구리 료헤이가 쓴 〈우동 한 그릇〉과 미국의 조앤 롤링이 쓴 〈헤리포터〉시리즈를 빼 놓을 수 없다.

2. 우리나라의 차세대문학

우리나라 차세대문학의 역사는 차세대문학 발아기와 차세대문학 성장기로 대별할 수 있다. 우리나라의 경우, 차세대문학이 본격적으로 시작된 역사는 오래되지 않았기 때문에 1945년 일제 식민지로부터의 광복한 시기를 분기점으로 그 전과 후를 이야기하는 것이 합리적이라는 생각이다. 우리나라 차세대문학의 태동은 갑오경장 이후 육당 최남선이 1908년에 창간한 『소년』지로 보는 견해가 지배적이기 때문에 우리나라의 실질적인 차세대문학의 시발점을 1908년에 두고, 이때부터 1945년 광복까지를 발아기, 광복 이후 현재까지 차세대문학이 아직 정착되지 않은 성장기로 나누어 검토하고자 한다.

1) 차세대문학의 발아기(1908~1945년 광복이전)

우리나라의 차세대문학사를 시대 구분한다는 것은 대단히 어려운 작업이다. 문학사가 참을 기술한다는 점에서 볼 때는 과학이지만, 미를 다룬다는 점에서 볼 때 예술이어야 한다는 양면성 이외에도 여러 가지 역사적인 수난으로 문학활동의 변수가 많기 때문이다.

발아기의 차세대문학은 20세기에 개화 · 계몽사상을 통하여 새로운 아동관이 형성됨으로써 이루어졌다고 할 수 있다.

세계적으로 근대 차세대문학이 성립된 것은 18세기이지만 한국의 경우 20세기에 들어서서 어린이에 대한 인식이 눈뜨면서 근대 차세대문학이 이루어졌다. 우리나라의 차세대문학은 새로운 문화운동과 더불어 싹텄다. 1894년 갑오경장을 계기로 우리 한국의 근대사는 정치, 사회, 문화, 교육 전체에 걸쳐서 서구문화의 영향을 받아 획기적인 변화가 일어났다. 그 중에서도 주목할 것은 정치 사조였다. 옛날의 속국 같은 것이 아니고 자주독립을 해야 한다는 근대 민족국가의 정치사조가 앞장을 서서 성행한 시대였다. 갑오개혁 때의 신정부의 선포문 속에서 반상제도, 직업의 천별 등을 폐지한다는 사회제도의 개혁이 뒤따랐다. 사회운동으로는 신생활 운동이 일어나고 특히 신교육의 기운이 전국적으로 퍼져서 각처에 신식의 학교들이 설립되었다. 새로운 교육, 새로운 학문, 근대과학의 습득, 이런 것들이 시대적인 큰 기운을 불러일으켰다. 문화운동으로서 주목을 끈 것을 전세기말에 와서 처음으로 일간신문이 발간되고 또 그 신문이 순 한글로써 표현된 사실이다.

우리 문학사에서도 금세기 초에 신문학운동이 일어난 것은 그 개화기라는 정치, 사회, 문화 전반의 서구문명적인 면모와 그 기운을 배경으로 하고 이룩된 것이었다. 특히 수 천 년 간 우리 사회를 지배해 왔던 유교사상은 장유유서라는 아동 경시 사상을 가중시켜 왔는데 개화기의 신문화 운동을 계기로 어린이의 인격과 개성을 존중하려는 운동이 일기 시작했다.

(1) 최남선과 「少年소년」

1908년 11월 1일에 최남선에 의해 「소년」이 간행되면서 '소년문학'·아동문학'이란 용어가 사용되었고, 개화·계몽사상에 의해 관념적 아동관이 성립되었다. 「少年소년」지는 우리나라 최초의 차세대문학 잡지로 이 땅에 현대 차세대문학의 싹이 트게 하였다. 국판 84면의 본문과 3장의 화보로 엮어진 이 잡지의 창간호에는 간행 취지를 '우리 대한으로 하여금 소년의 나라로 하라. 그리하랴 하면 능히 이 책임을 감당하도록 그를 교도하여라.'고 밝혔고, 문예물의 대부분이 어린이를 대상으로 편집하였다. 특히 현대시의 선구인 신체시 〈해에게서 소년에게〉가 최초로 발표되어 문단의 주목을 받았다. 「少年소년」지는 1908년 11월부터 1911년 5월까지 4년간 만 31개월에 걸쳐 통권 23호까지 발간되었는데, 1910년(8월호·통권 20호)에 이르러 발매금지와 정간처분을 동시에 받았다가 3개월 만에 해금되어 같은 해 12월 15일(12월호·통권 21호) 다시 속간되었으나, 그 후 가중해진 일제의 탄압으로 이듬해 5월까지 단지 2회를 끌다가 마침내 발간 정지를 받은 비운의 잡지이기도 했다.

「少年소년」지가 일제에 의해 폐간되자 1913년 1월에 이광수의 제자 김여제를 발행인으로 한 「붉은 져고리」가 창간되어 4·6배판 총 18면 정도로 월 2회씩 1913년 7월까지 통권 12호를 내고 총독부의 명령으로 폐간 당했다. 이 잡지는 「少年소년」지보다 아동문학의 요소가 더욱 강하게 나타나 있다는 점과 동화·동요·우화 등 당시 '아동문학' 장르를 작품마다 분명히 제시하여 발표했다는 점에 주목할 필요가 있다.

당시 「붉은 져고리」에 발표된 동요 〈바둑이〉 한 편을 보면 현대 동요의 형태를 갖추어가고 있음을 발견할 수 있다.

> 우리 집 바둑이는 어여쁘지요
> 아침마다 학교에 가는 때 되면
> 문밖에 대령했다 앞장 나서서
> 겅둥둥 동구까지 뛰어 나와요.
>
> -〈바둑이〉 1절

「붉은 져고리」가 폐간 당하자 1913년 9월에 최남선은 새로운 아동잡지 「아이들 보이」를 창간하였고, 최남선이 이광수로 하여금 편집에 관여케 해온 「새별」도 동시에 창간하였다. 「아이들 보이」는 1914년에 8월까지 통권 12호를 마지막으로 폐간되는데, 목차나 본문 내용에 있어서 인명을 제외하고는 모두 한글로 전용했다는 점이 특징이다. 또한 목차의 상단에 책 표지를 '책 거죽' 이라고 표기한 점이나 「소년」지에서 '통기(通寄)' 라든가 '기별(奇別)' 이라 쓰던 말을 '엿줍난 말씀' 으로 표기하여 한자어를 우리말로 바꾸어 쓰려는 움직임도 주목할 일이다. 그러나 무엇보다도 이 잡지 속에서 현대 차세대문학에 근사한 작품들이 발견된다는 점에 그 문학사적 의의가 있음을 간과해서는 안 된다.

마지막으로 「새별」지의 창간이다. 1913년 9월에 창간된 「새별」은 1915년 1월까지 총 16호가 발간되는 동안 그 이전의 잡지들보다 문예란에 충실하려고 했던 점이 특색이다. 특히 「새별」에 연재되던 "읽어리"는 문예류 강좌, 실제 작문 예시, 작품 모집 및 평을 게재하여 경향 각 학교의 필수 참고서로 채용될 정도로 인기를 독차지하였다. 「새별」이 폐간되면서 차세대문학은 사실상 발표 무대의 상실로 침체기를 맞게 된다. 아동문학가도 없었고, 아동문단도 존재하지 않던 시기가 바로 이 무렵이다.

최남선의 〈경부철도가〉는 창작동요의 출발점이 되었고, 안국선의 〈금수회의록〉은 최초의 우화 체 어린이소설이다. 또한 이광수의 초기소설 〈어린 희생〉(1910), 〈어린 벗에게〉(1917) 등은 초기 아동문학 작품이다. 이광수의 〈정육론〉(1908)은 루소의 〈에밀〉에 나타난 교육관과 상통하여 기성세대의 비난을 받기도 하였다.

(2) 방정환과 「어린이」

1920년대 방정환에 의해 현실적 · 실천적 아동관이 정립되면서 본격적 아동문학이 이루어졌다. 그는 최초의 세계명작동화집 〈사랑의 선물〉(1922)을 내었고, 아동문학잡지 「어린이」(1923)를 창간하였다. 1920년대에 들어서 소파 방정환의 출현으로 한국 아동문학계는 획기적인 전환점을 가져온다. 소파는 1921년 겨울에 세계명작동화들을 번안하여 1922년 초에 〈사랑의 선물〉이라는 책을 펴

냈다. 그 밖에 천도교소년회를 중심으로 동화대회를 개최하는 등 활발한 움직임을 보였으나 그의 본격적인 아동문학의 출발점은 곧 1923년 3월 20일에 창간된 「어린이」 잡지로부터 시작된다. 「어린이」지는 1923년부터 1934년까지 12년 동안 통권 122호를 발행하였는데, 소파가 작고한 뒤에 편집인도 이정호, 신형철, 최영주, 윤석중의 순으로 바뀌었다. 처음에는 독자가 없어 냉대를 받아오던 이 잡지가 편집진과 집필자들의 노력에 의하여 통권 76호(1930년 7월호)에 이르러 평균 3만부 이상이 팔렸다고 하는 기록에서 당시 「어린이」지의 인기와 영향력을 확인할 수 있다. 이 잡지의 창간을 계기로 '어린이' 라는 호칭을 소파가 처음으로 사용했을 뿐 아니라 1922년 5월 1일 천도교소년회를 중심으로 이듬해 5월 1일에 거국적인 '어린이 날' 을 제정한 점이다.

1923년 5월에 창립한 최초의 어린이문화 단체인 '색동회' 와 더불어 어린이의 보육, 어린이의 정신지도에 공동보조를 취했다는 점에도 주목해야 한다. '색동회' 회원은 「어린이」지의 집필진이 되어 본격적인 아동문학 작품을 발표하였는데, '색동회' 의 창립회원인 손진태, 윤극영, 정순철, 방정환, 고한승, 진장섭, 강영호, 조재호, 정병기 등이었다. 내용에 있어서도 문예물이 반 이상의 비율을 차지하고 오락물이 25%, 교양물이 10%, 교훈적인 것과 기타가 15% 정도로 구성되어 있다. 문예물은 특히 동화에 많은 지면이 할애되었는데 작가로서는 방정환, 진장섭, 고한승, 마해송, 이정호, 최병화, 연성흠 등이 두드러지게 활동했고, 방정환, 한정동, 유도순 등이 동요를, 정인섭, 신고송 등이 동극을, 윤극영, 정순철 등이 동요작곡가로서 부지런히 붓을 들었다. 1925년에 「어린이」지를 통하여 서덕출의 〈봄편지〉가 입선됨을 필두로 윤석중, 이원수, 윤복진 등이 연이어 등장하였다. 이 무렵에는 한정동, 강소천, 목일신, 박경종, 박목월, 김영일 등이 등장하여 이른바 동요의 황금시대를 맞는다. 그러나 1931년 소파가 작고하면서부터 「어린이」지도 점차 그 영향력을 상실하여 마침내 프로문학파에 의해 한동안 변질되었다가 1933년에 다시 옛날의 순수 아동문학잡지로 돌아섰으나 무기력해진데다가 일제의 탄압으로 1934년 통권 122호를 내고 폐간하게 되었다.

소파의 차세대문학사적 위치는 첫째로 〈사랑의 선물〉을 위시한 본격적인 개작·번안·동화집 저술과 최초의 대표적인 구연동화가로 활약한 점, 둘째로 본격적인 최초의 아동잡지 「어린이」를 통해 차세대문학 육성과 아동문학가 배출에 선구적인 흔적을 남긴 점, 셋째로 「어린이」지에 연재한 〈어린이 讀本〉과 몇 편의 창작아동 장편소설과 동요로서 최초의 본격적인 아동문학가가 된 점이다. 「어린이」지에 연재된 〈어린이 독본〉은 민족의식과 자주민의 긍지를 북돋았다는 사실도 간과하면 안 된다. 이 때는 방정환의 〈형제별〉, 윤극영의 〈반달〉, 한정동의 〈따오기〉등 많은 창작동요가 발표되어 동요의 황금기를 이루었다.

1920년대는 「어린이」 잡지를 선두로 많은 아동잡지가 발간되기 시작했다. 앞에서 밝힌 바 1923년 3월 20일 「어린이」 잡지가 발간되면서 그 해 10월에 「신소년」(1923~1934)이 창간되었고, 이듬해 「반도소년」(1924~1925), 1925년에는 「신진소년」(1925~1926), 「소년시대」(격월간), 「새벗」(1925~1933) 등의 잡지가 발간되었고, 1926년에는 「아이생활」(1926~1944), 「소년계」(1926~1929), 「영데이」(1926~1934), 「별나라」(1926~1935) 잡지가, 1927년에는 「학창」, 「아동낙원」, 「노동야학」, 「장미」, 1928년에 「소년조선」, 1929년에 「학생」, 「조선아동신보」등의 잡지가 홍수처럼 쏟아져 나와 아동잡지의 황금시대가 열렸다.

기록에 의하면 이 때 발행된 잡지 가운데 1929년 「새벗」은 3만부를, 1930년 「어린이」 잡지가 3만부, 「학생」지가 1만부의 발행부수를 올려 아동잡지의 위력을 과시했다. 그런데 이들 잡지는 그 발행동기가 영리적인 목적에 있었던 것이 아니라 순전히 조국을 잃어버린 어린이에 대한 애정과 열의에서 우리 어린이들에게 정서 교양과 민족의식을 심어주려는 데 있었음을 높이 평가해야 한다.

(3) 프로문학의 등장

그러나 민족의식이란 공통분모만 같았지, 이들 잡지의 경향은 달랐다. 특히 프로문학의 영향을 받아 사회주의적 계급의식을 강조한 「별나라」 잡지는 무산계급 아동 취향의 편집 태도를 가지고 발간 초부터 '가난한 동무를 위하여 갑 싼 잡지로 나오자' 는 슬로건에서 보는 바와 같이 뚜렷한 정치적 목적성을 드러내었다. 프로문학의 등장으로 이 시기의 아동문학 발전은 많은 저해를 받은 것이 사실이다. 즉, 「별나라」 잡지는 당시에 만연했던 동심주의 · 천사주의를 무시하여 어린이를 천사로만 보지 않고 그들에게 부정적 현실의식을 주입시켰을 뿐 아니라 지나치게 정치적인 목적성을 강조함으로써 예술적인 기여보다는 하나의 선전삐라와 같은 것으로 전락하는 결과를 초래하였다.

1933년에는 최초의 개인 동시집인 윤석중의 〈잃어버린 댕기〉가 출간되었다. 이 시기의 차세대문학은 지나친 감상주의에 빠짐으로써 이주홍의 〈뱀 새끼의 무도〉(1929)와 같은 프로문학적 작품이 나와 민족주의 차세대문학과 대립하였다. 일제강점기의 차세대문학은 사조의 대립과 문학적 자각에 의하여 장르의 다양화가 이루어졌는데, 마해송의 창작동화집인〈해송 동화집〉(1934)과 노양근의 장편 소년소설인〈어깨동무〉(1942), 이구조의 단편 생활 동화집인〈까치집〉(1940)이 나왔다. 광복 이전의 차세대문학은 식민지적 상황의 영향으로 문학이라기보다는 민족독립운동의 일환으로 이루어졌으므로 순수문학보다는 민족의식을 강조하는 교양물이 주류를 이루었다.

살펴본 바와 같이 1920년대의 아동문단은 무질서한 작가군이 형성되는 경향을 보여주었으나 방정환, 마해송, 윤석중, 이원수, 한정동, 윤극영과 1930년대의 이원수, 윤석중, 강소천, 박영종, 이주홍, 김영일, 박경종, 서덕출, 목일신, 모기윤 등은 주옥같은 작품을 발표했던 대표 작가들이다.

그 중에 윤석중은 1932년에 우리나라 최초의 동요집으로 알려진 〈윤석중 동요집〉과 1933년에 최초의 동시집〈잃어버린 댕기〉를 출판하였다. 또한 자유시 이론을 주장했던 김영일, 박영종은 1930년대 이전에 발표된 정형적인 동요와는 판이하게 다른 형식의 혁명을 일으켰다. 마해송은 우리나라에서 최초의 창작 동화를 발표하여 창작동화의 서막을 열었는데, 그 작품은 〈바위나리와 아기별〉이란 작품으로 1932년 「새별」지에 발표되었다. 마해송은 또 한국 최초의 본격적 창작 동화집으로 1934년 5월에 〈해송 동화집〉을 발간하였으며, 최초의 순수 동화작가로서 동화부문의 개척적인 존재였다. 마침내 30년대에는 무질서했던 문단이 정리되어 재능 없는 작가들은 문학 활동을 스스로 포기하거나 도태되고, 정선된 작가군 만이 남게 되었다.

1940년에서 1945년 광복 이전까지 우리나라는 일본이 1941년 태평양 전쟁을 일으킨 때를 전후하여 창씨개명, 우리말 사용금지, 심지어는 일본어로 문학 창작을 하도록 강압 당하였고, 당시 유일한 아동 잡지였던 「아이생활」이 1944년

폐간됨으로써 우리 아동 문학계는 극단의 탄압에 시달리게 되었다. 그러나 임인수는 이윤선과 함께 「동원」이라는 회람잡지를 만들어 4집까지 냈고, 우효종이 「초가집」, 이종성이 「파랑새」라는 회람지를 등사판으로 만들어 지하운동으로 아동문학 운동을 펴나갔다.

또 한 가지 덧붙인다면 광복 이전의 우리나라 아동문학은 민족주의적 문화운동이라는 범주를 벗어나기 어려웠고, 일본 문학의 영향을 많이 받았음을 부인할 수 없다.

따라서 문학으로서의 본격적인 아동문학은 광복 이후 이루어졌다고 할 수 있다.

(4) 차세대문학의 침체기

1920년대에 어린이를 대상으로 한 잡지가 대량으로 쏟아져 나오면서 부수적으로 발표 지면이 확대되고 수많은 작가들이 황금시대를 맞이했다. 또한 차세대문학 방면에 관심을 가지고 있던 문학 지망생들이 별다른 제약을 받지 않고도 쉽게 작가로 행세할 수 있었던 계기가 이루어졌다. 그러나 작가의 양적 증가에 반해 방정환, 마해송, 이원수, 윤석중, 한정동, 윤극영 등 몇몇 작가들의 작품을 제외하고는 작품의 질적 수준이 매우 낮았으며 유아기적인 치졸한 내용을 벗어나지 못하는가 하면, 그 형식에 있어서도 재래의 답습만을 되풀이하고 있었다. 이른바 동화나 동시에 대한 정확한 인식도 없는 작가들이 당시의 작단을 누비는 사례가 있었다. 30년대에 와서 김영일, 강소천, 이주홍, 박경종, 박영종, 서덕출, 목일신, 모기윤 등이 앞에 거명한 20년대의 대표 작가들과 합세하여 차세대문학의 위상을 높이는데 일익을 담당했다. 1940년대에는 1945년 독립을 맞이하기까지 일제의 극심한 탄압으로 많은 문예지들이 강제 폐간되고, 일본어로 창작을 강요받는 등 열악한 환경 속에서 모든 문학이 일대 침체기를 맞게 되었다.

2) 차세대문학 성장기(1945~)

(1) 우리 문단의 혼란기

1945년 8월 15일 광복이 되자 다른 모든 분야와 마찬가지로 출판계는 온통 축제 분위기 속에서 신문, 잡지, 단행본 등이 암흑기 시대의 울분을 터뜨리기나 하려는 듯 우후죽순처럼 쏟아져 나왔다.

어린이를 대상으로 1945년에 임병철이 창간한 주간 「어린이 신문」을 선두로 「새동무」(1945), 「별나라」(1945년복간), 「소학생」(1946.2~1950.6), 「소년」(1948.8~1950.6), 「어린이」(1948.5~1949.12), 「어린이나라」(1949~1950.5), 「아동구락부」(1947~1950.6) 외 수많은 잡지가 나왔으나 6 · 25 사변의 발발, 경제적 여건이나 독자의 외면 등으로 몇 호를 마지막으로 폐간되는 사례가 빈번하였다.

단행본 중에는 광복 이전 작품을 총 정리한 작품집을 비롯하여 그 밖에 비교적 수준 높은 아동물이 많이 나왔다. 동시·동요집으로 윤석중의〈초생달〉(1946), 〈굴렁쇠〉(1948), 박영종의 동시집〈초록별〉(1946), 이원수의〈종달새〉(1948), 윤복진의 〈꽃 초롱 별 초롱〉(1949), 한인현의〈민들레〉(1946), 권태응의〈감자꽃〉(1948), 이종택의〈사과장수와 어머니〉(1949), 김영일의〈다람쥐〉(1950)가 간행되었고, 동화집으로는 김성옥의 〈개구리 선녀〉(1945)를 선두로 마해송의 〈토끼와 원숭이〉(1946), 이주홍의 〈못난 돼지〉(1946), 현덕의〈포도와 구슬〉(1946) · 〈토끼 삼형제〉(1947), 이원수의 〈봄 잔치〉〈열 세 동무〉(1949), 임인수의 〈봄이 오는 날〉(1949), 그리고 동극집은 방기환의 〈손목잡고〉(1949)가 혼란기에 발간된 대표적인 아동문학 단행본이다.

이 밖에 사화집 및 선집이 간행되었고, 〈이솝 이야기〉, 〈로빈손 크루소〉, 〈걸리버 여행기〉, 〈그림 없는 그림책〉, 〈사랑의 학교〉, 〈플란더즈의 개〉등 외국의 명작을 번역한 책들이 간행되어 외국 사조에 눈뜨게 했다는 점도 중요하다. 6 · 25 동란 이전까지 좌우익의 대립으로 문학계는 순수문학파와 프로문학파로 양분되어 문학사상의 대립과 혼란이 계속되었음을 간과해서는 안 된다. 그러나 1948년 대한민국 정부수립을 기점으로 아동문단은 새로운 변화를 가져오기 시작했다.

첫째로 정부수립이라는 정치적 현실로 좌익문단이 몰락하게 됨에 따라 문단적인 혼란이 사실상 제거되었음은 물론 형식상으로 한국문인협회 아동문학분과위원회(1949)가 구성되었다.

둘째, 비평분야의 활동으로 아동관에 새로운 의미를 부여하게 되었다는 사실이다. 이는 천진무구한 천사적 아동으로 보지 않고, 있는 그대로의 현실적 아동으로 보아야 한다는 주로 좌익 작가들이 들고 나온 주장이 좋든 나쁘든 문단에 미친 영향은 컸기 때문이다.

셋째, 피천득, 이양하, 조풍연, 서항석, 주요섭, 김경안, 이경열 등이 단행본 및 잡지를 통하여 보여 준 전대에 볼 수 없는 많은 양의 해외 문학 소개가 문단의 커다란 자극제가 되었다는 점이다.

넷째, 성인문학가들이 참여해서 얻은 수확도 상당했다는 사실이다.

다섯째, 역량 있는 신인의 등장으로 아동문단의 후속부대를 맞이했다는 점이다. 동화 · 소년소설에 김요섭 · 방기환 · 이주훈 · 이종환 · 이종성 · 양미림, 동요 · 동시에 임인수 · 박은종 · 권태응 · 한인현 · 어효선 · 최계락 · 이종택 등을 손꼽을 수 있는데, 이들은 문단에 데뷔하면서부터 저마다 개성적인 작풍을 들고 나와 많은 주목을 끌었다. 광복 후 아동문단의 커다란 변화는 암흑기에 주로 성행하던 율문중심의 문학이 산문중심으로 바뀌었다는 사실이다. 다만, 김영일 · 박영종 · 이원수의 경우는 그와 달랐는데, 김영일의 형식타파, 박영종의 시적 형상화, 이원수의 시적 질감 부여 등 40년대 여러 갈래의 모색과 진통은 시적 톤 *tone*과 율격의 품위를 가져와, 비록 40년대 후반기에는 산문의 위세에 위축되긴 했으나 50년대의 동시 형식과 60년대의 본격동시 확립에 문학사적인 귀중한 준비 기간과 기반을 마련하는 데에 결코 경시 못할 과도기적 업적을 남기게 된 것이다.

(2) 차세대문학의 진단

6 · 25 이후부터 통속적인 소년소설, 어용적 교훈소설, 악성만화 등이 범람하여 50 · 60년대의 아동문학계를 오염시켰다. 그러나 마해송 · 이원수 · 강소천 · 이주홍 · 김요섭을 중심으로 한 아동문가들은 순수문학을 성장시켜 가는데 최선의 노력을 다 했다. 즉, 마해송의 〈떡배 단배〉, 〈모래알 고금〉, 이원수의 〈숲속나라〉, 〈오월의 노래〉, 강소천의 〈꿈을 찍는 사진관〉, 〈꽃신〉, 이주홍의 〈아름다운 고향〉, 김요섭의 〈깊은 밤 별들이 울리는 종〉, 신지식의 〈감이 익을 무렵〉, 이영희의 〈책이 산으로 된 이야기〉 등의 동화집 발간이나 서덕출의 〈봄 편지〉, 이

종택의 〈새싹의 노래〉, 박경종의 〈꽃밭〉, 박은종의 〈초롱불〉 등의 동요·동시집 발간을 통해 통속적 문학으로부터 벗어나려는 움직임을 엿볼 수 있다.

동시분야에서는 이종기 · 박홍근 · 최계락 · 박경종 · 어효선 · 이종택 · 박두진 · 박목월 · 김요섭 · 한정동 · 윤석중 · 김상옥 등이 작품 활동을 활발하게 하였고, 신인들로는 조유로 · 손복원 · 이석현 · 석용원 · 박경용 · 신현득 · 송명호 · 김종상 · 김사림 등의 작품 활동이 컸다.

그러나 6 · 25 동란이 휴전으로 종식되고 정국과 사회가 점차 안정되자 아동문학계에도 점차 새로운 바람이 일기 시작했다. 즉, 잡초 제거 시비, 사이비 작가의 색출 등 문단의 적극적인 반성과 정리에 대한 움직임을 들 수 있다. 그래서 차세대문학은 이른바 본격문학으로서의 위치를 차지하게 되었고, 1956년 1월 3일에 창립된 '새싹회' 를 중심으로 각종 차세대문학 단체의 활동이 활발해지기 시작했다. 1954년에 '한국아동문학회' 를, 1957년에는 '한국동화작가협회' 를 결성하였고, 지방에서까지 차세대문학 단체가 결성되는 등 이 움직임은 전국적으로 확산되었다.

1960년의 4·19는 차세대문학계의 자각과 반성의 한 실마리를 가져와 차세대문학을 본격문학으로 정리 형성케 하는 한 강력한 배경이 되었다. 4·19가 갖는 문학적 의의는 문학의 필연적 당위 요소인 리얼리즘 정신의 신장 기점이 되었다는 사실이다. 이를 더 구체적으로 열거하면, 첫째, 4·19이후 역사의식에 대한 자각이 고조되었다는 점, 둘째, 이러한 자각은 곧 문학의 주체성에 대한 관심을 불러일으켰다는 점, 셋째, 리얼리즘 정신과 직결되는 문학의 기능에 대한 관심이 4·19를 계기로 제기되었다는 점, 즉 문학이 현실에 직접 관여하느냐 않느냐는 문제로 어느 쪽이 참다운 리얼리즘 정신이며 문학의 기능인가를 두고 격론을 벌였다. 또한 이 시기의 두드러진 경향으로는 자유당 정권에 아부하며 생활방편을 삼았던 어용주의 작가들이 4·19와 함께 물러나지 않을 수 없게 되었다는 점이다. 그들의 작품은 한 마디로 예술성 내지 순수성을 모독한 저질스런 작품의 테두리를 벗어나지 못했다. 어용주의와 함께 가장 고질적인 존재였던 교훈주의는 그들 자체의 반성으로 변화를 가져오기 시작했다. 이 시기에는 비문학성에 대한 반성도 나타나기 시작했는데, 어린이의 저급한 취미나 오락에 영입하려는 상업

주의 작가들을 배척하는 움직임이 바로 그것이다. 차세대문학은 1차 대상자가 주로 어린이이기 때문에 일반문학보다 더 심오한 지식과 고도의 테크닉을 갖추어야 비로소 작품다운 작품을 생산할 수 있다는 사실을 모르는 자들에게 보낸 일종의 경고 메시지였다. 성인 문학에서는 작품의 가치를 인정받지 못할 작품으로서도 어린이 세계에서는 능히 그 가치를 인정받을 수 있다는 일부 엉뚱한 망상증 환자들로 인해 아동문단에 일시적인 혼란이 몰아닥쳤다. 그러나 이와 같은 자각, 반발 등은 차세대문학을 본격문학으로서 발돋움시키는 데 크나 큰 밑거름이 되었다.

(3) 단체 조직과 문학상

4·19 이후 차세대문단은 그 동안의 작품을 정리하거나 해외 문학작품 선집·전집 등의 발간이 활발하게 이루어졌다. 특기할 만한 일은 차세대문단에 진출하는 등용문 제도가 보다 체계적으로 정립되었으며, 이를 통해 많은 신인들이 등단하였다는 점이다. 사실 그 동안은 신인 등단제도가 엄격한 규준이 확립되지 않은 상태에서 이루어졌으나 신문의 신춘문예 제도의 부활, 각종 아동문학 잡지의 신인 추천제도, 신인상 제도 등이 유능한 신인들을 배출하는데 이바지하였다.

물론 폭넓은 등용 제도로 많은 신인들이 쏟아져 나오자 이에 대한 반발도 있었으나 비교적 엄격한 심사로 주목할 만한 신인들이 많이 발굴되었다는 사실은 인정해야 한다. 이 무렵에 등단한 신인들은 그 동안의 보수적인 기성체제에 도전하면서 새로운 문학 풍토 건설에 노력을 경주하였다.

또 하나 1960년을 전후해서 차세대문단에 새로운 운동이 일게 되는데, 뜻있는 차세대문학 동호인들의 조직체가 전국 도처에서 결성되어 본격적인 차세대문학 활동에 지대한 영향을 끼쳤다는 점이다. 4·19 전에 '대구아동문학회'(1957), '한국동화작가협회'(1957), '부산아동문학회'(1958), '아동문학소백동인회'(1959)가 조직되었는가 하면 4·19 이후에 강소천을 주축으로 한 '아동문학연구회'(1960), 강원도의 엄기영·엄성기를 주축으로 한 '조약돌동인회'(1960), 김신철을 주축으로 한 '전남아동문학연구회'(1961), 주평을 주축으로 한 '한국아동극협회'(1961), 대구의 신현득을 주축으로 한 '아동문학교단동인회'(1963),

임교순을 주축으로 한 '석류아동문학회' (1963), 김동극이 주축이 된 '경북아동문예연구협회' (1963), 유영희와 이상헌이 주축이 된 '뉴 칠드런문학회' (1963), '충남아동문학회', '전북아동문학회', '강원아동문학회', '제주아동문학회', '충북 숲속아동문학회', '새벗 아동문학회', '계몽아동문학회' 등 무수한 동인회가 경향 각지에서 조직되었고 대부분이 동인지를 발간하는 열의를 보였다.

이와 같은 문학동인체는 1960년대 후반으로 들어서면서 보다 전문성을 지닌 장르 중심으로 조직되는 경향을 보여주는데 '동시동인회' (1968)와 '한국동화문학회' (1969) 등이 좋은 예이다. 1971년 1월에는 '한국아동문학가협회' 가 회장 이원수, 부회장 김성도, 박경종, 박홍근을 중심으로 설립되었고, 그 해 2월에는 '한국아동문학회' 가 회장 김영일, 부회장 장수철, 김요섭, 박화목 등을 구심점으로 설립되어 이른바 우리 한국의 아동문단이 서서히 자리를 잡아가기 시작하였다. 이들 양 단체는 아동문학의 발전을 꾀한다는 의미에서 앞 다투어 세미나를 개최하였는데, 한국아동문학회에서 1972년 여름에 "전원문학과 아동문학의 관계" 라는 주제로 제1회 세미나를 가졌고, 한국아동문학가협회에서는 이듬해 1973년 "아동문학의 전통성과 서민성" 이라는 주제로 제1회 세미나를 가졌다. 두 단체의 세미나는 한국의 많은 문학단체 가운데 가장 모범적 세미나라는 평가를 받을 만큼 질 좋은 내용으로 2005년 현재까지 지속적으로 잘 운영하면서 차세대문학의 질적 향상을 위해 혁혁한 공을 세우고 있다.

1978년에는 한국 아동문단에 또 하나의 단체인 '현대아동문학가협회' 가 회장 김성도, 부회장 이재철을 중심으로 설립되면서 아동문단은 3단체로 나뉘게 되고, 적잖은 갈등과 혼란이 있었던 게 사실이다. 그러나 이 세 단체의 설립으로 인해 아동문단은 새롭게 변화되고 발전을 앞당기게 되었다는 긍정적인 평가를 내릴 수 있다. 이 세 단체는 아동문학의 창작활동을 고치하기 위한 한 방법으로 문학상제도를 제정하였는데, 한국아동문학가협회는 1975년에 '한국아동문학상' 을, 한국아동문학회는 1978년에 '한국아동문학작가상' 을, 현대아동문학가협회는 1979에 '현대아동문학상' 을 제정하여 지금까지 유능한 문인을 발굴하여 시상하고 있다.

이들 동인단체는 동인지를 발간하거나 문학행사를 활발히 전개함으로써 작품의 질적 향상을 꾀함은 물론 새로운 차세대문학의 방향을 제시해 주는데 큰 역할을 하였다.

1960년대에 들어서면서부터 획기적인 변화 가운데 하나는 그 동안 각종 문학상 제도에 아동문학가들이 수상 혜택을 받게 되었다는 점이다. 1957년 마해송이 '자유 문학상' 을 받은 바 있지만 1960년대를 접어들면서 윤석중이 '3 · 1 문학상' (1961)을, 강소천이 '5월 문예상' (1963), 마해송이 '한국문학상' (1964), 윤석중과 정홍교가 문화훈장(1966)을 수상하는 등 아동문학가들이 국내의 유수한 문학상 내지 문화상을 받기 시작하면서 일반인들의 차세대문학에 대한 인식은 달라지기 시작했다. 다시 말해서 아동문학가는 성인 문학가가 되기 위한 예비수련기라는 통념을 깨뜨리는 계기를 만들었다고 할 수 있다. 1965년 '소천아동문학상' 이 제정되면서 아동문단 자체의 문학상 제도가 마련되어 아동문학가들의 창작 의욕을 고취시키는데 크게 기여하기 시작했다. 1967년 '해송동화상' , 1968년 '세종아동문학상', 1969년 '한정동 아동문학상', 1972년 '창주아동문학상' 등이 그때마다 무게 있게 작가들에게 주어졌다. 한편 1960년대는 아동문학 전문지로 「아동문학」(1962), 「횃불」(1969), 「아동문학사상」(1970) 시리즈 등이 간행되어 차세대문학의 위상을 한층 높였다고 할 수 있다.

(4) 새로운 방향의 모색

이에 따라 참신한 작가들이 대거 참여하여 차세대문학의 새로운 방향 모색을 시도하게 되는데, 그 대표적인 예가 바로 동시에 있어서 기교의 개발 문제이다. 의미전달의 기능을 포기하고 이미지 전달을 필요로 하기 위해 외형률을 완전히 불식해 버리자는 움직임이 바로 그들이 실현하고자 하는 목적이라고 하겠다. 이러한 기교 개발의 움직임이 점차 실현되자 동시의 양상도 매우 다양해짐은 물론 부수적으로 동시의 난해성 문제가 대두되기 시작하여 1960년대 뿐 아니라 오늘날까지 큰 과제로 남아 있다.

동화 역시 '한국동화문학회' 의 결성을 기점으로 새로운 방향 설정이 모색되는데, 이들 동인은 건전한 아동관의 확립, 전통성의 모색, 전근대적 창작동화로부터의 탈피, 어린이를 위한 부단한 연구 자세 확립을 창립 발기 취지로 내세워

동화문학의 확고한 방향 설정을 제시해 주고 있다.

광복 이후 차세대문단은 활발한 동인활동과 개인 창작집 발간으로 그 동안 침체기에 있던 차세대 문단에 활력소 역할을 했다. 먼저 시단에서는 활발한 창작활동의 바람이 일기 시작했는데, 개인 시집을 낸 대표적인 분을 열거하면, 석용원 · 박송의 〈불어라 은피리〉, (1961), 신현득의 〈아기눈〉(1961), 어효선의 〈봄 오는 소리〉(1961), 김종상의 〈흙손 엄마〉(1964), 신현득의 〈고구려의 아이〉(1965), 엄기원의 〈나뭇잎 하나〉(1966), 유경환의 〈꽃사슴〉(1967), 윤석중의 〈바람과 연〉(1966), 문삼석의 〈산골 물〉(1967), 박경용의 〈어른에겐 어려운 시〉(1969), 강준영의 〈영이는 자라서〉(1970), 김사림의 〈잎을 모아서〉(1972), 박용열의 〈엄마〉(1973), 김녹촌의 〈쌍안경 속의 수평선〉(1974), 박경종의 〈조그마한 호수〉(174), 이상현의 〈스케치〉(1974), 김완기의 〈하늘이 단지 속에〉(1975), 박경용의 〈그날 그아침〉(1975), 허동인의 〈조약돌 형제〉(1975), 윤수천의 〈아기넝쿨〉(1976), 전원범의 〈빛이 내리는 소리〉(1976), 이진호의 〈새마음〉(1977), 최춘해의 〈생각이 열리는 나무〉(1977), 김구연의 〈빨간 댕기 산새〉(1978), 김요섭의 〈바이킹 155호를 쏘라〉(1978), 이준관의 〈크레파스화〉(1978), 정용원의 〈고향 그 옛강〉(1978), 김영일의 봄동산에 오르면〉(1979), 노원호의 〈바다에 피는 꽃〉(1979), 박경용의〈별 총총, 초가집 총총〉(1980), 박두순의 〈풀잎과 이슬의 노래〉(1980), 박화목의 〈봄을 파는 꽃가게〉(1980), 허호석의 〈하얀 비〉(1980), 유창근의 〈둘이서〉(1980), 권오훈의 〈아기가 만든 새〉(1981), 이오덕의 〈개구리 우는 마을〉(1981), 김재용의〈종소리〉(1982), 이창건의 〈풀씨를 위해〉(1983), 이종택의 〈누가 그랬을까〉(1984), 박경용의 〈귤 한 개〉(1986), 김진광의 〈바람개비〉(1986), 권영상의 〈햇살에서 나오는 아이들〉(1986), 정두리의〈꽃다발〉(1988), 박목월의 〈산새알 물새알〉(1988), 임교순의 〈방울꽃〉(1989), 이해인의 〈엄마와 분꽃〉(1992), 이행인의 〈다른 옷은 입을 수가 없네〉(1999), 김용택의 〈콩, 너는 죽었다〉(2000), 신형건의 〈거인들이 사는 나라〉(2000), 이화주의 〈손바닥 편지〉(2003), 전병호의 〈들꽃초등학교〉(2003), 송상홍의 〈땅콩〉(2003), 송재진의 〈회초리도아프대〉(2003), 손동연의 〈참 좋은 책〉(2004), 신현득의 〈살구씨 몇만 년〉(2005), 이상교의 〈먼지야, 자니?〉(2006), 박일〈주름살 웃음〉(2006) 등의 동시집이 발간되었다.

동화집으로는 1961년에 마해송의 〈멍멍 나그네〉, 이원수의 〈구름과 소년〉을 기점으로, 강소천의 〈인형의 꿈〉(1962), 김요섭의 〈물새 발자국〉(1964), 한상수의 〈풍선 먹은 사냥개〉(1966), 이영희의 〈꽃씨와 태양〉(19967), 최인학의 〈케이블카〉(1967), 권용철의 〈하얀 물새의 꿈〉(1969), 이윤자의 〈딩동댕 구두병원〉(1969)이 발간되었고, 1971년에는 박경종의 〈둘이서만 아는 비밀〉, 이원수의 〈메아리 소년〉, 이종환의 〈언덕위의 푸른 집〉, 방기환의 〈꽃바람 부는 집〉, 박홍근의 〈해를 보며 별을 보며〉, 김영일의 〈은방울 꽃〉 등이 눈길을 끌었다. 정진채의 〈연밥〉(1972), 조대현의〈거울의 집〉(1972), 김요섭의 〈햇빛과 바람이 많은 골목〉(1973), 권정생의 〈강아지 똥〉(1974), 신지식의〈날개 치는 작은 새〉 (1975), 〈별들의 메아리〉(1976), 권정생의〈무명저고리와 엄마〉(1977), 문삼석의〈엄마 눈 아기 눈〉(1978), 송명호의〈전쟁과 소년〉(1977), 이원수의〈꼬마 옥이〉(1977), 이주홍의 〈못나도 울엄마〉(1977), 손수복의 〈바닷가에서 주운 이야기〉(1978), 오세발의〈말하는 항아리〉(1978), 남미영의〈아기 송아지〉(1979), 임신행의〈꽃불 속에 울리는 방울소리〉(1980), 유경환의〈별을 끌어내리는 아이들〉(1981), 강준영의〈도깨비와 자전거〉(1982), 이준연의〈밤에 온 눈사람〉(1982), 정채봉의 〈물에서 나온 새〉(1983)와〈오세암〉(1984), 권영세의〈고향 반딧불〉(1984), 권정생의〈몽실 언니〉(1984), 박성만의〈지금 싸움이 한창 급하니〉(1984), 손동연의 〈뻐꾹리 아이들〉(1986), 박상재의〈춤추는 고양이〉(1986), 차원재의〈시골 빛 물감〉(1987), 조대현의〈별난 아이〉(1988), 문삼석의〈별〉(1988), 박성배의 〈꿈꾸는 아이〉(1988), 이문구의 〈개구쟁이 산복이〉(1988), 최영재의 〈축구국민학교〉(1988), 심후섭의 〈도깨비 방망이의 해방〉(1988), 어효선의 〈인형아기잠〉(1990), 정채봉의〈바람과 불꽃〉(1990), 석용원의〈이 몸이 새라면〉(1990), 권용철의 〈하얀 물새의 꿈〉(1992), 이상교의〈정국이 형〉(1992), 천상병의〈나는 할아버지다 요놈들아〉(1993), 조대현의〈막내도토리의 세상 배우기〉(1993), 정호승의 〈에밀레종의 슬픔〉(1994), 이청준의 〈할미꽃은 봄을 세는 술래란다〉(1996), 강정규의〈청거북 두 마리〉(1998), 안순혜의〈이 방이 고래뱃속이야?〉(1999), 남미영의〈할머니 품은 벙어리장갑보다 따뜻해〉(2000), 이금이의 〈나와 조금 다를 뿐이야〉(2000), 권정생의〈비나리 달이네 집〉(2001), 손창섭의

〈싸우는 아이〉(2001), 박재동의〈돌아오지 않는 제비〉(2002), 김율희〈꿀〉(2003), 성현주의〈오줌놀이〉(2003)등 그 시대를 대표하는 수준작들이 꾸준히 한국 차세대문학의 맥을 이어왔다고 할 수 있다.

특기할 사항은 1990년대를 전후해서 성인을 대상으로 소설이나 시를 써오던 이문구, 천상병, 정호승, 이청준, 손창섭 등 문단의 대가들이 차세대문학에 적극적인 관심을 보이고 있을 뿐 아니라, 차세대를 겨냥한 작품을 창작하기 시작했다는 점에 주목할 일이다.

동극은 1960년대에 와서 아동극을 위한 아동극으로 발돋움하는 양상을 보인다. 즉, 전대의 아동극이 예술성보다는 목적성을 띠고 있던 것에 반해 1960년대는 아동극 자체의 성장과 예술적 성과를 지향하고 있다는 데 그 의의가 있다. 주평의 〈아동극입문〉을 통한 이론 정립, 장수철의 〈아름다운 약속〉, 주평의 〈나비를 따라간 소년〉·〈아동극집〉·〈날나리 아저씨〉·〈밤나무골의 영수〉 등의 동극집은 아동극에 대한 인식을 새롭게 했다. 이로 말미암아 전문적인 아동극단이 창단되었다는 사실은 대단히 획기적이다. 1962년 8월 1일 주평에 의해 최초의 직업 아동극단 '새들'이 창단되어 국내외를 순회하면서 수많은 공연을 함으로써 아동극은 활기를 찾게 되었다.

1976년에는 강준영이 〈새들의 고향〉이라는 동극집을 발간하였고, 1977년에 홍은표는 동극집〈염소만 아는 일〉을, 박원돈은 1978년에 〈참외서리〉, 1978년에 〈겨울꽃〉이라는 동극집을 발간하였고, 1980년에는 고성주 동극집〈희망의 속삭임〉, 김병규·강정규 동극집〈이상한 옹달샘〉, 1981년에 김숙희 동극집〈동석이와 자전거〉, 1982년 이영두의〈숲 속의 빈집〉, 1986년 고성주의 〈노란 은행잎의 꿈〉이라는 동극집이 동극계의 활성화에 이바지했다.

마지막으로 비평문학에서도 전대의 문화운동적·계몽적·상식론적 위치를 탈피하여 1960년대부터 예술성이라는 문학 본질적 위치에서 그 의의를 찾으려는 움직임이 엿보였다는 점을 지적할 수 있다. 그동안 우리 아동문단에는 비평다운 비평이 부재한 입장에 있었으나 1960년대 후반에 들어서면서 연평, 월평 및 작가·작품론이 본격적으로 시도되었고, 1970년대 김요섭 주재의「아동문학사상」시리즈 발간, 이재철의 한국현대아동문학사에 대한 체계화 작업 등으로 아동의 문학평론분야가 서서히 정립되어가기 시작했다.

이재철은 1960년대 후기 이후의 비평적 성과가 갖는 문학적 의의를 첫째, 평론문학의 형성이 비로소 이때에 이루어졌다는 점, 둘째, 본격문학을 실현시킨 직접적 동기가 되었다는 점, 셋째, 작가의 자세가 해이해짐으로 인한 안이한 문단 풍토를 개선시켰다는 점, 넷째, 잡초적 작가의 도태로 인한 문단적 정리를 기했다는 점 등 획기적인 본격평론으로서의 전환점을 마련해 주었다고 지적하고 있다.

그러나 아직까지 많은 사람들로부터 차세대문학계의 평론이 빈약하다는 지적을 받고 있는 것이 사실이다. 그나마 이재철에 의해 1976년에 창간된 계간 「아동문학평론」지가 2005년 현재 지속적으로 발간되고 있는데 그 동안 평론에 중점적인 편집태도를 보여 왔고, 그로 말미암아 문학평론의 질적 향상을 가져왔음은 물론 이 나라 차세대문단에 기여한 공적을 간과할 수 없다.

앞으로 비평문학의 이론적 확대를 통하여 2000년대를 향한 한국 차세대문학의 질적 향상을 꾀하는 것이 가장 지대한 과제로 남아 있다.

현재 간행되고 있는 아동문학 전문지 가운데 월간지로 「아동문예」, 「아동문학」,「어린이문학」, 계간지로 「아동문학평론」, 「아동문학 세상」, 「한국동시문학」, 「열린 아동문학」 등이 오늘의 한국 차세대문학계에 많은 공헌을 하고 있다.

V. 순수문학의 이해와 창작

1. 운문의 이해와 창작
2. 산문의 이해와 창작
3. 아동극의 이해와 지도
4. 문학평론의 이해와 실제

V. 순수문학의 이해와 창작

1. 운문의 이해와 창작

1) 동요와 동시조의 이해

(1) 동요와 동시의 구분

동요와 동시는 넓은 의미로 시의 범주에 속한다. 더 구체적으로 살펴보면 시 분야의 동요에는 전래동요와 창작동요가 있고 전래동요에는 다시 구전동요와 정착동요가 있다. 동시에는 자유시형과 산문시형 동시가 있으나 동요와 동시를 엄격히 구분한다는 일이 그렇게 쉬운 일은 아니다.

동요나 동시는 다 같이 노래의 성질을 띠고 있으나 동요가 그 미를 밖으로 표출하고 일정한 양식 아래 노래 부르는 것을 전제로 한 음악적 · 시적 미를 지향하는데 반하여, 동시는 그 미를 안으로 모아들여 자유분방하게 표현하면서 작가의 내재적 리듬을 중요시하여 회화적인 미를 추구한다는 점에서 그 차이를 발견할 수 있다고 이재철은 말하고 있다.

(2) 동요의 특성

동요란 어른이 어린이를 위해 지은 것이든 어린이 자신이 지은 것이든 노래 부를 것을 전제로 지은 시라고 하겠다. 일반적으로 동요는 다음과 같은 몇 가지 특성을 지니게 되는데 이것이 곧 동시와 구분짓는 하나의 기준이 될 수 있다.

첫째, 동요는 선명한 리듬과 정형률을 바탕으로 이루어졌다. 그래서 읽기 위해 지어진 동요도 읽을수록 흥겹고 음악적인 분위기를 느낄 수 있다.

둘째, 대체로 내용이 짧고 표현이 직접적이다. 동요는 동시에서 보여주는 은유·비유·상징의 이미지 중심보다는 내용의 전달에 직접적 표현이 강하다.

셋째, 의인화가 많다. 동요는 특히 어린이들의 세계에서는 모든 사물과 자연에 생명을 불어 넣고 그것들과 대화하는 꿈의 세계임을 짙게 의식한다. 의인화의 수법은 유아나 아동 독자들에게 가장 친근하게 이해되고, 즐거움을 주는 가장 빠른 방법이며 표현 수단이기 때문이다.

넷째, 노래말 자체에 즐거움의 요소가 강하다.

다섯째, 동요는 작곡을 거쳐 어린이뿐 아니라 어른들에게까지 불려 짐으로써 폭넓은 대중성을 갖고 있다. 오늘날 이원수의 〈고향의 봄〉, 윤극영의 〈반달〉, 윤석중의 〈달마중〉 등이 그 대표적인 예이다.

박춘식은 동요의 특성을 세 가지로 이야기하는데 이상현과 다소 중복되는 부분이 있으나 여기에 소개한다.

첫째, 동요는 선명한 리듬 *rhythm*을 가지고 있는 형태라는 점이다. 정형시로서 외형률을 엄격히 지키고 있으며 우리나라 전통적 동요의 외형률이 3·4조와 4·4조로 이루어졌음을 증거로 제시하고 있다.

둘째, 동요는 노래로 불려 질 수 있는 성질을 가지고 있다는 점,

셋째, 동요의 내용이 소박하면서도 복잡하지 않다는 점을 그 특징으로 제시하고 있다.

또한 박목월은 동요를 노래하는 것 또는 부르는 것이 위주가 되는 것이라고 말하면서, 동요를 가요적 요소를 가진 동요와 읊는 것을 본질로 하는 동요로 구분하여 그 특성을 밝히고 있다.

이와 같은 여러 사람의 견해를 종합해 볼 때 동요의 특성은 곧 동심을 주축으로 노래 부를 목적에서 창작된 것이라고 할 수 있다.

(3) 우리나라의 전래동요

우리나라의 전래동요 가운데 가장 오래된 것은 〈서동요〉로 추측하고 있다. 백제의 서동이 신라 제26대 진평왕 때 지었다는 우리나라 최초의 4구체 향가로 그 설화가 〈삼국유사〉에 실려 전한다.

선화 공주님은
남모르게 정을 통하여 두고
맛둥 도련님을
밤에 몰래 안고 간다.

이 노래는 백제의 무왕이 소년시절에 지은 노래로 아이들로 하여금 널리 불러 퍼뜨리게 했다고 한다. 이 노래가 온 나라에 퍼지자 선화공주가 궁중에서 쫓겨나 결국 무왕과 결혼했다는 얘기가 전해진다.

한국의 전래동요로 '달아달아 밝은 달아 이태백이 노든 달아……' 따위는 당시 윤리의 근원이었던 효를 고취하면서도 예술적 향기가 높은 동요이고, '꼬꼬닭아 울지 말고, 멍멍 개야 짖지 마라……'는 해학성이 가미된 자장가이며, '새야 새야 파랑새야 녹두밭에 앉지 마라……'는 동학 혁명 당시에 불려진 풍자 동요로 녹두는 곧 동학혁명의 우두머리로 녹두장군이라 불리던 전봉준을 상징하는 등 수없이 많은 전래동요가 있는데, 이들은 매우 다양한 소재를 가지고 있으나 계급의식이나 비판의식을 내포하지 않은 순수성을 지니고 있다는 점이 특이하다. 희로애락은 있으나 증오나 추악은 없으며 슬픔과 긍휼은 있으나 미움이나 저주가 없이 솔직한 감정을 그대로 나타낸 것이 바로 전래동요의 내용이다.

우리의 전래동요를 주제 별로 분류하면 대략 다음과 같다.

① 자연의 노래

〈해〉 해야 해야 붉은 해야 / 김치 물에 밥 말아 먹고 / 장구 치고 나오너라.
(성진 지방)

〈달〉 달아 달아 밝은 달아 / 이태백이 노든 달아 / 저기 저기 저 달 속에
계수나무 박혔으니 / 옥도끼로 찍어내고 / 금도끼로 다듬어서
초가삼간 집을 짓고 / 양친 부모 모셔다가 / 천년만년 살고지고
천년만년 살고지고 (경기 지방)

〈비〉 비야 비야 오지 마라 / 사촌 형님 시집갈 때 / 가마꼭지 물들인다
가마꼭지 물들이면 / 초록저고리 얼룩지고 / 비단치마 아롱진다
(충남지방)

2 자장 노래

〈자장 노래〉 멍멍 개야 짖지 마라 / 꼬꼬 닭아 울지 마라
우리 아기 잘도 잔다 / 자장자장 우리 아기
엄마 품에 폭 안겨서 / 칭얼칭얼 잠 노래를
그쳤다가 또 하면서 / 쌔근쌔근 잘도 잔다
(예산 지방)

3 사랑 노래

〈사랑 노래〉 아가 아가 우지 마라 / 네가 울어 날이 새지
고운 낯에 얼룩진다. / 아가 아가 우지 마라
(경기 지방)

〈사랑 노래〉 답답은 감장수 / 외지 말고 감 팔아라
아가 아가 우지 마라 / 댕기 팔아 감 사주마
(고성 지방)

4 가족 노래

〈누님 온다〉 누님 온다 누님 온다 /온달 같은 누님 온다 / 보름달이 온달이지
(영주 지방)

〈어머니 노래〉 따북따북 따북새야 / 너 울면서 어디 가니
내 어머니 묻은 곳에 / 젖 먹으러 나는 가네
물 깊어서 못 간단다 / 산 높아서 못 간단다
가지 줄께 가지 마라 / 문배 줄께 가지 마라
가지 싫다 문배 싫다 / 내 어머니 젖을 내라

내 어머니 무덤 앞에 / 달랑 참외 열렸기로
한 개 따서 맛을 보니 / 내 어머니 젖 맛일세.
(대구 지방)

5 유희 노래

〈맴돌기〉 고초 먹고 빵-빵 /찔레 먹고 빵-빵 / 뒷집도 돈다 / 앞산도 돈다.
(영주 지방)

〈어깨동무〉 어깨동무 씨동무 / 보리가 나도록 씨동무 (남해 지방)

〈실꾸리 놀이〉 명주꾸리 감아라 / 실꾸리 감아라 / 명주꾸리 풀어라
실꾸리 풀어라. (거창 지방)

〈술래잡기〉 꼭-꼭 숨어라 / 머리카락 뵌-다 / 쥐가 물어두 꼭-꼭
(충남 지방)

6 동물 노래

〈꿩〉 꺽-꺽 장서방 / 무얼 먹고 사-나? / 아들 낳고 딸 낳고
그렁저렁 사-네. (이천 지방)

〈부엉이〉 떡 해 먹자 부-엉 / 양식 없다 부-엉 / 걱정 말게 부-엉
꿔다 하지 부-엉 / 언제 갚지 부-엉 / 갈에 갚지 부-엉
(경기 지방)

〈방아깨비〉 아침 멕이 찧어라 / 저녁 멕이 찧어라 / 꽁-꽁 찧어라
뉘 없게 찧어라. (웅진지방)

〈잠자리〉 안질뱅이 꽁-꽁 / 선질뱅이 꽁-꽁 / 먼데 먼데 가며는
똥물 먹고 죽는다. (부여 지방)

7 식물 노래

〈달래 먹고 달려가서〉 달래 먹고 달려가자 / 쉬영 먹고 쉬어가자
찔레 먹고 질러가자 / 앵두 먹고 앵돌아져
빼먹고 뻗으러져 / 복숭아 먹고 복받아
살구 먹고 살았네.
(예산 지방)

〈가자가자 갓나무〉 가자가자 갓나무 / 오자오자 옻나무
김치 가지 꽃가지 / 맨드라미 봉숭아
(경기 지방)

〈색시풀〉 신랑님이 오신다 / 색시님도 오신다 / 신랑 방에 불 켜고
색시 방에 불 켜라. (원주 지방)

(4) 마더 구스

마더 구스 *mother goose*란 용어는 우리나라에서 일반적으로 전래동요라고 번역되어 사용하고 있으나 서구에서는 마더 구스라는 호칭을 원어대로 사용하고 있다.

마더 구스란 용어는 프랑스의 시인이며 작가인 동시에 비평가였던 샤를르 · 페로 *Charles Perrault*의 책 제목에서 비롯되었는데, 그는 프랑스의 옛 이야기를 모아 「마더 구스의 이야기 *Tales of Mother Goose, Les contes de ma me' re l' Oye*」라는 제목의 책을 간행하였다. 이 책은 어린이를 위한 책이 없었던 당시로서는 최초의 이야기책이었다. 어린이를 위한 전래동요를 엮은 책이 당시에 없었으므로 점차 마더 구스라는 이름은 어린이들이 좋아하는 운율이 담긴 시를 지칭하게 되었다. 대부분의 마더 구스는 옛날부터 구전되어 오던 것이지만 창작된 것들도 있다. 그것은 아기를 재우거나 깨울 때, 칭찬하거나 꾸짖을 때, 또는 달랠 때에 불려 지거나 이야기되었다.

그 노래와 시들은 유아들이 이해되지 않아도 그들의 귀에 남게 되고 거기서 살아 있는 것이다. 그리고 그것은 운을 붙이기도 하고 모양을 바꾸고, 재미있게 꾸며지기도 하면서 모국어의 가장 기본적인 모습으로 어린이들에게 나타나는 것이다. 대부분의 마더 구스가 재미있는 리듬과 이야기, 아름다운 삽화로 엮어진 어린이들은 어렸을 때부터 마더 구스와 친숙해져 있다.

〈Chick, Chick Chatterman〉

Chick, Chick, Chatterman / How much are your geese?

Chick, chick, chatterman / Five cents a piece.

Chick, chick, chatterman / That' s too dear.

Chick, chick, chatterman / Get out of here.

〈 삐약, 삐약 〉

삐약, 삐약, 여보세요. / 거위 값이 얼마요?

삐약, 삐약, 여보세요. / 한 마리에 5센트죠.

삐약, 삐약, 여보세요. / 그건 너무 비싸요.

삐약, 삐약, 여보세요. / 썩 물러가세요.

유아들이 마더 구스를 계속해서 흥미 있게 기억하는 까닭을 아부스넛은 다음과 같은 특징을 가지고 있기 때문이라고 말한다.

1 다양한 요소

마더 구스는 다양한 요소를 가지고 있다. 마더 구스의 주제는 깔깔대며 웃을 수 있는 것에서부터 꾀 많은 이야기, 슬픔 등 유아의 세계에서 흥미를 느낄 수 있는 것을 모두 포함한다.

2 음악적 요소

마더 구스는 음악성이 있다. 대부분의 운율은 노래와 같은 음악성이 있어서 그것을 따라 읽을 때의 리듬은 마치 걸음을 걸을 때 온몸이 같이 움직여지는 것 같은 운율이 포함되어 있다는 것이다.

3 활동적 요소

마더 구스는 활동성이 있다. 내용의 대부분은 어떤 일이 현재 일어나고 있음을 담고 있다. 즉, 정적인 상태가 아니라 동적인 장면이 대부분이다.

4 해학적 요소

마더 구스는 유머가 있다. 어린이와 어른들의 유머는 그 성질이 다른데, 어린이들은 단순하고 즐거운 유머를 좋아한다.

5 삽화적 요소

마더 구스는 아름다운 삽화를 담고 있다. 즉, 마더 구스를 엮은 최초의 책은 물론, 지금까지 마더 구스는 그것의 환상, 현실, 유머, 장식, 분위기 등을 표현한 삽화를 담고 있다. 따라서 이러한 삽화는 유아들로 하여금 더욱 마더 구스에 가깝게 접할 수 있는 친근한 요소가 된다.

마더 구스를 어린이에게 전달해 주는 사람은 어머니나 선생님이 주가 되므로 현장에서 지도할 경우에는 다소 신경을 써야 한다. 즉, 마더 구스를 번역해서 그대로 어린이에게 지도하느냐, 아니면 우리나라 전래동요를 골라 지도하느냐 하는 문제까지 고려해야 한다. 그러나 가급적이면 우리나라 전래동요를 선택하여 지도하는 것이 낯설지 않고 어린이들의 흥미를 끄는데 효과가 있을 것이라고 본다.

(5) 현대동요의 형식

앞에서 살펴본 바 전래동요의 형식은 대부분 4 · 4조를 바탕으로 하고 있으나 4 · 3조도 자주 발견되며, 그 밖에 3 · 4조, 5 · 5조, 4 · 5조, 3 · 3조 등의 음수율이 쓰였다.

그러다가 1894년 갑오경장 이후 우리 문단에도 서구의 문예사조가 물밀듯이 들어오면서 일본의 신체시 영향을 받아 7 · 5조의 음수율이 쓰인 창작동요가 새로 등장하기 시작했다. 이원수의 〈고향의 봄〉, 방정환의 〈형제별〉, 윤극영의 〈반달〉 등이 7 · 5조 정형률의 대표적인 동요였다.

나의 살던 고향은 / 꽃피는 산골, / 복숭아꽃 살구꽃
아기 진달래. / 울긋불긋 꽃 대궐 / 차리인 동네,
그 속에서 놀던 때가 / 그립습니다.

– 이원수의 〈고향의 봄〉 1연

날 저무는 하늘에 / 별이 삼형제 / 반짝 반짝 정답게
지내이더니 / 웬 일인지 별 하나 / 보이지 않고
남은 별만 둘이서 / 눈물 흘린다.

– 방정환의 〈형제별〉 1연

푸른 하늘 은하수 / 하얀 쪽배엔 / 계수나무 한 나무
토끼 한 마리 / 돛대도 아니 달고 / 삿대도 없이
가기도 잘도 간다 / 서쪽 나라로

– 윤극영의 〈반달〉 1연

4 · 4조와 7 · 5조를 중심으로 글자 수를 맞추어 창작하던 정형동요는 점차 자유형의 동시로 넘어오는 과정을 겪게 되는데 강소천의 〈닭〉이 그 대표적인 예이다.

물 한 모금 / 입에 물고 / 하늘 한 번 / 쳐다보고
또 한 모금 / 입에 물고 / 구름 한 번 / 쳐다보고

– 강소천의 〈닭〉 전문

이 동요는 외형적으로는 4 · 4조의 정형률에 따라 창작한 것에 불과하지만, 내용면에서는 동요보다는 동시에 가까운 분위기를 보여준다. 즉, 이 동요는 소천이 북간도에서 살고 있을 때에 써서 윤석중이 주간으로 있던 「소년」지에 투고하여 발표된 작품이라고 한다. 따라서 이 작품은 소천이 고국을 그리워하는 간절한 마음에서 씌어졌음을 알 수 있다.

창작동요는 그 외재율을 탈피하면서 훌륭한 문학작품으로서의 동시를 낳게 해 준 근간이 되었다. 근래에 와서 창작동요에 대한 관심이 많아져 각 방송국을 주축으로 새 동요, 건전한 동요를 널리 보급하는 일은 대단히 바람직하다고 본다.

(6) 간단한 동요 노래말 짓기

앞에서 우리나라의 전래동요는 4 · 4조를 바탕으로 하고 있으며, 갑오경장 이후 7 · 5조의 동요가 일본의 영향을 받아 많이 쏟아져 나왔음을 밝혔다. 그렇다면 동요를 창작하기 위해서는 이와 같은 틀에 글자 수만 맞춰 넣으면 되는 것일까? 그렇지 않다. 한 노래 가운데에서도 가벼운 대목과 무거운 대목, 빠른 대목과 느린 대목, 환한 대목과 어두운 대목, 기쁜 대목과 슬픈 대목이 있어, 그 대목에 알맞은 자연스러운 리듬이 흘러나와야 한다. 동요는 다식판처럼 틀이 먼저 장만되어 있어서 그 틀에 집어넣어 노래를 찍어내는 것이 아니다. 따라서 동요를 창작할 때는 다음과 같은 점에 유의해야 한다.

첫째, 너무 글자 수에 얽매일 필요가 없다는 점이다.

윤석중의 다음 동요를 보면 쉽게 이해할 수 있을 것이다.

> 산하고 하늘하고 / 누가 누가 더 푸른가 내기해 봐라. / 나무를 심어 주께
> 산아 산아 이겨라, 좀더 파래라. — 윤석중의 〈나무를 심자〉 1연

일정한 음수율을 적용하지 않고 여러 조가 혼용된 경우이다.

둘째, 소재 발굴에 게을리하지 말아야 한다. 동요를 쓰고 싶으나 쓸거리가 없어서 못쓴다는 사람은 소재를 너무 어렵고 먼 곳에서 찾으려 하기 때문이다. 좋

은 글감은 곧 가깝고도 평범한 곳에 있음을 유념해야 한다.

> 보슬비에 얼굴이 / 간지럽다고 / 우리 집 앞뜰의 다알리아 / 고개 숙였네.
>
> – 강소천의 〈다알리아〉 1연

다알리아 꽃을 보고 누구나 이와 같은 좋은 동요를 쓸 수는 없다. 다알리아의 꽃송이가 고개 숙였다는 말은 흔히 쓸 수 있으나, 고개 숙인 까닭을 보슬비에 얼굴이 간지럽기 때문이라고 한 것은 아무나 발견할 수 있는 생각이 아니다.

셋째, 동요를 짓는 이의 마음은 한없이 깨끗하고 어질어야 한다.

진실된 마음에서 창작된 동요라야 오랜 세월이 지난 뒤에도 많은 사람의 마음을 움직이게 된다.

> 자주 꽃 핀 건 자주 감자, / 파보나 마나 자주 감자. / 하얀 꽃 핀 건 하얀 감자, 파보나 마나 하얀 감자.
>
> – 권태응의 〈감자꽃〉 전문

권태응이 쓴 〈감자꽃〉인데, 이 동요에서 독자는 작가의 진실성을 발견하게 된다. 거짓으로 쓴 동요, 억지로 꾸며서 쓴 동요는 결코 오래 가지 못한다.

넷째, 지나친 수식어의 사용을 금해야 한다. 미사여구를 동원시켜 배열했다고 해서 다 동요가 되는 것은 아니다. 실감이 나지 않는 동요는 이미 동요로서의 자격을 상실하고 있음을 유의해야 한다.

> 은모래 언덕에는 / 어여쁜 영란 꽃이 / 웃는 듯 아름답게 / 방긋이 피었고요
>
> – 〈영란 꽃〉 1연

'은 모래, 어여쁜, 웃는 듯, 아름답게, 방긋이' 등의 시어들이 어찌 보면 이 동요를 아름답게 꾸며 주고 있는 듯하지만, 실상은 지나친 수식어를 사용하여 주제가 흐려진 결과를 가져왔다.

다섯째, 언어를 절약해야 한다.

> 우리 엄마 이름은 여보이구요 / 우리 아빠 이름은 당신이래요
>
> – 〈엄마 아빠〉에서

> 만약 이 노래를, / 우리 아빠는 엄마를 부를 때 / 여보!' 라고 부르고
> 우리 엄마는 아빠를 부를 때 / 당신' 이라고 부른다.

라고 한다면 느낌이 전혀 달라진다. 언어를 절약했을 때 동요는 더욱 음악성을 갖게 된다.

마지막으로, 알맞은 언어의 선택이다. 같은 말을 하더라도 어떻게 표현하느냐에 따라서 그 의미가 달라지므로 상황에 맞는 언어를 잘 선택해야 한다.

> 소르르 눈감고 잠자던 아기 / 싱그레 눈웃음 재미도 있지.
>
> – 홍은순의 〈아기 꿈〉에서

홍은순의 〈아기 꿈〉 일부이다. 아기의 잠자는 모습을 '소르르' 로 표현하느냐, '사르르' 로 표현하느냐의 문제, 그리고 눈웃음짓는 모습을 '싱그레' 로 할까 '빙그레' 로 할까 하는 문제를 놓고 알맞은 선택을 위하여 깊이 있게 생각해야 한다. 예를 들어, 눈웃음에는 '빙그레' 보다는 '싱그레' 가 합당한 까닭을 알아볼 필요가 있다. '빙그레' 는 소리 없이 입만 약간 벌리고 부드럽게 웃는 모양이고, '싱그레' 는 소리 없이 부드럽게 눈웃음치는 모양이기 때문에 '빙그레 눈웃음' 이 아니라 '싱그레 눈웃음' 이라는 표현이 합당하다.

(7) 동시조의 이해

어린이를 위해 씌어진 시조를 동시조라고 한다. 동시조가 우리 문단에 선을 보인 것은 1970년대라고 할 수 있다. 1973년 시조 시인 정완영이 〈창포꽃 있는 못물〉 외 2편의 동시조를 발표하면서 본격적인 동시조 시대가 시작되었다.

동시조는 우리나라 고유의 정형시인 시조 정신을 바탕으로 하고 있기 때문에

내용이나 형식을 시조에 준하고 있다. 형식은 대체적으로 3장 6구 45자에 맞추는 편이나 근래에 와서 이 형식을 탈피하려는 움직임도 있다. 일반 시조와는 달리 간결하고 쉬운 내용으로 되어 있어서 어린이들이 이해하기 쉽게 씌어졌다는 점을 특징으로 하고 있다.

진달래 사태 진 골에 돌돌돌 물 흐르는 소리,
제법 귀를 쫑긋 듣고 섰던 노루란 놈,
열적게 껑청 뛰달아 봄이 깜짝 놀란다.

– 이호우의 〈산길에서〉 전문

이 시조는 비교적 쉬운 언어를 쓰고 내용이 단순하다는 점에서 동시조라 할 수 있다. 전체적으로 진달래와 노루와 봄의 고요함을 효과적으로 잘 배열함으로써 봄의 정경을 생동감 있게 나타낸 시조이다. 시조에서는 대개 종장에 주제를 담고 있다는 점도 주목할 필요가 있다.

참고로 동시조의 형태를 알아보면 다음과 같다.

1 절장 동시조

초장 · 중장 · 종장의 세 개의 장으로 이루어지는 시조가 아니고 단 하나의 장으로 완성되는 시조이다. 글자 수 15자 (3 · 5 · 4 · 3)로 한 수의 시조가 끝난다.

꾀꼬리 빼꾸기 보고 / 함께 울자 부른다.

2 양장 동시조

두 개의 장만으로 한 수의 시조가 완성된다.

가윗날 앞둔 달이 지치도록 푸른 밤
전선에 우는 벌레 그 소리도 푸르리

③ 3장 동시조

일반적으로 가장 많이 쓰이는 형태로 평시조와 같은 초장 · 중장 · 종장을 다 갖춘 시조이다. 글자 수는 45자 안팎이고, 내용에 있어서도 평시조와 마찬가지로 중장이 초장을 받고, 종장에 주제를 담아 결론을 내리고 있다.

> 살구꽃 핀 마을은 어디나 고향 같다.
> 만나는 사람마다 등이라도 치고 지고
> 뉘 집을 들어서 본들 반겨 아니 맞으리.

④ 4장 동시조

네 개의 장으로 이루어진 동시조로서 종장만 3 · 5 · 4 · 3의 글자 수를 맞추고, 나머지 1, 2, 3장은 3 · 4 · 3 · 4로 이루어지는 데 모두 한 덩어리를 이룬다.

⑤ 사설 동시조

3장 동시조의 중장이 글자 수의 제약을 받지 않는 동시조이다.

> (초장) 3 · 4 · 3 · 4
> (중장) 글자 수가 무제한임
> (종장) 3 · 5 · 4 · 3

차세대문학에서 동시조 장르는 앞으로 더욱 깊은 관심을 가지고 연구되어야 할 것이다.

2) 동시의 이해와 지도

(1) 동시의 개념

월터 · 데 · 라 · 메어 *De la Mare, Walter*가 어린이를 위해 뽑은 명시 선집 〈오라 이리로 *Come Hither*〉에 다음과 같은 얘기가 있다.

말을 가지고 마음대로 그림을 그릴 수 있다. 이것이 독서의 기쁨의 하나다. 그리고 시를 읽을 때는 읽는 사람이 제각기 다른 의미로 읽을 수 있다…….

나는 내가 제일 사랑하는 것을 추려냈다. 언제 읽어도, 마치 〈마술의 융단〉이나 〈천리 구두〉처럼, 틀림없이 시가 빚어내는 세계로 데려다 주는 작품을 이 시집 속에 선택했다. 휘파람새가 울면 다른 새들은 조용히 그 울음소리를 듣는다고 한다. 나는 휘파람새가 이슬이 내린 나무 울타리의 가지에서 울고 있던 것을 지금도 또렷하게 기억한다. 그리고 그 때, 다른 많은 새들은 지저귀는 것을 멈추고 휘파람새의 둘레에서 조용해졌다.

수탉은 한밤중에 때를 알린다. 그러면 수 마일씩 떨어진 사방의 그 동족이 그 울음소리에 회답한다. 들에서 일하는 사람은 새 소리 나는 피리를 불면서 쇠오리를 부른다. 바로 그처럼, 좋은 노래나 시는 어렸을 때의 나의 마음을 사로잡았으며, 나이 든 지금도 늙은 나를 여전히 사로잡는다.

동시란 어린이의 마음을 사로잡는 시로서 어른이 썼든 어린이가 썼든 동심을 바탕으로 생각이나 느낌을 가장 적절한 언어로 가장 함축성 있게 표현한 글이라고 하겠다. 내용면에서는 동요와 흡사한 점이 있으나 형식면에서는 음악성이 동요만 못하지만 그 표현이 훨씬 자유롭다는 점이 동요와 다른 점이라고 할 수 있다. 즉, 내재율로 감흥을 느낄 수 있도록 하는 글이 동시라는 정의도 가능하다. 유경환은 '동시란 어린이도 읽을 수 있고 어른도 읽을 수 있는 시문학의 한 장르' 로서 우선 문학성을 갖춰야 한다고 주장한다. 따라서 동시인도 먼저 시인이 되어야 한다는 것이다. 문학성을 갖추지 못한 동시가 남발됨으로써 동시의 질은 형편없이 떨어지게 되고, 아동문학은 푸대접을 받는다는 불평이 나오게 되었다. 동시와 성인 시는 시라는 차원에서 아무런 구별도 있을 수 없는데 다만 동시는 '어린이도 대상독자라는 사실을 염두에 두고 쓴 시' 이고 성인 시는 '그 대상독자에 어린이를 의식하지 않고 쓴 시' 라는 점에 차이를 둘 수 있다고 유경환은 부연한다.

(2) 동시 경험의 의의

월터·데·라·메어가 어렸을 때에 경험한 좋은 시는 나이가 든 연후에도 마음을 사로잡는다고 말한 것처럼 아름다운 시를 어려서부터 경험시킨다는 일은 대단히 중요하다.

유아들에게 시를 경험시키는 의의는 다음과 같다.

① 어렸을 때의 동요나 동시의 경험의 목적은 단순히 정서함양에만 있는 것이 아니라 그들이 가지고 있는 감성과 상상력을 통한 인간교육의 기초로서 필요하다.
② 모국어의 아름다움을 느낄 수 있게 하는 가장 적절한 매체이다.
③ 시의 리듬과 운율을 통하여 감각적인 혀와 귀의 즐거움을 경험한다.
④ 가장 선택되고 정선된 시어를 통하여 언어의 신비스러운 기능을 체득한다.
⑤ 사물에 대한 올바르고, 날카로운 직관력을 기르는데 도움이 된다.
⑥ 시를 경험함으로써 유아들의 감정 세계를 보다 풍부히 할 수 있다.
⑦ 자신의 감정을 자연스럽게 표현할 수 있는 능력을 길러준다.

또한 시는 어린이의 상상력을 다른 여러 가지 방법으로 확장시켜 주면서 내면적으로는 새로운 희망을 주며, 단순한 시구의 반복, 운율, 리듬은 시를 가깝게 함으로써 언어의 아름다움에 대한 감사와 더불어 시의 분위기, 정서, 장면 등의 아름다움을 구체적으로 느끼게 해 준다는 것이다.

아울러 어린이들에게 시를 경험시키기 위해서는 많은 준비와 노력이 뒤따라야 한다. 적절한 순간에 알맞은 시를 준비하였다가 경험시키는 일이라든가, 어린이들이 자연스럽고 즐거운 마음으로 시를 받아들일 수 있도록 함과 동시에 자발적으로 시를 찾을 수 있도록 유도하는 일 등은 생각처럼 쉬운 일은 아니기 때문이다. 지나치게 시를 외우게 한다거나 읽도록 강요하는 행위는 어린이들로부터 영원히 시의 맛을 잃게 하고 시를 떠나게 하는 위험한 방법임을 명심해야 한다.

(3) 시의 선택

어린이에게 알맞은 시란 어떤 것인가? 어린이들에게 아무 생각이나 기준이 없이 시를 준다면 오히려 역효과가 나타날 것이라는 추측은 당연하다.

제임스 스미스는 유아들을 위하여 적절한 시를 선택하고자 할 때 다음과 같은 점들이 고려되어야 한다고 주장한다.

① 유아들 스스로 그 시를 좋아해야 한다. 물론 시를 들려주기 전에 유아들이 그것을 좋아하는지 않는지를 판단하는 것은 어려운 일이다. 따라서 교사는 유아들의 가정생활, 놀이, 친구 관계, 흥미 등을 알고 있을 때 보다 적절한 시를 선택할 수 있다. 유아들은 특히 그들 자신과 비슷한 경험을 담은 시를 대할 때 흥미를 갖게 된다. 어떤 종류의 시를 어린이들은 좋아하는가? 프랑스계의 미국인 수필가 아그네스 레플리에 *Repplier Agnes*는 그의 저서 〈유명한 시의 책 *A Book of Famous Verse* 〉서문을 통해 '시에서 어린이들이 받는 기쁨은 그 종류가 가지가지이나, 한결 같이 끝없이 퍼져가는 기쁨이다. 피를 끓게 하는 씩씩한 가락, 귀에 경쾌하게 들리는 요정의 가락, 듣고 있는 사이에 어린 마음에 꿈을 찾아주는 환상의 얘기, 용감한 행동, 불행한 운명, 음울한 민요, 팽창하는 기쁨에 넘친 서정시, 그리고, 말 하나하나가 닦아 놓은 듯 보석처럼 반짝이는 단시 – 어린이들은 이와 같은 좋은 시를 알고 있고 사랑을 하는 것이다. 그냥 운이나 가락을 주는 것은 아무 소용도 없으며, 또한 쉽게, 그리고 말장난과 같은 조각난 어구만 가지고는 어린이들의 신선하고, 생생한 상상력의 성장을 눌러버리고 만다. 시의 경우 어린이들의 상상력은 그 어린이의 이해력을 뛰어넘을 수 있으며, 마음의 고양은 도저히 이성이 따라갈 수 없는 데까지 어린이를 데려간다. 어린이는 오로지 한 가지만 배우면 된다. 그것은 기쁨이다.' 라고 말하고 있다.

② 시는 정직하고 진실된 표현을 담은 것이어야 한다. 그것은 언어를 재주 있게 나열한 것도 아니며 간접적인 교육이나 해설을 하는 것도 아닌 어린이의 경험 그 자체가 될 수 있는 진실성을 가져야 한다는 것이다.

③ 시는 독창성을 가져야 한다. 작자의 창의력은 독특하고, 개성적이고, 새로운 작품을 가능케 한다. 그러한 독창성은 소재, 문체, 묘사, 형식, 혹은 이러한 것들의 결합을 통하여도 나타날 수 있다.

④ 시는 정서적인 공감대를 형성할 수 있어야 한다. 유아들을 위한 좋은 시는 강한 감각적 요소들을 가지고 있다. 즉, 독자는 그것을 통해 미소짓고, 혹은 깔깔 웃어대고, 얼굴을 찡그리고, 눈물을 흘리기도 한다. 좋은 시는 이러한 공감대를 마련해 준다.

⑤ 동화 시 *narrative poems*는 그 속에 적절한 주제, 생동감 있는 구성, 기억

될만한 주인공, 독특한 문제 등을 담고 있어야 한다.

⑥ 시는 언어의 리듬과 음악성을 담고 있어야 한다. 시의 리듬은 그것을 들을 때 머리를 끄덕이거나, 손뼉을 치거나, 어깨 짓을 하게 하는 것 등과 따라서 읽어 보았을 때 언어에서 갖는 운율 등을 포함해야 한다.

⑦ 활기 있는 묘사와 분명하고 정확하며 상상력이 풍부한 말로 씌어진 것이어야 한다.

⑧ 시는 그것을 읽어 주었을 때 듣는 기쁨을 맛볼 수 있는 것이어야 한다. 이것은 동화 구연자가 동화를 잘 들려주었을 때 더 재미를 느끼고 동화의 분위기를 연출할 수 있듯이 그 시를 적절한 목소리와 빠르기로 잘 표현해 줌으로써 시의 참맛을 느낄 수 있다.

도오슨 *Dawson*은 어린이를 위한 현명한 시의 선택을 다음 4가지 원리로 제시하고 있다.

① 무엇보다도 어린이가 흥미를 느낄 수 있는 시여야 한다. 그것은 음악성이 있어야 하며, 자신 있는 리듬감, 자연스러운 운율 등을 시구에서 느낄 수 있어야 하며, 동적인 주제를 갖춘 내용이 보다 친숙하고 재미있는 내용이라야 한다.

② 어린이의 지각에 맞는 시여야 한다.

③ 바로 지금 그 상황에 맞는 시를 선택해도 된다.

④ 문학성이 높은 시를 선택해야 한다.

앞의 선택 원리에 따라 다음 시를 감상해 보자.

> 풀잎에 조롱조롱 / 수정 구슬들 / 아침 햇빛 살며시 / 입을 맞춘다.
> 하늘이 더 파래진 / 맑은 아침 / 바람이 너울너울 / 춤추며 가네.
>
> 멀리 앉은 산들도 / 그냥 그대로 / 산 밑에 옹기종기 / 마을 그대로,
> 하늘이 더 높아진 / 밝은 아침 / 송글송글 맑은 눈 / 빛이 고이네.
>
> – 엄기원의 〈아침이슬〉 전문

콕 / 콕 / 콕 / 병아리가 / 쪼아 보다가 / 이리 / 저리 / 바람이 / 흔들어 보다
주룩주룩 / 소나기에 / 잠이 깨었나? / 방실방실 꽃잎들이 / 웃고 있어요.
– 유창근의 〈꽃잎〉 전문

위의 시는 모두 자연을 소재로 한 것이다. 자연과 접했을 때 어린이는 많은 호기심을 갖게 되므로 그 상황에 맞는 시를 준비해 두었다 경험시키는 일은 매우 중요하다. 이 밖에 어린이 놀이에 대한 시, 생일이나 행사에 관한 시, 가족에 관계되는 시, 사랑을 노래한 시 등으로 분류해 놓았다가 필요에 따라 시를 경험시키면 매우 효과적이다.

(4) 동시의 종류

동시는 일반적으로 형식상 분류와 내용상 분류에 의해 여러 가지 양상으로 논의되어 오고 있으나 논자마다 약간의 차이를 보이고 있다.

1 형식상 분류

먼저 형식상 대략 다음 4가지로 분류할 수 있다.

① 자유동시: 형식의 구애 없이 자유롭게 쓰는 시의 양식으로 1930년대부터 김영일 · 박목월 등에 의해 처음 시도되었으며, 오늘날에도 동요보다도 훨씬 널리 창작되어 읽혀지고 있다.

당시 자유 시론의 주창자로서 우리나라 동시단에 신경지를 개척한 김영일의 시는 특히 단시적 간결성을 그 특징으로 하고 있다.

혼자 / 집 보는 날 / 떨어진 / 꽃잎을 / 가만히 날려본다
동무의 얼굴이 / 구름에 떠간다.
– 김영일의 〈집 보는 날〉 전문

수양버들 / 봄바람에 / 머리 빗는다. / 언니 생각난다.
– 김영일의 〈수양버들〉 전문

② 산문동시 : 형식상으로 자유시에 속하면서도 산문적 서술의 성격이 강한 편이다. 말하자면 어디까지나 시의 본질을 유지하면서도 표현 양식은 산문적 형태를 취한 시이다.

> 살구나무 새순에 봄빛이 묻어 있다. 껍질 속에 갇혀 있던 파란 빛깔 집어 들고
> 마당가 한 귀퉁이에 우뚝 선 살구나무 (이하 생략)
>
> – 노원호의 〈살구나무 새순에〉에서

③ 장동시 : 자유 동시처럼 매우 함축성이 있고, 상징 또는 비유적인 방법으로 씌어지면서 그 시의 길이가 길다는 점이 특징이다. 산문시보다 산문성은 부족하나 작품의 길이가 산문시보다 비교적 긴 편이라는 점이 산문 동시와 장동시의 차이가 된다.

④ 동화시 : 동화시는 시이면서도 우선 형식면에서 양적으로 길고, 내용면에서는 동화처럼 어떤 사건의 전개나 이야기성이 있는 줄거리를 갖고 있다는 점이 특징이다.

마해송의 〈소나기〉와 〈꽃씨와 눈사람〉, 임인수의 〈꿈꾸는 나무〉, 김요섭의 〈안개와 개스등〉, 이원수의 〈잃어버린 나〉, 유경환의 〈강아지 기차〉 등의 인상적인 동화시들이 1960년대에 발표되어 관심을 모았으나 크게 활기를 띠지는 못했다.

> 새 집으로 이사 온 밤
> 비 오고, 바람 불고, 천둥하던 밤.
> 뒷산에 뒷산에 도깨비가 나와
> 우리 집 지붕에 돌팔매질 하던 밤.
> 덧문을 닫고, 이불을 쓰고,
> 엄마한테 붙어 앉어 덜덜 떨다가

잘랴고 잘랴고 마악 들어누면
또, 탕 탕 떼구루루…… 퉁!
귀를 막고, 눈을 감고,
그래두 탕 탕 떼구루루……퉁!

이튿날 아침,
뒷산에 뒷산에 가보니깐
복숭아 나무 썩은 열매가
바람에 불려 떨어져서
탕 탕 생철 지붕을 치구는,
떼구루루 굴러내려 땅으로 퉁!
그래서 밤-새도록!
탕 탕 떼구루루……퉁!
내려가 세보니깐 모두 열두 개.
그 복숭아 열두 개를 망태에 담어
동네 방네루 미구 댕기며 구경시켰죠.

비오는 밤이면은 도깨비가 무서워서
끔쩍 못하구 들어앉았던 동네 사람들한테
내가 잡은 도깨비 열두 형제를 끄내 보였죠.

그 뒤로는 그 뒤로는
우리 마을 겁쟁이 다 없어졌어요.
물 건너 민 생원, 등 넘어 허 선달,
인젠, 캄캄한 밤이라두 막 뽐내구 다니죠.

– 윤석중의 〈도깨비 열두 형제〉 전문

[2] 내용상 분류

내용상 분류는 일반적으로 다음 4가지로 분류하고 있다.

① 서정동시: 본디 서정시는 노래 부를 수 있는 시이므로 음악성을 중요시하는 것이며, 인류의 보편적인 정감에 호소하는 개인적인 정감과 체험의 예각적 표출 형식을 취한다. 시의 소재나 내용이 자연과의 교감이나 자연과의 시적 감동을 주로 하여 형상화한 시이다.

> 눈밭에서 아이들이 / 햇살을 당긴다. / 언 손을 모아 / 소리를 모아
> 모두모두 매달려 / 발을 구르면 / 겨울 해가 풍선처럼 / 끌려온단다.
>
> – 이상현의 〈햇살〉 전문

② 생활동시: 어린이의 실제 생활이 그대로 사실적인 표현에 의해 씌어진 시이다.

> 한 사람이 방에서 / 나오면서 하는 말이, /"어제보다 날이 좀 풀렸는데요."
> 한 사람이 밖에서 / 들어오면서 하는 말이, / "어제보다 훨씬 더 쌀쌀해졌는걸요."
>
> – 윤석중의〈추위〉전문

③ 관념동시: 어떤 사물이나 그 사물을 통해 인식된 결과를 직접적인 표현보다는 마음 속에서 다시 여과되고 걸러진 이미지를 위주로 형상화한 추상성이 강한 작품이다.

> 귤 / 한 개가 / 방을 가득 채운다. / 짜릿하고 향긋한 / 냄새로 / 물들이고
> 양지 짝의 화안한 / 빛으로 / 물들이고, 사르르 군침 도는 / 맛으로
> 물들이고, 귤 / 한 개가 / 방보다 크다.
>
> – 박경용의 〈귤 한 개〉전문

④ 서사동시: 서사시는 사건을 운문으로 읊는 장시이다. 영웅을 주인공으로 하여 그의 행동을 중심으로 한 파란만장한 사건과 이야기를 읊은 것이다. 호머의 〈일리아드〉와 〈오디세이〉는 서사시의 대표작이고 밀턴의 〈실락원〉도 서사

시에 해당한다. 우리나라의 경우 이승후의 〈제왕운기〉나 이규보의 〈동명왕편〉이 서사시에 속하는데, 동시에서는 아직 서사 형식의 작품이 본격적으로 씌어지지 않는 실정이라 앞으로 이 분야에 대한 개발이 절실하다. 근래에 발표된 서사시 가운데 바다를 소재로 쓴 산문 서사시 일부분을 소개한다.

> 바다에 그물을 놓을 때나 당길 때 알기를 보는데, 풀 한 포기, 나무 한 그루, 섬 하나 없는 동해바다 가운데에서 그물을 찾아내는 시루뫼 어부들은 언제나 큰 산을 바라보며 바라보며 살지, 시루뫼 어부들은 참말 용하기두 하지.
>
> — 김진광의 〈시루뫼 마실 이야기〉에서

서사시의 활발한 창작활동을 통해 어린이들에게 우리나라 위인들에 대한 훌륭한 점을 접하도록 하고, 문학 경험의 영역도 넓힐 수 있는 계기가 되도록 노력해야 할 것이다.

3) 동시 창작의 실제

(1) 창작 태도

월터·데·라·메어는, 어린이를 위한 시는 단순하고 달콤하게 지어야 한다는 일반적인 생각엔 조금도 타협하려 하지 않는다. 또 어린이의 연령의 차 같은 것은 조금도 고려하지 않는다. 그 대신, 어린이가 신비로움과 아름다움에 대해서 나타내는 직감적인 반응을 전폭적으로 믿는다. 그렇기 때문에 동시는 성인시보다 쓰기가 더 어렵다.

다시 말해서 동시를 쓰려면 우선 동심을 지녀야 하고, 어린이 세계를 잘 알고 있어야 한다는 조건이 따르기 때문에 성인시를 쓰는 것보다 더 어렵다는 말이다. 안이한 태도로 어른들의 어린 시절을 회고하거나 막연한 상상 속에서 동심을 찾아 글을 쓰려고 한다면 금방 그 시는 어린이들로부터 외면당하게 마련이다.

또한 동시를 쓰려는 사람은 성인시를 쓰는 사람보다 더 많은 연구를 해야 한다. 문학의 이론 공부는 물론이고 인접 학문인 아동학 · 심리학 · 교육학 등 폭넓은 연구를 끊임없이 해야 그 시대의 어린이에게 맞는 시를 줄 수 있다. 우수한 동시를 많이 읽고 분석하고 연구하는 가운데 자신의 시 창작 기능이 향상됨을 잊어서는 안 된다.

마지막으로 동시를 쓰려는 사람들이 꼭 갖춰야 할 가장 중요한 태도는 곧 사랑이다. 모든 문학이 다 그렇지만 특히 동시를 쓰려는 사람은 어린이에 대한 사랑, 자연이나 사물에 대한 사랑이 지극해야 한다. 따라서 사랑이 담겨져 있지 않은 동시는 생명이 없는 나무와 같으므로 자신의 명예나 욕심을 위해 글을 쓰려는 사람이 있다면 일찍이 아동문학가의 꿈을 버리는 게 현명할 것이다.

(2) 창작단계

영국의 시인 *C. D.* 루이스는 그의 저서 〈젊은이를 위한 시 *Poetry for you*〉에서 시를 쓰는 과정을 3단계로 구분하고 있다.

첫 번째는 시의 씨앗을 얻는 단계인데, 그것은 어떤 감정, 어떤 체험, 어떤 관념, 때로는 하나의 이미지이거나 한 줄의 시구일 수도 있다. 씨앗이란 흔히 시상, 인스피레이션을 의미하며, '시를 쓰는 계기' 인 동시에 '아, 이거 시가 되겠다' 싶은 인상적인 느낌으로, 시 창작과정에서 가장 중요한 역할을 한다. 루이스는 이 씨앗을 그때그때 반드시 메모해 두라고 권고한다. 그러나 메모한 뒤에 그 사실을 잊어버리고 있다가 필요할 때에 시의 싹을 틔우라는 것이다. 메모한 것을 잊어버리라는 말은 어떤 인스피레이션이 생겼을 때 당장 한 편의 시를 쓰려고 서두르지 말고, 무의식 속에 깊이 묻어 둔 채 여유 있게 생각하라는 뜻으로 받아들일 수 있다. 시를 쓰고자 하는 사람들이 메모를 게을리한다는 것은 농부가 씨앗도 준비하지 않고 흙에서 원하는 식물의 싹이 나오기를 기대하는 것과 같다. 맛좋은 토마토를 생산하기 위해서는 우선 충분한 시간을 가지고 의도적으로 토마토에 대해 연구해야 한다. 토마토를 재배하고 있는 사람의 이야기에 귀를 기울여야 한다. 그러나 아무리 중요한 이야기도 메모해 두지 않으면 곧 잊어버려 맛좋은 토마토를 생산하는 데 실패하게 된다. 보기도 좋고 맛있는 토마토를 생산하려면 제일 먼저 좋은 씨앗을 구해야 하듯이, 좋은 시를 빚으려면 시상을 잘 잡아야 한다.

시상을 잡는다는 말은 보통 사람들 눈에 평범한 사물도 관심있게 바라보면서 새로운 시각으로 조명하려는 노력이라고 하겠다. 그러기 위해서는 자신을 지배하고 있는 고정 관념들을 과감히 깨뜨려야 한다. 추한 것이 때로는 아름다울 수 있어야 하고, 예쁜 꽃잎이 때로는 악마의 입술처럼 징그러울 수 있어야 한다.

두 번째는 씨앗이 시인의 무의식 속에서 성장하는 단계이다. 토마토 씨앗을 땅에 파종했다고 해서 저절로 싹이 트고 자라는 것은 아니다. 적당히 물을 주고, 양분을 공급해 주고, 온도를 맞춰 주는 등 온갖 정성을 다 쏟아야 무럭무럭 잘 자라 열매를 맺는다. 시의 경우도 마찬가지다. 좋은 시상을 메모해 두는 것으로 끝나면 안 되고 끊임없이 시에 대하여 연구를 하고, 틈나는 대로 메모해 둔 인스피레이션의 편린들을 다시 펼쳐 보아야 한다. 이것은 시에 대해 시인이 가져야 할 최소한의 관심이고 의무라고 하겠다. 이러한 관심 속에서 시의 싹은 튼튼하게 자란다. 농부가 재배하는 농작물에 관심을 가지면 가질수록 좋은 결실을 거두듯 이 시인이 자신의 시상을 메모한 수첩을 펼쳐 볼 때마다 새로운 상상과 요소가 작용하여 시의 씨앗은 더욱 야무지게 성숙되어 갈 것이다.

비근한 예로 서정주 시인의 〈국화 옆에서〉에 대해 쓴 창작 과정을 읽어 보면 루이스의 말이 좀더 쉽게 이해될 것이다.

> 인제 이〈국화 옆에서〉를 쓸 무렵에는 어느 새인지 거기에서도 찬 서릿발 속에 국화꽃에 견줄 만한 여인의 미를 새로 이해하게 된 것도 서상한 바와 같은 것들의 많은 되풀이, 되풀이의 결과임은 물론이다. 그래서 내가 어느 해 새로 이해한 이 정밀한 40대 여인의 미의 영상은 꽤 오랫동안, 아마 2~3년 동안 그 표현의 그릇을 찾지 못한 채 내 속에 잠재해 있다가 1947년 가을 어느 해 어스름 때 문득 내 정원의 한 그루의 국화꽃에 머물게 되자 그 형성화 공작이 내 속에서 비로소 시작되었던 것이다.

한 편의 시가 빚어지기 위해서는 남다른 시상을 잡아 놓고 수없이 많은 관심과 노력을 기울여야 한다.

세 번째는 하나하나 언어를 골라 거기에 구체적 표현을 부여하는 단계로 이 단계에 이르면 시를 쓰고 싶다는 강렬한 욕구를 느끼게 된다고 루이스는 말한다. 그러나 상황에 따라서 욕구는 강하게 올 수도 있고 그렇지 않을 수도 있다. 어떤 사람은 강렬한 욕구에 의해서 시를 쓰기도 하지만, 대부분의 시인은 오히려 차분하고 숙연한 자세로 가장 잘 정제된 언어를 찾아 혼신의 노력을 기울인다. 그러나 이 단계에 이르러 시인들은 구체적 표현의 언어를 쉽게 찾지 못하여 많은 고민 속에 빠진다. 시인에 따라서 이 어려움을 극복하기 위해 피나는 노력과 그들 나름대로의 괴벽이 드러나는 단계이기도 하다.

그러나 이 3단계 역시 언제나 적용되는 것은 아니다. 어떤 경우는 인스피레이션이 떠오르자마자 언어 표현 작업에 들어가기도 하지만 메모해 두었던 인스피레이션 모두가 시로 빚어지는 것은 아니기 때문이다. 아울러 루이스의 시 창작 과정 3단계만 거치면 시로서 완성될 수 있다는 생각은 버려야 한다. 여기까지의 과정에서 빚어진 시는 소위 초고에 불과한 것으로 여러 번의 퇴고 과정을 거쳐야 비로소 한 편의 시가 탄생된다는 점을 유의해야 한다.

(3) 창작방법

루이스의 「시 쓰는 과정 3단계」가 일반론에 가깝다면, 박화목의 「동시를 쓰고자 하는 교사에게」는 동시 쓰는 법에 대해서 비교적 구체성을 제시한 방법으로 대단히 고무적이다.

동시를 쓰려면, 먼저 쓰고 싶은 동기를 잡아야 한다. 시를 쓰고 싶은 생각이 떠오를 경우는 무슨 일로 인해서 마음이 크게 움직일 때인데, 그것은 반드시 아름다움에서 오는 기쁨만이 아니라, 불행한 일을 당했을 때의 슬픔일 수도 있고, 괴로운 일에서 오는 아픔이기도 하고, 또 불의한 일을 보았을 때의 노여움일 수도 있다. 이러한 마음의 움직임은 모두 우리의 감각기관을 통해서 내부로 들어오는데, 이와 같은 감각 체험을 통해서 정서를 불러일으키고 상상을 하고, 또 어떤 생각들을 낳게 되는 것이다. 다만 이러한 감정의 기복을 눈여겨 보아야 하고 감수성을 항상 열어 놓아야 한다. 마음이 강퍅하거나 부정적인 사고를 가지고 있는 사람은 결코 동시를 쓸 수 없다. 마음을 부드럽게 가지고 마음의 문을 항상 열어 놓지 않으면 안 된다.

둘째, 자신의 눈으로 관찰하고 스스로 마음에 느낀 바를 정직하게 써야 한다.

마음에 느끼고 어떤 움직임을 경험한다는 일은 감각 체험을 통해 심상에 비쳐진 것이 다시 형상화의 단계에 넘겨지고 있음을 말한다. 이 형상화의 표현이 바로 시의 표현이고 시를 쓰는 기법에 있어서 이 과정이 매우 중요하고 까다롭다. 이 형상화 과정에서 남의 것을 슬쩍 빌려 온다거나, 심상에 비쳐지지 않는 것을 억지로 꾸며대는 일이 없어야 한다. 자신이 직접 관조하지 않았거나 마음에 느끼지 않은 것을 썼다면, 아무래도 그 표현에 거짓이 섞이기 마련이므로 동시 창작에서 특히 유념할 일이다. 그리고 그럴사하게 아름다운 말만 찾아 시를 쓰려고 하지 말고, 오직 진실된 표현만이 독자와 공감대를 형성할 수 있다는 점을 명심해야 한다. 더욱이 동시는 동심의 차원에서 써야 하기 때문에 거짓 꾸밈의 표현이란 도저히 있을 수 없다. 마음의 느낌을 진실되게, 소박하게 나타내도록 쓰는 일은 동시 창작에 있어서 매우 중요하다.

셋째, 일상 용어 중에서 시어를 잘 찾아야 한다. 동시는 되도록 어린이들의 일상 용어에서 시의 용어를 찾아내는 것이 바람직하나 반드시 그럴 필요는 없다. 동시가 일차적으로 어린이를 대상 독자로 하기 때문에 정서 순화에도 그 기능이 있지만, 자라는 어린이의 지능이나 언어 발달에 크게 영향을 준다는 효용성도 염두에 두어야 한다. 어린이들이 알 수 있는 말을 쓴다고 해서 혀 짧은 유아어를 흉내내거나 말재주를 부리는 것으로 착각하면 안 된다.

엄마, 아빠, 해님, 달님, ~했어요, ~했습니다 등의 언어를 즐겨 쓰고, 의태어나 의성어를 반복하여 쓴다고 동시가 되는 것은 아니다. 시어는 자기의 느낌이나 감동을 나타내는 데 가장 중요한 말, 가장 적당한 말을 찾아야 하기 때문에 시어를 선택하는 작업은 대단히 어렵다. 동시이기 때문에 그저 쉬운 말이면 된다고 생각하는 것은 잘못이다.

넷째, 풍부한 생활 체험을 바탕으로 써야 한다. 일찍이 릴케가 시는 체험이라고 말한 것이나, 최재서가 문학은 가치 있는 인간적 체험의 기록이라고 말한 것은 문학 작품이 체험을 통하지 않고는 실제로 이루어지기 어렵다는 뜻으로 해석할 수 있다. 동시를 쓰기 위해서는 실제로 자신의 삶이 겪어 낸 그 체험도 물론 작품의 바탕이 되지만, 그보다 상상적인 체험이 더 중요하다. 동시는 동심적 심상에 비쳐진 감각 체험의 재현이기 때문에 성인인 아동문학가들이 쓰는 동시에서 실제 동심 세계의 형상화가 이루어지려면 어린이의 실제 생활에 파고 들어가 항상 그들을 관찰함으로써 상상적 체험을 얻어 내야 한다. 처음 동시를 쓰려는 사람은 가급적 어려운 사상을 나타낸 동시를 쓰기보다는 가까운 생활 주변에서 동시의 소재를 찾아내는 것이 좋다. 그리고 동심의 눈으로 사물을 정확하게 바라보는 습관을 길러야 한다.

다섯째, 교육적 효용을 염두에 두어야 한다. 성인시와 달리 동시는 대상 독자 속에 어린이를 포함하기 때문에 교육성을 무시할 수 없다. 죽음이나 절망을 나타낸 것이라든가, 비인간적인 행위나 비도덕적인 내용, 어두운 사회의 이면을 파헤치는 일, 순화되지 않은 언어 사용 등은 삼가는 것이 바람직하다. 자라는 어린이들에게 좀더 밝고 희망을 줄 수 있는 시, 보람 있고 참다운 삶의 방향을 제시해 주는 건전한 시를 써야 한다.

여섯째, 제목 붙이는 일에 신경을 써야 한다. 한 편의 동시를 쓸 때, 제목을 붙이는 과정은 매우 중요하다. 제목을 보면 작품의 소재가 무엇이며, 어떤 생각을 나타내려고 하는가를 대충 짐작할 수 있기 때문이다. 어떤 사람은 시의 제목을 먼저 정해 놓고 나서 시를 쓰고, 어떤 사람은 시를 다 써놓고 나서도 제목을 정하지 못하여 고심하기도 한다. 경우에 따라서, 사람에 따라서 제목을 붙이는 시기가 다르기 마련이다. 다만 동시에 제목을 붙일 때는 되도록 쉽고 사물적인 것이 좋다는 점에 유의해야 한다. 제목을 어떻게 붙이느냐에 따라서 그 시의 운명이 달라진다는 사실을 염두에 두고 좋은 제목을 찾아 쓰도록 항상 노력해야 한다.

일곱째, 행과 연 가르기를 바르게 해야 한다. 산문동시는 형태 자체가 산문적이지만, 정형동시나 자유동시는 행과 연을 제대로 갈라 놓아야 시인의 정감이 고르고 바르게 전달된다. 시인에 따라서 한 행의 길이가 길어지기도 하고 짧아지기도 하지만, 한 행의 길이가 너무 길어지면 어린이들의 호흡에 무리가 간다는 점을 유의해야 한다. 아울러 한 연의 행수도 너무 많아 무리가 되지 않도록 적절하게 연 가르기를 하는 것이 좋다.

마지막으로, 한 편의 동시가 다 되었을 때는 다시 읽고, 고치고, 매만지고, 다듬어야 한다. 시어를 제대로 찾아 썼나, 제자리를 잡았나, 군더더기가 없나 등에 대해서 신경질적으로 깎고 다듬고 하는 것이 좋은 시를 쓰는 요령이다. 한 편의 시를 쓰고 난 후에 이제는 다 되었다고 발표하려고만 급급해 한다면 결코 좋은 작품을 낼 수가 없다. 몇 번이든 고치고, 다듬고, 매만지고 하는 것은 좋은 작품을 내기 위해 거쳐야 할 필수적 단계이다.

(4) 동시와 이미지

이미지란 시작품 속에 구성된 언어조직이 우리 마음 속에 불러일으키는 어떤 영상을 말한다. 그러니까 이 영상은 우리 마음 속에 나타나는 어떤 형태라는 점에서 심상이라고 할 수 있다. 문학에서 심상이란 말은 무척 광범위하고 다양하게 쓰이는데 대략 다음의 세 가지로 구분하여 논의하는 것이 보통이다.

① 글을 읽고(또는 말을 듣고) 독자(청자)의 마음에 생긴 감각적 재생. 우리가 쓰는 심상이란 말은 실상 여기에 해당될 것이다.

② 그러한 심상이 생기도록 자극하는 비유적인, 또는 묘사적인 말. 여기서 특히 비유적인 말은 결국 문채가 될 것이다.

③ 그러한 말들이 한 작품 또는 한 작가의 전체 작품, 또한 문학 전통이나 경향에서 어떤 특수한 배합양식을 갖고 있든가, 어떤 세계관, 또는 진리를 상징적으로 나타내는 것. 이 경우를 단지 심상이라 하지 않고 '심상의 조직양식' 이란 뜻의 이미저리 *imagery*라고 하는 것이 옳다.

①은 독자의 심리와 관계되는 것, 즉 심상의 효과이고, ②와 ③은 심상의 원인이 되는 특수한 언어이다.

일반적으로 이미지는 정신적 *Mental* 이미지, 비유적 *Figurative* 이미지, 상징적 *Symbolic* 이미지 등 세 가지 유형으로 나누어 설명하는데, 심리학자들은 웰렉과 워렌 *Wellek & Warren*의 분류와 비슷하게 정신적 이미지를 다시 시각적 · 청각적 · 취각적 · 미각적 · 촉각적 · 기관적 · 근육감각적 이미지로 나누고 있다. 이에 대한 시를 예로 들면 다음과 같다.

시각적 이미지

초가지붕 마루엔 / 밤낮 꽃 핀다. / 낮에는 화안히 / 호박꽃 피고
밤에는 소롯이 / 박꽃이 피고 / 호박꽃은 낮에 피니 / 해와 같이 붉은 꽃,
박꽃은 밤에 피니 / 달과 같이 하얀 꽃, / 호박꽃 지며는 / 해와 같이 붉은 호박
박꽃이 지며는 / 달과 같이 하얀 박, /초가 지붕 마루엔 / 해와 달이 열린다.

– 김종상의 〈박과 호박〉 전문

호박꽃과 박꽃을 소재로 쓴 시이다. 호박꽃과 박꽃을 시각적으로 잘 표현했고, 이 두 꽃들이 진 뒤의 상황까지 상상한 점, 호박과 박을 해와 달이라고 비유한 점 등이 이 시를 훌륭하게 만들었다고 하겠다.

청각적 이미지

귀뚜라미 또르또르 / 섬돌 밑에서 / 귀뚜라미 또르또르 / 시렁 위에서
또록또록 눈이 밝아 / 책을 읽고 있으면 / 또르또르 / 또르또르 / 밤이 깊는다.

– 임인수의 〈가을 밤〉 전문

청각적 이미지, 즉 이 시의 전체가 귀뚜라미의 소리로 가득 차 있는 듯한 느낌이다. 이처럼 청각적 이미지를 시에 끌어 들일 때 시의 분위기는 독자에게 훨씬 실감을 준다. 또 한 가지 덧붙여 말하면 위의 시에서는 소리의 상징으로 리듬을 잘 살려 음악성을 높이고 있다는 점이다.

후각적 이미지

물새알은 / 간간하고 짭조름한 / 미역 냄새, / 바람 냄새.
산새 알은 / 달콤하고 향긋한 / 풀꽃 냄새, / 이슬 냄새.

– 박목월의 〈물새알 산새알〉 3·4연

물새알 냄새와 산새알 냄새를 취각적 이미지로 형성하고 있다. 또한 같은 말

이나 같은 음, 같은 짜임의 되풀이에 의하여 운율을 이루고 있는 시이다. 물새는 물새알을, 산새는 산새알을 나으며, 또 신기하게도 물새알에서는 물새가 태어나고 산새알에서는 산새가 태어난다는 생명의 엄숙한 법칙을 이 시는 아름다운 말과 리듬을 통해 가르쳐 주고 있다.

미각적 이미지

박목월의 〈물새알 산새알〉에서 '간간하고 짭조롬한' 것과 '달콤한' 것은 곧 미각적 이미지의 훌륭한 표현이다. 미각적 이미지가 표출된 시에 다음과 같은 시가 있다.

비는 달콤한 젖 / 눈은 솜이불 / 바람은 엄마 입김.
아! 우리는 / 자란다, 눈 속에서 / 바람 속에서.

– 이원수의 〈새눈의 얘기〉 2연

비를 달콤한 젖에 비유하고 눈은 솜이불에, 바람은 엄마 입김에 각각 비유한 점이 훌륭하다. 특히 비를 달콤한 젖이라고 미각적 이미지를 빌어 표현했기 때문에 이 시는 더욱 빛이 나는 것이다.

촉각적 이미지

시름시름 / 가을 비 내려 / 차거운 저녁

– 김영일의 〈가을 비〉 1연

첫 서리 내렸다 / 전기 줄에 / 아기 참새들 / 쫑쫑쫑 / 발이 시리대.
첫 서리 내렸다 / 감나무에 / 홍시감이 / 빠알갛게 / 볼이 시리대.
첫 서리는 겨울 소식 / 눈사람의 편지 / 세수할 때 / 울 아기 손이 시리대.

– 송명호의 〈첫서리〉 전문

위의 시에서 보듯이 촉각적 이미지는 열, 냉 등의 감각을 표상한다.

기관적 이미지

앗! 푸른 하늘이 / 숨을 쉬는 것일까?
잠자리를 빨아들이기도 하고 / 내뱉기도 하고!

– 장만영의 〈잠자리〉 4연

마치 하늘이 숨을 쉬면서 잠자리를 빨아들이기도 하고 내뱉기도 하는 것처럼 느낀 지은이의 기관적 이미지 착상은 놀라울 정도이다. 기관적 이미지는 대체로 고동, 맥박, 호흡, 소화 등의 감각을 표상한다. 따라서 흐느끼는, 할딱이는, 답답한, 숨이 차는 따위의 관형어에 조응한다.

근육 감각적 이미지

비바람 몰아치는 / 이런 궂은 날 / 한 우산 마주 쓰고 / 너랑 나랑 가자면
질고 험한 곳은 / 서로서로 골라 딛고 / 나는 너에, 너는 나에 / 발을 맞춰서

– 전문수의 〈따뜻이 가는 길〉 에서

위의 시에서 '한 우산 마주 쓰고', '서로서로 골라 딛고'와 같은 근육 감각적 이미지를 느낄 수 있다. 근육 감각적 이미지는 근육의 긴장과 움직임을 표상한다.

그런데 이와 같은 이미지 유형들은 시 해석에 다음과 같은 도움을 주고 있다.

첫째로 기호의 보편성을 강화한다. 모든 시인들은 상이한 유형의 감각적 능력을 지니며, 따라서 우리는 그들의 상이한 감각적 능력을 체험함으로써 우리들의 기호의 편협성을 극복할 수 있다.

둘째로 시인의 상상력을 이해하는 하나의 색인이 된다. 이를테면 김광균은 시각적 이미지를, 김영랑은 청각적 이미지를 지향한다는 점은 두 시인이 성취한 상상력의 세계를 기술함에 있어서 하나의 중요한 열쇠가 된다.

셋째로, 교육적으로 유용하다. 교사나 비평가는 시의 이러한 양상을 강조함으로써 보다 훌륭한 독서 방법을 개발할 수 있다. 정신적 이미지 다음으로 비유적

이미지가 있다. 비유적 이미저리 논의의 핵은 은유이다. 은유는 직유와는 달리 비교조사가 전연 끼어들지 않고 두 사물이 결부됨을 말한다. 은유에는 다음 두 종류가 있다.

① 치환은유: 이 치환은유는 비교되고 있는 한 사물이 다른 사물로 완전히 종속되어 문장적 구성을 이루고 있다.

② 병치은유: 시에서 병치은유는 대개 문장과 문장, 또는 낱말과 낱말 사이의 연결이 어떤 문학적 연결로서 의미를 나타내기 위해서 하는 것이 아니라 조형미술에서 어떤 형태와 형태들을 조형적으로 공간에 나열해 보이듯이 낱말이나 문장을 구성하고 있다. 현대시에서는 이런 이질적 이미지의 병치 방법을 쓰고 있다.

> 별을 보았다.
> 깊은 밤 / 혼자 / 바라보는 별 하나,저 별은 / 하늘 아이들이 / 사는 집의
> 쬐그만 / 초인종 / 문득 / 가만히 / 누르고 싶었다.
>
> – 이준관의〈별 하나〉 전문

깊은 밤하늘에 보이는 별을 하늘나라 아이들이 사는 집의 초인종으로 비유한 점이 재미있다. 이 시에서 '별' 은 '초인종' 이라는 전혀 다른 낱말과 밀착되어 '별' 과 '초인종' 이 결코 분리될 수 없는 하나의 사실로서 나타나고 있다. 이는 곧 하나의 사물이 다른 하나의 사물로서 치환된 하나의 증거이다.

신비평가들은 인간이 본질적으로 지니는 동일화에의 욕망 때문에 비유어가 존재한다고 본다. 이미지의 유형 가운데 세 번째로 논의할 수 있는 것으로 상징적 이미지가 있다.

> 아침과 같이 고요한 나라가 있었다. / 그 나라에는 한 그루의 커다란
> 꿈나무가 있었다. / 꿈나무는 5월이면 / 잎사귀 대신 주렁주렁
> 꿈을 피워놓는 나무다.

이상한 꿈나무의 그림자는 / 저 먼 달 속까지 비치어 계수나무가 되었다.

– 김요섭의 〈꿈나무〉 전문

이 시에서 '아침과 같이 고요한 나라' 는 주지하는 바 우리 대한민국을 상징하는 말이고, '꿈나무' 는 곧 '어린이' 를 상징하는 말이다. 시에 있어서의 상징은 전통적이거나 개인적으로 미리 정해진 것과 그리고 시의 문맥 중에서 비로소 정해지는 것이 있다. 예를 들면, '비둘기' 가 '평화' 를, '무궁화' 가 '우리나라' 를 상징하는 것은 전자의 경우요, '하늘' 이 자기만의 높은 이상의 세계라면 이는 후자에 속한다.

(5) 시어의 특징

시는 될 수 있는 대로 쓸데없는 말을 빼고 간결하게 써야 한다. 시에 쓰인 언어 하나하나가 모두 깊은 뜻을 지니게 되므로 시어는 함부로 쓰지 말고 소중히 다뤄야 한다.

일반적으로 언어의 기능은 대상을 지시하거나 뜻을 명쾌하게 드러내는 데 있다. 그러나 시에서는 언어가 단순히 뜻만 전달하는 기능을 갖는 것은 아니다. 시어의 몇 가지 특징을 보면 다음과 같다.

첫째, 시어는 일상어와 다르다는 것이다. 그 이유는 시인의 창조적 세계를 드러내기 위하여 작품의 내부 구조 속에서 재구성된 언어이기 때문이다.

둘째, 시의 언어란 진술의 차원에서 쓰여 지는 것이 아닌 어떤 정서적 효과를 불러일으키기 위해 사용된 언어이다.

셋째, 시어는 외연적 *denotation*인, 즉 표시의 기능이 아닌 상상력 등을 수반하는 함축적이고 내포적 *connotation*인 언어이다.

넷째, 시어는 애매성 *ambiguity*을 지닌다. 일반적으로 애매성을 언어학적 견지에서 다음과 같이 음성, 문법, 어휘의 세 국면에서의 구명을 전제로 한다.

① 음성적 애매성-동음이의어

② 문법적 애매성-형태상의 다의성

③ 어휘적 애매성-다의어, 동음이의어

이상 세 가지 중에 시에서의 애매성은 주로 어휘적 애매성을 중심으로 하고 있다. 그러나 리처즈는 모든 말이 다 시적으로 사용될 수 있다고 보았는데, 시적으로 사용된 말은 정서 유발적 *emotive* 언어라는 것이 그 특징이라고 하였다. 또 시적 언어는 함축적 *connatative*으로 사용된 일체의 언어를 가리킨다고 하는 설도 있다. 그러나 감정 유발적, 함축적 언어가 시어가 아닌 경우도 허다하므로 어떤 단일한 특징만 가지고 시어를 규정한다는 것은 위태롭다. 시에서 쓰인 모든 말이 다 시적인 것도 아니다. 시에서 진정 시적으로 쓰인 말, 즉 특별히 시적인 기능을 발휘하도록 의도된 말은 구체적인 작품 속에서 그 문맥에 따라 고찰되어야 할 것이다.

> 방울새야 방울새야 / 조로롱 방울새야 / 간밤에 고 방울 / 어디서 사 왔니
> 조로롱 고 방울 / 어디서 사 왔니.
>
> — 김영일의 〈방울새〉 1연

'조로롱' 하고 구르는 방울새의 방울 소리가 들리는 듯한 시이다. 방울을 갖고 싶어하는 어린이의 마음도 잘 나타나 있을 뿐 아니라 시어 하나하나가 깊은 의미를 지니고 있다. 특히 '고 방울' 이라는 표현은 대단하다. '그 방울' 이라고 표현했을 때는 보다 어른스런 느낌이 들지만 '고 방울' 은 훨씬 귀엽고 어린이다운 느낌이 든다. 이렇게 시에 쓰이는 말 한 마디는 같은 말이라도 어떻게 표현하느냐에 따라 분위기가 매우 달라진다. 따라서 시어의 선택에 심중을 기해야 한다.

(6) 동시 창작의 예

앞에서도 언급된 것처럼 동시 창작을 성인시 창작 이전의 준비단계로 알고 쉽게 생각하는 사람들이 많다. 동시 쓰기가 성인시 쓰기보다 더 어렵다는 말은 앞에서 밝힌 바 있다. 따라서 성인시 창작 단계를 거쳐 시가 무엇인가를 완전히 터득한 뒤에 동심과 접맥시켰을 때 한편의 동시가 비로소 창작된다고 생각하면 거의 틀림이 없을 것이다.

김영일은 자신의 동시 작법에 대하여 다섯 가지를 제시하고 있는데, 이것을 중심으로 동시 창작의 한 방향을 알아보고자 한다.

첫째, 사람이면 즐겁거나 흥겨울 때는 콧노래를 부르기 마련인데, 그 노래 가운데 자기 마음대로 지어 흥흥거리는 부분을 종이에 옮겨 적고 다듬으면 그것대로 하나의 시가 된다는 것이다. 재료가 극히 오랫동안 머릿속에 있어서 자연히 발효한 때에 기쁨을 갖고 표현하면 그것은 좋은 시가 될 수 있다고 말한다.

둘째, 언어의 절약이다.

> 산골길 / 가다가다 / 휘파람 분다 / 동무생각 난다.
>
> – 김영일의 〈산골길〉 전문

전체가 18자 밖에 안 되는 이 시의 창작 동기를 김영일은 다음과 같이 말한다.

> 산골길을 가는 아이는 아마 산 너머에, 또는 시골의 외갓집에라도 가는지 모른다. 외갓집에 가면 외할머니가 반겨 주고 또 동네 아이들과 재밌게 논다. 그런 생각을 하며 산골길을 간다. 길에는 벌레들이 울고 있다. 또 산에서는 뻐꾸기가 울어 준다. 이런 속에서 이 아이는 자연히 휘파람이 나온다. 휘파람을 불며 산골길을 거닐면 작년에 외갓집에서 놀던 동무들이 그리워진다. 그래서 더 빨리 걸음을 걷는지도 모른다.

위와 같은 생각을 머릿속에 넣고 이것을 단순화시켜 〈산골길〉이라는 시를 썼다고 한다. 군더더기 말은 빼어 버리고 알맹이만, 꼭 하지 않으면 안 될 말만 골라서 써야 시가 된다는 말이다.

셋째, 시의 본질은 사랑이다. 동시에 있어서 사랑은 동심을 그리워하는 사랑이며, 어린이 세계를 이해하는 사랑이다.

> 옆집 아이가 / 화경으로 / 개미를 쬐고 있다. / 추운 아침.
>
> – 김영일의 〈추운 아침〉 에서

비록 작은 생물이지만 추위에 떨고 있는 개미에게 볼록렌즈(화경)를 쬐어 따뜻하게 해 주는 행위는 곧 사랑이다. 모든 것을 마음 속 깊이 사랑할 때에 진실된 시가 탄생될 수 있다.

넷째, 시는 느낌의 세계이다. 시라는 것은 깊은 느낌이 있어야 하고, 그 느낌이 단순화되어야 하고, 또 단순화된 느낌이 개성이 있어야 된다. 특히 시에서는 개성이라는게 필요하다. 그 사람이 아니면 쓸 수도 없고 생각하지도 못할 그런 것을 써야지 다른 사람과 비슷한 것을 쓰면 그것은 시로서 가치가 없다. 그리고 시를 짓는데 가장 빠른 길은 사물을 잘 관찰하는데 있다고 김영일은 밝히고 있다. 모든 일을 그저 보아 넘기지 말고 찬찬히 주시하고 거기에 대해 느끼는 것을 노트에 적어 두었다가 자꾸자꾸 고치면 나중에는 알맹이만의 좋은 시가 나올 수 있다.

다섯째, 많이 읽고, 많이 지어야 한다. 시를 쓰는데 가장 중요한 것의 하나는 선배들이 써놓은 시를 자꾸자꾸 읽어 보는 일이다. 자꾸 읽는 가운데 자신도 미처 느끼지 못한 점이 발견되고 자신의 생각과 공통되는 점도 발견된다. 그러고 나면 자신이 쓰고 싶은 동시의 윤곽이 드러나게 되고, 거기에 자신의 관찰과 추억을 더듬어 생각을 적으면 반드시 좋은 동시가 빚어질 것이다.

동시 창작에 대한 견해는 다양하지만, 일반적으로 많이 논의되고 있는 창작법을 정리하면 다음과 같다.

① 적절한 말을 써야 한다. 시는 설명이 아니고 표현이라고 했다. 따라서 말을 아껴 써야 하고 자기의 느낌이나 감동을 나타내는데 있어서 가장 중요한 말, 가장 적당한 말을 찾아야 한다. 가장 적절한 말이란 자기 느낌에 일치하는 말, 즉 느낌에서 떠오르는 말을 일컫는다. 그리고 다른 느낌이 섞여 있지 않은 말이 가장 적절한 말이다.

> 재깔대며 따박따박 걸어오다가 / 앙감질로 깡충깡충 뛰어오다가
> 깔깔대며 배틀배틀 쓰러집니다.
>
> – 피천득의 〈아가의 오는 길〉 1연

위의 시에서 '재깔대며' 라는 표현은 여럿이 명랑하게 떠드는 것을 말하는데 만약 이 부분을 '얘기하며' 로 쓴다면 상황이 달라진다. 막연히 '얘기하며' 라고 표현하면 명랑하게 떠든다는 것 이외에 슬픈 마음으로 얘기할 수도 있고 기쁘게 얘기하는 것, 정답게 얘기하는 것, 소근소근 얘기하는 것 등 수많은 느낌을 다 포함하고 있어 알맞은 말이 못된다.

② 줄이고 줄여서 써야 한다. 김영일도 지적한 바와 같이 시를 쓰려면 말을 아껴야 한다. 그러기 위해서는 첫째, 설명을 피해야 하며, 둘째, 압축하여 표현해야 한다.

③ 행과 연을 구별하여 써야 한다, 한 줄에 죽 이어서 쓰지 않고 줄을 바꿔가며 써야 한다.

> 자주 꽃 핀 건 / 자주 감자 / 파 보나마나 / 자주 감자
>
> – 권태응의 〈감자꽃〉 1연

이 동시에서 '자주 꽃 핀 건 자주 감자' 라고 한 줄로 쓰지 않은 까닭은 '자주 꽃 핀 건/ 자주 감자' 하고, 일단 끊어 놓음으로써 생각할 여유가 생기게 한 때문이고, 가락을 잘 살려 쓰기 위해서 행과 연을 가르게 되었다. 가락을 무시하고 '자주 꽃/핀 건/자주 감자' 라고 썼다면 아무런 의미가 없는 것이다. 아무 뜻도 없이 무조건 행을 갈라서 쓰는 일이 없도록 해야 한다.

④ 다른 사물에 비겨서 표현해야 한다. 직유와 은유를 경우에 따라 적당히 쓰면 좋은 효과를 거둘 수 있다.

> 나처럼 울지도 않고 / 엄마처럼 한숨도 안 짓고
> 노상 기뻐하네요, 고마워하네요.
>
> – 석용원의 〈새와 나리꽃〉 4연

직유법을 잘 살려 쓴 시이다. '하늘은 호수/ 푸른 호수' 따위의 은유법이나

'냇물이 졸졸졸/ 노래하며 흐른다' 처럼 의인법을 썼을 경우에도 훨씬 더 정답고 친근감을 느낄 수 있다.

⑤ 시인의 생각을 전달하되 어디까지나 어린이의 정감을 통하여 이뤄져야 한다.

(7) 창작시 유의점

동시를 쓰기에 앞서 다음 몇 가지 유의 사항을 반드시 숙독해야 하는데 이는 곧 동시 창작 방법의 요약이 될 수도 있다.

① 제재 : 어린이의 생각이나 마음의 세계와 관련이 있는 것이라면 어떤 것이든지 동시의 제재가 될 수 있다.

② 감정 정리: 제재를 동시로 쓰기 전에 표현과 구성 등을 깊이 생각하는 감정의 정리를 가져야 한다. 그렇게 해야만 주제가 성숙해지고 사고와 감정의 통일이 이루어질 수 있다.

③ 이미지: 어떤 정경을 그릴 때에는 그 이미지가 명확하게 떠오르도록 써야 한다.

④ 언어 절약: 시는 설명이 아닌 암시의 세계이니만큼 되도록 짧은 말 속에 모든 의미가 간직되도록 해야 한다.

⑤ 행의 구분: 행을 구분할 때에는 리듬의 단락을 짓기 위해서, 또는 이미지를 선명하게 하기 위해서 할 것이지 아무 이유 없이 행을 구분해서는 안 된다.

⑥ 언어 선택: 언어 하나하나가 살아 움직이도록 알맞고 시적인 언어를 가려 써야 한다.

⑦ 비유: 동시에 직유나 은유를 쓰되 될 수 있으면 시인의 개성을 나타낼 수 있고 싱싱한 비유를 골라 써야 한다.

⑧ 생동감: 동시는 특별히 생동감이 넘쳐야 한다. 여기서 말하는 생동감이란 어린이의 마음과 일치하거나 어린이의 부단한 행동성에 자극을 주어야 한다는 의미이다.

아기가 잠드는 걸 / 보고 가려고 / 아빠는 머리맡에 / 앉아 계시고,
아빠가 가시는 걸 / 보고 자려고 / 아기는 말똥말똥 / 잠을 안자고
– 윤석중의 〈먼길〉 전문

⑨ 사상과 감정의 조화: 동시는 표현에서 느낌으로 그리고 느낌에서 감흥으로 이어질 수 있도록 창작되어야 한다. 달리 말하면, 작가의 사상과 감정이 통일 내지 조화를 이루어야 한다. 쓰고자 하는 내용에 대한 감정을 여러 각도로 어루만진 다음, 표현과 구성에 대한 정리를 하면서 사상과 감정이 조화를 이루어 나가야 한다. 작가의 사상과 감정의 조화를 이루지 못할 때 이미지가 선명할 수 없다.

아가의 새 이불은 / 꽃사슴 이불, / 포근한 햇솜에 / 꽃사슴 이불,
소로록 잠든 아가 / 꿈 속에서 / 꽃사슴 꽃사슴 / 타고 놉니다.
– 유경환의 〈꽃사슴〉 전문

(8) 감상법

시는 여러 번 반복해서 읽으며 감상하는 것이 좋다. 시를 창작하려는 사람은 선배들의 좋은 시를 읽을 때, 또 교사나 부모는 동시를 어린이에게 경험시킬 때 다음과 같은 점에 관심을 갖는 것이 좋다.

① 소재를 알아본다.
② 시의 형식과 구성을 알아본다.
③ 시 속의 리듬을 알아본다. 외재율과 내재율을 구분하여 리듬을 생각해 본다.
⑤ 각 연에 나타나 있는 이미지와 전체적인 이미지를 알아본다.
⑥ 시인이 나타내려고 한 주제에 대해 알아본다.
⑦ 표현이 재미있거나 잘된 곳을 찾아본다.
⑧ 되도록이면 외워둔다.
⑨ 시를 산문으로 고쳐 써 본다.

특히 어린이들에게 동시를 감상시킬 경우 부모나 교사는 재미있는 동시를 택하여 가끔 산문으로 고치는 작업을 시켜볼 필요가 있다. 또 시의 내용을 미리 그림으로 그려 두었다가 그 그림 자료를 보고 시를 외우게 하고 산문으로 이야기 시키는 방법도 효과적이다.

운문 자료

〈꽃 잎〉 콕 / 콕 / 콕 / 병아리가 / 쪼아보다가 / 이리 / 저리 / 바람이
흔들어보다 / 주룩주룩 / 소나기에 / 잠이 깨었나?
방실방실 꽃잎들이 / 웃고 있어요.

산문 자료

〈꽃 잎〉 햇볕이 쨍쨍 내리쬐는 여름 한낮 입니다.
꽃밭에 피어 있는 꽃들이 모두 잠이 든 것처럼 꼼짝도 않고 누워
있습니다. "여보셔요, 여보셔요, 그만 일어 나셔요."
노란 병아리가 채송화 꽃잎을 콕 콕 콕 쪼아 봅니다.
"여보셔요, 여보셔요, 잠을 깨셔요."
지나가던 바람이 꾸벅꾸벅 졸고 있는 봉숭아 꽃잎을 이리저리
흔들어 봅니다. 그러나 꽃잎들은 꼼짝도 하지 않습니다.
꽃잎은 정말 잠꾸러기인가 봐요. 그 때 갑자기 하늘이
어두워지면서 소나기가 한 줄기 쏟아져 내렸습니다.
채송화 꽃잎 위에도 봉숭아 꽃잎 위에도 소나기가 주룩주룩 내렸어요.
"아! 시원해. 이젠 살 것 같애."
소나기를 맞고서야 부시시 잠이 깬 꽃잎들은 마주 보며 서로
방실방실 웃었습니다.
소나기가 내리고 난 뒤 꽃밭에는 예쁜 꽃잎 친구들이
더 많이 늘어났습니다.

(9) 시인과 양심

어린이 주요대상으로 한 시인들의 수효가 매년 늘어나고 있다. 그러나 양적으

로 팽대하다보면 상대적으로 질적인 저하를 초래할 수 있음을 염려하지 않을 수 없다. 이른바 양심을 망각한 문인들이 남의 작품을 표절하는 등 전체 문단을 흐려 놓은 경우를 가끔 발견할 수 있기 때문이다.

오늘날 시인들이 각성할 문제 가운데 하나가 동시를 쉽게 생각한 나머지 연구를 게을리하고 있다는 점이다. 연구가 부족하기 때문에 저질 동시가 나돌고, 좋은 동시 대신 표절 동시가 여기저기서 독버섯처럼 솟아나고 있어도 속수무책으로 지나쳐 버리기도 한다. 특히 표절에 관한 문제는 요즘에도 심심치 않게 거론되고 있어 그와 같은 문인들의 질적 향상이 시급히 요구된다.

표절의 양상은 대략 다음 다섯 가지로 분류할 수 있는데 첫째, 원작을 더 부연해서 길게 풀어 쓴 것 같은 경우, 둘째는 이와 반대로 원작의 어떤 부분을 줄여 더욱 간명하게 한 것, 셋째는 원작을 부분적으로 좀 고쳐놓는 것, 넷째는 남의 작품의 어떤 구절을 그대로 빌어다 쓴 것, 다섯째는 둘 이상의 여러 작품을 가져다 모자이크한 것 등 실로 다양하여 구분해 내기가 힘든 형편이므로 다만 시인의 양심에 맡길 뿐이다. 어린이들에게 주어야 할 시가 몇몇 그릇된 시인들에 의해 잘못 전달될 때 모든 시인들은 어린이들로부터 불신을 받게 되고 마침내는 좋은 시까지 회피하는 경우가 생길 수 있다. 어른들은 어린이에게 시를 잘 선택해 줘야 할 의무가 있다.

어린이가 사랑할 수 있는 시를 가려낼 경우, 어떤 시를 회피해야 하나에 대하여 케네스·그레암은 그의 선시집〈케임브리지판 어린이를 위한 시집〉을 엮으며 몇 가지 제약을 시사하고 있다.

첫째, 셰익스피어의 작품 속의 페어리의 시와 노래는 선택했으나 무운시와 드라마는 전혀 선택하지 않았다고 케네스·그레암은 말한다. 다음으로 17·8세기의 시는 그 고전적인 형식과 고전적인 은유 때문에 더 큰 다음에 주어도 좋다고 생각했기 때문에 피해 버렸으며 또 고대어와 방언도 피해 버렸다고 했다. 케네스·그레암은 흔히 쓰는 말의 철자를 배우는 데에도 고생을 하는 어린이들한테 혼란을 일으키고 싶지 않았기 때문이라고 했다. 그리고 죽음과 같은 제재는 어린이들의 시에 적당하지 않다고 생각했기 때문에 실제로 '죽은 부모, 죽은 형제자매, 죽은 아저씨·아주머니, 죽은 강아지·새끼 고양이, 죽은 새, 죽은 꽃, 죽은 인형' 등 놀라울 정도의 많은 시가 지어졌지만, 이 사망 광고와 같은 시는 모두 제쳐버리고, 살아 있는 생명의 기쁨을 노래한 시만을 어린이들한테 주었다. 또 창조성이 없는 것, 다만 형식상의 시는 제쳐버렸다. 그리고 마지막으로 어린이에 대해서 노래한 시도 제쳐버렸다. 이 마지막의 종류와 같은 회고조는 어린이의 흥미라기보다는 어른의 흥미라고 그는 생각했기 때문이다.

(10) 작품 다듬기

동시를 다 쓰고 나서 반드시 퇴고의 과정을 거쳐야 한다. 자기가 쓴 작품을 퇴고할 때는 무엇보다도 객관적인 위치에서 작품을 검토하는 일이 중요하다. 잡지사나 신문사의 편집장 입장이 되어 토씨 하나에서부터 부호 하나까지 꼼꼼하게 검토하여야 하며, 어린이의 입장이 되어 시어나 문맥을 다듬어야 한다. 흔히 어른들이 어린이를 위해 쓰는 동시의 경우에 어린이에게 난해한 시어나 표현을 사용함으로써 독자들에게 빈축을 사지 않도록 특히 유념해야 한다. 일단 초고를 써 놓고 덮어 둔 다음에 시간이 어느 정도 지나서 잊어버릴 때쯤 다시 꺼내어 다른 사람의 작품을 대하듯이 객관적인 시각을 가지고 작품을 가다듬어야 비로소 한 편의 시가 빚어지는 것이다.

특히, 동시를 퇴고할 때 다음 요령에 따르면 효과적일 것이다.

- 시 전체가 통일성 있게 유기적으로 연결되어 있는가?
- 행과 연이 제대로 갈라져 있는가?
- 시를 소리내어 읽어 볼 때, 리듬이 유연하게 흘러가고 있는가?
- 빼어야 할 부분, 즉 군더더기나 사족이 될 만한 부분은 없는가?
- 자기가 생각하고 있는 주제가 독자에게 제대로 전달될 수 있는가?
- 시어 하나하나가 알맞게 쓰여졌나? 또, 문법에 맞게 쓰여졌나?
- 시에서 말하고자 하는 것이나, 시에 쓰여진 소재가 진부한 것은 아닌가?
- 너무 난해하거나 모호한 표현은 없는가? 특히 어린이가 이해하기 어려운 시어를 선택하지 않았나? 그렇다고 어린이를 너무 의식한 나머지 유치한 표현을 쓰지는 않았나?

- 비유나 상징 등의 수사법이 적절히 쓰여졌는가? 혹시 어색하거나 상식적인 수사는 없는가?
- 제목과 내용이 잘 들어맞는가?

2. 산문의 이해와 창작

1) 동화의 이해

(1) 동화의 정의

동화란 어린이들에게 즐거움과 교훈을 주기 위해 꾸며진 이야기로 넓은 의미의 동화 속에는 소년소설도 포함된다. 글자 그대로 해석을 하면 어린이를 위해 씌어진 이야기라고 할 수 있다.

독일의 시인 노발리스 *Novalis*는 순수한 동화란 사실적인 소설과는 다른 공상적인 이야기를 뜻하며, 현대 동화는 현실적인 이야기와 공상적인 이야기가 서로 결합된 형태가 많지만 판타지가 많은 것, 공상적이고 초자연적인 이야기가 있는 것을 동화라고 규정하고 있다.

이원수는 동화를 곧 하나의 시라고 말하였는데, 그 내용에 있어서 시적인 요소가 있을 뿐 아니라, 형식에 있어서도 주로 추상적이고 함축성 있는 표현을 하고 있기 때문이라고 동화의 시적인 면을 강조하였다. 이재철이나 석용원도 시에 가까운 산문 문학이라는 표현을 사용하여 이원수와 견해를 같이 하고 있다.

또한 박종구는 '리얼리즘 *realism*과 판타지 *fantasy*의 세계를 통일성 있는 형태로 형상화한 것이 동화' 라고 정의 내리고 있다. 동화는 애초에 먼 원시 시대부터 전해 오는 옛이야기였던 것이다. 이러한 옛이야기류는 어른이나 어린이의 구별 없이 모든 사람의 입과 입을 통해 두루두루 전해지면서 혹은 고쳐지고 혹은 다듬어져 왔다. 그리고 그것은 좀 거짓스럽고 요사이는 있을 법하지 않은 것들이 많지만, 먼 옛날에는 사실이라고 믿었던 이야기들이었다. 오늘날의 동화는 바로 이러한 옛이야기를 오늘날의 취향에 맞게 고치거나 또는 이러한 옛이야기의 정신을 받들어 지어진 것이다. 그러므로 '오늘날의 동화가 옛이야기와 비슷한 성격을 가지는 것은 당연한 결과이며, 이것이 바로 동화만이 가질 수 있는 독특한 맛' 이라고 이재철은 밝히고 있다.

(2) 동화의 교육적 가치

차세대문학의 여러 장르 중에서 동화는 어린이와 가장 밀접한 관계를 맺고 있다고 할 수 있는데 그 의의와 가치를 알아보면 다음과 같다.

1 문학적인 면에서

① 뛰어난 상상력으로 큰 즐거움과 황홀하고도 아름다운 느낌을 준다.

② 풍부한 정서에 의해서 인간성의 미묘한 세계를 보여준다.

③ 다양한 활동에 의해서 여러 가지 인생의 진실을 보여준다.

2 문학 교육면에서

① 동화를 읽음으로써 문학적 의미를 터득하여 보다 고상한 문학을 동경하고 그에 접근하는 태도를 갖게 한다.

② 문학적 위인의 일화를 동화 형식으로 읽음으로써 문학에 대한 관심을 높여준다.

③ 고상한 문학작품의 줄거리를 동화형식으로 읽음으로써 원작을 읽는 실마리를 잡는다.

④ 읽을 수 있는 한도 안에서 작품 그대로를 보여줌으로써 원작의 참맛을 맛보게 할 수 있다.

이상현은 유년 동화의 문학 교육적 의미에 대하여 다섯 가지 측면에서 이야기하고 있다.

① 언어생활의 측면에서: 동화를 통하여 문자를 익히게 되고 언어와 문자 생활을 통해 유년기의 학습적 효과를 거둘 수 있다.

② 지적 발달의 측면에서: 동화 속의 이상 세계와의 접촉 과정에서 상상력을 통한 지적 능력의 싹을 키운다.

③ 사회 교육적 측면에서: 올바른 생활 태도와 습관, 협동성, 자주성, 책임감, 도덕성의 기초를 배우고 익힌다.

④ 정서적 측면에서: 풍부한 정서적 체험과 상상력을 키워 인간 형성기의 심성을 순화시 킨다.

⑤ 창조적 측면에서- 정서 능력과 사고력의 발달로 두뇌의 계발과 창조력을 키운다.

기타 동화의 교육적 가치에 예술성 함양을 빼놓을 수 없다. 여기서 말하는 예술성이란 넓은 의미로서의 미의식과 인간끼리의 사랑, 또는 인간과 사물과의 사랑에서 오는 심미적인 체험을 뜻하고 있다. 인간을 둘러싸고 있는 모든 존재들이 미적 조화로서 어린이에게 수용될 때, 어린이의 올바른 성장에 끼치는 영향은 매우 중요하다고 볼 수 있다. 인간관계의 신비스러움, 인간의 따뜻한 정, 인간 존재의 위대함, 사랑의 아름다움, 선의의 숭고함 등을 어린이들은 동화를 통하여 느끼게 된다.

(3) 동화의 갈래

동화는 크게 신화 · 전설 · 우화 · 민담의 형태나 내용을 아동들에게 알맞게 개작 또는 재구성을 하거나 현대적인 감각이나 기법으로 재현한 전래동화와 작가의 순수한 창작에 의해 씌어진 창작동화 두 갈래로 나눌 수 있다.

이 같은 방법이 가장 일반적인 분류 방법이고, 소재의 성격과 표현 방법으로 보아 순수동화와 생활동화로 나누고, 독자 층의 나이에 따라 유년동화와 동화로, 동화 내용의 전달 방법에 따라 구연동화와 문장동화로 나누고 있다. 이 외에도 번역 또는 번안동화 · 개작동화 · 종교동화 · 구전동화 · 그림동화 등으로 구분짓기도 한다.

전래동화집 가운데 손쉽게 구해 볼 수 있는 책은 그림 *Grimm*형제가 모아 놓은 〈그림 동화집〉이 있고, 창작동화로는 〈미운 오리새끼〉, 〈성냥팔이 소녀〉, 〈인어 아가씨〉 등과 같은 안데르센 동화집이나 우리나라의 강소천, 마해송 등의 동화집이 있으며 장편동화로는 〈피노키오〉가 유명하다.

전래동화와 창작동화는 여러 가지 면에서 차이점을 보이고 있는데,

첫째, 전래동화는 인물이 유형화되어 상호대립형이 많고 대개의 경우에 있어서 주인공은 의지적 · 초인적 특성을 지닌 전형적인 인물로 형상화되고 있는 반면에 창작동화의 인물은 보다 구체적이고 실제적 특징을 지닌 개성적 인물로 형상화되고 있다.

둘째, 전래동화는 그 소재를 신화 · 전설 · 민담에서 차용할 뿐 아니라 그 표현방식도 설화적 형태로서의 서사에 의존하고 있다면, 창작동화는 그 소재를 현실에서 구하고 있을 뿐 아니라 그 표현방식도 다분히 묘사적인 지시와 대화에 의존하고 있으며 문체 또한 세련된 감각을 지니고 있음을 그 특징으로 지적할 수 있다.

주제에 있어서도 전래동화가 권선징악, 충효, 보은 등 교훈적 성격에 한정되어 있는 반면에 창작동화는 그러한 전형성에서 벗어나 현실적 삶의 사실성과 순수 동심의 구현, 자연과의 교감 등보다 인간적인 정서의 표출에 주력하고 있다.

2) 전래동화의 이해와 지도

(1) 전래동화의 이해

전래동화란 영어로 말하면 페어리 테일 *fairy tale*이지만 등장인물에는 요정이 없다. 본래의 독일어에서는 메르헨 *Marchen*이다. 그러나 그림 *Grimm*형제가 수집한 이야기를 영어로 부르는 경우에 메르헨과 동의어가 없기 때문에 가정의 이야기 *household stories*라거나 그냥 민화 *folk tales*라고 번역하고 있다.

전래란 말의 그 기원을 우리들은 시간의 안개에 휩싸여 사라진 얘기나 시의 경우에 쓴다. 작자도, 그리고 제일 처음 얘기된 때도, 장소도 모른다. 인류와 같이 오래된 것으로 생각한다. 그리고 전래동화 속에서는 믿을 수 없는 일이 제법 자연스레 일어날 수 있으며, 그럴 수 있는 분위기가 가득 차 있다. 자연스럽고 평범하기까지 한 화술로써 얘기하면서 옛이야기는 이상한 세계의 철저한 드라마적인, 마음을 뛰놀게 하는 사건, 유머와 로맨스에 의한 어린이의 상상력을 만

족시킨다. 모든 전래문학이 다 그렇듯이 전래동화도 본래는 어른이나 어린이 할 것 없이 모든 사람들의 소유물이었는데 어른들은 자기들의 독서 범주에서 점차 이를 멀리하기 시작했다. 너무 공상적이고, 비현실성이며, 어른들이 생각하는 세계에 결부되어 있지 않다고 생각하기 때문이다. 그러나 어른들은 그들의 대화나 문장 속에서 옛날이야기를 많이 인용하고 있어 전래동화를 아주 잊어버리지는 않는다고 볼 수 있다.

심리학자들 가운데에는 전래동화를 모든 사람들이 공통적으로 가지고 있는 정서적인 갈등이나 갈망들을 상징적으로 표현한 것이라고 설명하는 이도 있다. 즉, 부모에 대한 외디푸스적 사랑, 부모의 권위에 대한 증오감, 형제 · 자매간의 사랑과 질투 등 인간이 갖고 있는 의식적 · 무의식적 감정을 상징화한 것이 전래동화라는 것이다.

전래동화가 어린이들에게 열렬한 환영을 받고 있는 까닭을 분석하는 것도 필요하다고 생각한다.

① 어린이들의 상상력을 자극시켜 주기 때문이다.
② 어린이들이 이해하고 즐길 수 있는 유머가 포함되어 있기 때문이다.
③ 어려운 문제도 해결될 수 있다는 희망을 주기 때문이다.
④ 그 문화의 가치관을 보여주고 또 강화시켜 주기 때문이다.
⑤ 어린이들의 정서적인 요구를 충족시켜 주기 때문이다.
⑥ 주인공의 모습이 대개 전형화되어 있어 주인공의 개성보다 이야기의 구성이 강조되며 이런 점이 어린이들에게 적합하기 때문이다.
⑦ 풍부한 행동이 담겨져 있기 때문이다.
⑧ 본래 구연되어 전해 내려온 이야기로 단순하고 직접화법을 사용하고 있어 실감을 주기 때문이다.

(2) 전래동화의 특징

어느 나라든지 옛날부터 구전되어 오거나 문자로 기록되어 내려오는 이야기가 있는데 이것을 흔히 전래동화라고 한다. 전래동화는 창작동화에 비하여 다음과 같은 몇 가지 특징을 지니고 있다.

① 줄거리가 중심이 되어 있을 뿐, 작품의 정경이라든가 작중인물의 성격에 대한 묘사가 없다.

② 어디까지나 산문적이고 시적인 분위기가 안 보인다. 서정적이기 보다는 서사적인 수법으로 꾸며져 있다.

③ 시간과 장소, 인물에 구속을 받지 않는다. 대개 '옛날 옛적 어느 곳에 어떤 사람이 살고 있었는데' 로 시작된다.

④ 작중 인물의 개성은 매우 추상적이다. 이것은 성격 묘사가 없이 줄거리만으로 구성된 것이기 때문이다.

또한 전래동화에는 비교적 초자연적인 이야기가 많이 있음을 간과할 수 없다. 내용에 있어서도 주로 교훈성을 강조하는 경우가 많다는 점은 앞에서도 밝힌 바 있다. 그리고 동물 · 식물을 비롯하여 무생물까지도 의인화하여 살아 움직이고, 말을 하고, 사람처럼 행동하도록 묘사하고 있다.

한상수도 비슷한 내용으로 이야기하고 있으나, 전래동화의 특성을 다음과 같이 밝히고 있다.

① 서두와 결말에 상투적인 서술 방법을 사용하고 있다.

서두 부분

* 옛날 옛적에……
* 옛날 어느 곳에 누가 있었는데……
* 옛날에 한 젊은이가… …
* 어느 깊은 산중에 누가 살고……
* 옛날 어느 마을에……
* 옛날 어느 시골에 누가 살았는데……

결말 부분

* ……하게 되었다 합니다.

* ……이라고 전해 옵니다.
* ……잘 살았다고 합니다.
* ……걱정 없이 살게 되었습니다.
* ……착한 사람이 되었습니다.
* ……행복하게 살았다고 합니다.

다음에 이와 같은 특성을 지닌 동화 〈버린 밥을 주워 먹은 시아버지〉 한 편을 소개한다.

버린 밥을 주워 먹은 시아버지

옛날 어느 곳에 화목하고 근검절약하는 집이 있었습니다. 이런 집이 잘 못 산다면 이상한 일입니다. 남부럽지 않게 잘 살았는데, 아들이 자라서 장가를 가 예쁜 며느리가 들어왔습니다. 이 며느리는 다른 것은 나무랄 데가 없으나 한 가지 걱정되는 것이 있었으니 무엇을 아낄 줄 모르는 것입니다.

이 집 가훈에 부지런과 절약이 들어 있는데, 장차 이 집을 이끌어갈 큰 며느리가 쌀도 함부로 버리고, 밥도 개숫물(음식 그릇을 씻는 물)에 흘려서 시궁창에 허옇게 떠내려가게 한 적이 많았습니다. 옛말에 '밥이나 쌀이 시궁창에 있으면 천벌을 받는다.' 는 말이 있습니다. 땀 흘려서 부지런히 농사를 지어도 일년에 한번밖에 못짓는 법입니다. 그러므로 아무리 부지런해도 쌀 한 톨을 구경하려면 봄부터 가을까지 오랜 시간이 걸려야 하는 것이니까 그런 속담이 나왔을 것입니다. 그런데 몇 번이나 시어머니가 타이르고 시아버지가 화를 내어도 며느리의 밥 버리는 버릇을 고칠 수가 없었습니다. 하루는 시아버지가 시궁창에 버려진 밥알을 바가지에 하나하나 주워 담았습니다. 며느리가 와서 자기가 줍겠다고 하여도 시아버지는 말없이 버린 밥을 다 주웠습니다. 그러고 나서 며느리에게 잘 씻어 오라고 하였습니다. 며느리는 얼굴을 붉히며 더러운 밥을 씻어 왔습니다. "며늘아기야, 이 집은 우연히 저절로 된 집이 아니라 티끌 모아 태산으로 식구들이 절약해서 이룩한 집이니라." 이렇게 말하면서 그 밥을 다 먹었습니다. 그 후부터 며느리는 쌀이나 밥을 함부로 버리지 않았습니다. 시부모님의 사랑을 받고 아들 딸 낳고 그 재산을 늘려가면서 잘 살았다고 합니다.

② 인물의 대립현상이 두드러진다.

예를 들어, 〈흥부와 놀부〉, 〈콩쥐 팥쥐〉, 〈말하는 남생이〉 등 많은 전래동화에서 한쪽은 어질고 착하나 다른 한쪽은 욕심이 많고 나쁜 인물이 등장한다. 선과 악, 힘과 지혜, 미와 추, 인간과 동물의 인물 대립으로 되어 있다. 이러한 인물의 대립은 결말 부분에 가서 선이 승리하거나 악이 마음을 고쳐먹게 되고, 가난한 자, 신분이 낮은 천민은 약자로서 결국은 신분이나 경제적 지위가 높은 강자를 물리치게 된다.

이렇게 대립적인 인물이 등장하는 이유는 세밀한 묘사를 하지 않고도 현실의 문제점을 선명하게 해 주며 선이 승리하고 악이 패배한다는 신념을 보여주기 위한 것으로 다분히 교육적이다. 또한 전래동화에서는 한 인물의 영리함이나 착실함을 강조하기 위하여 매우 대조적인 인물을 등장시키는 경우를 많이 본다.

③ 전래동화의 주제는 신의, 우애, 충효, 보은, 자조자립, 기타 해학, 기지 등등 윤리적 측면을 강조한 작품이 대부분이다. 그리고 결말은 대체로 해피 앤드를 추구했다는 점도 특징으로 삼고 있다.

그 밖에 전래동화는 서민의 소산물이기에 현실의 어려움을 탈피하기 위한 소망이 매우 절실하다는 점, 서술이 사건의 스토리 중심으로 일사불란하게 구체적 묘사 없이 진술되고 있고, 활용된 어휘가 지적인 어휘보다 정의적인 어휘가 많다는 점을 특징으로 들 수 있다.

한국 전래동화의 특성은 김인애의 연구에서 보다 구체적으로 제시된다. 그는 우리나라의 전래동화 254편을 대상으로 모티브를 분석하여 다음과 같은 결론을 추출하고 있다.

① 동화에서 자주 구사되는 양식에는 3회 반복의 법칙, 시간 · 인물의 고립, 선과 악의 대결, 과제 부여와 과제 해결, 은총받은 주인공, 말 한대로 이루어짐,

결핍에서 시작하여 충족으로 끝남 등.

② 현실 세계와 환상 세계가 구분되어 있지 않다. 그 두 세계는 서로 자유롭게 드나들 수 있도록 열려 있다.

③ 현실 세계와 환상 세계의 인물은 거리낌 없이 만나고 관계를 맺는다.

④ 동화의 세계에서는 다양한 마력이 자유롭게 구사된다. 그러나 우리나라 전래동화에서는 서양의 것에 비해 마력의 이용이 부족하다.

⑤ 우리나라 동화에서 유교적 윤리관이 빈번히 개입된다. 이 때문에 동화는 현실적이 되며 마력적인 느낌이 제거되는 경우가 많다. 예를 들면, 어려운 처지에서 도움을 받는 경우의 대부분은 효성이 지극하거나 정성이 지극한 경우이다.

⑥ 악에 대하여 적극적으로 싸우는 서양의 전래동화에 비해 우리나라의 전래동화는 악에 대해 소극적으로 움츠려들며, 악인의 처벌에는 관대한 양상을 보여준다.

⑦ 우리나라 전래동화에 있어서 현실에 대한 관념은 비극적이고 염세적인데 비하여 천상이나 지하 등 초현실의 세계는 화려하고 풍요로운 살기 좋은 곳으로 묘사된다.

(3) 전래동화의 근원

전래동화는 옛날 이야기, 신화, 전설, 우화, 민담 등을 뿌리로 하고 있는 문학이다. 전래동화는 흔히 옛날 이야기와 같은 개념으로 보려는 견해가 많이 있다. 조동일은 옛날 이야기를 '신화 · 전설 · 민담'으로 나누었고, 최인학 역시 옛날 이야기와 전래동화는 동의어라고 밝혀 전래동화와 옛날 이야기를 설명하고 있다.

[1] 신화 *Myth*

신화란 인간생활에 있어서 본질적인 의미를 갖는 우주 · 인류 · 문화 등의 기원을 설명하는 공상적인 이야기이다. 어린이들은 다음과 같은 이유에서 신화에 흥미를 갖는다.

① 신화에는 서술적 묘사보다 행동적 묘사가 많기 때문이다.

② 신화는 풍부한 환상과 마술적 요소와 상상의 산물이기 때문이다.

③ 신화에는 선이 승리하고 악이 벌을 받는 내용이 담겨 있어서 어린이들에게 심리적인 안정감을 주기 때문이다.

④ 신화에는 극적인 요소와 박진감이 있기 때문이다.

⑤ 신화를 통하여 정서적 만족감을 얻으며 상상력을 자극받을 수 있기 때문이다.

부모나 교사는 어린이들의 발달단계나 흥미에 맞는 신화를 선택하여 주는 것이 필요하다. 또한 그리스의 신화 속에는 비유적인 요소 때문에 유아들이 그 내용이나 의미를 이해하기 어려운 점이 있다. 따라서 이러한 신화들은 어린이들에게 들려주기 위해서는 재화가 필요하다.

재화하는 사람은 붓을 들기 전에, 단지 스토리로서 뿐 아니라, 그 배경이 되어 있는 환경을 죄다 자기 것으로 소화할 필요가 있다. 그래야만 비로소, 그 자료를 가지고 신화를 낳은 사람들의 생활과 생각을 다 알게 된 입장에 서서 재화할 수 있게 되는 것이다. 그들의 살아가는 태도나 생각은 민족 특유의 뜻을 가지고 있으며 다른 나라의 신화와 다르기 때문이다. 전승의 문학을 재화하는 작가는 이 점을 이해해 두지 않으면 안 될 것이다.

〈해바라기〉라는 그리스 신화 한 편을 소개한다.

해바라기

크리티에는 밝고 순진한 물의 님프였습니다. 친구인 님프들은 모두 크리티에를 좋아하고 있었으며 사티로스들도 이 님프를 귀여워했습니다. 크리티에는 언제나 바위에 앉아서 노래 부르든가 물가를 뛰어다니며 잔물결 같은 웃음소리를 내기도 합니다. 크리티에가 살고 있는 그 강가는 언제나 햇빛이 밝아서 빵의 신이나 바람의 신들도 곧잘 그 강기슭에서 잠깐 쉬고 갈 정도입니다.

그런데 어느 날, 크리티에는 히아킨토스에게 그물을 들리어 그 강으로 낚시하러 온 아폴론의 모습을 슬쩍 보았습니다. 월계수 관을 쓴 젊고 아름다운 아폴론의 모습을 보았을 때, 크리티에는 황홀해져서 그대로 거기에 뿌리가 박힌 것처럼 서버리고 말았습니다.

"얼마나 기품 있고 아름다운 분이란 말인가."

강기슭에 버티고 서있는 아폴론의 온몸은 청춘의 아름다움이 넘쳐흐르는 것처럼 보였습니다. 아폴론이 서있는 둘레는 바람까지도 좋은 향기가 났습니다. 아폴론이 그물을 던지자 물고기들은 기꺼이 그물 속으로 뛰어드는 것처럼 보였습니다.

"저 물고기들은 행복하겠는데."

크리티에는 자기도 저 물고기처럼 가까이 다가가기는커녕 꼼짝도 할 수가 없었습니다.

아폴론이 낚시를 하고 있는 동안 줄곧 돌처럼 굳어져서 아폴론의 아름다운 얼굴을 바라보고 있을 따름이었습니다. 얼마 안가서 아폴론은 히아킨토스를 데리고 돌아가 버렸습니다. 크리티에가 태양의 신이며 청춘의 신이기도 한 멋진 아폴론의 모습을 가깝게 본 것은 처음이었지만 그 때부터 크리티에는 오로지 아폴론만을 사모하게 되었던 것입니다. 작은 강의 님프에 지나지 않는 크리티에는 천상의 궁전에 사는 아폴론에게 가까이 갈 수가 없는 것입니다. 더구나 "아폴론님, 저는 당신을 마음으로 사모하고 있습니다."라고 고백하는 일이란 도저히 불가능한 일이었습니다. 그런데도 그 때문에 크리티에가 아폴론을 사모하는 마음은 한층 강해진 것입니다. 천진난만하게 뛰어 놀고 노래 부르던 크리티에는 갑자기 힘이 없어져 모래 위에 주저앉은 채 눈물어린 눈으로 언제나 아폴론의 궁전 쪽을 바라보게 되었습니다.

아침이 되어 태양의 신 아폴론이 황금의 이륜마차를 타고 하늘의 길로 달려 나가는 것을 크리티에는 뜨거운 동경의 눈으로 멍하니 우러러보고 있었습니다. 아폴론의 이륜마차가 달려 나감에 따라서 크리티에의 눈도 그것을 쫓았습니다. 낮이 되어서 크리티에는 아무것도 먹지 않고 다만 정신없이 아폴론을 바라보고 있었습니다. 저녁이 되어 이륜마차가 서쪽 끝에 이르러서 그 모습이 사라질 때까지 크리티에는 바라보고 있었던 것입니다. 친구인 님프들은 크리티에의 생활이 갑자기 달라졌기 때문에 근심을 하고 있었습니다. 사티로스들은 모여들어서 춤을 추기도 하고 장난을 치기도 하여 크리티에의 마음을 돌이키려고 했습니다. 그러나 아무리 해도 크리티에를 기운 차리게 할 수는 없었습니다. 크리티에는 긴 머리가 흐트러지는 것도, 추위에 떠는 것도 아랑곳없이 매일 땅바닥에 주저앉아서 눈물을 흘리며 아폴론의 모습을 뒤쫓고 있었습니다. 9일 동안이나 크리티에는 아무것도 먹지도 마시지도 않고 앉아 있었습니다. 두 눈에는 끊임없이 흐르는 눈물과 차디찬 밤이슬이 크리티에의 입언저리를 적실 뿐입니다. 또한 아침부터 저녁까지 다른 것은 아무것도 보지 않고 다만 아폴론만을 바라보고 있었습니다. 그러는 사이에 결국 발은 땅바닥에 묻혀 뿌리를 내리고 있었습니다. 얼굴은 한 송이 꽃이 되었고 몸은 줄기와 잎이 되었습니다. 꽃은 태양의 신의 광채에 물들어서인지 짙은 황금빛으로 빛나고 있었습니다.

사람들은 이 꽃을 보고 해바라기라고 부릅니다. 해바라기는 언제나 아름다운 얼굴을 태양이 빛나는 쪽으로 향하고 있습니다. 가엾은 크리티에는 결국 해바라기 꽃이 되어서 이처럼 언제까지나 태양의 신을 사모하고 있는 것이라고 합니다.

[2] 우화 *Fable*

주로 동물을 빌어 인간성을 풍자하거나 교화하려는 짧은 이야기이다. 우화의 기원은 아마도 미개인 사이에 흔히 볼 수 있는 동물담으로 그것을 재치 있는 사람이 그럴듯한 이야기로 다듬어서 민중의 교화에 이용했을 것이라는 추론도 가능하다. 우화의 대표라고 할 수 있는 것은 인도의 석가의 제자들이 민화에서 취한 석가의 전생담으로 불교적인 교훈을 지닌 자타카와 이솝 *Aesop*의 우화집이 있다.

그 후 프랑스의 라 퐁테에느 *La Fontaine*가 이솝풍의 전통적인 동물 우화 〈우화집〉을 내었고, 독일의 레씽 *Gethold Ephraim Lessing*이 〈레씽 비유담〉을 냈으며, 러시아의 크루이로프 *Ivan Andreevitch Krylov*가 우화시〈우화〉를 내었다. 라 퐁테에느의 우화시 한 편을 소개한다. 이솝 우화 〈여우와 두루미〉를 시로 고쳐 쓴 것이다.

LA MORT ET LE BUCHERON

Un pauvre bucheron, tout couvert de ramee, Sous le faix du fagot aussi bien que des ans.

Gemissant et courbe marchait a pas pesants, Et tachait de gagner sa chaumine enfumee.

Enfin, n' en pouvant plus d' effort et de douleur, Il met bas son fagot, il songe a son malheur.

Quel plaisir atil eu depuis qu' il est au monde?

En estil un plus pauvre en la machine ronde?

Point de pain quelquefois, et jamais de repos.

Sa femme, ses enfants, les soldats, les impots, Le creancier et la corvee, Lui font d' un malheureux la peinture achevee.

Il appelle la mort ; elle vient sans tarder, Lui demande ce qu' il faut faire.

〈C' est, ditil, afin de m' aidor A recharger ce bois ; tu ne tarderas guere.〉

Le trepas vient tout guerir ;

Mais ne bougeons dou nous sommes.

Plutot souffrir que mourir, C' est la devise des hommes.

여우와 두루미

여우나리께서 어떤 날 호기를 부리어 두루미마님을 점심에 초대했다. 요리는 많지 않고 차린 것도 별로 없었다.

교활한 여우는 모든 음식에 맹물만의 엷은 국을 접시에 가득 담았다. 주둥이가 긴 두루미는 한 모금도 마시지 못했으나

간사한 여우는 순식간에 마셔버렸다.

이 속임수에 복수하기 위해 얼마 후 두루미는 여우를 초대했다.

"물론 가겠어요. 친구끼리 체면 차릴 건 없으니까" 하고 여우가 대답했다. 정해진 시간에 여우는 두루미의 집으로 달려갔다.

주인의 예의 바른 것을 아주 칭찬하고 요리도 먹기 좋게 익은 것을 보았다. 게다가 배도 고파 잔뜩 눈독을 들였다.

고기 굽는 냄새도 코를 찌르고 자디잘게 썰어 놓은 고기도 맛있게 생각되었다. 주인은 손님을 괴롭히려고 음식을 목이 길고 구멍이 좁은 물병에다 넣

었다. 두루미의 입은 쉽게 통과했으나 여우 나리의 콧등은 좀 컸던 모양이다.

배를 주리고 집에 돌아가는 수밖에 없다. 닭에게 붙들렸던 여우처럼 부끄럽게 꼬리를 끼고 귀를 축 내린 채 가버렸다.

사기꾼들아, 이 이야기는 너희들을 위해서 쓴 것이다.

그런 똑같은 꼴을 당함을 알리려고.

우화의 대표자라고 할 수 있는 이솝이 쓴 유명한 우화 〈모기와 사자〉를 소개한다.

모기와 사자

모기 한 마리가 사자에게로 오더니 겁도 없이 큰소리쳤다.

"당신은 나보다 힘도 세고 무서운 모습이지만 솔직히 말해서 우리 모기들은 당신 따위를 무서워한 적은 없다구요. 원한다면 지금 당장이라도 힘을 겨루어 승자를 뽑아도 좋아요." 모기의 큰소리에 기가 막힌 사자가 대답했다.

"무섭지 않으면 해보렴, 자. 너희들이 제 아무리 떼지어 몰려온다 해도 내가 눈 하나 깜박일 줄 아냐?"

사자의 말이 떨어지기가 무섭게 모기들은 떼를 지어 몰려와서 사자에게로 덤벼들었다. 모기들은 사정 보지 않고 눈 가장자리, 콧등, 발바닥 할 것 없이 털이 나지 않은 곳만 물었다.

사자의 무서운 이빨이나 큰 발톱은 모기떼를 무찌르는 데는 아무 쓸모가 없었다. 결국 사자는 모기에게 항복하고 말았다.

모기들은 신이 나서 으시대며 집으로 돌아오다가 그만 거미줄에 걸려 죽게 되자 탄식하며 말했다.

"이 세상에서 가장 힘센 사자하고 싸워서 이겼는데 거미에게 잡혀 죽다니!"

3 옛날이야기 *Fairy tale*

동화에서 가장 넓은 영역을 차지하면서 풍부한 흥취, 광범한 교훈, 다양한 형식을 구비하고 있다.

우리나라의 옛날 이야기는 대개 다음과 같은 특징이 있다.

① 특정한 시작의 말과 끝맺는 말이 있다.

② 몇 개의 모티프 *motif*를 꾸며 합쳐서 한 편의 이야기로 구성되었다.

③ 스토리의 전개도 거의 일정하며, 얘기 도중에도 가령 비슷한 행위를 세 번 반복한 다음 클라이맥스로 끌어올리려는 예술적인 기교를 쓰는 것과 같이 고도로 양식화되고 발달된 문예이다.

④ 우리나라에서는 반드시 요정이나 선녀가 등장하는 이야기만을 옛날 이야기라 하지는 않는다. 옛 사람들의 상상에 의하여 산출된 모든 이야기류를 일컫는 것이 보통이다.

거지 사위

옛날 서울 어느 대감 댁에 아주 아름다운 딸이 하나 있었습니다. 그 대감은 훌륭한 사위를 얻는 것이 평생소원이었습니다. 그래 어떻게 하면 훌륭한 사윗감을 얻을 수 있을까 곰곰 생각에 잠겼습니다. 그러던 어느 날, 대감은 좋은 생각이 하나 떠올랐습니다. 서울 장안에 방을 써 붙이기로 한 것이었습니다.

〈사위를 고르려고 한다. 열두 대문을 모두 통과하는 자를 사위로 삼되 만약 중간에서 낙방할 때에는 엄벌에 처함 - 대감〉.

방을 본 총각들이 구름같이 몰려들었습니다. 그러나 몇 달이 지나도 마땅한 사윗감은 나타나지 않았습니다. 그래도 대감과 딸은 초조한 마음으로 좋은 사윗감이 나타나기를 끈기 있게 기다렸습니다. 서울 장안에는 장돌림들이 많이 살고 있었습니다. 그들 장돌림들도 이 소문을 다 듣고 있었습니다. 그러나 감히 엄두도 못 내었습니다. 그런데 한 거지 형제는 그렇지 않았습니다.

"이러나저러나 빌어먹기는 마찬가지인데 한번 가 보기나 하자."

그리하여 형제는 대감 댁 문을 두드렸습니다. 밥은 빌어먹어도 인물이 뛰어나게 잘 생겼기 때문에 형제도 대문을 하나씩 하나씩 통과해 들어갔습니다. 아주 아슬아슬하게 바늘귀 같은 문을 말입니다. 드디어 거지 형제는 다른 총각들을 다 물리치고 열두 대문까지 통과했습니다. 이제 남은 것은 딸에게 승낙을 받는 일 뿐이었습니다. 먼저 형이 딸을 만나 보려고 들어갔습니다. 이 방 저 방을 지나 맨 끝 방문을 여니, 방은 컴컴한데 웬 사람이 하나 앉아 있었습니다. 그 사람은 무서운 눈으로 형을 노려보았습니다. 겁에 질린 형이 엉거주춤 앉자 머리를 풀어 헤친 그 사람은 괴상한 소리로 웃어 댔습니다. 그런데 그 웃음소리를 들어 보니 여자임에 틀림없었습니다. 잠시 후 그 여자는 옆에 있는 헝겊 나부랭이를 들더니 바느질을 한참 하였습니다. 그러다가 별안간 옷장을 확 열고 무덤에서 바로 꺼내 온 것 같은 아기 송장을 하나 꺼내는 것이 아니겠습니까. 그러더니 그 여자는 형을 한번 힐끗 쳐다보고는 씨익 웃었습니다. 그리고는 아기 송장을 뜯어 먹기 시작하였습니다.

형은 그만 기절하고 말았습니다.

다음은 동생의 차례였습니다. 동생도 형과 똑같이 송장을 뜯어 먹는 여자를 보았습니다. 그러나 동생은 형처럼 기절하지 않고 벌떡 일어나 산발한 여자의 목을 누르려고 덤벼들면서

"네가 사람이냐, 귀신이냐?" 하고 소리쳤습니다.

그러자 그 여자는 풀어 헤친 머리를 뒤로 젖히며,

"이제야 용감한 분을 만났군요. 부디 제 서방님이 되어 주셔요." 하고 애원하였습니다.

그리고는 아기 송장을 보이는데, 자세히 들여다보니 찹쌀떡으로 만든 것이었습니다. 그리고 그 속에는 꿀이 들어 있었습니다. 피처럼 보이라고 꿀을 넣었던 것입니다.

거지 총각은 대감 댁 사위가 되어 오래오래 잘 살았다고 합니다.

4 전설 *Legend*

시대와 장소와 주인공이 있는 로맨스적 행동설화를 말한다. 전설에 나오는 인물이나 내용은 대개 근거가 있다. 전설은 또 반드시 구체적인 사물과 현상과를 연결시켜 말하는 점이 특색이다. 그리고 전설의 중심에는 반드시 하나의 기념물과 증거물이 있다.

곰나루

옛날 충청도 공주 근처에서 한 젊은이가 살고 있었습니다. 그 젊은이는 날마다 나무를 해서 팔아다가 간신히 살아갔습니다.

어느 날이었습니다. 그 날도 젊은이는 깊은 산 속으로 나무를 하러 갔습

니다. 젊은이가 나무를 한 짐 해 지고 산을 내려올 때는 벌써 날이 어두워가고 있었습니다. 젊은이는 발걸음을 재촉하였습니다. 그러나 얼마 내려오지 못해 그만 길을 잃고 말았습니다. 사방이 너무도 캄캄하였기 때문입니다. 뿐만 아니라 배 또한 몹시 고팠습니다. 젊은이는 어디 집이 있으면 하룻밤 쉬어 가야겠다고 생각하였습니다. 그때 저 멀리서 불빛이 하나 보였습니다. 젊은이는 나뭇짐을 내려놓은 다음 급히 그 곳으로 갔습니다. 불빛이 새어나오는 집은 큰 기와집이었습니다. 젊은이는, "이제는 살았구나." 하고 한숨을 내쉬며 주먹으로 대문을 쾅쾅 두드렸습니다. 한참 후 방문 여는 소리가 나더니 젊고 예쁜 여자가 촛불을 들고 나와 누구냐고 물었습니다. 젊은이는 사정 이야기를 하고 하룻밤을 재워 달라고 하였습니다. 여자는 여기는 여자밖에 살지 않으니 다른 곳으로 가보라고 하였습니다.

젊은이는 이제는 더 걸을 수도 없고 또 가 보았자 집도 없을 것이니 부디 하룻밤을 재워 달라고 애원하였습니다. 그제야 여자는 마음이 움직였는지 들어오라고 하였습니다. 어둠 속에서 산을 헤맬 때는 집만 찾으면 살 것 같더니 막상 집을 찾고 보니 이번에는 배가 너무 고파 견딜 수가 없었습니다. 젊은이의 사정을 짐작한 여자는 부엌으로 나가 맛있는 음식을 장만해 가지고 들어왔습니다. 젊은이는 배도 고프고 맛있는 반찬도 많은지라 배가 터질 정도로 실컷 먹었습니다. 이윽고 날이 새자, 여자는 젊은이에게 자기와 같이 살자고 하였습니다. 젊은이는 그 말이 싫지 않았습니다. 좋은 기와집에 맛있는 음식에다 더구나 예쁜 여자가 그런 말을 하니 어찌 마음이 솔깃하지 않겠습니까. 젊은이는 그 집에서 며칠을 묵었습니다. 그런데 한 가지 이상한 것이 있었습니다. 그것은 이 깊은 산 속에서 여자가 어떻게 바다의 진미를 마련해 오는가 하는 것이었습니다. 젊은이는 생각다 못해 그 까닭을 물어 보았습니다. 그러나 여자는 신통한 대답을 하지 않았습니다. 어느 날, 젊은이는 여자의 뒤를 몰래 숨어 따라가 보았습니다. 여자는 한참 가다가 건너편 골짜기에 노루가 있는 것을 보자 갑자기 큰 암콤으로 변하여 노루를 쫓는 것이었습니다. 이 광경을 본 젊은이는 깜짝 놀랐습니다. 이제까지 자기와 함께 지낸 예쁜 여자가 바로 암 콤이었기 때문입니다. 젊은이는 이제는 도망치는 수밖에 없다고 생각하고는 산 아래로 줄달음질을 쳤습니다. 한

참 뛰다 뒤를 돌아보니 어느 새 곰이 바싹 뒤쫓아 오고 있었습니다. 젊은이는 죽을 힘을 다해 달아났습니다. 곰도 있는 힘을 다해 뒤쫓아왔습니다. 그러기를 얼마를 했을까. 바로 앞에 시퍼런 강이 불쑥 나타나 앞을 가로막았습니다. 뒤에는 성난 곰이 쫓아오고 앞에는 깊은 강물이 흐르고 있으니 이제는 꼼짝없이 곰에게 잡아먹히게 되었습니다. 다급해진 젊은이는 '에라 모르겠다.' 하고는 강물로 첨벙 뛰어들었습니다. 곰에게 잡아먹히는 것보다는 차라리 강물에 빠져 죽는 것이 나을 것 같았고, 또 재수가 좋으면 다행히 살아날지도 모르기 때문이었습니다. 젊은이가 강물로 뛰어들자 뒤쫓아오던 암콤도 강물로 첨벙 뛰어들었습니다. 젊은이는 헤엄을 칠 줄 몰랐지만 있는 힘을 다해 온몸을 허위적 거렸습니다. 그런 덕분에 젊은이는 간신히 살아날 수 있었습니다. 그러나 곰은 지쳐서 물에 빠져 죽고 말았습니다. 이런 일이 있은 후로 사람들은 곰이 빠져 죽은 강이라 해서 이 강을 '곰강' 이라 부르고, 근처 마을은 '곰주' 라고 했습니다. 지금의 '금강' 은 곰강에서, '공주' 는 곰주에서 비롯된 이름입니다.

⑤ 민화 *Folk tales*

민간설화를 줄여 쓴 말이 곧 민화이다. 민화는 민중의 생활 속에서 공통적인 소망을 전승시킨 이야기로 밝고 낙천적으로 표현되어 있으며 지역과 사람에 따라 유동적이며 다양성을 지니고 있다.

민화와 전설은 유사점이 있긴 하지만 다음과 같은 점이 다르다.

① 전설은 민화보다 과거의 시간성을 훨씬 실제적으로 지니고 있다.

② 전설은 사실성이 있는 것을 전하지만 민화는 가작성이 강하다.

③ 전설은 유적, 사실 등에 관련을 지어 이야기하지만 민화에는 그것이 없다.

④ 전설에는 이야기의 시작과 끝에 특정한 말이 없지만 민화에는 그것이 있다.

⑤ 전설에는 이야기의 큰 줄거리가 서 있지만 민화는 비교적 세밀한 점까지 표현된다. 따라서 전설은 민화보다 내용이 짧은 경우가 많다. 민화는 또 서민들의 세계를 의식하고 의도적으로 만들어졌으며 대강 작가도 알려져 있다. 그 대표적인 작가가 톨스토이인데 그는 〈전쟁과 평화〉, 〈안나 카레리나〉 이후 〈사람

은 무엇으로 사는가〉, 〈두 노인〉, 〈사랑이 있는 곳에 하나님도 계신다.〉, 〈바보 이반〉 등 쉬운 말과 단순한 구성으로 소박한 민화적 작품을 썼다.

또한 1888년에는 〈사람에게는 어느 만큼의 땅이 있어야 하나〉를 발표했는데 줄거리는 대략 다음과 같다.

사람에게는 어느 만큼의 땅이 있어야 하나

땅을 몹시도 탐내는 사나이가 있었다. 킬키스인이 사는 곳으로 가서 해가 뜰 때부터 해가 질 때까지 돌아서 온 만큼의 땅을 주겠다는 말을 듣고, 해가 뜨자마자 달리기 시작했다. 진종일 달리고 달려 넓고 넓은 땅을 돌아 손아귀에 넣는다. 그러나 일몰이 되어 필사적으로 출발점에 도착하자마자 그는 죽게 된다. 결국 그에게 필요한 땅은 그의 시체를 파묻을 만한 땅에 지나지 않았다.

그리고 이보다 2년 전, 즉 1886년에 발표한 〈바보 이반〉의 줄거리는 다음과 같다.

바보 이반

어느 나라의 어떤 마을에 부유한 농부가 있었다. 그는 아들 셋과 벙어리 딸 하나를 거느리고 있었다. 맏이인 세욘은 군인이 되고, 둘째인 따라스는 상인이 되었지만 바보인 이반은 벙어리인 누이동생과 함께 집에 남아 땀 흘려 농사일을 돕고 있었다.

이를 본 도깨비가 어떻게든지 형제의 의좋은 사이를 끊어버리기 위해 온갖 방해를 놓는다. 군인과 상인이 된 형들은 손쉽게 속여 파멸시켰지만 바보이기에 정직하게 일하며 형들까지 열심히 돕고 있던 이반만은 어떻게 할 수가 없었다.

이반의 재산과 사람됨을 시기하여 국왕이 못 살게 굴기도 했지만 국왕도 무저항주의인 그에게는 손을 들었다. 이반은 마침내 공주와 결혼하고 백성들에 추대되어 국왕이 된다. 그는 백성들에게 이렇게 말한다.

"이 나라에서는 손에 못이 박힌 자라야 식탁에 앉을 자격이 있다. 그렇지 못한 자는 먹다 남은 찌꺼기를 먹지 않으면 안 된다."

여기 나타나는 작자의 사상은 노동 존중, 폭력에의 무저항주의, 사랑, 군국주의, 자본주의, 납세 등에까지 그 범위가 미치고 있으며 모든 권위주의를 부정하는 세계관에 뿌리박고 있다. 이것이 바로 대중들의 소원이었던 것이다.

(4) 우리나라의 전래동화

우리나라의 전래동화는 권선징악을 공통점으로 하고 있는데 특히 선과 악의 대비에 있어서는 다음과 같은 줄거리로 구성되는 경우가 많다.

① 선인과 악인이 있다.
② 악인은 가난하고 착한 선인을 구박한다.
③ 선인이 신선(혹은 도깨비)에 의해서 행복을 얻는다.
④ 악인이 흉내 내다가 파멸당한다.

또한 우리나라의 전래동화에서 많이 등장하는 것은 호랑이와 도깨비인데, 호랑이는 횡포자 · 권력자 · 지배자를 의미하는 반면 도깨비는 요정처럼 평민들의 대변자로서 약한 자 편에 서서 호흡을 같이 하였다. 도깨비는 또 언동과 형상이 매우 해학적이고 율동적이며 일단 사람과 사귀고 나면 신뢰감이 풍부한 존재로 그려지고 있다. 따라서 원한이나 울분이 없는 단순하고 우둔하면서도 진실성을 갖고 있는 존재이다.

도깨비는 신의를 보여주고 자기들을 대접하면 반드시 은혜를 갚을 줄 아는 존재로서 서민들과 가까이 있었다. 전래동화의 등장인물이 아동보다 성인, 여자보다 남자가 더 잦고, 등장 동물의 경우는 호랑이가 압도적으로 많으며, 여우 · 쥐 · 토끼 · 사슴 · 고양이 · 개 등의 등장도 비교적 많은 편이다. 유럽 전래동화에서는 늑대와 사자가, 일본의 전래동화에서는 원숭이가 많다는 것과 좋은 대조가 된다.

전래동화에 주로 쓰이는 숫자는 1, 2, 3, 7, 12인데 우리나라에선 주로 1자를 좋아하고, 중국에서는 3자, 서구에서는 7자를 좋아하고, 일본에서는 8자를 좋아하지만 민화나 전래동화에서 공통적으로 많이 쓰이는 숫자는 1, 3, 7이다.

도깨비 방망이

옛날 어느 산골에 할아버지, 할머니, 아버지, 그리고 어머니와 아들이 살고 있었습니다. 하루는 아버지가 아들에게 산에 가서 나무를 한 짐 해 오라고 하였습니다. 어른 말을 잘 듣는 아들은 지게를 지고 나섰습니다. 갈퀴로 나뭇잎을 긁는데 굵은 알밤이 하나 나왔습니다. 아들은 얼른 그 알밤을 주웠습니다.

"할아버지 갖다 드려야지." 아들은 이렇게 중얼거리며 나무를 계속하였습니다. 그런데 한참 후 알밤이 또 하나 나왔습니다.

"요건 할머니 드려야지." 아들은 얼마 후 또 알밤이 나오자 이번 것은 아버지에게 갖다 드리기로 하였습니다. 이렇게 착한 아들의 마음을 알았는지 더 크고 맛나게 생긴 알밤이 그 후에도 두 개나 나왔습니다. 이것은 누구의 것일까요? 말할 것도 없이 어머니와 아들의 것이겠지요. 그러면서 나무를 하다 보니 어느 새 해는 서산으로 꼴깍 넘어가 버렸습니다. 집으로 돌아올 때에는 날이 완전히 저물어 어디가 길인지조차 분간하기 어려웠습니다. 아들은 지게 작대기로 앞을 더듬거리며 조심스럽게 걸음을 옮겨 놓았습니다. 그 때 멀리 불빛이 반짝반짝하는 것이 보였습니다. 그리하여 아들은 그 곳에 가서 자려고 그 집을 찾아갔습니다. 그런데 아무리 주인을 불러도 대답이 없었습니다. 아들은 지게를 대문 앞에 내려놓은 다음 성큼성큼 안으로 들어갔습니다. 들어가 보니 방안에는 아무도 없었습니다. 그래서 어떻게 할까 하고 망설이고 있는데, 도깨비들이 갑자기 '쾅쾅' 하고 천지를 울리며 가까이 오는 소리가 들렸습니다. 아들은 얼른 다락에 몸을 숨겼습니다. 도깨비들은 험상궂은 얼굴을 하고 곧 방 안으로 들어왔습니다. 잠시 후 우두머리인 듯한 도깨비가 금방망이를 휘두르며 노래를 불렀습니다.

"금 나와라 와라 뚝딱, 은 나와라 와라 뚝딱……" 그러자 이상한 일도 다 있지요. 금과 은이 마구 쏟아져 나오는게 아니겠습니까. 도깨비들은 금과 은을 막 뿌리며 이번에는 다함께 노래를 부르기 시작하였습니다. "맛난 음식 나와라 와라 뚝딱, 술 나와라 와라 뚝딱." 노래가 끝나자, 여태껏 한 번도 본 일이 없는 맛난 음식이 한 상 가득 차려져 나왔습니다. 향기 좋은 술도 있었습니다. 그리하여 도깨비들은 배를 두드리며 실컷 먹고 신나게 놀았습니다. 다락에 숨어서 이 광경을 내려다보던 아들은 자기도 그 음식들이 무척 먹고 싶어졌습니다. 그렇지 않아도 배가 몹시 고프던 참이었으니까요. 그러다가 아들은 문득 자기 주머니에 든 알밤이 생각났습니다. 그래서 얼른 알밤을 하나 꺼내어 힘껏 깨물었습니다. 알밤은 '딱!' 하는 소리를 내며 두 조각으로 갈라졌습니다. 도깨비들은 알밤 깨어지는 소리를 대들보 부러지는 소리인 줄 알고 모두 줄행랑을 놓았습니다. 그 귀중한 금방망이까지 내동이치고 말입니다. 그래서 아들은 얼른 다락에서 내려와 금방망이를 가지고 부랴부랴 집으로 돌아왔습니다. 아들은 단번에 큰 부자가 되었습니다. 그러자 그 마을에서 제일 욕심 많은 욕심쟁이가, 어떻게 해서 부자가 되었느냐고 아들에게 자꾸 캐물었습니다. 너무 성가시게 구는 바람에 아들은 마지못해 자기가 겪은 대로 다 이야기해 주었습니다. 그 말을 들은 욕심쟁이는 마음이 급해져서 그 날로 나무를 하러 갔습니다. 한시 바삐 그 금방망이가 갖고 싶어졌던 것입니다. 욕심쟁이는 나무를 하다가 알밤이 나올 때마다 "이것은 내 것, 저것도 내 것" 하며 자기 혼자만 먹으려 하였습니다. 드디어 날이 저물었습니다. 욕심쟁이는 부리나케 빈 집으로 달려갔습니다.

그리하여 다락에 숨어 있자니 정말 도깨비들이 나타났습니다. 욕심쟁이는 도깨비들이 이번에는 은 방망이로 음식을 차려 놓고 놀기 시작하자 좋아라고 얼른 밤을 깨물었습니다. 그러자 도깨비들은 전에 자기를 속였던 놈이라고 하면서 다락 속에 숨어 있는 욕심쟁이를 끌어내렸습니다. 욕심쟁이는 어떻게 되었을까요. 도깨비들에게 흠씬 두들겨 맞아 죽어 있는 것을 욕심쟁이 부인이 간신히 찾았다고 합니다.

위의 동화에서도 도깨비가 등장하는데 착한 사람은 도깨비 방망이를 얻어 부자로 잘 살게 되었고, 욕심쟁이는 도깨비들에게 붙잡혀 오히려 목숨을 잃게 되었다는 얘기로 끝맺음하고 있다.

다음에 북유럽의 유명한 이야기 〈세 마리의 염소 덜렁덜렁이〉란 전래동화를 더 소개한다.

세 마리의 염소 덜렁덜렁이

옛날, 세 마리의 염소가 있었습니다. 풀을 뜯어먹고 살찌려고 산에 올라갔습니다. 어느 염소나 이름은 덜렁덜렁이었습니다. 마구 올라가니까 시내가 있어 다리를 건너지 않으면 안 되었습니다. 그 다리 밑에 아주 못생긴 커다란 트럴이 살고 있었습니다. 눈알은 접시만큼 커다랗고 코는 아주 길어, 마치 부지깽이 같았습니다. 맨 처음 제일 나이 어린 염소 덜렁덜렁이가 다리를 건넜습니다. '달가닥 덜거덕 달가닥 덜거덕' 하고 다리가 소리 냈습니다. "이게 누구야! 내 다리를 달가닥거리는 놈은?" 하고 꽥 소리 질렀습니다. "저예요. 제일 작은 꼬마 염소 덜렁덜렁이여요. 살찌러 산에 가는 길에요." 하고 그 염소는 아주 작은 목소리로 말했습니다. "됐어, 너를 한 입에 다 먹어버릴 테다." 하고 트럴이 말했습니다. "아, 나를 먹지 말아주세요. 나는 이런 꼬마인데." 하고 염소가 말했습니다. "조금 기다리면 두 번째 덜렁덜렁이 염소가 올꺼예요. 저보다 아주 몸뚱이가 커요." "그럼 얼른 가버려라." 하고 트럴이 말했습니다. "덜커덩, 달카당, 덜커덩, 달카당, 덜커덩, 달카당." 다리가 소리 질렀습니다. "이게 누구야! 내 다리를 덜커덕거리는 놈은?" 트럴이 소리 질렀습니다. "아아, 두 번 째 염소 덜렁덜렁이이다. 산에 살찌러 가는 길이야." 그 염소가 이렇게 말했습니다. 먼저 염소처럼 작은 목소리는 아니었습니다. "됐어, 너를 한 입에 다 먹어버릴 테다." 트럴이 말했습니다. "아, 나를 먹지 마라, 조금 기다리면 커다란 염소 덜렁덜렁이가 올꺼다. 나보다 훨씬 크다." "그래, 그럼 얼른 가버려라." 트럴이 말했습니다. 그러는 사이에 벌써 큰 염소 덜렁덜렁이가 왔습니다. "덜커덩, 달카당, 덜커덩, 달카당, 덜커덩, 달카당, 덜커덩, 달카당." 하고 다리가 소리를 질렀습니다. "이게 누구야? 내 다리를 덜커덩, 달카당하는 녀석은?" 하고 소리를 질렀습니다. "나는 큰 염소 덜렁덜렁이이다." 하고 염소가 말했습니다. 그 목소리는 아주 쉰 덜렁덜렁하는 목소리였습니다. "됐어, 너를 한 입에 다 먹어버릴 테다!" 하고 트럴이 소리 질렀습니다. "자, 달려들어라. 두 자루의 창을 가지고 있다." "눈알을 귀로부터 찔러 버릴 테다."

"그리고 큰 돌맹이도 두 개 있다."

"살점도 뼈다귀도 가루로 만들어버릴 테다." 이렇게, 큰 염소가 말했습니다. 그리고 트럴한테 달려들자 뿔로 눈알을 찌르고 발굽으로 살점도 뼈다귀도 가루로 만들어버리고 트럴을 강물에 떨어뜨렸습니다. 그리고 산으로 올라갔습니다. 염소들은 아주 살쪄서 겨우 집으로 걸어갔습니다. 만약 기름이 빠지지 않으면 아직 살쪄 있을 것입니다. 그래서 싹뚝싹뚝, 싹뚝썩뚝. 이것으로 고만.

이 이야기는 옛 이야기의 걸작이 지니고 있는 간결, 단순, 힘을 구비하고 있다. 스토리에 필요한 것 이외에 세부는 아무것도 묘사하지 않았다. 작품 속에서 일어난 사실과 어구를 반복하는 것은 효과를 높이기 위해 옛 이야기에서 사용되는 방법의 하나다. 이 방법은 당연한 것으로서 잘 알려져 있다.

〈세 마리의 아기돼지〉, 〈세 마리의 곰〉과 같이 많은 동화 속에서 발견된다. 이런 타입의 동화의 매력은, 작품 속에서 일어난 일의 하나하나가 서로 비슷하면서 반복될 때마다 조금씩 변하는 데 있다. 이렇게 스토리 속에서 이미 알아버린 여러 단계가 이제 새로운 것을 끌어낼 일을 하고 있는 것이다.

이와 같이 변화 있는 반복을 쓰면, 읽는 사람이나 듣는 사람 쪽으로 하여금 흥미와 기대감을 높여가게 하는 것이다.

3) 창작동화의 이해와 지도

(1) 동화와 소년소설

동화와 소년소설은 근본적으로 다르다. 동화는 현실에서 취재하고 현실 생활을 그릴 수도 있으나 그것은 소설과 달라서 무한히 자유로운 무대와 자유로운 비약을 가질 수 있다.

초현실적인 것, 초자연적인 것들이 허위라는 것이면서도 그 허위의 세계에서 진리를 설정하고 하나의 문학을 이루는 것이 동화이다. 그러나 소년소설은 있을 수 있는 세계를 거짓 없이 진실되게 그려내는 것이다. 또한 동화와 소년소설은 시적 환상과 현실적인 아동생활이라는 말로 그 본질적인 차이점을 나타낼 수 있다. 즉, 동화는 어린이의 상상의 세계를 그리는 반면에 소년소설은 어린이의 현실생활을 묘사하고 있다. 동화는 주인공의 행동이나 성격들이 이상적이고 주관적이면서 초자연적인 세계에 동화할 수 있지만 소년소설은 객관적이고 사실적이면서 필연적인 가능한 세계를 표현해야 한다. 그리고 동화는 산문시적인 문학이지만 소년소설은 산문문학이다. 근래에 와서 동화를 소설적인 수법으로 창작하는 경향을 볼 수 있는데 구분을 분명히 할 필요가 있다.

동화가 오늘날 우리의 현실 속에서 찾을 수 없는 공상의 세계를 그리는 반면, 소년소설은 오늘날 어디서든지 볼 수 있는 현실의 세계를 그린다는 점에서 구분이 되는데 예를 들면, 소년소설에서는 동화에서처럼 동물들이 말을 한다는 것이 성립될 수 없다.

우리나라 현대동화의 출발은 1923년 마해송에 의해 씌어진 〈바위나라와 아기별〉에서부터 시작된다. 이전까지는 전래동화나 외국동화를 번역한 동화가 대부분이었다. 그 뒤 〈해송 동화집〉, 〈토끼와 원숭이〉 등의 작품이 마해송에 의해 발표되었고, 이원수의 〈숲 속 나라〉, 김요섭의 〈늙은 나무의 노래〉 등 좋은 동화가 나왔으나 6 · 25를 겪으면서 동화는 점차 쇠퇴하기 시작하고 소년소설이 고개를 들기 시작했다. 그런 의미에서 마해송의〈바위나리와 아기별〉은 창작동화의 최초 작품으로서 큰 가치가 있다고 하겠다.

바위나리와 아기별

남쪽 나라, 따뜻한 나라, 사람 사는 동네도 없고, 사람이나 짐승이나 지나간 자취도 없는 바닷가에 다만 끝없이 넓고 넓은 모래벌판만이 펼쳐져 있었습니다. 바닷가에 산이라고는 없는 벌판이라 나무도 없고, 나무가 없으니 노래를 부르는 새조차 한 마리도 없고, 풀 한 잎도 없었습니다. 희고 흰 모래 벌판과 푸르고 푸른 바닷물만이 한 끝에서 한 끝까지 펼쳐지고 있었습니다. 가끔가다 바람이 솨아 하고 불어 와서 지나가는 소리와 바닷물이 찰싹찰싹하고 깃을 치는 소리밖에는 아무 소리도 들려오지 않았습니다. 그런데 이렇게 쓸쓸하고 고요한 바닷가에 이상하고 놀라운 일이 일어났습니다. 밀물에 밀려서 바닷가에 놓여 진 주먹만한 김장 돌 하나를 의지하고 조그만,

그렇지만 어여쁘고 깨끗한 풀 한 잎이 뾰족이 솟아 나왔습니다. 그 풀이 점점 자라 두 잎이 되고 세 잎이 되더니 가지가 뻗고 가지에는 곱고 고운 빨강 꽃이 한 송이 피어났습니다. 또 파랑 꽃도 한 송이 피어났습니다.

그 다음은 노란 꽃, 또 그 다음에는 흰 꽃 해서 나중에는 아주 함빡 오색이 영롱하게 여러 가지 꽃이 피어났습니다. 파란 바다와 흰 모래 벌판 사이에 오뚝하게 피어 선 이 오색 꽃은 참으로 무엇하고도 비길 수 없는 아름다운 '바위나리' 라는 꽃이었습니다.

세상에 제일가는 / 어여쁜 꽃은 / 그 어느 나라의 / 무슨 꽃일까.
먼 남쪽 바닷가 / 김장 돌 앞에 / 오색 꽃 피어 있는 / 바위나리지요.

바위나리는 날마다 날마다 이런 노래를 어여쁘게 부르면서 동무를 불렀습니다. 그렇지만 바다와 벌판과 바람결밖에는 아무 것도 없는 이 바닷가에는 동무될 사람이라고는 하나도 없었습니다. 며칠을 기다리고 기다려도 아무도 보이지 않았습니다.

바위나리는, "아아, 이렇게 어여쁘고 아름다운 나를 귀여워해 줄 사람이 없구나!" 하고 훌쩍훌쩍 울기도 했습니다.

그러다가도 아침이 되어서 해가 동해 바다에 불끈 솟아 오르면,

"옳다. 오늘은 누가 꼭 와 주겠지!"하고 더 어여쁘게 단장을 하고 고운 목소리를 뽑아서 노래를 부릅니다.

그렇지만 해가 서해 바다에 슬그머니 져 들어갈 때까지 아무도 와 주는 사람이 없었습니다. 그러면 바위나리는 눈물이 글썽글썽해지면서, "아아, 오늘도 아무도 오지 않고 해가 졌구나!" 하고 또 다음 날을 기다리는 것이었습니다. 또 다음 날 아침에 해가 동해 바다에 불끈 솟아오르면, "옳다. 오늘은 누가 꼭 와 주겠지!" 하고 이렇게 몇 날 동안을 날마다 날마다 노래를 부르면서 동무가 오기를 기다렸지만 아무도 바위나리를 찾아 와 주는 동무는 없었습니다.

바위나리는 소리를 질러 울었습니다. 그런데 이상하게도 이 울음소리가 밤이면 남쪽 하늘에 맨 먼저 뜨는 아기별의 귀에까지 들려 올라왔습니다.

아기별은 이 울음소리를 듣고 깜짝 놀랐습니다. "어디서 누가 이렇게 슬프게 울까? 내가 가서 달래 주어야겠다." 하고 별나라의 임금님께 다녀오겠다는 말을 하지도 않고 울음소리가 나는 곳으로 찾아 쭈욱 내려왔습니다. 울음소리를 따라 바닷가로 내려온 아기별은 바위나리가 혼자서 이렇게 울고 있을 줄은 몰랐기 때문에 한참이나 정신없이 보고만 있었습니다. 그러다가 겨우 바위나리의 뒤로 가까이 가서, "아니 왜 울어요?" 하고 어깨를 툭 쳤습니다. 바위나리도 깜짝 놀랐습니다. 돌아다보니까 난데없이 아름다운 별님이 아닙니까. 바위나리는 어떻게 좋은지 어쩔 줄을 모르고 가로 뛰고 세로 뛰며, " 별님! 별님!" 하고 불러댔습니다. 잠깐 동안만 달래주고 돌아가려고 했었지만 바위나리가 아름답고 귀여운 것을 보니까 아기별도 이제는 바위나리와 같이 더 오래오래 놀고만 싶어졌습니다. 다른 생각은 다 잊어버렸습니다. 아기별과 바위나리는 이야기도 하고, 달음질도 하고, 노래도 부르고, 숨바꼭질도 하면서 밤 가는 줄도 모르고 놀았습니다. 그러다가 어느 결에 새벽이 되었습니다. 그제서야 아기별은 깜짝 놀라 소리를 쳤습니다. "큰 일 났다. 바위나리!나는 얼른 가야 돼!오늘 밤에 또 올께, 울지 말고 기다려 응." 하고 돌아가려 했습니다. 바위나리는 아기별 옷깃을 꼭 붙들고 울면서 놓지를 않았습니다. "그렇지만 나는 얼른 가야 돼! 좀더 늦으면 하늘 문이 닫혀져서 들어갈 수가 없어. 내 오늘 밤에 꼭 내려올게." 하고는 스르르 하늘 위로 올라가 버렸습니다. 바위나리는 하는 수 없이 밤이 되기만을 기다렸습니다. 아기별도 어서어서 밤이 되기를 기다렸습니다. 밤이 되자 아기별은 "옳다구나" 하고 또 임금님께도 누구에게도 아무 말도 하지 않고 오고 싶던 바닷가로 또 내려왔습니다. 바위나리와 아기별은 이렇게 해서 밤마다 만나서 즐겁게 놀곤 했습니다. 그런데 하루는 어디선지 찬바람이 불어와서 흰 모래가 날리고 바닷물이 드설레고 하는 통에 바위나리는 그만 병이 들었습니다. 아름다운 꽃은 시들어서 머리를 숙이면서 괴로워했습니다.

이것을 본 아기별은 걱정걱정하면서 간호를 했습니다.

추워하는 바위나리를 품안에 꼭 안아 따뜻하게 해 주고 머리에 손을 얹어 짚어 주기도 하다가 인제는 훌쩍훌쩍 울기 시작했습니다. 그러니까 바위나리는, "별님! 어서 가세요. 늦으면 어떡해요. 어서 돌아가세요. 그리고 오늘 밤에도 꼭 와 주세요. 네!" 하고 눈물을 흘렸습니다. 아기별이 언뜻 정신을 차리고 보니까 정말 시간이 벌써 늦었습니다. 그렇지만 병든 바위나리를 혼자만 있게 두고서는 차마 그대로 일어나 갈 수가 없었습니다. 그래도 바위나리가 또, "나는 괜찮으니 어서 가세요." 하고 재촉하는 바람에, "자아, 그럼 내 오늘 밤에 또 올께, 응!" 하고 하늘 문이 닫혔을까 봐 걱정하며 하늘로 하늘로 아기별은 올라갔습니다. 그러나 이미 시간이 늦어 버렸습니다. 하늘 문이 꼭꼭 닫혀 버린 것입니다.

"아차 큰 일 났다!"

아기별은 어쩔 줄을 모르고 허둥지둥하면서 몇 번이나 문지기를 불러 보았으나 아무도 대답하는 이가 없었습니다.

하는 수 없이 뒤로 가서 있는 힘을 다 내서 까아맣게 높은 성을 넘어 들어갔습니다. 그러나 임금님은 벌써 요새 밤마다 아기별이 어디로 갔다 오는 줄을 다 알고 있었습니다. 큰 일 났습니다. 아기별은 임금님 앞에 불려 갔습니다.

"나가거라!" 임금님은 큰 눈을 부릅뜨고 이렇게 소리쳤습니다.

아기별은 무서워서 몸을 벌벌 떨며, "용서해 주십시오. 다시는 밖에 나가지 않겠습니다." 하고 겨우 임금님 앞을 물러 나왔으나 병들어서 혼자 괴로워하고 있을 바위나리의 일을 생각하면 가슴이 미어지는 것 같았습니다. 바위나리는 그 날 밤늦도록 늦도록 아기별만을 기다렸습니다. 그러나 끝내 그 이튿날도 기다리는 아기별은 보이지 않았습니다. 바위나리의 병은 점점 더해 갈 뿐이었습니다. 꽃은 시들고 몸은 말라 들었습니다. 간신 간신히 김장돌에 몸을 의지하고 있던 바위나리는 어디선지 별안간에 불어오는 모진 바람에 그만 휘익 바다로 날려 들어가고 말았습니다. 바위나리는 썰물과 함께 바다로 끌려가고 말았습니다. 아기별은 날마다 밤마다 바위나리 생각만 하고 울었습니다. 어떻게든지 한 번 바닷가에 가 보고 싶은 마음이 간절했습니다. 소리를 질러 울고 싶었으나 그도 임금님과 여러 별들이 들을까 봐 울수도 없고 다만 솟아 나오는 눈물만은 어찌할 수 없어 눈에는 눈물이 그칠 사이가 없었습니다. 그렇지만 이렇게 혼자서 눈물을 흘리는 것까지 임금님의 눈에 거슬리고 말았습니다. 하루는 임금님이 아기별 앞으로 오시더니,

"너는 요새 밤마다 울고 있기 때문에 별의 빛이 없다. 빛 없는 별은 쓸데가 없으니 당장에 나가거라!" 하고 소리를 벽력같이 지르면서 아기별을 붙들어 하늘 문밖으로 내어 쫓았습니다. 하늘에서 쫓겨난 아기별은 정신을 잃고 한정 없이 떨어져 내려갔습니다. 그런데 그것은 참 이상한 일이었습니다. 아기별이 풍덩실 빠져 들어간 곳은 오색 꽃 바위나리가 바람에 날려 들어간 바로 그 위의 바다였습니다.

그 후로도 해마다 아름다운 바위나리는 바닷가에 피어나옵니다. 여러 분은 바다를 들여다 본 일이 있습니까?

바다는 물이 깊으면 깊을수록 환하게 맑게 보입니다.

웬 일일까요? 그것은 지금도 바다 밑에서 한 때 빛을 잃었던 아기별이 다시 빛나고 있는 까닭이랍니다.

(2) 동화의 교육적 효과

존 듀이 *John Dewey*는 유아들에게 현실적인 소재를 다룬 이야기를 들려줄 것을 주장했다. 그는 유아기는 상상력이 풍부한 시기이지만 유아들의 놀이 속에는 현실적인 소재가 많이 반영된다고 하였다. 다시 말 해서 어린이 주변의 이야기를 좀더 구체적으로 표현한 생활 동화를 주라는 얘기이다. 이와 같은 동화를 통해서 어린이들은 꿈을 갖게 되고 즐거움을 맛보며, 현실을 바르게 극복해 나갈 수 있는 지혜를 배우게 된다.

생활동화의 교육적 의의를 살펴보면 다음과 같다.

① 이야기들이 현실적으로 가능한 것이어서 동일시가 쉽다.

② 이야기의 소재가 다양하다.

③ 이야기 속에 유머가 있어서 그것을 읽을 때 즐거움과 이해를 깊게 한다.

④ 동화 속의 줄거리가 그것을 읽는 어린이가 가지고 있는 문체와 유사한 것일 때 심리적인 안정감을 갖게 한다.

⑤ 현실을 직면하고 그것을 극복할 수 있는 용기를 길러준다.

⑥ 그 자신의 세계와 동화 속의 세계와의 차이점과 유사점을 인식함으로써 다른 사람들과 환경에 대한 이해를 도와 준다.

⑦ 주인공이 문제를 해결해 나가는 과정을 경험함으로써 건전한 자아개념과 문제 해결 능력을 고무시켜 준다.

19세기 초에 유아교육 관계자들 사이에는 어린이들에게 공상적인 이야기뿐 아니라 어린이 주변의 일이나 자신의 일을 소재로 한 이야기 등도 제공되어야 한다는 주장이 있었는데, 미첼 *Mitchell*은 어린이들에게 맞는 생활동화를 정성껏 창작하였다. 생활의 일면을 줄거리로 삼아 동화화했는데, 유아들의 경험과 그들과 친숙한 사물, 놀이 등에 대한 이야기들을 〈*Here and Now Story Book*〉이라는 책으로 출판하였다.

그는 유아들을 위한 동화 선정에서 가장 중요한 것은 곧 〈여기 그리고 지금 *Here & Now*〉의 이야기라고 했다. 미첼은 2세의 어린이부터 7세까지의 어린이들에게 주는 생활동화를 비교적 발달단계에 맞게 제시하고 있는데 참고로 호기심이 많은 5세의 어린이에게 알맞은 동화 한 편을 소개해 본다.

수다장이 티모시

티모시는 언제나 말을 하고 싶어 해요. 왜냐하면 알고 싶은 것이 아주 많기 때문이죠. 또한 그가 새로운 것을 알게 되었을 때는 그것을 알려 주고 싶어서 또 이야기하게 되죠. "오! 제발 조용히 좀 해!" 형과 누나들은 말합니다. 그러나 티모시는 쉬지 않고 지껄입니다. 어느 날 티모시가 살고 있는 집 옆길을 어떤 아저씨들이 와서 파기 시작했어요.

"저 아저씨들은 무엇을 하시는 걸까?" 티모시는 형과 누나들에게 물어보았지만 "나도 몰라."라는 대답뿐이었죠.

"좋아! 그럼 내가 직접 물어 볼테야." 뾰족한 곡괭이를 내리칠 때마다 길바닥이 갈라집니다.

"아저씨, 무엇을 하시는 거예요?"

"집으로 가스 파이프를 연결하려고 그래."

"그것이 무엇인데요?" 아저씨는 껄껄 웃으셨습니다.

"너희 집에는 가스를 쓰지 않니?" "저희 집에서도 써요."

"그래! 땅 속에 있는 이런 파이프 속으로 가스가 집까지 갈 수 있는 것이란다." 그래도 티모시는 더 알고 싶은 것이 많이 있습니다. "그럼 그 가스는 어디에서 오는 건데요?"

"큰 공장이 있는데 거기에서 온 도시로 가스를 보내 주는 거란다."

"그럼 전부 땅 속으로 보내요?"

"그렇구 말구! 땅 속에는 가스 말고도 다른 여러 가지 파이프가 있단다."

"자! 이 구멍 속을 좀 보렴! 보이니?"

생활동화를 선택할 때에는 유아들의 경험 내용, 그들의 환경, 발달 정도 등을 고려해야 하는데, 부모나 교사는 적절한 시기에 그 상황에 맞는 생활동화를 만들어 줌으로써 지식의 폭을 점차 확대해 가도록 해야 한다.

그리고 생활동화의 소재가 될 수 있는 것은 매우 다양하지만 대략 다음과 같이 요약할 수 있다.

① 어린이의 놀이와 장난감에 관한 것

② 어린이의 일상생활 가운데 규칙적인 일 (아침에 일어나기, 세수, 식사, 잠자기 등)

③ 친구나 가족 구성원에 대한 것

④ 건강에 관한 것

⑤ 집 주변의 물체, 건물 등에 관한 것(나무, 산, 약국, 학교, 가게, 교통기관)

⑥ 교사나 부모들의 새로운 경험을 바탕으로 한 것

⑦ 그 밖에 거리나 이웃에서 본 것

⑧ 신문 등 대중매체를 통해서 본 것

또한 생활동화 속에 포함될 수 있는 것으로 이야기를 들려준 후 어린이들 스스로 이야기의 끝부분을 마무리짓도록 하는 방법도 매우 흥미 있다. 이와 같은 방법은 어린이들에게 무한한 상상의 세계를 경험할 수 있게 하며 아울러 창의성을 개발해 주는 좋은 계기가 된다. 끝마무리를 어린이들이 짓도록 하는 이야기 방식을 개방적 이야기 *Open – ended Stories* 라고 하는데 예를 들면 다음과 같은 경우이다.

작은 소방차

오후 내내 철이와 준이는 놀이터 모래밭에서 준이의 자동차를 가지고 놀고 있습니다. 차들이 지나갈 수 있도록 길을 만드는데 시간이 꽤 많이 걸렸기 때문이지요. 또 길가에는 모래로 산도 만들었어요. 막 터널을 만들기 시작했을 때 준이 엄마가 "이제 5시다. 집으로 돌아올 시간이다." 라고 부르셨습니다.

너무 재미있었기 때문에 둘 다 놀이를 그만두고 집으로 돌아가기가 무척 싫었어요. 그때 마침 철이가 소방관이 되어서 빨간 소방차를 밀고 있었습니다. 철이는 정말 이 소방차가 좋았어요. 준이 엄마가 돌아서면서, "철이야, 너도 이제 집에 가야지, 준이는 비가 올 것 같으니 자동차들을 모두 담아 갖고 오렴. 내일 또 놀면 되지 않니?" 하고 말씀하셨습니다. 그러자 준이는 모래밭에 있던 자동차들을 모아서 차고로 쓰는 상자 속에 담았어요. 그러나 철이의 손에는 아직 빨간 소방차가 꼭 쥐어져 있었습니다. 재빨리 철이는 그것을 바지 주머니에 집어넣었어요. 준이는 아무 것도 눈치 채지 못하고 소방차가 없어진 것도 모르고 있습니다. 철이는 준이가 갖고 있는 상자에 묻어 있는 모래를 털어 주고는 집으로 향합니다.

"잘 가! 내일 또 만나." 그러나 집에 가까워질수록 발걸음은 점점 늦어집니다. 발걸음을 옮길 때마다 바지주머니 속에 있는 소방차가 생각났습니다. 그 다음에 어떻게 되었을까요?

이러한 이야기는 도덕적이나 교훈적인 측면에서 옳고 그름을 판정지어 주는데 머문다면 아무 의미가 없다. 준이의 소방차를 몰래 주머니에 집어넣고 집으로 돌아오는 철이의 양심적 갈등을 어떻게 극복할 것인가에 대한 토의가 필요하다. 토의를 거쳐서 끝마무리를 어린이들이 짓도록 하는 것이 효과적이다.

석용원은 유아들이 즐기는 동화의 성격을 다음 9가지로 요약하고 있는데, 특히 유아들을 대상으로 창작을 하거나 동화를 선택할 때 참고하면 유익할 것이다.

① 친근성: 아이들의 생활주변에 있는 평소 친근하던 사항에서 나온 소재
② 미지성: 미지의 세계에서 아이들이 알고 싶었던 것이 이해되는 내용

③ 감촉성: 눈에 호소하는 예쁜 색깔이나, 혀에 호소하는 맛있는 맛 등이 묘사된 것

④ 과장성: 하늘을 찌르는 듯한 거인이나 손가락만한 사람 등의 과장된 표현

⑤ 활동성: 늘 이야기가 움직이는 것, 많은 동사가 사용된 것, 사건의 변화가 활발한 것

⑥ 경이성: 뜻밖의 일, 혹은 이상한 일들이 돌발하는 것

⑦ 결과성: 결과의 흑백이 확실한 것

⑧ 선율성: 문장에 리듬이 있는 것, 노래 가사나 의음이 들어 있는 것, 적절한 반복이 있는 것

⑨ 유머성: 저절로 웃음을 자아내는 내용

이밖에 동화의 교육적 효과에 대해서는 많은 사람들이 예술성 함양, 정확한 언어 습득, 건전한 상상력의 확대, 바른 도덕관 정립, 나쁜 습관 교정, 미래에 대한 도전, 아름다운 심성 도야, 개척 정신이나 용맹심의 고양 등 다양하게 논의하고 있다.

(3) 창작동화의 특성

창작동화를 말하기에 앞서 안데르센의 동화에 대해서 한 가지 짚고 넘어가야 할 일이 있다. 그의 동화가 기독교 정신을 토대로 하여 창조되었다는 것은 누구나 다 알고 있는 사실이다. 그러나 안데르센은 기독교의 정신을 설교나 교훈이나 또는 신앙의 형식으로 표현하지 않았다. 다만 여러 가지 문제를 제시해 주고 그것을 어린이 스스로 자유롭게 판단하도록 유도했다는 점에 주목할 필요가 있다.

창작동화의 특성에 대하여는 앞부분에서 전래동화와 비교하여 제시한 바 있다. 다시 말해서 창작동화는 다음과 같은 특성을 갖고 있다.

① 인물이 구체적이고 실제적 특징을 지닌 개성적 인물로 형상화되어 있다.

② 소재를 현실에서 구하며 표현방식도 묘사적인 제시와 대화에 의존하고, 문체도 세련된 감각을 지니고 있다.

③ 주제는 현실적 삶의 사실성과 순수 동심의 구현, 자연과의 교감 등 보다 인간적 정서 표출에 주력하고 있다는 점이다.

이상현은 동화의 특성과 본질을 9가지로 나누어 설명하고 있다.

① 판타지를 문학적 특성으로 한다. 일반적으로 비체험, 비현실성 환상의 세계, 판타지의 우주를 무한하게 갖고 있다는 점이 일반 소설과 크게 다르다.

② 성장기 아동 독자란 점에서 최대한 이상적인 인간상을 추구한다. 성장기 어린이들을 의식하는 문학이란 점에서 잔인하거나 부도덕하거나 추악한 인간상을 함부로 그릴 수 없다.

③ 자연과 사물의 인격화를 통한 생명의 삶의 가치관을 추구한다. 동화문학은 특유 무생물을 생물화하고, 생명이 없는 것에 따뜻한 생명을 불어 넣어 자연과 사물을 인격화하거나 생명화시켜 서로의 우주론적 가치나 삶의 의미를 비교하고, 그것을 서로 교류하고 교환한다.

④ 주제면에서 사랑과 모험, 권선징악을 보편적으로 수용한다. 인간과 인간, 자연과 자연, 자연과 인간의 사랑을 무엇보다 밀도 있게 의식한다.

⑤ 예술 형식에 있어서 작품의 길이가 짧고 문장은 간결하다. 어린이의 독서량이나 심리적 측면을 고려하여 창작동화는 일반적으로 200자 원고지 30매 정도를 보편적 기준으로 삼고 있다.

⑥ 미래 지향적인 꿈의 문학이다. 어른들의 꿈이 대체로 세속적이고 현실적인 성격인데 비해 어린이들의 꿈은 때 묻지 않고 순수하고 깨끗해야 하는 속성을 가진다.

⑦ 소재면에서 우주성과 전원성이 강하다. 특히 동심세계는 우주나 자연은 무엇보다도 신기한 관심의 대상이며 친근감 있는 관계에 있으므로 소재면에서 등장 빈도수가 많다.

⑧ 동심에 의한, 동심을 위한, 동심의 문학이다.

⑨ 의인법 · 우화적 수법을 다수 활용한다.

박목월은 아동문학으로서의 동화는 현실에의 해방을 꿈꾸는 문학이며, 동시에 동화는 결코 현실사회 개조나 현실적이고 구체적인 인간을 탐구, 창조하여 우리에게 새로운 인간상이나 인간 해석에 새로운 국면을 보이려는 것이 아니라, 그러한 현실보다는 공상 속에 펼쳐지는 꿈의 세계를 보여주는 것이라고 동화의 초현실성을 그 특징으로 제시하고 있다.

앞의 창작동화의 특성에 비해 소년소설은 대체로 다음과 같은 특성을 가지고 있다.

① 소년소설의 대상 범위는 초등학교 고학년에서부터 중학교 1~2학년까지로 보아야 한다는 점이 창작동화와 다른 특성이라고 할 수 있다.

② 리얼리티가 강한 문학이다. 어린이들이 현실 세계에서 직접 만나고 있는 당면 문제들을 주요 소재로 다룬다.

③ 작품의 길이가 200자 원고지 50~60장으로 동화보다 훨씬 길고 형식도 장편 형식을 취한다. 일반적으로 소년소설이 창작동화보다 길이가 길다는 점을 특성으로 논할 수 있다.

④ 인간 문제를 주제로 삼는 경우가 많다. 어린이 세계에서 일어나거나 일어날 수 있는 여러 가지 인생에 관한 문제나 삶에 대하여 소설 형식을 빌려 창작하는 문학이 곧 소년소설이다.

⑤ 성인소설로 이어지는 중간에 위치하며 소년 소녀를 대상으로 바람직한 인간상을 불어 넣는 역할을 한다.

⑥ 소년소설은 형식면에서 단편 · 중편 · 장편으로 나뉘는데, 단편은 200자 원고지 50~60매 안팎, 중편은 150매 정도, 장편은 300매에서 700~800매 정도의 길이로 씌어지고 있다.

⑦ 소년소설은 작품의 성격이나 내용에 따라 순정소설 · 역사소설 · 전기소설 · 명랑소설 · 탐정소설 · 모험소설 등으로 나눌 수 있는데, 이 가운데 순정소설은 10대의 감상주의적인 심리를 바탕으로 우정 · 사랑 · 기쁨 · 슬픔 등을 주로 담고 있어서 여학생 쪽의 관심도가 더 높다.

(4) 환상동화와 생활동화

일반적으로 창작동화는 크게 순수하게 환상을 다룬 환상동화와, 사실적 세계를 바탕으로 여러 가지 사건이 전개되는 사실적 동화가 있다.

환상동화를 일컬어 김요섭은 '상징과 은유와 꿈의 3대요소를 바탕으로 창조되는 가시적 비현실의 세계' 로 정의하고 있는데, 환상동화라고 해서 터무니없이 현실성 없는 일을 쓰는 것이 아니라, 비현실적인 이야기라 하더라도 비현실성 나름대로의 논리와 질서가 유지되어야 하며, 사상이나 철학적인 면에서도 유기적으로 형상화되어 전개되어야 한다고 주장하고 있다.

환상동화는 6~7세까지의 어린이들에게 사실적인 세계와 환상적인 세계 사이의 구분을 지어주는 데 큰 역할을 하는데, 〈이상한 나라의 엘리스〉처럼 어린이들이 마음껏 상상의 날개를 펼칠 수 있도록 안내하며, 〈미운 오리 새끼〉처럼 동화 속의 주인공과 동일시함으로써 심리적 위안감을 갖도록 하는 것이 중요하다.

김현희 · 홍순정은 환상동화의 유형을 다음 3가지로 나누어 설명하고 있다.

① 민담의 요소를 가진 환상동화: 안데르센의 동화가 대표적인데〈미운 오리 새끼〉, 〈인어공주〉등 의인화된 동물이나 무생물이 주인공으로 사람처럼 느끼고 말하는 것을 보여준다.

② 순수한 상상에 의한 환상동화: 사람이 환상적인 상황에 처한다든지, 사람을 소형화 내지 축소시키거나 이상한 종족으로 확대시킨다든지, 시간과 공간 속에서의 여행을 다룬 이야기들이 이 유형에 속한다. 루이스 캐롤의 〈이상한 나라의 앨리스〉 라든가, 제임스 페리의 〈피터 팬〉은 사람이 환상적인 상황에 처하게 되는 대표적인 예가 된다.

③ 의인화된 동물, 장난감을 다룬 환상동화: 동물과 식물, 그리고 무생물이 의인화되어 만들어진 환상동화는 우리나라의 경우, 창작동화의 시초로서 마해송이 1923년에 발표한 〈바위나리와 아기별〉을 들 수 있다. 외국작품으로는 콜로디가 쓴 〈피노키오〉, 밀느의 〈아기곰 푸우〉, 아름다운 그림과 함께 널리 아이들에게 사랑받는 포터의 〈피터 토끼 이야기〉를 들 수 있다.

사실적 동화는 환상동화처럼 흥분되고 유머가 많으며, 낭만적이고 상상력이 풍부한 얘기이지만, 이야기가 항상 그럴듯하고 현실에서 가능하다는 점이 환상동화와 다르다. 사실적 동화에서의 모든 일은 일어날 수 있는 일만 벌어진다. 가끔씩 영웅적인 모험담이 일어날 수 없는 일처럼 느껴지기도 하지만 그런 일들이 가능하기 때문에 사실적인 동화나 소설로 분류가 된다. 즉, 사실적인 동화는 현실적으로 납득할 만한 얘기라고 할 수 있다는 것이다.

사실적 동화는 생활동화, 역사동화, 전기 등으로 나눌 수 있는데, 먼저 생활동화는 ① 사람이 살아가는 삶의 인생을 이해하도록 도와 주는 역할을 하며, ② 인생의 간접적인 체험을 주인공의 경험으로부터 배우게 되고, ③ 동화 속의 내용이 어린이가 가지고 있는 문제와 비슷할 때 심리적 안정감을 갖게 되며, ④ 현실적으로 가능한 이야기이기 때문에 동일시를 더 잘할 수 있고, ⑤ 주인공이 문제를 해결해나가는 과정을 통해 문제해결 능력은 물론 자신감을 갖게 된다.

창작면에서 생활동화는 ① 등장인물은 실제 사람처럼 행동하도록 해야 한다. 주인공이 정상인, 보통사람으로 묘사되어야 하고, ② 배경은 작품이 씌어진 때로서 우리가 아는 근대, 현대의 세계가 그려져야 하며, ③ 구성에서 생활동화의 갈등상황은 주인공이 직면하고 있는 문제들을 처리하고 해결해 가면서 발전되어야 한다. 주인공의 문제들이란 세대차이, 생존, 도시 내의 긴장들, 가정문제들이 주로 다루어진다.

생활동화의 종류로서 독립심을 다룬 동화, 사회적응 문제를 다룬 동화, 정적적응을 다룬 동화, 장애자 문제를 다룬 동화, 가족관계를 다룬 동화, 사실적 동물 이야기를 다룬 동화, 스포츠를 다룬 동화 등 다양하게 나누고 있다.

역사동화도 역시 삶을 정확하고 정직하게 묘사해야 한다는 점에서 생활동화와 맥을 같이 하고 있다. 역사동화의 작가는 대부분의 독자가 직접적으로 알지 못하는 지난날의 역사를 책이나 신문, 잡지 등 여러 가지 자료를 통해서 그 시대에 익숙한 형태로 꾸며야 하는데, 생생하게 기억할 수 없을 정도로 시간이 흐른 후의 이야기를 쓰는 것이므로 역사에 대한 고증과 연구를 많이 해야만 사건과 인물묘사를 정확하고 진실되게 할 수 있다. 역사동화는 대략 두 가지 유형으로 나누는데, 역사적 사건에서 부각된 특별한 인물에 초점을 두는 경우와, 보통 사람이 특정한 시대에 살았던 삶 자체에 초점을 두는 경우이다.

역사동화의 다른 유형으로 전기를 들 수 있는데, 전기는 과거에 살았던 어떤 실재 인물의 역사를 다룬 이야기다. 수더랜과 아브넛 *Sutherland & Arbuthnot* 은 좋은 전기의 필수요건으로 역사, 사람, 문학적 예술품을 들었는데, 즉 사실들이 출처가 분명해서 신빙성이 있고 입증할 수 있어야 하며, 인물은 전형적인 모범 인물이 아니라 하나의 개인 인격체로 여겨져야 하고, 전기가 하나의 문학적 예술품이 되어야 한다고 하였다. 우리나라에서는 역사동화보다는 전기가 유아들에게 적합하도록 많이 나와 있고, 특히 초등학교 고학년을 겨냥하여 나온 작품이 많다.

(5) 동화창작의 실제

동화의 창작에 있어서 가장 중요한 점은 대상이 어린이임을 항상 유념해야 한다는 점이다. 따라서 동화 창작에 앞서 다음 몇 가지 동화가 갖추어야 할 조건을 염두에 두고 창작에 임해야 한다.

① 어린이들만이 가질 수 있는 세계, 어린이만의 생활 모습이 담겨 있는 동화에 어린이들은 흥미를 갖는다.

② 어린이는 어른보다 감각에 대한 욕구가 강하므로 색채 · 음향 · 향기 · 운동 등 감각을 자극시킬 수 있는 내용의 동화라야 좋다.

③ 어린이들이 잘 알고 있는 사실에 더 안정감을 갖고 친밀해지므로 생소한 이야기를 주어서는 안 된다.

④ 어린이는 리듬과 반복을 좋아하기 때문에 특히 유아를 상대로 창작하는 동화는 이 점을 고려해야 한다.

⑤ 어린이들은 풍부한 상상력을 지니고 있으므로 어린이들의 상상력을 만족시켜 줄 수 있는 내용을 담아야 한다.

⑥ 어린이들은 활동적인 것을 좋아한다. 어린이 스스로 항상 움직이고, 다른 사람이 움직이는 것을 좋아하기 때문에 동화의 내용도 정적인 것보다 활동적인 것이 좋다.

⑦ 어린이들은 강력한 탐구심, 호기심이 있다. 또한 어떤 것에 대한 기대감 등을 갖고 있으므로 이와 같은 심리를 충족시켜 줄 수 있는 이야기를 창작해야 좋다.

⑧ 어린이들은 모험심에 대해 흥미와 관심을 갖고 있다. 그리고 천진난만하기 때문에 티 없는 웃음이 담긴 희극성을 좋아하므로 이 같은 곳에도 귀를 기울일 필요가 있다.

⑨ 어린이들은 사실보다 조금 과장된 것을 좋아한다. 그러나 너무 터무니없이 과대 과장하거나 과소 과장하는 것은 좋지 않다.

또한 동화의 창작과정을 일반적으로 주제 · 구성 · 문체 등 이른바 구성의 3대 요소로 이루어진다. 주제 *Thema*는 작품의 중심 사상이 되므로 주제가 선명하지 않으면 작품 전체의 흐름이 매끄럽지 않을 뿐더러 문학적인 감동도 없어지게 마련이다. 그렇다고 주제가 지나치게 겉으로 드러나서 어린이가 작품을 읽는 도중에 작품의 내용이나 방향을 미리 알게 된다면 그 작품은 실패작이 되고 만다. 주제는 작품 속에 드러나지 않게 깔려 있어야 하며, 그러면서도 처음부터 끝까지 산만하지 않도록 일목요연하고 분명해야 한다.

그리고 주제 선정에서 동화는 성인 작품처럼 자유롭게 선정할 수 있는 것이 못되므로 대상이 어린이라는 점을 감안하여 교육성을 포함한 주제에 접근하도록 노력해야 한다. 한 마디로 주제 선정에 있어서 교육성을 염두에 두어야 한다. 그러나 주제를 지나치게 의식한 나머지 지나치게 교훈적이거나 교육적 목적으로 작품이 씌어진다면 문학으로서의 예술성을 상실할 뿐 아니라 작품의 내용이 무미건조해지기 쉽다.

동화의 구성 *plot* 은 인물(성격), 사건(행위), 배경(환경) 등 세 가지 요소로 이루어진다.

① 동화에 등장하는 인물은 반드시 어린이여야 한다는 원칙은 없다. 어린이 이외의 어떤 인물도 가능하며 자연이나 현실의 무생물 · 동물 · 식물 등도 얼마든지 훌륭한 등장인물이 될 수 있다. 특히 판타지를 내용으로 한 동화에서는 주인공이 천사일 수도 있고 동물이 될 수도 있다. 그리고 의인화된 동화에서는

동 · 식물이나 자연의 모든 사물이 인격화되어 어린이의 상상력에 의해 서로 말을 주고 받을 수 있게 된다. 어떤 인물을 어떤 성격으로 묘사하느냐 하는 문제는 대단히 중요하기 때문에 인물 설정을 잘 해야 한다.

② 사건은 동화 창작에 있어서 가장 중요한 요소이므로 작가가 창작할 때에 많은 비중을 두어야 한다. 주지하는 바, 옛날 이야기에서는 인물이나 배경보다 사건, 즉 스토리에 큰 비중을 두었고, 창작동화에서도 사건의 전개를 어떻게 이끌어 나가느냐에 따라 작품의 성패가 좌우되므로 대단히 중요한 요소로 작용한다. 사건의 전개, 즉 이야기의 진행은 작품의 생명이며 흥미의 요소가 되고 있다. 현대 동화는 인물성격의 추구이며, 상황의 묘사가 요구되지만, 그것은 어디까지나 작품 인물을 둘러싼 사건을 생동감 있게 그리기 위한 것이라고 한다.

사건은 기 · 승 · 전 · 결의 원칙을 중심으로 진행된다. 바꿔 말하면 이야기의 발단 전개 절정 결말의 순서로 사건을 적절히 나누어 짜야 한다.

먼저 발단은 한 작품에 대한 글의 실마리이므로 어떻게 잡느냐에 따라 작품의 성패가 결정된다. 작품의 첫 부분에서 어린이의 마음을 사로잡지 못하면 안 되므로 특히 관심을 기울여야 한다. 갈고리로 독자의 마음을 낚아채야 하는 부분이기 때문에 영어로는 이 대목을 *Hook-part*라고 한다.

발단 부분은 첫째, 간단명료해야 한다. 인물, 시대, 장소, 상황 등을 먼저 내세워 이야기의 요점을 간단히 소개하고 나서 본 줄거리로 들어가야 한다. 둘째, 감각적인 자극을 주어야 한다. 즉, 추위 · 굶주림 · 아름다움 · 슬픔 · 동정 등 정감으로 재빨리 동심을 포착해야 한다. 어린이는 상상력으로 가득 차 있기 때문에 감각을 자극하면 여러 가지 이미지를 머릿속에 그려 무의식 중에 이야기 속으로 이끌려 들어갈 수 있다. 셋째, 누가 읽든지 다 같이 흥미를 느낄 수 있도록 해야 한다. 넷째, 이야기 속의 주인공을 즉각 무대 위에 등장시켜서 군소리를 덧붙이지 않고 곧 어떤 활동을 시작하게 한다. 끝으로, 대화보다는 해설 내지는 기술을 하는 것이 인물의 풍채와 활동을 직접 보여주는 데 편리하다.

전개 단계에 있어서는 주제를 내면에 담고 있으면서 흥미롭게 이루어져야 한다. 이야기 도중에서 결말에 나타날 수 있는 사상이 노출되어서는 안 되며, 내용의 종결을 향하여 점진적으로 흥미를 고조시켜 나가야 한다. 그리고 이야기의 내용이 유기적인 통일성을 잃지 말아야 한다. 유기적인 통일성과 생동적인 연결이 이루어지지 않으면 예술 작품으로서의 동화는 그 가치를 인정받지 못할 것이다. 이야기가 끝날 때까지 언제나 서스펜스 *suspense*에 충만되어 있어야 하며, 이야기의 종결을 향해서 이야기의 본 줄거리를 천천히 긴장된 국면을 향해서 진전시켜야 한다. 아울러 성격, 사건이 우연한 계기에 의해 일어난 결과로 만들지 말고, 필연적인 계기로 빚어진 결과로써 그려 놓아야 한다.

동화의 절정 *climax* 부분은 흥미와 정서를 절정의 상태에 오르게 해야 하며, 어린이에게 즐거움을 줄 수 있는 아름답고 밝은 놀라움이 깃들여 있어야 한다.

결말 부분은 어린이들에게 안도감을 주는 가운데 끝맺음해야 하며, 교훈을 스스로 터득하게 하는 가운데 끝을 맺어야 한다. 결말 부분에서 이야기를 요약한다거나 교훈적인 해설을 덧붙여 놓는다면 이는 하나의 군더더기로서 작품을 실패작으로 만들게 된다.

동화의 스토리는 소설보다 자유스러운 데 반해, 지나치게 잔인하거나 비도덕적인 내용 · 범죄 · 폭력 · 성의 문란 등에 관한 것은 다루지 않는 것이 좋다. 그리고 판타지 도입 문제에서 합리성을 상실하는 일이 없도록 유의해야 한다.

> 〈…… 붕어 새끼는 영희라는 아이의 고마운 도움에 감사하여 어떻게든지 감사의 편지라도 해야겠다고 생각했습니다. 그래 붕어새끼는 편지를 썼습니다.〉
> "고마운 영희 아가씨, 아가씨의 덕택으로 저는 살았습니다……."

이 창작동화에서 개울의 붕어새끼가 어찌 편지를 쓴단 말인가. 그것도 종이에 쓴 편지를 물에 띄어 영희에게 전하려 하는데 이르러서는 어색해서 읽기에 민망할 정도이다. 너무나도 사실성을 떠난 동화이다. 공상적인 이야기에 리얼리티가 필요 없다고 생각한다면 이건 커다란 오해이다.

아무리 공상이요, 꿈의 이야기라 할지라도 그것은 어디까지나 과학적 합리성을 가진 것이 아니어서는 안 된다. 또 판타지에는 논리성이 유지되어야 하는데 예를 들어, '새가 날아간다.' 라고 하지 않고 '새가 기어간다.' 라고 표현했다면 이는 논리성이 결여되어 있기 때문에 어색하고 부자연스러우며 우스꽝스러울 수밖에 없다.

③ 배경은 환경이라는 말과도 바꿔 쓸 수 있는데, 동화 창작상의 배경은 시간과 공간을 초월할 수 있다는 점이 배경 설정의 큰 특징이라고 하겠다. 그러나 작품의 배경에는 판타지와 리얼리티에 따라 차이가 있는데, 판타지에서는 무한한 시공을 초월할 수 있으나, 리얼리티에서는 그 배경이 어린이들의 생활 주변이 된다는 점을 유의해야 한다. 배경의 선정은 이야기의 흥미를 돋우는 중요한 구실을 하며, 어린이들에게 시간과 공간에 대한 의식을 높이는 데 많은 도움을 준다고 한다.

동화 작가는 동화의 독자가 어린이라는 특수 집단임을 감안하여 특히 문체에 세심한 배려와 연구를 해야 한다. 프랑스의 뷔퐁 *Buffon*은 '문체는 곧 사람이다.' 라고 말한 바 있다. 따라서 동화 작가는 항상 문장에 대한 기초를 익히고 자기 자신에 맞는 문체를 잘 키워나가야 할 것이다.

동화의 문장은 일반적으로 다음과 같이 쓰는 것이 바람직하다.

* 어린이들이 쉽게 이해할 수 있는 어휘를 써야 하고 발달 단계에 맞는 언어를 선택해야 한다.
* 문장 역시 쉽고 간결하며 구조가 복잡하지 않게 써야 한다. 그리고 혹시 모르는 어휘가 나올 경우 문장의 앞뒤 문맥을 통해서 그 뜻을 파악해 낼 수 있도록 써야 한다.
* 생동감 있고 감각적인 문장을 쓰도록 노력해야 한다. 생동감 있는 문장이란 리듬 있는 문장과도 연관이 있다.
* 서술어미 처리는 일반적으로 '~했습니다', '~습니다' 등 구어체 존대어를 사용하여 부드럽고 친근함을 갖게 한다.
* 표준어 사용을 원칙으로 한다. 특별한 경우에 사투리를 대화체에 사용할 수도 있으나 이런 경우에는 반드시 표준어의 표기와 함께 설명을 붙여주어야 한다.

비교적 문체가 잘 다듬어졌다고 생각되는 우리나라 창작동화 성현주의〈솔바람에 실려온 노랫소리〉를 소개한다.

〈솔바람에 실려 온 노랫소리〉 성 현 주

꼬마물새들이 나를 빤히 쳐다보더니 홱 돌아앉았다.

"어유, 꼼짝도 하지 않는 걸 보니 죽었나 봐."

"아니야, 한 번씩 눈은 깜박거려."

핼끔핼끔 뒤돌아보며 속닥거리는 꼬마물새들은 여전히 날 미워하고 있었다. 그러자 온몸에서 전기가 지르르 빠져나갔다. 난 또 다시 물새둥지로 떨어진 그 때를 떠 올려야만 했다.

진분홍 물감 퍼지듯 진달래가 화사한 봄날이었다.

난데없이 물새둥지로 떨어진 나를, 물새들은 놀란 표정으로 살펴보았다.

"이거 뭐야?"

"이건 애들이 가지고 노는 인형이야."

댕기물새가 아는 척을 하며 삐죽거렸다.

"그런데 왜 우리 집에 온 거에요?"

꼬마물새들의 질문에 댕기물새는 부리를 쑥 내밀었다.

"어유~ 너희 집에 온 게 아니라 버려진 인형이야."

"버려진 인형이라구?"

"그래, 재수 없는 인형이니까 어서 저 바닷가로 던져버려."

그제야 꼬마물새들은 고개를 까닥이며 종알거렸다.

"맞아, 얜 우리처럼 새가 아니니까 우리랑 같이 살 수 없어."

"엄마, 어서 쫓아내요."

하지만 난 꼼작할 수가 없었다. 내가 움직일 수도, 노래할 수도 있다는 사실을 아예 잊어버렸다. 나에게 남은 것은 한순간에 버려진 두려움뿐이었다. 그런데 가만히 이야길 듣고 있던 엄마물새는 나를 한쪽에 앉혀 놓았다. 그리곤 보드랍고 따스한 날개로 가만히 어루만져 주었다.

"우리 집에 온 복덩이니까, 사이좋게 잘 지내야 한다."

"지금 계절이 봄이니까 봄이라고 부르자."

그때부터 난 물새둥지에서 살게 되었다.

다복다복 모여 있는 솔잎 사이로 쪽빛 바다가 보인다.

나는 가만히 곰솔나무를 올려다 보았다. 키 작은 곰솔나무는 바다를 향하여 비스듬히 누워있었다. 물새둥지는 곰솔 나뭇가지 사이에 자리잡고 있었다. 순간, 쩍쩍 갈라진 나무껍질 하나가 바람결에 소리 없이 떨어졌다. 엄마물새는 꼬박꼬박 졸고 있는 꼬마물새들의 털을 손질해 주다가 뜬금없이 나에게 물었다.

"봄이야, 솔바람 소리를 들어 봤니?"

대답 대신 난 눈꺼풀을 한번 깜박거렸다.

"솔잎이 바람에 흔들리는 소리지."

바늘처럼 가늘고 뾰족뾰족한 솔잎을 보았다.

'솔잎이니까 솔솔솔~ 하고 소리가 나겠네요.'

엄마물새는 가만히 바닷가를 바라보며 혼잣말을 하였다.

"참 이상도 하지. 널 보면 늘 나에게 말하는 것 같단다."

순간, 나도 모르게 목을 움찔거렸다.

언제부터인가, 엄마물새를 보면 하고픈 말들이 가슴 속에서 꼼지락꼼지락 올라왔다. 게다가 엄마물새가 이야기를 하면 나도 모르게 속말로 대답하였던 것이다.

엄마물새는 자분자분 이야기를 들려주었다.

"바람이 불면, 넓은 나뭇잎은 서걱대는 소릴 내지만 솔잎은 가늘어서 소리가 나지 않아."

'그럼 솔바람 소리는 들을 수 없나요?'

"솔바람 소리는 말이다. 마음이 별빛처럼 맑아야 들을 수 있대."

나는 살며시 귀 기울여 보았다.

쉼 없는 파도 소리, 꼬마 물새들이 옴죽거리는 소리만 들려왔다. 문득 엄마물새는 솔바람 소리도 들을 수 있을 거라는 생각이 들었다. 그러자 입안에서 맴돌던 말들이 잘금잘금 새어 나왔다.

'물새엄마, 난 원래 춤을 추며 노래 부르는 인형이었어요. 하지만 나랑 살던 정아는 내 노랫소리가 시끄럽다며 늘 화를 냈지요. 정아는 엄마에게 혼났을 때나 친구랑 싸웠을 때에 나를 던지며 화풀이를 했어요.'

옛날 일을 떠올리자 서러움이, 바위에 부딪히는 파도처럼 울컥 치솟아 올랐다.

'그런데 이 바닷가로 놀러 온 날, 정아는 날 언덕 아래로 던져 버렸어요……. 난 이제 노래를 부를 수도, 춤을 출 수도 없어요.'

주절주절 이야기를 하고 나자 가슴이 텅 빈 것 같았다. 엄마물새는 내 말에 귀기울이는 듯 소곳이 있었다. 나는 밀물에 모래가 잠기듯 스르르 눈을 감았다. 얼마쯤 시간이 흘렀을까. 엄마물새의 다급한 외침에 소스라치게 놀라 눈을 떴다.

"큰일 났다! 저기 좀 봐!"

엄마물새가 가리키는 하늘에는 수리가 원을 그리며 날고 있었다. 날개를 쫙 편채 공격할 준비를 하고 있었다.

"수리가 우리를 공격할 모양이야. 어떡해!"

엄마물새는 서둘러 꼬마물새들을 깨웠다.

"얘들아, 어서 일어나!"

하지만 꼬마물새들은 옴질하기만 할 뿐 일어나지 않았다. 나는 두려움으로 바들바들 떨렸다. 엄마물새는 수리 쪽으로 날아올랐다. 살쾡이를 따돌릴 때처럼 수리 곁을 맴돌며 관심을 끌었다. 그러나 수리는 살쾡이와는 달리 엄마물새에게 관심이 없었다. 수리는 쫙 펼친 날개를 살짝 오므리더니 곰솔 나무를 향해 잽싸게 내려왔다. 엄마물새의 날카로운 목소리가 들려왔다.

"안 돼!"

순식간에 갈고리 같은 부리와 억센 발톱이 코앞에 와 닿았다. 나는 희번덕거리는 수리의 눈빛에 질려 꼬마물새 위로 벌렁 나자빠지고 말았다. 그런데 어찌된 일인지 수리는 잠시 멈칫거리더니 휙 날아가 버렸다. 마치 '이게 뭐야?' 라는 표정이었다. 그러나 수리는 곰솔 나무 위를 계속 날고 있었다.

엄마물새는 꼬마물새와 나를 날개로 감싼 채 납작 엎드렸다.

"얘들아, 절대로 나오면 안 된다."

우리를 구하기 위해서는 죽음도 두려워하지 않겠다는 행동이었다. 엄마물새의 날개는 여전히 부드러웠다. 그러자 저번 날, 살쾡이에게 물려 피 묻었던 엄마물새의 날개가 생각났다. 곧 이어 수리에게 잡혀 피를 흘리며 죽는 엄마물새의 모습이 떠오르자 온 몸에 전율이 일었다.

'안 돼. 이렇게 날 따스하게 감싸주던 엄마물새인데……. 다치면 안 돼.'

하고픈 말들이 목까지 올라와 간당거렸다.

'안 돼! 엄마 물새가 죽으면 안 돼.'

난 거짓말처럼 엄마 물새의 품 속에서 용수철처럼 튀어나왔다. 그리곤 양팔을 벌려 엄마물새 앞을 가로막으며 소리쳤다.

'안 돼! 안 돼! 안 돼~'

수리는 큰 날개로 나를 확 덮쳤다. 수리의 날카로운 발톱이 내 가슴의 빨간 단추를 움켜잡았다. 그런데 이게 웬일인가? 순식간에 뜨거운 열기가 온 몸을 훑고 지나갔다. 짜릿한 전류가 소용돌이치며 온 몸을 휘저었다. 그러자 하고픈 말들이 걷잡을 수 없이 솟구쳐 올랐다.

"사랑해요~ 사랑해요~ 사랑해요~~"

수리는 느닷없는 노랫소리에 깜짝 놀라 나를 놓치고 말았다. 그리곤 도망치듯 푸드덕 날아가 버렸다. 정말 순식간에 일어난 일이었다. 엄마물새는 와락 나를 품으며 울었다. 꼬마물새들은 머쓱한지 날개만 파닥거리고 있었다.

"봄이가 우리를 살렸구나."

엄마물새는 우리를 다시 한품에 끌어안았다. 엄마물새의 품 속은 여전히 포근하였다. 난 기쁨으로 가슴이 콩닥콩닥 뛰었다. 꼬마물새들은 비좁은지 꼼지락거리면서 또 다시 좋알거리기 시작했다.

"봄이야, 미안해."

"봄이야, 노래 다시 한 번 불러 줘."

"넌 봄이에게 미안하지도 않니? 그렇게 흉을 봤으면서."

"너도 그랬잖아. 피이."

꼬마물새는 부리를 쏙 내밀더니 내 가슴의 빨간 단추를 톡 건드렸다.

그때서야 변함없이 되뇌던 나의 노래가 무슨 뜻인지 알 수 있을 것만 같았다. 사랑은 함께 하는 따뜻한 마음인 것을……. 별빛처럼 맑고 순한 마음인 것을……. 나는 벅차오르는 기쁨으로 노래를 불렀다. 노랫소리는 리본을 매듯 곰솔 나무를 휘감고는 바다 위로 멀리멀리 퍼져 나갔다.

(6) 판타지 도입

다음은 동화에서 판타지 도입을 어떻게 할 것인가에 대해서 살펴볼 필요가 있다. 판타지란 '지각의 대상을 심적으로 이해하는 일이며 또는 현실로 나타나지 않은 것을 상상력으로써 모양으로 바꿔 놓는 활동이나 힘, 혹은 그 결과' 라고 옥스포드 중사전은 정의하고 있다. 판타지라고 할 수 있기는 하나, 그 저작 속에는 때 묻은 낡은 문구와 곱기만 한 정서, 상상력으로 형성되었다기보다는 억지다짐의 사건이 가득차고, 쓰는 형식도 자연스럽지 못하며, 마치 어린이가 읽는 것이기 때문에 수준을 낮추듯 씌어진 작품은 판타지가 아니라 우작이며, 가짜와 같은 대용품이다. 판타지는 다른 픽션과는 별개의 풍토, 즉 비현실 속의 현실, 믿기 어려운 세계의 진실성이란 분위기 속에서 사는 것이다. 그리고 어린이들이 판타지를 쉽게 받아들이는 까닭은 어린이한테는 상상력과 경이의 마음이 있기 때문이라고 스미스 여사는 말하고 있다. 그는 어떤 판타지의 책도 이상한 나라의 엘리스에 비길만한 작품은 없다고 말하며, 판타지의 대표적 작품으로 〈이상한 나라의 엘리스〉를 손꼽고 있다. 다음에 판타지를 도입한 경우의 몇 가지 동화를 제시한다. 이 동화의 서두를 통하여 판타지로 옮아가는 방법을 관심 있게 살펴볼 필요가 있다.

〈보기 1〉

옛날 어느 곳에 나무꾼 한 사람이 산 속에서 호랑이를 만났습니다. 호랑이는 큰 입을 벌리고 다가오더니

"오늘은 너를 먹겠으니 잠자코 내 밥이 되어라." 했습니다…….

– 전래동화에서

〈보기 2〉

조용한 가을밤입니다. 중천에 뜬 달이 전나무 숲을 젖어 들었습니다. "이보게, 우리들이 서로 이마를 맞대고 살면서 인사도 없이 지낸다는 것은 잘못된 일이 아니겠나?" 굴밤나무는 가까운 거리에 서 있는 보리수나무를 건너다보며 입을 열었습니다.

"정말 그러고 보니……" 하고 보리수나무도 번져 오는 달빛에 번질번질

잎사귀를 살며시 흔들며 말을 꺼냈습니다.

– 유여촌의 〈굴밤나무와 보리수나무〉에서

〈보기 3〉

찬바람이 산을 거슬러 치불었습니다. 마른 잎이 떨어지지 않은 굴밤나무들이 와스랑거리며 몸부림을 했습니다. 소나무들은 바람이 차도 점잖게 우우……낮은 소리만 했습니다.

"여보, 눈이 올 것 같소."

굴 속에서 목을 빼어 바깥을 내다보고는 소스라치는 시늉을 하며 너구리 어미가 말했습니다.

"올 때도 됐구마."

아버지 너구리는 칡덩굴로 신발을 삼으며 고개도 들지 않고 대꾸했습니다.

– 이원수의 〈명월산의 너구리〉에서

〈보기 4〉

엘리스는 언니와 같이 강가에 앉아 있었습니다. 아무 할 일이 없으니까 지루한 생각이 나서, 언니가 읽고 있는 책을 한두 번 넘겨보았습니다.

그런데 그 책에는 그림도 없고 대화도 없었습니다. ……(중략) (엘리스는 날씨가 더워서 졸음이 오고 머리가 띵해졌어요. 그래서 되도록 정신을 차리고 무엇을 할까 하고 곰곰 생각해 보았어요.) 이때 갑자기 눈알이 빨간 흰 토끼 한 마리가 엘리스 옆을 깡총깡총 뛰어 지나갔습니다.

"아이 참, 늦어지겠다."

엘리스는 그 토끼가 혼자서 종알대는 소리를 들었지만, 이상하다고는 생각지 않았습니다. 그러다가 토끼가 조끼 주머니에서 시계를 꺼내보면서 빨리 뛰어가는 걸 보고서야 엘리스는 놀라 일어났습니다.

– 루이스 캐럴의 〈이상한 나라의 엘리스〉에서

이상 네 가지 이야기의 서두를 보고 판타지의 세계로 이끌어주는 것이 무엇인가에 대하여 이원수는 다음과 같이 분석하고 있다.

〈보기 1〉의 나무꾼과 호랑이가 만나는 장면에서 대뜸 호랑이가 말하는 걸 보게 된다. 가장 용이한 공상으로의 이행이다. 그것은 우화의 세계와 같다. 이런 동화는 모두 시공의 불확실성을 전제로 하고 있다. 따라서 이런 동화에서는 사실적인 것을 찾아볼 수 없다.

〈보기 2〉에서는 정경묘사를 하고 있는 점이 다르다. 전나무 숲의 달밤 풍경이 그려진다. 그것은 먼 먼 옛날 어느 곳의 일이 아니요. 작자가 보고 있는 산 속의 일이다. 그러한 현실적인 한 장면에서 굴밤나무와 보리수나무가 서로 인사말을 주고받는 것이다. 여기서 독자가 그 초자연적인 얘기를 수긍할 수 있는 것은 인간만이 아닌 또다른 세계 - 즉 식물들의 세계에도 인간 같은 감정이 흐를 수 있겠다거나 그렇게 상상해서 무방하겠다는 생각을 할 수 있기 때문이다.

〈보기 3〉은 너구리들의 얘기다. 너구리가 무슨 사람들의 말을 주고받고 할 것이며 칡덩굴로 신발을 삼을 것인가. 이 동화에서는 기타를 치는 아들너구리, 맘보바지를 입고 기타에 맞춰 맘보춤을 추는 딸 너구리도 나온다. 그러나 그것은 너구리들의 생활이나 그들의 사회가 아니고 인간의 사회다. 인간의 일을 너구리라는 동물들에게 가탁해서 만든 이야기라는 커다란 전제를 이해해 주기 때문에 우화의 경우와 마찬가지로 무리를 느끼지 않게 되는 것이다.

〈보기 4〉는 꿈 얘기로서 판타지에 들어간 작품이다. 엘리스는 심심해 하다가, 졸리다가, 그러다가는 제 옆을 지나가며 종알대는 토끼를 본다. 조끼 주머니에서 시계를 꺼내보고 늦겠다고 걱정을 하는 토끼, 독자는 거기서 그러한 사실의 존재 여부를 말하기 전에 그 얘기에 끌려 들어간다.

〈이상한 나라의 엘리스〉는 명작으로 남아 있는 동화지만 꿈 얘기로서는 지나치게 길고 자세한 것이다. 그런 자세한 꿈이 어디 있을까 하지만 그 동화가 제작될 시대에는 그것도 무난한 방법이었을 것이다. 그러나 현대에 와서는 그런 방법은 졸렬한 축에 낀다. 우리나라 동화 중에도 놀랄 만치 초자연적인 신기한 얘기를 해 놓고는 그것은 꿈을 꾼 것이었다는 해명을 하는 사람들이 있는데 이건 재치 있는 방법이 못된다.

판타지에 자연스럽게 들어섰더라도 등장인물의 자유분방한 행동이나 생각들도 우리들의 생활체험이나 사고력에서 어색하다는 느낌을 주는 것은 동화로서 성공하지 못한다. 동물이 등장하여 인간스러운 언동을 할 때에는 그 동물의 습성이나 형태에 맞는 짓을 해야지 엉뚱한 행동을 해서는 리얼한 느낌을 줄 수 없음을 명심해야 한다.

(7) 동화나 소설 감상에서 알아둘 일

동화를 감상할 때는 여러 가지 알아둘 일이 있으나 특히 다음 다섯 가지에 관심을 가져야 한다.

① 줄거리를 알아보는 데에만 그치지 말고 지은이의 중심 생각, 즉 주제를 파악하는 데 힘써야 한다.

② 등장인물의 성격을 파악한다.

③ 사건의 원인과 결과를 파악한다.

④ 표현이 잘된 곳과 재미있는 장면을 찾아본다.

⑤ 동화의 주제 속에 자신의 생활 모습을 비춰보고, 각오를 새로이 해야 할 점이나 고칠 점 등을 생각해 본다.

소설을 감상할 때는 다음 사항에 유의해야 한다.

소설을 읽을 때는 등장인물의 행동, 말, 생각을 통하여 소설의 주제를 알아내며, 소설의 장면을 통하여 그 시대적, 사회적 특징을 알아내야 하는 등 몇 가지 유의할 점이 있다.

① 소설은 우리 생활에서 실제 있음직한 일을 이야기로 꾸민 것임을 안다.

② 소설에도 동화처럼 배경이나 마음의 움직임을 자세히 묘사함을 안다.

③ 소설의 3대 요소는 동화와 마찬가지로 인물 · 사건 · 배경임을 알고 소설을 읽으며 이에 대하여 관심을 갖는다.

④ 배경에는 시간적 배경, 공간적 배경, 사회적 배경이 있음을 안다.

⑤ 소설은 그 종류를 시대, 내용, 독자, 길이에 따라 나눌 수 있음을 안다.

⑥ 우리나라의 현대 소설은 1894년 갑오경장 이후에 나온 것임을 알고 고대소설과 현대소설을 구분할 수 있어야 한다.

(8) 작품 감상

다음 동화는 어떤 동물의 어떤 특징을 이용한 것인지 생각하며 읽어보자.

두꺼비와 다람쥐

미야네 헌 집터의 돌담 밑에서는 큼직한 두꺼비가 한 마리 살고 있고, 돌담 사이의 늙은 밤나무 구멍에는 다람쥐 한 마리가 살고 있었습니다. 어느 날 갑자기 두꺼비네 집에 물이 들기 시작하였습니다. 그 골짜기 중간을 막는 저수지 공사가 끝나서 물을 가두기 때문이었습니다. 그러한 영문을 모르는 두꺼비는 돌담 위로 올라가서 물이 빠지기를 기다렸습니다. 그러나 물은 점점 불어 올라와서 돌담이 잠기게 되었습니다.

두꺼비는 다람쥐네 집으로 올라가서 집에 물이 들어서 그런다며 먹을 것을 좀 달라고 하였습니다. 그러나 다람쥐는 자기처럼 나무 위에 집을 짓고 살라고 비웃기나 할 뿐 내다보지도 않았습니다. 물은 점점 불어서 다람쥐네 집에도 물이 들게 되었습니다. 다람쥐는 비명을 지르며 뛰어나와 밤나무 꼭대기로 올라갔습니다. 두꺼비는 이미 밤나무 꼭대기에 올라가 있었습니다. 시간이 흐를수록 물은 점점 불어 밤나무도 모두 잠길 지경이 되었습니다. 다람쥐는 영락없이 죽게 생겼다고 울면서 야단이었습니다. 그 때, 두꺼비가 말했습니다.

"너무 걱정 마. 살 길이 있겠지. 내 등에 업혀 봐라."

"네가 날 업고 헤엄칠 수 있을까? 네 헤엄 솜씨가 대단하긴 하지만……"

다람쥐는 미안했지만 두꺼비의 등에 업혔습니다. 두꺼비는 한 손으로는 나뭇가지를 잡고 시험 삼아 물 속으로 들어가 보았으나 뜨질 않았습니다.

"이대로는 안 되겠다." 두꺼비는 나무 위로 도로 나와서 다람쥐에게 말했습니다. "회초리를 꺾어 가지고 내 등을 막 때려. 그래야 우리가 살 수 있어." 다람쥐는 회초리를 꺾기는 하였지만 때릴 수는 없었습니다. "어서 때려! 나는 회초리로 등을 맞으면 배가 커진다구. 어서 때려!" 두꺼비는 막 화를 내었습니다. 다람쥐는 하는 수 없이 때리기 시작하였습니다.

정말 두꺼비는 배가 불러지기 시작하였습니다.

"다시 업혀, 회초리를 가지고."

다람쥐는 두꺼비가 하라는 대로 다시 업혔습니다. 두꺼비가 물로 내려섰습니다. 아까와는 달리 둥둥 헤엄을 치기 시작하였습니다. 한참 헤엄을 치다 보니까 또 가라앉으려고 하였습니다. 배가 줄어들었기 때문이었습니다.

"다시 때려! 사정없이 때려!"

다람쥐는 울면서 두꺼비의 등을 때렸습니다.

다행히 두꺼비는 물가까지 헤엄쳐 나갔습니다. 물가에서 기절한 두꺼비를 다람쥐가 업고 숲 속으로 들어갔습니다.

※ 특징: 두꺼비-회초리로 등을 두드리면 배가 불러진다. 수영을 할 줄 안다. 다람쥐 - 수영을 못한다.

다음 소설은 프랑스의 소설가 모파상이 쓴 〈목걸이〉이다. 이 글은 단편 소설의 대표작이다. 소설의 구성 형식이 잘 나타나 있는 글로 소년 소녀에게 적합한 소설이다. 특히 소설의 구성에 관심을 갖고 읽어 보도록 한다.

〈목걸이〉

발단	허영심이 강하고 귀족적인 생활을 꿈꾸던 마틸드 롸젤은 문교부의 가난한 하급 관리에게 시집가서 평범하게 사는 것이 늘 불만이었다.	• 주인공 등장
	그런데, 어느 일요일, 남편은 문교부 장관이 베푸는 야회의 초대권을 가지고 왔다. 자기 부인이 대단히 기뻐할 줄 알았던 남편은 의외로 눈물을 흘리는 것을 보고 놀랐다. 입고 갈 만한 옷이 없다는 것이다. 그는 엽총을 사려고 모아 놓은 저금의 전액을 들여 400프랑으로 야회복을 사주었다.	• 사건 발생 • 주인공의 성격, 행동이 드러남
	야회날이 왔다. 옷은 꾸며졌는데도 롸젤 부인은 여전히 우울하였다. 몸에 찰 보석이라곤 하나도 없으니 신명이 안 날 수밖에. 그러다가 남편의 묘	

단계	내용	설명
전개	안으로 부자 친구인 프레스티에게 진주 목걸이를 빌었다. 야회날 밤, 참석한 모든 남성들은 그녀와 춤추기를 원했다. 그녀는 누구보다도 예쁘고, 우아하고, 애교 있고, 명랑하였으며, 즐거워서 정신을 차릴 수가 없었다.	• 사건이 점차 무르익음 • 주인공의 정황 설명
위기	집에 돌아온 롸젤 부인은 소스라쳐 놀랐다. 빌어온 진주 목걸이가 없어진 것이다. 호주머니며 어디며를 다 뒤졌으나 헛일이었다. 남편은 왔던 길을 몇 번씩 찾아보고 맥이 빠져서 돌아왔다. 다음 날도 남편은 출근도 못하고 경찰서며, 신문사며를 돌아다니다가 아무 소득 없이 창백한 얼굴로 돌아왔다.	• 사건이 위기에 처함.
	그들은 프레스티에 부인에게 편지를 써서 목걸이의 매듭이 부서져서 고친다고 핑계하여 시일을 끌어 놓고, 그와 같은 목걸이를 사다 주기로 하였다. 3만 6천 프랑이 있어야 했다. 그들은 물려받은 약간의 유산과 집과 세간 등을 모조리 털어 바치고도 모자라, 파산을 각오하고 이잣돈을 닥치는 대로 얻어들여 비슷한 진주 목걸이를 사다 주었다. 프레스티에 부인은 늦게 가져왔다고 역정을 내었으나, 상자의 뚜껑을 열어 보지 않은 것만이 다행이었다.	• 사건 해결을 위한 노력 • 사건 해결
절정	그로부터, 롸젤 부인은 지긋지긋한 고생을 맛보았다. 식모를 내보내고, 지붕 밑 단칸방에 세들고 살림살이, 허드렛일, 빨래를 손수하고, 욕을 얻어먹으면서도 악다구니 홍정으로 값을 깎아 푼돈을 모아서 이자를 갚고 원금을 돌려주는 동안에 차림새며, 얼굴, 손이며, 언어 행동 등이 아주 천한 서민층의 아낙네로 바뀌고 말았다.	• 어떤 원인에 대한 결과 설명

	이런 생활이 10년간이나 계속되었다. 그들은 겨우 빚을 청산하였다. 젊고 아름다웠던 롸젤 부인은 그만 늙어 버렸고, 궁상맞고 거칠거칠한 여자가 되어 있었다.	• 창작 의도가 표출됨
결말	그런 어느 일요일, 피로를 풀려고 산책을 나간 롸젤 부인은, 어린애를 데리고 있는 한 부인을 보았다. 프레스티에 부인이었다. 그녀는 지금도 젊고 아름답고 매력이 있었다. 다정스럽게 말을 거는 자기를 몰라보았다.	• 사건이 마무리됨
	롸젤 부인은 자랑스런 마음으로 그 동안의 내력을 설명했다. 놀란 프레스티에 부인은 롸젤 부인의 두 손을 잡았다. "아이구 가엾어라, 마틸드!내 것은 가짜였어, 겨우 5백 프랑밖에 안 들인 건데……."	• 주제가 뚜렷하게 드러남

다음은 안순혜가 쓴 동화 〈아골아골 개골개골〉이다. 소설 〈목걸이〉에서 예시한 것처럼 동화의 구성에 관심을 두며 읽어 보는 것이 좋다.

〈아골아골 개골개골〉 안 순 혜

별이 보이지 않는 여름 밤, 논이나 못에 나가 귀기울이면 들려오는 소리가 있을 거예요. 요란스런 개구리의 울음소리들 말예요.

"아골아골 개골개골"

개구리들이 '아골아골' 울어대던 때가 있었답니다. 어떤 이들은 오천 년 전 들었던 소리라 했고, 바람은 일만 년, 그리고 숲의 참나무는 십만 년은 되었을 거라고 했어요. 누구의 말이 정확한지는 아무도 모릅니다.

다만 구름이 예부터 전하는 말이 있었습니다. 온 세상에 가뭄이 들어 땅이 갈라지고 물이 모두 말라 살 수 없을 때가 있었다구요.

모두들 정든 고향 떠나기를 주저했지만 가뭄이 계속되자 물이 고인 연못을 찾아 길을 떠날 수밖에 없었습니다. 그렇지 않으면 죽게 되니까요. 모든 개구리들은 더위를 피해 그늘을 찾아 서쪽으로 서쪽으로 갔습니다. 하지만 오직 한 개구리 부부만이 해가 드는 동쪽으로 길을 떠났습니다. 해가 떠오르는 곳으로 가야 가물어도 마르지 않는 연못이 있다는 조상들의 말을 믿었기 때문이예요.

부부 개구리는 동쪽으로 동쪽으로 가다가 마음에 드는 연못을 찾았습니다. 그러나 이곳이 마르지 않는 연못인지는 알 수 없었습니다. 그렇다고 이곳을 떠나고 싶지는 않았습니다. 연못이 마음에 들었거든요. 그렇게 머뭇거리다 이 연못이 영원히 마르지 않는 '아골 연못' 이라는 숲의 이야기를 듣게 되었답니다.

숲의 이야기대로 이 연못은 아무리 가물어도 마르지 않았고, 산이 바람을 막아 겨울에도 춥지 않았습니다.

깊은 연못은 이상한 힘을 발휘해 겨울에는 따스하고, 여름에는 시원해 계절이 바뀌어도 개구리 부부는 걱정 없이 살게 되었어요. 물론 행복한 나날만 있는 것은 아니었습니다. 이곳에서도 걱정거리가 생겼습니다. 평화가 계속되자 질서가 없어진 것입니다. 서로 싸웠고 어른 개구리를 존경치 않았습니다. 무엇보다 심각한 문제는 어린 개구리들이 밤낮을 가리지 않고 떼지어 몰려다니며 소란을 피우는 것이었습니다. 심지어는 겨울잠을 자지 않겠다고 소란을 피우기도 했습니다. 이 움직임은 독버섯처럼 계속해서 퍼져 나갔습니다. 게다가 아주 심각한 것은 '아골아골!' 울어대던 울음소리를 버린 것입니다. '아골아골!' 울어대는 소리는 촌스럽다는 거예요. '개골개골'로 바꾸자는 운동이 벌어진 것입니다. 이런 소란이 계속되자 어른 개구리들은 모두 모여 회의를 하였습니다.

"대책을 세웁시다. 이대로 가다가는 아골 연못이 사라질 것입니다."

그러나 어린 개구리들은 '개골개골' 울어댔습니다. 마을 어른들은 다시 모여 회의를 했습니다. 분명 어린 개구리들의 어른들을 향한 반항 일 것이라 했습니다. 야단도 쳐보고, 타일러도 보았지만 헛수고였어요.

"아골거리는 소리는 촌스러워요. 소리도 편하지 않구요."

"안 돼, 자! 날 따라 소리내 봐. 아골아골!"

"개골개골!"

어른 개구리들은 화가 났습니다. 하는 수 없이 개구리의 먼 친척뻘 되는 뱀에게 부탁을 하기로 했습니다. 어린 개구리들이 뱀을 무서워하니 말을 잘 들을 거라는 생각에서였지요. 뱀을 초청해 마을에 살게 하면서 마을의 경찰 일을 맡기자는 것이었습니다.

개구리들은 대표를 뽑아서 뱀에게로 갔습니다.

"먼 친척인 뱀님! 우리 마을의 경찰이 되어 주세요. 아이들이 버릇이 없어서 큰일났습니다."

"왜 우리가 네 친척이지?"

"땅을 기어다닌다는 점과, 겨울잠을 잔다는 점과, 독수리에게 잡아먹힌다는 점, 물에 들어가면 둥둥 뜬다는 점 등이 닮았잖아요. 그러니 저희를 도와 주세요."

뱀은 오동통한 개구리를 바라보며 군침을 흘렸습니다.

"뱀님 입에서 침이 나오네요."

"나는 눈물을 입으로 흘린단다. 눈으로 흘릴 수 없기 때문이지. 잃어버린 친척을 만나 반가워서 흘리는 눈물이야."

"뱀님은 정말 정도 많으세요."

이렇게 해서 이웃 마을에서 뱀이 이사를 왔습니다.

뱀은 부모님 말씀을 안 듣거나 잘못하는 개구리들이 있으면 잡아먹겠다고 겁을 주었습니다.

버릇없는 개구리들을 혼냄으로써 개구리 마을에는 질서가 잡혀갔습니다.

그러나 처음에는 혼만 내주던 뱀이 차츰차츰 달라지기 시작했습니다. 뱀의 입에 어린 개구리들이 물려 있는 모습이 자꾸 눈에 띄었습니다. 그 때마다 뱀은 잡아먹는 것이 아니고 혼내주는 거라고 하면서 입에 든 개구기를 뱉어 내었습니다. 어린 개구리는 다시 살아났지만 비실거리다 죽었습니다. 뱀은 그 때마다 그 죽음이 자기 때문이 아니라고 했습니다. 잘못으로 인하여 벌을 받아서 그렇게 되었다고 우겼습니다. 개구리들은 버틸 힘을 잃었습니다. 똑똑하고 영리한 어린 개구리들이 사라지고 죽어갔습니다. 자기 가족이나, 자기의 목숨을 지키기에도 바빴습니다.

이런 일이 반복되면서 무서운 뱀은 공공연히 개구리를 잡아먹기 시작했습니다. 눈치도 보지 않았습니다.

친척이 이럴 수 있냐고 개구리들이 항의했습니다.

"내가 왜 너희들의 친척이냐? 난 다리도 없고, 울음소리도 없어. 게다가 너희들은 내가 갖고 있는 이빨도 없잖아. 이 바보들아!"

무서운 뱀은 이리저리 다니며 조금이라도 한눈을 팔거나 엄마 말씀을 안 듣고 마을을 벗어난 개구리가 있으면 사정없이 잡아먹었습니다. 그 때마다 개구리 가족들은 밤새 눈물을 흘렸습니다. 죽은 개구리들을 생각하며 뱀이라는 친척을 끌어들인 것을 후회했습니다.

"뱀을 쫓아낼 방법이 없을까."

방법을 짜내 보지만 뾰족한 방법이 생각나지 않았습니다. 모두 뭉쳐서 한꺼번에 덤벼 보았지만 뱀의 무서운 눈초리에 기가 질려 모두 도망쳤습니다. 싸워 보지도 못하고 동료 개구리에 밟혀 죽는 불상사까지 생기는 피해가 더 컸습니다.

한 번은 뱀의 목에 방울을 달자는 제안이 나왔습니다. 달랑거리는 소리를 듣고 피하면 되지 않냐는 것입니다.

그러나 누가 뱀 목에 방울을 달 것이냐가 문제였습니다. 결국 용감한 왕눈이가 방울을 달려고 잠든 뱀에 접근 하다가 방울이 딸랑거리는 소리에 들켜서 잡아먹혔습니다.

일이 이렇게 되자 모두들 포기하고 조심하는 수밖에 없다며 한숨을 푹 쉬었습니다.

잡혀 먹는 개구리들은 계속 생겼습니다.

회의가 계속되면서 아예 제비를 뽑아 한 달에 한 마리씩 뱀에게 바침으로 다른 개구리의 피해를 줄이자는 의견이 나왔습니다. 한 마리를 희생시킴으로 모두가 불안에 떨지 않아도 되니까 좋다고 하면서 찬성했던 것이었습니다.

개구리들은 이제 모두가 두 발을 뻗고 잘 수 있다고 생각했습니다.

모두가 안도의 숨을 쉬고 각자의 집으로 돌아갔습니다. 그러나 모두들 잠을 이룰 수가 없었습니다.

첫 번째 희생자는 누가 될까?

나는 아닐까? 우리 엄마는 아닐까?

모두들 전보다 훨씬 더 걱정스럽고 무서운 생각을 하면서 밤을 보냈습니다. 날이 밝아왔습니다. 모두가 굳은 표정으로 뽑기장에 모였습니다. 손끝이 달달 떨리는 개구리도 있었습니다. 결국 가난하고 병든 할머니 개구리가 뽑혔습니다. 할머니 개구리는 '늙은 내가 죽는게 낫지.' 하면서 마을을 떠나 뱀의 굴로 걸음을 내디뎠습니다. 모두들 연못 어귀까지 나와서 늙은 몸을 이끌고 죽음을 향해 한 발짝 한 발짝 걸어가는 할머니를 울면서 배웅했습니다. 할머니의 손녀 나리는 할머니를 보낼 수 없다고 울며 매달렸습니다. 어른들은 손녀를 겨우 떼어냈습니다. 그리고 할머니에게 손녀를 잘 키우겠다고 다짐했습니다. 할머니 개구리의 희생과 손녀 개구리의 눈물 속에 마을에는 평화가 찾아왔습니다. 앞으로 한 달 후까지는 아무도 뱀에게 잡혀 먹힐 일이 없으니까요. 그러나 하루하루가 가면서 마을은 불안에 휩싸이기 시작했습니다.

"이번에는 누구일까?"

"나는 아닐거야."

한밤중에 없어진 개구리가 생겨도 뱀이 잡아먹었다고는 애써 생각하지 않았습니다. 한 달 간의 평화는 잠시였습니다. 어느새 모두가 두려워하던 그 날이 또 온 것입니다. 모두들 이번에도 나는 아닐거야, 하면서 제비를 뽑았습니다. 개구리들은 뽑은 표를 조심스레 펴보며 안도의 숨을 쉬었습니다. 어떤 개구리는 겁에 질려 벌벌 떨기만 했습니다.

그러나 이번에도 한 마리의 개구리가 뽑혔습니다.

이번에 뽑힌 개구리는 마음의 모든 개구리로부터 사랑을 받아온 도리였습니다. 얼마 전부터 아파서 집에 누워 있다가 최근에야 회복이 되어 처음으로 투표에 참가한 어린 개구리였습니다.

착한 도리가 뽑힌 것에 모두들 가슴 아파했습니다.

사실 도리는 이번 제비뽑기에 참석하지 않아도 되었는데, 엄마가 병으로 누워서 대신 나온 것입니다.

어리고 착한 도리를 모두가 아끼고 사랑했기에 이번 제비뽑기에 참가를 반대했던 것입니다. 도리가 뽑히자 온 동네는 슬픔에 잠겼습니다. 도리를 보낼 수 없다고 도두들 이야기했습니다. 그러나 도리가 가지 않으면 누군가가 또 뽑혀서 가야 하는데, 누가 대신 갈 수 있겠냐고 했을 때는 모두 고개를 숙였습니다. 결국 착한 도리는 연못을 떠나 뱀 굴로 갔습니다. 한 발 한 발 굴 속으로 들어가는 도리를 보자 고요했던 개구리 마을은 울음바다로 변했습니다. 팔짝팔짝 뛰던 귀여운 도리를 생각하며 서럽게 울기도 했습니다.

이 사실을 엄마 개구리가 뒤늦게 알고는 뱀굴로 갔지만 이미 도리는 뱀의 먹이가 되고 말았습니다. 엄마 개구리가 며칠 간 굴 앞에서 울부짖다가 소리없이 사라졌다며 모두들 두려움에 차서 쑥덕거렸습니다.

개구리들은 잠을 이룰 수가 없었습니다.

다음에는 또 누구일까.

왜 우리는 죽을 수밖에 없을까. 방법이 없을까.

잠을 청할 수 없었던 개구리들은 하나, 둘 연못가의 커다란 연꽃잎 위에 모였습니다. 이대로는 안 되겠다고 모두들 이야기했습니다.

처음이라 얼떨결에 보낸 할머니, 눈에 넣어도 아프지 않을 도리의 죽음 등을 생각하며 모두들 반성했습니다. 모두들 맞서 싸워야 한다고 소리쳤습니다. 그러나 개구리들만으로는 힘이 없었습니다. 할아버지 개구리가 제안을 했습니다. 이웃 마을 두꺼비에게 도움을 청하자는 것이었습니다. 그러나 두꺼비들은 개구리들의 딱한 사정을 알지만 잘못하면 자기들도 죽을 수 있는데 그 위험을 자기들은 치를 수 없다는 것입니다.

" 우리는 모습이 닮았잖아."

개구리들은 사정했습니다.

"오래 전 두꺼비 총각이 개구리 처녀를 사랑하다 굶어죽은 사건을 아니? 그 총각이 바로 내 아들이야. 내 아들이 못생겼다며 개구리 처녀가 마음을 얼마나 아프게 했는지 알아? 너희와는 상대도 하기 싫어."

개구리들은 무거운 발걸음을 옮기며 집으로 돌아왔습니다.

방법이 없을까. 별다른 생각이 나지 않았습니다.

마을로 돌아온 개구리들은 머리를 콕콕 찍어가며 고민했습니다.

하루가 가고, 이틀이 가도 좋은 생각이 떠오르지 않았습니다.

시간이 흘러 한 달이 다 되어서 다시 제비를 뽑아야 할 날이 다가왔습니다. 이때, 개구리 마을에 아주 큰 개구리가 나타나서 뱀을 잡아 죽일 수 있다고 큰 소리를 쳤습니다. 그 개구리는 먼 나라에서 온 황소 개구리였습니다. 몸집이 보통 개구리의 열 배쯤은 되었습니다. 황소 개구리는 이 마을에 살게만 해준다면 뱀으로부터 마을을 안전하게 지켜주겠다는 것이었습니다. 개구리들은 뱀이 너무나 무서웠고 두꺼비에게 거절당한 터라 앞뒤 생각지 않았습니다.

"마을에 살게 해줄테니 뱀만 쫓아줘."

그날로 황소 개구리는 힘을 발휘했습니다. 커다란 덩치와 황소 같은 울음소리로 뱀을 위협하였고 겁도 없이 뱀을 물어뜯었습니다. 결국 뱀은 연못 근처에서 멀리 떠났습니다.

오랜만에 마을에 평화가 찾아온 것입니다. 개구리를 괴롭히던 뱀이 없어지자 즐거운 마음으로 노래하고 춤추는 축제가 며칠이고 계속되었습니다. 모두들 맛있는 먹이를 가지고 와서 황소 개구리를 대접했습니다. 그러나 며칠간의 축제가 끝나고 개구리들은 정신을 차리기 시작했습니다. 황소 개구리는 마음의 여기저기를 돌아다니며 자기가 왕처럼 행동하기 시작했습니다. 커다란 덩치로 많은 음식을 먹었습니다. 그 바람에 개구리들이 먹을 음식이 자꾸 줄었습니다. 어디서 소문을 들었는지 황소 개구리 가족들과 친척들이 하나 둘 몰려들었습니다. 연못은 점점 황소 개구리 연못으로 되어갔습니다.

뱀이 사라졌는데도 가끔씩 어두운 밤이면 개구리들의 비명 소리가 들렸습니다. 처음에는 모두가 쉬쉬했지만 얼마 지나지 않아서 황소 개구리가 어린 개구리를 잡아먹는다는 사실을 모르는 개구리는 하나도 없게 되었습니다. 그러나 어른 개구리들이 모여서 항의했습니다. 같은 친척인데 그럴 수 있냐며 따졌습니다. 그러자 우리가 어떻게 친척이냐고 했습니다.

"모습도 같잖아."

"너희와는 덩치부터 틀려. 울음소리도 틀리고. 친척이 되려면 울음소리와 몸집부터 키워야 해. 덩치가 같아지면 잡아먹지 않을게."

개구리들은 커다란 몸을 갖기 위해 노력했지만 도저히 황소 개구리의 몸집을 따라갈 수 없었습니다.

너무 먹어서 통통해지면 동작이 느려 훨씬 쉽게 잡아 먹혔습니다. 울음소리를 황소 개구리처럼 연습해 보았지만 잘 되지 않았습니다. 연습 소리 때문에 황소 개구리에게 들켜 잡아 먹히거나 도망다니기에 바빴습니다.

개구리들은 방법이 없었습니다.

황소 개구리는 뱀보다 더 무서웠습니다. 뱀이 쫓아왔을 때는 물 속으로 들어가 숨어만 있어도 안전했는데 황소 개구리는 물 속까지 쫓아왔습니다. 도망갈 곳도 없었습니다. 연못을 빼앗겨 버린 것입니다.

개구리들은 연못을 빼앗기고 새벽에 살며시 와서 겨우 목을 축이고 갈 뿐이었습니다. 그렇게 쫓기며 굶주림 속에서 개구리들은 하나, 둘 황소 개구리들에게 잡아 먹혔습니다.

얼마 남지 않은 개구리들은 겨울이 되자 겨울 잠을 자기 위해 땅 속으로 들어갔지만 잘 수가 없었습니다. 개구리들은 땅 속의 비밀스런 장소에 모여서 궁리를 했습니다. 뱀을 쫓아내기 위해 황소 개구리를 불러들인 것이 잘못이었다는 것을 뼈저리게 깨달았습니다.

스스로가 자신을 지키지 않으면 도움을 받은 쪽의 노예가 될 수밖에 없다는 사실을 알게 된 것입니다. 살아남은 개구리들은 이제 스스로 황소 개구리를 쫓아내지 않으면 안 된다고 결심하고 대책을 세우기 시작했습니다. 공격 시기는 황소 개구리가 연못에 알을 낳기 전에 해야 한다고 결정했습니다.

연못에 황소 개구리가 알을 낳아 숫자가 많아지면 그 때는 정말 방법이 없다는 것이었습니다.

다시 이웃인 두꺼비에게 도움을 청했습니다. 황소 개구리는 먼 나라에서 온 무법자이고 개구리의 탈을 썼을 뿐 못된 파충류라고 두꺼비에게 말했습니다. 개구리를 다 잡아 먹으면 두꺼비 마을까지 공격할 거라고 설명했습니다. 봄이 되자 모두들 바삐 움직였습니다. 아직 이른 봄이라 추웠지만 황소 개구리가 깨어나기 전에 모든 준비를 마쳐야 했기에 바빴습니다.

황소 개구리에게 새끼를 잡아 먹힌 새들도 돕겠다고 했습니다. 가족들을 잃은 미꾸라지들도 돕겠다고 나섰습니다.

도움을 주지 않겠다던 두꺼비가 의외로 도움을 주겠다고 했습니다. 알고 보니 얼마 전 황소 개구리에 의해 아기 두꺼비가 죽임을 당했습니다. 모든 준비를 끝내고 드디어 이른 새벽 공격을 시작했습니다. 먼저 미꾸라지가 땅을 파면서 흙탕물을 만들었습니다.

황소 개구리의 앞을 보이지 않게 하여 정신을 빼앗았습니다. 개구리들은 달려들어 팔이고 다리고 닥치는 대로 물고 뜯고 발로 찼습니다. 황소 개구리가 놀라 물 밖으로 나오면 새가 달려들어 콕콕 눈을 쪼았습니다. 도망이라도 치려고 하면 두꺼비가 튼튼한 앞발로 떡 버티고 서서 등에 난 돌기를 세우며 앞을 가로막고 공격했습니다.

숲 속의 나무랑 풀들도 개구리를 응원했습니다. 개구리가 쫓기면 잎으로 숨겨 주었다가, 황소 개구리가 숨으면 잎을 치우서 숨을 곳이 없게 하였습니다.

새치풀, 억새풀은 날카로운 잎으로 황소 개구리를 찌르고 심지어는 베어 버리기도 했습니다.

연못과 숲에 있는 모두가 황소 개구리를 공격했습니다.

희생도 많았습니다. 용감하게 싸웠던 많은 연못의 친구들이 다치고 심지어는 목숨까지 잃었습니다.

그러나 그 희생 덕분에 황소 개구리를 물리칠 수 있었습니다.

개구리들은 깨달았습니다.

이웃과 하나 되어 힘을 합치면 못할 것이 없다는 것을요. 친척은 힘이 센 자가 아니라 함께 고통받고 어려움과 기쁨을 나누는 다정한 이웃이라는 것을……

개구리들은 연못에 알을 낳기 시작했습니다.

할머니 개구리, 도리, 그리고 용감하게 싸우다 죽은 개구리들과 이웃을 생각했습니다.

"아골아골."

다시 찾은 평화의 노래가 울려 퍼지기 시작했습니다. 하지만 아직도 개골개골하면서 우는 개구리가 있답니다. 어디서나 청개구리 같은 이들이 있지요. 그렇게 혼이 났는데도 말예요.

"아골아골, 개골개골!"

3. 아동극의 이해와 지도

1) 아동극의 이해

(1) 유래 및 개념

아동극의 유래를 보면, 유럽에서는 14세기 경에 이미 소년극단이 있었고 18세기경에 프랑스에서 새로운 아동극이 행해졌으나 본격적인 아동극의 발생은 20세기에 들어와 영국, 미국 등에서 초등학교·중학교의 교과과정으로 채택하면서부터 비롯된다. 우리나라의 경우는 아동극의 역사가 매우 짧아 1920년을 전후하여 나타났으나 큰 발전이 없었고, 광복 이전에는 주로 교회에서 성탄절을 기하여 교인들에 의해 종교극이 공연될 정도였다.

1950년대에 들어서 학교를 중심으로 아동극이 활발한 움직임을 보여 오다가 1960년대에 와서 아동극다운 아동극이 창작되고 상연되었다. 특기할 사실은 1962년 주평에 의해 우리나라 최초의 직업 아동극단 〈새들〉이 창단되어 국내외에서 활발한 공연을 가짐으로써 아동극의 획기적인 발전이 이루어졌다는 점이다.

아동극은 일반 예술에서 말하고 있는 연극의 의미와 같으므로 우선 극본을 필요로 한다. 극본이란 연극을 하기 위하여 그 줄거리를 말로 적어 놓은 것이다. 다시 말해서 극본은 무대에 상영될 것을 목적으로 대사나 등장인물의 동작을 나타낸 지문, 무대장치 등을 기록한 것이며 연극의 내용을 꾸며나가는 바탕이 된다. 그러므로 연극의 성패는 극본에 달려 있는 경우가 많다. 극본은 배우, 관객과 함께 연극의 3요소라 하며 여기에 무대를 추가시켜 연극의 4요소라 하기도 한다.

아동극은 다른 예술에 비하여 다음과 같은 특색을 가지고 있다.

① 아동극은 우선 아동이 주체가 된다.

② 배우가 자기의 목소리 말·표정·동작 등 몸 전체로 나타내는 예술이다.

③ 배우가 직접 관객을 앞에 두고 표현하는 예술이며, 실수하더라도 다시할 수 없는 순간예술이다.

④ 인간의 성격이나 인간의 생활모습을 표현하는 예술이다.

⑤ 많은 사람들의 협력에 의해서 이루어지는 예술이다.

⑥ 문학 · 미술 · 음악 · 무용 등 여러 예술이 복합적으로 이루어진 종합 예술이다.

아동극이란 결국 배우가 극본에 의해 대사와 동작으로 인물의 성격이나 마음의 움직임 등을 표현하여 관객에게 보이는 예술이라고 정의할 수 있다. 인간에게 언어가 아직 없던 원시 시대에 사람들은 의사 전달을 몸짓 · 손짓 · 얼굴 · 표정 · 흉내 등에 의해 표현했는데 여기서 흉내가 곧 연극의 바탕이 되었다고 한다.

(2) 아동극의 종류

아동극은 크게 전문적이고 직업적인 아동극단에 의해 공연되는 경우와 순수하게 학교나 교회의 어린이들에 의해 교육적이고 비영리적으로 공연되는 경우로 나눌 수 있으나, 연극의 내용이나 형태에 따라 그 종류를 여러 가지로 나눌 수 있다.

1 내용에 따라서

① 생활극: 어린이들의 일상생활을 소재로 하여 현실 감각에 맞도록 꾸민 극이다.

② 동화극: 판타지를 주 내용으로 한 극으로 생활과는 대조적이다.

③ 창작극: 작가가 처음부터 공연을 목적으로 순수하게 창작한 극본에 의해 이루어지는 극이다. 그야말로 오리지널 극본이다.

④ 번역극: 해외 명작 희곡을 번역하여 그대로 공연하는 극이다.

⑤ 각색극: 국내외 명작들을 공연에 맞게 변형시킨 극이다.

⑥ 사극: 역사적인 사건을 내용으로 한 극으로 전기극 · 문화사극 · 풍속극이 여기에 속한다.

⑦ 학습극: 학습 목표 달성을 위해 이루어진 극으로 무용극 · 체육극 · 과학극

이 해당된다.

⑧ 행사극: 어떤 특정한 행사를 위해 의도적으로 이루어진 극이다.

⑨ 종교극: 종교적인 주제를 중심으로 연출되는 극이다. 예를 들어, 크리스마스 무렵에 각 교회나 성당에서 이 종교극이 많이 공연된다.

⑩ 가면극 · 인형극: 가면극은 생물 또는 무생물을 의인화시켜 풍자적으로 꾸민 극이고, 인형극은 주로 어린이에 맞도록 인간의 모습을 재현하는 극인데 여러 가지 인형을 제작하여 공연한다.

[2] 형태에 따라서

① 무언극: 팬터마임 *pantomime*이라고도 하며 대사를 전혀 사용하지 않고 처음부터 끝까지 동작으로써 생각이나 감정을 표현해 나가는 극이다.

② 독백극: 모노드라마 *monodrama*라고도 부르며 극중 인물이 한 사람이다. 한 사람의 독백에 의해서 인간의 모든 감정이나 심리를 표현하는 극이다.

③ 가극: 오페레타 *operetta*라고도 하며 연극에 음악과 무용을 곁들인 것이 가극이다. 가수가 분장을 하고, 노래하면서 연기를 하는 음악극이다.

④ 촌극: 무대에서 뿐 아니라 교실이나 좁은 공간에서 할 수 있는 아주 짧은 연극으로 단극이라고도 한다. 연습 없이도 콩트식으로 해낼 수 있는 극이다.

⑤ 대화극: 일대 일로 마주보고 이야기하는 연극으로 만담을 이용하면서 진행하되 동작이 별로 없는 극이다.

⑥ 낭독극: 레제드라마 *Lese Drama*라고도 한다. 대부분의 극본이 무대 상연을 목적으로 씌어지나 레제드라마는 읽기 위한 목적에서 씌어진 극본이다. 괴테의 〈파우스트〉가 그 대표적인 예라고 할 수 있다. 부흐드라마 *Buch Drama* 역시 읽기 위한 드라마에 해당하는 것으로 뷔넨드라마 *Bunen Drama*에 반대되는 개념을 가진 독일어이다.

(3) 아동극의 제약성

아동극이라는 말은 아동 희곡을 일컫는 경우와 무대에서 직접 상연하는 연극으로서의 아동극이라는 두 가지 의미가 있으나 여기서는 희곡으로서의 아동극을 주로 다루려고 한다.

희곡은 무대를 전제로 해야 한다는 전제 조건 때문에 그 자체에 많은 제약이 따른다. 브룩스 *C. Brooks*와 헤일먼 *R. Heilman*은〈희곡의 이해 *Understanding Drama*〉에서 희곡의 제약성을 다음 세 가지로 지적하고 있다.

첫째, 희곡은 직접적인 묘사를 할 수 없다는 점이다. 시나 소설에서 크게 의존하고 있는 인물 · 장소 · 소리 · 풍경 · 냄새 등의 묘사를 희곡에서는 직접적으로 할 수 없는 것이다.

둘째, 희곡작품에서는 작가가 직접적인 해설을 할 수 없다는 점이다. 작가가 작중인물의 행동에 관한 것, 어떤 상황의 설명, 표정이나 제스처 등을 직접 해설하고 설명할 수 없다는 것이다.

셋째, 희곡에서는 직접적인 동작을 보일 뿐이지 순수한 정신적인 것이나 심리적인 행동을 보일 수 없는 것이다. 그렇기 때문에 셰익스피어는 이른바 독백 *Soliloquy*이라는 방식을 희곡에 도입해서 최소한의 심리상태를 표현했고, 또 미국의 극작가 유진 오닐 *Engene O' Neill*은 등장인물들이 다른 인물들에 대해서 말하거나 스스로의 생각을 크게 말함으로써 청중들에게 이러한 일련의 심리적 측면을 이해시키는 방식을 썼지만 이것 역시 다른 장르에 비해 내면 묘사의 제한성은 많다고 하겠다. 이 밖에 등장인물이 몇 사람으로 제한되어 집중적으로 극을 전개해야 한다는 점, 상연 시간은 대개 한 시간에서 두 시간으로 제약받고 공간 역시 한 막은 적어도 한 공간적 배경에 그치는 것이지 시시각각으로 공간적 이동이 가능할 수 없다는 점, 구조적으로 비교적 단순한 플롯이 집중적으로 전개되어야 한다는 제약성이 있다. 특히 아동극인 경우는 이와 같은 제약 이외에도 관객이 주로 어린이라는 특수성 때문에 여러 가지 제약을 받는다.

(4) 극본의 문장

극본의 문장은 지문, 대사, 독백과 방백, 해설로 이루어진다.

첫째, 지문이란 인물의 움직임이나 장면의 정경을 설명하는 글이다. 대개 ( ) 안에 넣어 표시하며 너무 장황하게 긴 지문은 좋지 않다.

〈보기 ① : 인물의 움직임을 나타낸 경우〉

미숙이는 나오는 눈물을 참으려고 애를 쓰다가 못 참겠다는 듯이 무대 왼쪽으로 뛰어 퇴장하고, 혜숙이는 부서진 배 위에 기대고 운다.

성민이 무대 왼쪽에서 등장한다. 우는 혜숙을 보고 심정이 울적하여…….

〈보기 ② : 장면의 정경을 나타낸 경우〉

들판, 오랫동안 돌본 일이 없는 빈 교회. 기둥이 굽어 있다. 그 옆에 우물이 있다. 옛날에는 묘의 표지로 세워 놓았던 것 같은 커다란 돌, 낡은 벤치, 미숙이네 집으로 통하는 조그만 길이 보인다.

둘째, 대사를 들 수 있다. 대사란 배우가 무대 위에서 하는 말을 뜻하는 것이며, 극본의 표현에서는 대사가 대부분을 차지하고 있을 뿐 아니라, 극본을 잘 쓰느냐 하는 것은 대사에 달려 있다.

대사는 대략 다음과 같은 중요한 구실을 한다.

① 희곡의 줄거리를 명확하게 한다.

② 이야기 줄거리를 진행시킨다.

③ 연극의 정경을 변화시킨다.

④ 장면과 장면을 접속시킨다.

⑤ 인물의 교양, 환경, 직업 등을 상상시킨다.

⑥ 인물의 성격을 단적으로 나타낸다.

⑦ 클라이맥스에 주인공의 사상과 감정을 나타낸다.

⑧ 사투리를 써서 지방색을 나타내기도 한다.

대사는 상투적인 일상어를 쓰기보다 극적이고 예술적인 대사가 되도록 노력해야 하는데 다음과 같은 점에 유의할 필요가 있다.

① 등장인물의 성격을 나타낼 수 있도록 인물의 성격에 알맞게 써야 한다.

② 명쾌하고 간결하게 그리고 꾸밈새가 없이 써야 한다.

③ 생동하는 대사를 써야 한다.

④ 귀에 듣기 좋은 대사를 써야 한다.

⑤ 연극의 분위기에 어울리도록 써야 한다.

〈보기 : 대사〉

명　희: 아버지가 아침에 말씀하셨어요. 오늘은 좋은 선물 주신다고…….

어머니: 무슨 선물을 주신댔니?

명　희: 그건 가르쳐 주시지 않고 좋은 선물 주신다고만 하시겠지.

어머니: 음, 주시겠지. 너의 아버지는 너하고 약속한 것은 잘 지키시니까,
오늘 밤에는 선물 사가지고 일찍 들어오실지 모르겠구나.

셋째, 독백과 방백이다. 독백 *soliloquy*이란 무대 위에서 단 한 사람의 인물이 관중 앞에서 큰 소리로 혼자 지껄이는 것을 말한다. 이것은 관객에게 직접 지식을 전달하고 줄거리를 전개하는데 매우 편리한 방법이다.

독백을 흔히 모놀로그 *monologue*라고도 하는데 모놀로그란 엄격히 말해서 독백이라기보다는 혼자서 하는 1인 연극, 즉 하나의 극의 모든 역할을 한 배우가 실연하는 극을 말하는 것으로 솔리로키 *soliloquy*와는 구별해서 생각해야 한다.

〈보기 : 독백 *soliloquy*〉

아! 이 보잘 것 없는 내 몸뚱아리, 녹아서 차라리 이슬이나 되리라. 아니면, 이대로 타서 재나 되거라! 아! 이 지푸라기만도 못한 이 몸뚱아리.

방백 *aside*이란 연극 진행 중에 한 배우가 관중의 눈앞에서 다른 상대역이 있는데도, 그 사람에게는 들리지 않는다는 가정 아래 관중이 들을 수 있도록 혼자 지껄이는 것을 말한다. 요즘은 별로 쓰지 않는 방법이다.

〈보기 : 방백 *aside*〉

죽었어. 이젠 생명이 없어. 없어! 개나 쥐새끼도 생명이 있는데, 너는 그것이 없어 생명이 없어. 숨을 안 쉬어. 너는 이 세상의 것이 아니야! 제발 숨 좀 쉬어 다오!

넷째, 해설이다. 해설 *narration*이란 극적 상황이라든지, 사건의 경과라든지, 인물의 심리 상태라든지, 설명을 필요로 하는 일들을 간결하게 단도직입적으로 관객에게 설명하는 것이다. 장면의 처음 또는 끝에나 중간에도 적당한 곳에 넣을 수 있다. 해설은 별도의 해설자가 하는 것이 보통이지만 극중의 인물이 하는 경우도 있다.

〈보기 : 해설 *narration*〉

빨간색 양철 지붕 집은 이 마을 이장네 집이다. 그리고 석이 네는 이 이장님 네 집에서 좀 떨어진 곳에 위치한 오래된 기와집에서 살고 있었다. 석이 네는 대나무가 많아 대나무 집으로도 불리웠다.

(5) 극본의 짜임

극본은 일반적으로 다음 순서에 의해 짜여진다.

① 제목 · 막과 장 제목 옆에 막과 장을 밝힘.	(어깨동무) (1막 2장)
② 때, 곳, 등장인물 제목 다음에 때, 곳, 나오는 이들을 밝힘.	• 때 : 방과 후 • 곳 : 운동장 • 나오는 이들 : 영철, 대식, 강현, 순일, 정호, 상열, 경숙, 민아, 순연
③ 무대 설명 무대를 어떻게 꾸미며, 막이오를 때 등장 인물의 할 일이 무엇인가를 설명함.	(제1장 : 막이 열리면 경숙이와 민아, 순연이가 줄넘기를 하고 있습니다. 이 때 난데없이 왼쪽에서 축구공이 날아와 줄넘기를 하고 있는 민아의 뒷머리에 맞습니다. 민아는 앞으로 쓰러집니다.
④ 본 문 대사와 지문(바탕글) • 대사 : 등장 인물의 대화 • 지문 : ( )안의 글 (동작, 표정, 음악, 음향 등).	순연 (민아를 일으키며) 민아야, 다치지 않았니? 민아 (무릎을 만지며) 아이 아파. 경숙 (민아의 무릎을 살피며) 좀 다쳤구나. 민아 (재빨리 공을 주워 치마 밑에 깔고 앉아, 고무줄을 잡으며) 경숙아 제 차례다.

(6) 극본 구성의 기본형

아리스토텔레스 이후 전통적인 희곡에 대해서 몇 가지 구조적인 유형이 설정되어 왔는데, 그 중에서 가장 널리 알려진 것이 19세기 독일의 연극 이론가 프라이타크 *Gustave Freytag*가 그의 저서 〈희곡의 기교 *Technik des Dramas*〉에서 해부해 보여준 5단계 구조론이다. 그는 희곡의 구조를 피라미드의 구조로 보고, 삼각형의 정상을 클라이맥스로, 양편 끝을 각기 상승하는 단계로, 클라이맥스와 결말 사이를 긴장이 하강하는 단계로 분석해 놓았다.

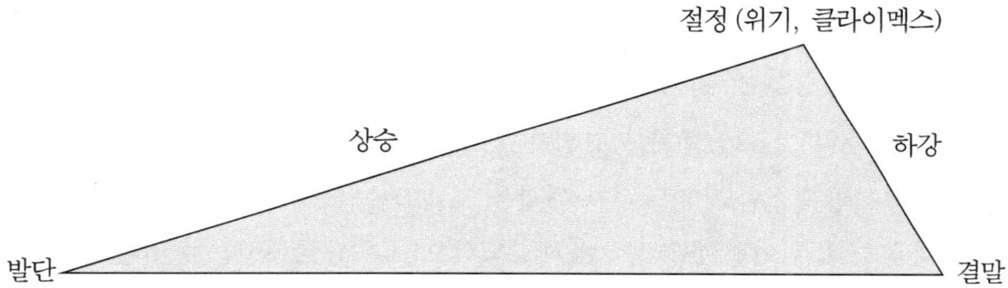

삼각형 구조도(극본구성의 기본형)

1 발 단

행동의 자극을 주는 부분이며, 도입부는 관중에게 꼭 알아야 할 극의 배경을 제시해 주고, 극의 중요한 갈등이 빚어지는 어떤 계기 또는 시발점이 열려진다.

2 상 승

도입부 다음에 오는 것으로, 5막극 가운데서 대체로 2막과 3막의 일부를 차지하는 상승은 격양시키는 부분으로 희곡의 템포가 고조되어 간다. 사건은 가지를 치면서 진전되어 가고, 위기에 이를 때까지 계속 고조되어 간다.

3 위 기

여기의 정점은 클라이맥스이고, 곧 전환점이기도 하다. 이 지점에는 사건과 행동이 극에 도달한 순간인 만큼 여기를 분기점으로 해서 어떻게든지 방향이 잡혀져야 한다. 여기서는 여러 가지 힘과 원인, 또 그 힘에 반대되는 힘이 서로 부딪쳐 극에 달하고 그 결과 빚어진 행동은 앞으로 흘러갈 새 방향을 결정하게 된다.

④ 하 강

전환점이라 불려지는 위기에 이어지는 부분인데, 여기서는 정점에 도달하려는 상승작용이 거둔 결과가 나타나는 부분으로 상승에 상응되는, 해결의 실마리가 풀려지거나 매듭지어 가는 부분이다.

⑤ 파 국

하강에서부터 종말까지의 부분을 파국, 또는 해결, 대단원이라 하는데, 제기되었던 문제와 사건이 어떻든 간에 해결을 보는 부분이다. 비극의 경우에는 주인공과 그 주변 인물이 죽거나 좌절하고, 희극의 경우에는 오해가 풀린다거나, 만난다거나 만족스럽고 희망적인 해결을 보게 되는 곳이다. 프라이타크의 5단계 분석은 근대극 이전의 고전극에 해당되었으며, 현대극에서는 이러한 틀을 일부러 깨뜨리려는 경향이 표현주의 극이나 부조리 극 계통에서 보여지고 있다.

(7) 연극 꾸미기

연극 꾸미기의 순서는 보통 다음과 같다. 충분한 연습을 통해서 침착하게 공연하도록 한다.

① 극본 정하기

먼저 극본이 있어야 연극을 꾸밀 수 있다. 교과서에 나오는 극본이나 아동극 모음에서 고르는 것도 좋다. 극본을 정할 때는 다음과 같은 점에 유의한다.

① 자기들의 힘으로 할 수 있는 것을 고른다.

② 밝고 즐거우며, 생활을 알차게 해 주는 내용의 것을 고른다.

③ 장면이 자주 바뀌지 않는, 되도록 단순한 장면이 좋다.

④ 비용이 적게 드는 것으로 고른다.

⑤ 지도하기에 어려움이 없는 것으로 한다.

⑥ 여럿이 의논하여 좋은 것으로 정한다.

[2] 극본의 내용 검토 및 배역 정하기

극본이 정해졌으면, 우선 내용을 읽고 내용에 따라 배역을 정한다. 다음과 같은 점에 유의하여 내용을 검토한다.

① 극본의 해설 부분을 읽을 때 · 곳 · 등장인물을 알아보고, 등장인물의 성별 · 연령 · 직업을 파악한다.

② 연극의 줄거리를 파악한다. 원인 · 결과 · 이유 · 동기 · 결말 등을 차례에 따라 생각한다.

③ 극본 속에 나오는 인물들의 성격을 파악한다.

④ 주제를 파악한다.

⑤ 대사와 지문에 주의해서 내용을 세밀히 검토한다.

이러한 검토를 바탕으로 각자의 개성과 능력에 따라 배역을 정한다.

[3] 대사 읽기

극본 읽기 및 외우기는 두 단계의 연습을 생각할 수 있다. 즉, 혼자 읽기(외우기)와 함께 읽기(외우기)이다.

혼자 읽기(외우기)는 자기가 맡은 배역의 대사를 혼자서 여러 차례 읽거나 외우는 단계이고, 함께 읽기(외우기)는 등장인물이 모두 모여서 정해진 배역에 따라 각자의 맡은 인물의 대사를 나누어 읽거나 외우는 방법을 말한다. 이 때 유의할 점은 다음과 같다.

① 인물의 마음이나 기분 같은 것을 생각하며 읽거나 외운다.

② 자연스럽게 말을 주고받으며, 말과 말의 사이도 자연스럽게 시간을 둔다.

③ 그 인물에 알맞게 읽거나 외운다.

④ 동작도 해 보며 읽는 것이 좋다.

[4] 동작 연습하기

자기가 맡은 대사를 완전히 외운 다음에는 극본에 나타난 지문에 따라 대사 ·

동작 · 표정 등을 종합적으로 연습한다. 이 때 특히 유의할 점은 다음과 같다.

① 극본에서 지시한 대로 표정이나 동작을 나타낸다.

② 출연자나 연출자의 도움말을 듣는다.

③ 극본 전체를 한꺼번에 연습하지 않고 몇 토막으로 나누어서 하나씩 완성해 간다.

④ 대사를 완전히 자기 것으로 만든다.

⑤ 지문에 나와 있지 않은 동작이나 표정도 연구해 본다.

[5] 대도구 · 소도구 · 의상 등 준비하기

극본을 읽고, 외우고, 동작을 익히는 한편, 무대를 꾸미기 위한 준비를 갖추어야 한다. 대도구는 극본에 나타난 극적 분위기를 살리도록 해야 하며, 소도구와 의상은 등장인물의 성격에 어울리도록 꾸며야 한다.

[6] 무대 연습하기

모든 준비가 끝난 다음에는 무대 위에서 연습을 해야 한다. 무대에의 등장과 퇴장, 무대에서의 움직임을 연습하며, 무대에서의 위치 등을 익힌다. 무대 연습을 할 때는 무대 장치, 옷차림, 조명, 음악, 음향, 대도구, 소도구의 준비도 필요하다.

이런 것을 실제로 사용하고, 의상을 입고 공연처럼 해 보는 마지막 무대 연습을 본 연습 또는 리허설이라고 한다.

[7] 공연하기

관객을 모시고 실제로 공연을 한다.

[8] 연습할 때의 주의 사항

어떤 배역을 맡았다는 것은 자신이 연극 속의 인물이 되는 것이므로 자기 자신을 완전히 떠나서 극 속의 인물로 탈바꿈하여 연습해야 한다. 언어, 동작, 표정에 이르기까지 하나하나에 모두가 극중 인물과 일치해야 한다.

(8) 역할 분담

하나의 연극이 공연되려면 극본이 있어야 하고 배우도 있어야 하지만, 그 밖에도 많은 사람이 일을 나누어 맡아야 한다.

1 연출자

영화를 만들려면 시나리오와 배우, 감독이 있어야 한다. 그런데 연극에서는 영화의 감독과 같은 사람을 연출자라고 한다.

연출자는 극본을 여러 번 읽어서 완전히 이해한 다음 연출 대본을 만들어서 출연하는 배우들을 지휘한다. 표정이 어색하다든지, 대사를 말할 때 감정이 부족하다든지 할 때는 연출자가 잘못된 곳을 지적하여 바로잡아 준다.

2 도구 담당자

무대 장치에 쓰이는 여러 가지 물건을 도구라고 하는데 대도구와 소도구로 나누어 취급한다.

① 대도구 : 비교적 부피가 큰 도구를 말한다. 무대의 정경이나 장면의 분위기를 나타내는 것들이 여기에 해당한다. 예를 들면, 집이나 들, 산과 바다 등의 풍경 등이다.

② 소도구 : 연기를 하는 사람이 직접 들고 나가는 가방이나 지팡이, 또는 몸에 지니는 안경, 장신구 등과 무대 위를 장식하는 꽃병, 전화 등이 여기에 해당한다.

3 의상 · 분장 담당자

의상이란 배우들이 입고 나가는 옷을 말하는데, 연극 내용과 맞아야 하므로 중요한 의미를 가진다.

분장이란 배우의 모습을 꾸미는 것을 말한다. 젊은 배우가 노인이 되기도 하고 임금님이 되기도 하는 것은 이 분장술 때문이다. 임금님으로 출연하는 배우는 임금님으로 꾸며야 하고, 신하로 출연하는 배우는 신하로 꾸며야 하며, 장군으로 출연하는 배우는 장군으로 꾸며야 한다. 이렇게 배우의 모습을 꾸미는 일은 아무나 할 수 있는 것이 아니므로 분장 기술을 가진 사람이 하게 된다. 연극에는 이와 같이 의상이나 분장을 담당하는 사람도 필요하다.

[4] 조명 담당자

무대에 비추는 불빛의 조정을 맡는 사람을 조명 담당자라고 한다. 연극 무대는 깜깜하게 꾸며 놓고 조명에 따라서 밝기를 다르게 한다. 불빛이 무대 전체에 비춰질 때도 있고, 일부에만 비춰질 때도 있으며, 여러 가지 색깔의 빛이 비춰지기도 한다. 색깔이 있는 빛이 나가게 할 때는 색 셀로판지를 쓰며, 전등을 빨간 셀로판지로 싸면 빨간 빛이 되고, 파란 셀로판지로 싸면 파란 빛이 된다.

[5] 음악 · 음향 담당자

연극 중에 나오는 음악은 연극의 분위기와 관계가 깊다. 극본에 〈고향의 봄〉 노래가 깔리며 라고 지시되어 있다면, 그 노래가 깔리며 연극이 진행된다.

말발굽 소리, 빗방울 소리, 천둥소리 등의 여러 가지 소리를 음향 효과 또는 효과음이라고 한다.

이러한 음악이나 효과음을 담당하는 사람도 연극에는 꼭 필요하다.

(9) 극화 활동의 교육적 가치

극화학습은 과거나 원거리 상태의 사건이나 경험이나 학습 내용이나 사상적 내용을 극으로 재생하여, 현실에 접근시켜 이해를 확실히 하려는 방법이다. 극화학습의 교육적 가치에 대한 견해를 정리하면 다음과 같다.

① 창의적인 표현능력을 길러준다.
② 다목적으로서의 종합학습에서는 절대적 가치를 지닌다.
③ 지도력을 길러 주고 조직적인 사고능력을 길러 준다.
④ 연기에 참여함으로써 성격을 교정하고, 타인에 대한 이해력을 길러 준다.
⑤ 자기 자신에 대한 신뢰감을 길러 준다.
⑥ 협동정신과 민주정신을 길러 준다.
⑦ 개인의 특기와 사회적 감정을 길러 준다.
⑧ 정서적인 배출구를 제공한다.

⑨ 대사를 통하여 정확한 발음을 익히게 된다.
⑩ 배역에 따라 다양한 소리를 표현하는 경험을 하게 된다.
⑪ 문제해결에 대한 통찰력을 길러 준다.
⑫ 생활지도에 도움이 된다.

이상현은 아동극의 가치를 보다 폭넓게 시사하고 있는데 요약하면 다음과 같다.

① 관객이 받아들이는 감동의 질이나 진폭이 훨씬 강하다.

② 미학적 가치를 들 수 있다. 아동들의 정서 교육 또는 예술 교육의 기초과정에서 연극에 접함으로써 아동들의 지적인 사고력이나 정서적 성취의 속도, 시각을 통한 공간미와 청각을 통한 이원적 감성의 예술적 통합 능력 등 여러 가지 심미적 성과를 가져온다는 점이다.

③ 심리적 가치이다. 아동들이 날이 갈수록 일찍 사춘기를 맞는 시대로 바뀌고 있다. 이러한 아동기의 심리 변동 추세 속에서 연극 속에 펼쳐지는 다양한 문제들을 통해 문제점의 해결 방법을 터득하게 된다는 것이다.

④ 사회 교육적 가치이다. 아동극의 사회 교육적인 측면의 가치는 아동들이 연극을 통해 사회란 어떤 것인가, 사회 속의 자신은 누구인가를 알게 되고 배우게 된다는 점이다. 그리고 그렇게 해서 획득된 가치가 건전한 한 인간으로서의 의미로 이어지게 됨을 깨닫게 된다는 점이 중요하다.

이 밖에 아동극을 통해서 얻을 수 있는 교육적 가치는 친구의 존재를 새롭게 인식하는 점, 의사소통 기술이 향상되어 대화가 원만해지고 감정 표현이 풍부해진다는 점, 극을 통한 대리 경험은 오랜 기억을 가져다 주기 때문에 특별한 습관을 형성시켜야 할 경우 아동극을 경험시키면 기대 이상의 효과를 거둘 수 있다는 점을 첨가할 수 있다.

(10) 극화 학습지도

극화학습은 참가에 의한 극화와 관찰에 의한 극화 두 가지로 나누어 볼 수 있는데, 처음에는 주로 국어학습의 영역에서 교과서의 내용을 극화함으로써 언어 이해와 언어 표현의 능력을 함양하는 것을 목적으로 했으나, 오늘날에는 생활경험을 중핵으로 하는 모든 학습내용의 정리에 효과 높은 학습형태로 개발되었다. 따라서 극화학습 지도는 그 비중이 점차 커지고 있다.

극화활동을 위한 교사의 지도 요령을 적어 보면 대략 다음과 같다.

① 가상적인 활동을 유도할 수 있는 분위기를 조성한다. 예를 들어, 활동과 관련된 그림이나 사진을 게시하거나 의상 등을 준비하는 것 등이다.

② 이야기 속의 인물이나 사진을 일깨울 수 있는 관련된 질문을 던진다.

③ 반복되는 중요한 대사를 어린이와 함께 다 같이 해 본다.

④ 배역을 정한다. 극화활동을 시도할 때에는 먼저 그 역할을 잘 해낼 수 있는 어린이들로 하여금 해 보도록 하여 자신감을 갖고 다른 어린이들도 참여할 수 있도록 한다. 소도구나 의상 등을 조금씩 첨부하면서 원하는 모든 어린이들이 참여할 수 있도록 배려한다.

⑤ 극화활동을 어린이들과 함께 평가해 볼 수 있는 기회를 갖는다. 극화활동을 자발적인 분위기에서 즐거운 경험이 되어야 하므로 그 평가에 있어서도 표준적인 연기나 대사에 대한 평가보다 각 어린이들이 서로의 행위를 감상하고 배울 수 있는 기회의 제공이라는 측면에서 행해져야 한다.

극화활동의 순서, 즉 이야기를 듣고, 중요한 요점들을 함께 읽어 보고, 끝으로 행동을 하면서 표현해 보는 과정을 통하여 많은 어린이들이 함께 참여하고, 함께 느끼는 경험을 하도록 한다.

앞에서도 언급했듯이 극화학습의 폭이 확대되고 그 효과가 증대됨에 따라 부모나 교사의 관심도가 높아지고 있는 것은 사실이다. 그러나 아무리 좋은 약이라도 잘못 복용하면 도리어 해가 되듯이 극화학습도 잘못 적용하면 어린이들에게 역효과를 가져오게 된다.

극화학습 운영상의 유의점을 몇 가지 열거해 보면 다음과 같다.

① 극화에 참여하는 자와 극화를 관찰하는 자 사이에 감정의 교류를 시켜야 한다. 그래야 서로 다른 입장에서 학습을 통한 이해의 차이를 제거할 수 있기 때문이다.

② 극화는 형식적인 입장에서 다루지 말고, 학습자의 정신발달 정도를 고려하

여 자유로운 유희극에서부터 시작하여 차츰차츰 계속성이 있는 극화로 발전시키도록 한다.

③ 지나친 극 본위의 극화는 신선감을 감퇴하며, 연기 참여 의욕을 상실시키므로 학습 본위의 극화에서 벗어나지 않도록 해야 한다.

④ 교사는 어디까지나 상담자의 위치를 지켜야 한다. 그래서 학습자로 하여금 자발적이고 자주적으로 계획하고 운영하도록 도와 주는 데서 벗어나지 않아야 한다.

⑤ 늘 반성과 평가를 하도록 하여 개선 진보하도록 해야 한다.

2) 아동극의 창작과 감상

(1) 주 제

동화나 소년소설이 그렇듯이 아동극 역시 주제를 설정해야 한다. 그러나 아동극은 무대를 전제로 해야 한다는 점이 다른 장르와 다르다. 또한 주제는 읽히는 레제드라마가 아니라 직접 무대 위에서 상연함으로써 즉각적으로 느끼고 생각할 수 있는 것으로 설정해야 한다. 그것은 곧 어린이들의 일상생활이라야 하고, 어린이들의 흥미를 끄는 것이라야 동감을 사게 되고 이해하기 쉽다. 작가가 표현하고자 하는 주제는 분명하고 선명해야 하나 너무 주제의식에 사로잡혀서는 안 된다. 또한 아동극이라는 제약성을 항상 인식해야 하기 때문에 어린이의 세계와 너무 거리감을 주거나 규모가 거창한 것을 피하는 것이 바람직하다. 아동극의 주제는 다음과 같은 것을 설정하는 것이 좋다.

① 교육적이고 건전한 내용의 것

② 미래의 꿈을 키워줄 수 있는 소망적인 것

③ 삶의 지혜를 주는 것

④ 불행과 고통을 극복해 낼 수 있는 강한 의지가 담긴 것

⑤ 우정의 아름다움이나 불의에 대한 용감성을 담은 것

⑥ 부모 형제간의 진실한 사랑을 그린 것 등 휴머니즘 정신에 바탕을 둔 주제가 좋다. 웃음과 풍자 속에서도 인간성의 문제, 꿈의 문제가 영글어 있어야 한다는 것이다 주제를 정한 뒤에 그 주제에 어울리는 소재를 찾게 되는데, 때에 따

라서는 소재를 먼저 구한 뒤 주제를 정하기도 한다. 주제는 그 극본을 쓰는 목적과 같으며, 소재는 그 목적을 담은 그릇과도 같다. 폴티 *George Polti*는 괴테와 실러 그리고 드나버 세 사람의 설을 종합하여 드라마의 발단이 될 수 있는 극적 상황을 36종으로 나누어 제시하였다.

탄원, 주제, 복수, 육친끼리의 복수, 도주, 재난, 참혹 또는 불운, 반항, 대담한 기획, 유괴, 수수께끼, 획득, 육친끼리의 증오, 육친끼리의 싸움, 살인적 간통, 발광, 얕은 생각, 모르고 저지르는 애욕의 죄, 모르고 육친을 살해, 이상을 위한 자기희생, 육친을 위한 자기희생, 애욕을 위한 모든 희생, 사랑하는 자의 희생, 강한 자와 약한 자의 싸움, 간통, 애욕의 죄, 사랑하는 자의 불명예를 발견, 사랑의 장해, 적에 대한 애착, 야망, 신과의 싸움, 잘못된 질투, 잘못된 판단, 회한, 잃어버린 자의 발견, 사랑하는 자를 잃음 등이다. 그러나 이와 같은 36가지의 상황이 아동극에 다 적용될 수 있는 것은 아니므로 대상이나 상황에 알맞은 것을 취사선택해야 한다.

(2) 구 성

주제 설정이 끝나면 그 작품을 극으로 쓰는 구성작업에 들어가야 한다. 구성에는 세밀한 설계와 계산이 필요하다. 직접 출연하는 아동들의 연기 능력, 무대 조건 등의 제약을 고려해서 10분짜리로 하느냐, 30분짜리로 하느냐 등 시간을 결정해야 한다. 단막이냐 장막이냐 하는 것도 미리 정해져야 하며, 희극이냐 비극이냐 하는 문제도 창작 이전에 결정되어야 한다. 일반적으로 희극 *comedy*은 명랑하고 경쾌한 분위기 속에서 인간의 성격이나 행동에 존재하는 불합리, 불일치 등을 묘사하여 골계미를 형성하는 드라마를 말한다. 평균보다 저급한 인물이 등장하여 사회의 병폐나 인간의 결함을 나타냄으로써 웃음 속에서 불일치를 제거하고 행복한 결말을 맺는다.

희극에서의 '어긋남' 이나 추악함은 관중에게 회의를 불러일으킬 정도로 제시되지 않는 것이 특징이며, 감정적이기 보다는 지적이고 비판적인 경향이 있다. 희극에 동원되는 방법은 인물의 희화화나, 비속화, 정체 폭로, 과장 등이 주로 쓰인다. 그리고 희극의 종류는 육체적 익살스러움과 기지 등으로 웃음을 환기시키는 저급한 희극인 '웃음극(소극, *farce*)'이 있고, 주로 윤리적인 어긋남을 공격하는 지적이고 풍자적인 고급 희곡 *high comedy*이 있다.

이에 비하여 비극 *tragedy*이란 고양된 내용을 가지고 불행하게 끝을 맺는 진지한 극이다. 주인공은 비범한 용기를 가지고 엄청난 힘에 대응한다는 점이 수동적으로 악하고 추한 세력에 휘말려 불행만을 당하는 약하고 착한 주인공들을 등장시키는 멜로드라마와 비극을 구분되게 하며 비장미를 낳는 것이다.

용기 있는 주인공은 그의 용감성에도 불구하고 본의 아닌 과실이나 판단의 오류 때문에 엄청난 고통과 혼돈 속에 휘말리게 된다. 비극의 주인공은 자기도 모르게 점점 더 파멸로 이끌려지다가 문득 자기의 입장을 알아차리는데 이 때는 이미 돌이킬 수 없는 상황이 되어서 결국 비극적 결말을 맺는다. 결국 비극은 주인공의 운명이 행복에서 불행으로 변하며, 관중들에게 연민과 공포를 자아내게 하여 감정을 정화시킨다는 점이 중요한 특징이 된다. 희곡의 구성 요소가 5단계로 되어 있음은 이미 언급한 바 있는데, 이 5단계를 거쳐야만 한 편의 재미있고 뜻깊은 연극을 관객에게 보여줄 수 있다. 그러나 단막극은 시간이나 길이가 짧기 때문에 그 구성을 5단계로 할 필요는 없다. 이에 대하여는 이론편에서 대략 언급이 되었으므로 여기서는 생략한다. 다만 전개 단계(상승 단계)에서 주의해야 할 몇 가지 점을 적어 보면 다음과 같다.

① 무엇보다도 중요한 것은 일어나는 사건과 인물의 행동이 어디까지나 자연스러워야 하고 이치에 맞아야 한다.

② 주인공의 행동을 보다 돋보이게 하기 위하여, 주인공의 다음 가는 인물을 등장시켜 줄거리가 되는 사건과 달리 다른 사건을 곁들인다. 이렇게 표현하는 것을 복선이라 한다.

③ 사건을 복잡하게 만들기 위하여 필요하지도 않은 인물을 내세우는 수도 있다. 그것은 필요 없는 인물이 필요 없는 사건을 만드는 것이나, 이런 것은 우연히 일어난 사건으로 처리한다. 즉, 교통사고 · 자살 · 타살 같은 것으로써 필요 없이 등장시켰던 인물을 죽여 버리고 사건을 처리하는 것이다.

④ 나오는 사람들과 사건은 어디까지나 주인공의 성격과 결심을 도와주도록 하고, 극의 주제를 보다 힘차게 나타낼 수 있도록, 인물 서로가 이치에 맞게끔

관계를 맺도록 해야 한다. 그러나 너무 이치에 맞추려고 하면 흥미가 없는 극이 되기 쉬우니 이 점에 주의해야 한다.

희곡의 구성에서 또 하나 간과할 수 없는 사실은 사회풍속이나 습관, 등장인물이 주인공과 대립되어 양상이 잘 드러나지 않는 경우가 있어 몇 가지 대립의 예를 들어본다.

① 이웃을 돕고 친구의 어려움을 돌봐 주는 주인공 – 주인공의 행동을 비웃고 방해하는 사람

② 천주교를 열심히 믿는 주인공 – 천주교를 박해하고 교인을 미워하는 사회

③ 주인공은 뜻한 바의 사업을 힘차게 해 나가려고 노력하는데 – 자기 자신의 마음 속 한 끝에서, '해서는 안 된다. 부질없는 짓이다.' 라고 속삭인다. 여기에서 마음의 괴로움, 번민이 생긴다.

(3) 성격의 대립

우수한 희곡은 성격의 대립을 교묘하게 그리고 깊이 있게 인상에 남도록 엮은 것이니 희곡을 쓰려는 사람은 특히 이 성격의 대립에 대하여 깊이 알아야 한다. 홍은표는 성격의 대립을 엮어 넣을 때 유의해야 할 점을 다음과 같이 제시하고 있다.

① 희곡에는 명확한 대립이 끊임없이 그려져 있어야 한다.

② 그 대립은 관객의 흥미를 일으킬 수 있는 것이어야 한다.

③ 그 대립은 이야기의 줄거리와 관계를 맺는 사건이어야 한다..

④ 그 대립은 앞으로 전개되어 나갈 사건을 잘 해결할 수 있어야 한다.

성격의 대립에 대한 예를 들면 다음과 같다. 두 가지 경우의 장면을 비교하여 보고 어느 것이 성격의 대립이 더 극적인가 분석하여 보면 이해가 훨씬 빠를 것이다.

〈예 ①〉

영남이와 길수는 서로 아는 사이이다. 두 사람이 길을 가다가, 두 아이가 치고받고 싸우는 것을 보았다.

영 남 : 무엇 때문에 저렇게들 싸우지?

길 수 : 누가 알아. 싸우고 싶으니까 싸울 테지.

영 남 : 시시하다. 저것도 싸움이냐?

길 수 : 그래. 왜들 저렇게 비겁하게 주춤거리고 입씨름만 하는 거지?

영 남 : 그러게 말야. 본때 있게 한 대 펀치를 넣지 못하고……

길 수 : 영남아, 제2라운드는 볼 것도 없지?

영 남 : 그래, 만화나 보러 가자.

두 사람은 자리를 떠서 만화 가게로 갔다.

〈예 ②〉

길 수 : 오늘 경호는 반드시 쓰러질 거야. 저 봐라, 진구의 주먹이 어떠냐 ?

영 남 : 아니야. 경호가 반드시 이긴다. 저 따위 진구 같은 졸개가 어디라고 덤벼드느냐 ?

길 수 : 입 다물어! 오늘의 승리는 진구야. 진구야, 이겨라! 멋있게 쳐라.

영 남 : 경호가 이긴다. 경호야, 업어 쳐라. 멋지게 거꾸러뜨려!
그래, 그래 그렇게.
(경호와 진구의 싸움은 막상막하였다.)

길 수 : 영남아, 너 왜 까부니? 진구가 이기는 건 확실한데, 너 왜 날 치지?

영 남 : 야, 임마! 경호가 이길 게 확실해. 이놈아! 썩 물러가지 못할까?

길 수 : 너 내 주먹 맛 좀 보겠냐?
(길수는 씩씩거리며 덤벼들어 영남의 볼을 질렀다. 영남이도 지지 않고 치고 찼다.)

앞의 〈예 ①〉은 주인공이 아닌 두 아이가 싸우고 있는 대립은 있으나, 주인공이 어떤 적대자와 싸우는 극적인 대립은 볼 수 없다. 거기에는' 해야 하겠다.' 는 의지적 행동이 없기 때문이다. 그러나 〈예 ②〉는 극적인 대립, 극적인 사건이다. 영남이와 길수가 언젠가는 맞부딪치리라는 계속적인 대립의 행동이 있기 때문이다. 그리고 여기서 경호와 진구의 싸움은 영남이와 길수의 싸움으로 인하여 새로운 극적인 대립, 극적인 사건을 만들고 있다.

(4) 희곡의 구상방법

위와 같이 기초적인 창작법을 익혔으면 실제 희곡을 어떻게 써야 할 것인가 구상을 해야 하는데 이는 희곡 창작에서 가장 중요한 부분이라고 할 수 있다. 희곡의 구상 방법을 알아보면 다음과 같다.

① 이야기의 줄거리를 연대순, 시간순으로 간추려 적는다.

② 등장인물을 사건에 맞추어 배정한다.

③ 주제를 설정하고, 이야기를 전개시킬 인물의 성격을 사건 진행과 맞붙여서 인물의 성격을 돋보이게 한다.

④ 이야기의 줄거리를 구성 요소에 맞추어 발단 · 전개 · 위기 · 절정 · 대단원으로 끊어서, 토막의 장면 · 장 · 막을 설정한다.

⑤ 장과 막의 장소와 배경, 대도구의 배치(무대 장치) 등의 계획을 세운다.

⑥ 나오는 사람들의 분장, 의상, 가지고 나오는 도구(소도고) 등을 생각한다.

⑦ 등장인물의 등장 · 퇴장 · 움직임 · 말투 · 표정 · 동작 등을 머릿속에 그려본다.

⑧ 그 구상한 것을 표로 만든다.

다음은 홍은표의 작품 〈동방의 힘〉에 대한 구상을 예로 든 것이다.

〈역사극〉

동방의 힘 (5막)

〈주제〉

신라가 백제를 치고 고구려를 합쳐 삼국통일을 하는 데는 화랑의 힘이 컸다. 김유신이 백제를 치게 되었으나, 죽음을 결심한 계백의 군사에게 네 번이나 패했다. 그러나 결국 화랑 부장 반굴과 관창의 용맹한 죽음으로써 계백의 5천 결사대를 무찌르고 백제의 도성 사비성을 점령하였다. 화랑은 삼국통일의 힘, 동방의 힘이다.

〈줄거리〉

- 때 : 신라 태종 무열왕 7년 · 백제 의자왕 20년 (서기 660년)
  7월(양력 8월) 초에서 7월 9일 저녁 때까지.
- 곳 : 신라 서울(경주) · 백제 황산벌(지금의 충남 연산)

① 화랑 부장 관창은 16세의 어린 나이로 화랑 반굴과 함께 김유신이 이끄는 5마의 신라군에 끼여 백제를 치러 가게 된다. 아버지가 장군(관창의 아버지 품일, 반굴의 아버지 흠춘)인 두 소년은 화랑의 다섯 가지 계명을 마음에 새기고, 삼국통일의 제물이 될 것을 굳게 맹세하고 행군 길에 오른다(월초).

② 7월 9일, 탄현을 넘어 황산벌에 진을 쳤으나, 10배가 넘는 신라군은 계백의 5천 결사대에게, 네 번 싸워 네 번을 다 진다. 무열왕은 어전 회의를 열어 신라병의 사기를 돋우어 승리할 방책을 생각한다. 반굴이 혼자서 백제 진으로 쳐들어가 전사하고, 뒤이어 관창이 쳐들어갔으나 계백에게 사로잡힌다. 계백은 어린 관창의 용감하고 나라 사랑하는 마음을 갸륵하게 여기어 살려 보낸다.

③ 관창은 살아서 돌아왔으나 다시 백제의 진으로 쳐들어가 결국 목이 잘리고, 목만 말에 실려 신라 진으로 돌아온다. 신라병들은 이에 분격하여 두 화랑의 원수를 갚고, 삼국통일의 큰 뜻을 이룩하기 위하여 백제 진으로 쳐들어간다.

〈인 물〉

관 창 : 16세의 화랑 부장, 품일 장군의 아들. 영랑의 오빠, 건장하고 씩씩하다. 쾌활하고 용감하며 의기에 넘쳐 있다.

반 굴 : 17세쯤, 화랑 부장이며, 흠춘 장군의 아들. 김유신 장군의 큰 조카. 장가를 들어 좀 점잖은 편이나 몸은 약간 여윈 편이다. 키는 크고 명랑하며 의기에 차 있다.

영 랑 : (역사에 없는 가상 인물) 14세의 차분하고 얌전한 소녀 품일 장군의 딸이요, 화랑 관창의 누이동생으로서 손색이 없다.

품 일 : 30여 세의 건장한 장군, 사람됨이 무게가 있고, 위엄이 있으며 엄격하다.

흠 춘 : 30여 세의 키가 크고 약간 여위였으나 품위가 있는 장군. 자상한 편이다.

무열왕 : 50여 세의 체격이 좋고 위풍당당한 품위가 있는 장군. 자상한 편이다.

신라병 1, 2, 3, 4 :

계 백 :

홍 만 :

백제병 1, 2 :

〈막과 장〉

제 1 막

① 영랑이 꽃병에 꽃을 꽂음, 아버지 품일과의 대화 : 김유신 장군이 군사를 이끌고 백제를 치러 가는데, 관창도 간다고.

② 영랑 · 관창 · 품일의 대화, 품일의 교훈, 관창의 결의 : 숯재를 넘어 백제 계백의 군사를 무찌르겠다고, 품일의 말 – 백제군사는 강하여 신라는 승리하지 못한다고

③ 반굴과 품일의 등장 : 반굴의 말 신라는 화랑의 힘으로 이긴다고, 품일의 말 – 백제 의자왕이 임금이 된 후 호화롭게 지내어서 국력이 쇠약해졌으나, 백제는 아직 강하며, 당나라 군사도 힘써 싸우지 않을 것이라고

④ 관창 · 반굴의 결의 : 죽음터는 하나이다. 화랑의 다섯 가지 계명. 품일의 말 – 화랑은 백제를 치고 삼국을 통일한 큰 힘이다.

제 2 막

① 이튿날, 교외 광장에서 신라병 1, 2, 3, 4의 대화 – 삼국 통일의 결의

② 영랑 · 관창 · 반굴의 대화

③ 김유신의 훈계 : 2천 년의 배달겨레의 역사, 삼국통일은 꼭 이룩하여야 하며, 그것을 위해 화랑의 책임이 크다

④ 화랑의 5계 외침

제 3 막

① 1주일 후 저녁 때. 황산벌의 진, 어전 회의, 왕의 근심 : 백제에게 4전 4패. 김유신의 말 – 용감한 죽음이 있을 뿐

② 흠춘과 반굴의 대화. 흠춘의 말 : 혼자 적진으로 들어가 죽어라. 반굴의 용기, 의기.

③ 반굴과 관창의 약속 : 네 뒤에는 내가 있다.

④ 반굴의 전사

⑤ 김유신의 위로, 김유신과 관창의 대화

⑥ 품일의 격려, 무열왕의 칭찬

제 4 막

① 백제군 진중, 계백의 병막. 백제병의 말 : 신라병 중 하나가 백제병을 많이 죽였다, 계백의 말 – 사로잡아 오라.

② 포로가 된 관창, 계백과 관창의 대화, 관창의 석방, 관창의 결의

③ 계백의 독백 : 화랑은 신라의 힘, 동방의 힘이라고

제 5 막

① 신라 진지, 관창이 살아서 돌아옴, 품일의 분노, 관창의 말 : 다시 가서 죽을 것이라고

② 품일과 흠춘의 대화 : 삼국통일의 길은 죽음뿐이라고

③ 관창의 전사

④ 무열왕의 위로

⑤ 신라병들의 분기, 김유신의 훈계 : 두 화랑의 죽음을 기억하고, 백제를 쳐 삼국을 통일하자고

⑥ 신라병의 진군

⑦ 품일의 독백 : 화랑 관창과 반굴의 죽음은 삼국통일의 힘, 동방의 힘이라고

〈무대〉

무대는 그림으로 그려 놓고, 등장인물들의 위치와 움직임을 표시하여 가며 희곡을 쓴다.

제 1 막 : 서라벌, 품일 장군의 집, 방 안이다. 정면으로 벽이 있고, 창이 있고, 오른쪽에는 안으로 들어가는 문, 왼쪽에는 밖에서 들어오는 문이 있다. 대도구는 가운데 탁자, 의자 3개쯤

제 2 막 : 축대가 있는 경주 교외의 광장

제 3 막 : 황산벌 신라군의 진지, 천막을 쳐 놓은 병막 안, 병막 밖은 잡초가 우거진 벌판, 배경은 사비성 성곽과 산줄기가 보이는 먼 경치

제 4 막 : 백제군의 진지, 계백의 병막, 밖은 벌판, 배경은 높고 낮은 산줄기가 보이고, 산기슭에는 마을이 보인다.

제 5 막 : 오른쪽에는 병막의 입구, 벌판, 배경은 그다지 멀지 않은 곳에 백제군의 병막이 산 밑에 보인다.

(5) 각 색

순수한 창작 희곡의 빈약으로 근래에 와서도 각색 극이 성행하고 있다. 각색이란, 원작인 이야기나 소설을 연극이나 영화로 만들기 위하여 극본으로 고쳐 쓰는 일을 말한다. 각색은 원작이 있기 때문에 쉽게 생각하는 경우가 있으나 그렇지만도 않다. 원작이 갖는 감동이나 느낌을 잃지 않아야 함은 물론 오히려 더 감동을 주어야 한다는 새로운 창작이기 때문에 더욱 어렵다.

소설이나 동화를 각색하기 위해서는 첫째, 원작을 충분히 읽어 그 내용을 완전히 소화해야 한다. 즉, 원작에 대한 연구를 깊이 있게 해야 한다. 원작을 여러 번 정독하면서 그 작품의 주제를 찾아내고 어떻게 연극적으로 표현하면 좋을까 연구한다.

둘째, 각 등장인물의 경우 성격을 적출해서 하나의 표로 만든다. 그리고 줄거리의 발전이 어떤 식으로 행해지고 있는가를 조사한다. 이것은 구성하는데 있어서 중요한 일이다.

셋째, 시대적 배경, 또 구체적으로 스토리의 사건이 일어난 장소 · 계절 · 시간 등이 어떻게 되었는가를 조사해 본다.

기타 구성 문제, 등장인물의 설정 문제 등은 앞부분에서 언급했던 사항을 참고하면 된다.

그런 뒤에 책을 덮고 소설과는 다른 독립된 한 편의 희곡을 구성한다. 그리고 희곡이 만들어지면 한번 원작을 읽어 보고, 원작의 대화에 의하여 희곡의 대화를 손질하여 각색을 완료한다.

다음에 역시 홍은표가 쓴 〈찢어진 우산〉의 원작 소설과 희곡을 대조하면서 각색하는 작업의 실제를 소개한다.

제 1 막 (대문 앞 거리)

소　　설	희　　곡
새벽부터 시름시름 내리던 비가 밝을 녘부터는 제법 주룩주룩 쏟아졌다. 명준이는 아침밥을 한 술 뜨는 둥 마는 둥 윗목 구석에 쭈구리고 앉아서, 시무룩한 얼굴로 비 내리는 창밖을 내다보고 있었다. 누나가 설거지를 다 하고 들어가도 명준이는 학교에 갈 생각은 하지 않고, 그래도 쭈그리고 앉아 있었다.	〈무대〉 명준의 집 앞 거리이다. 오른쪽에는 집 대문이 있고, 그 앞에 전선주가 서 있다. 막이 오르면, 명준이 오른쪽에서 책가방과 우산을 들고 나와 부루퉁해서 서 있다. (효과) 비오는 소리
"명준아, 벌써 아홉 시가 가까워 오는데 왜 학교에 안가지?" "누나는 이 따위 우산을 쓰고 밖에 나갈 테야?" 명준이는 부루퉁해서 방 구석에 있는 우산을 바닥에 동댕이쳤다. 그 우산은 빛이 다 바래어 희끗희끗하고, 군데군데가 뚫어지고 살도 절반이나 부러진 낡은 여자 우산이었다.	(명준이 누나, 오른쪽에서 나온다.) 누나　"명준아, 벌써 아홉 시가 가까워 오는데 왜 학교에 안가지?" 명준　누나는 이 따위 우산을 쓰고 밖에 나갈 테야? (입술을 내민다.)
"왜 어때서 그러니?" "왜 어때서가 뭐야? 이렇게 모두 찢어지고, 살도 부러지고, 자루까지 없잖아. 게다가 여자 우산이고, 난 싫어, 싫단 말야." 명준이는 홱 일어나서 창 앞으로 갔다. "명준아, 그런 쓸데없는 억지 부리지 말고 어서 쓰고 가라, 응?" "싫어, 싫어." "글쎄 싫으면 어쩔 작정이야." "어쩌긴 어째, 비 맞고 가면 되잖아? 이런 우산은 안 쓰고 가는게 나아. 요전에 비오던 날도 아이들이 얼마나 놀렸는지 알기나 해? 뚫어진 우산, 걸레 우산, 계집애 우산이라고."	누나　왜 어때서 그러니? 명준　왜 어때서가 뭐야? 이렇게 모두 찢어지고, 살도 부러지고, 자루까지 없잖아. 게다가 여자 우산이고……. 난 싫어, 싫단 말야. (우산을 바닥에 동댕이친다.) 누나　명준아, 그런 쓸데없는 억지 부리지 말고 어서 쓰고 가. (기침을 심하게 한다. 괴로운 얼굴) 명준　(몸을 흔들며 울상을 하고) 싫어. 싫어. 누나　(짜증이 난 듯이) "글쎄 싫으면 어떡하니?" 명준　어떡하긴 어떡해. 비 맞고 가지뭐. 안 쓰고 가는 게 나아. 요전에도 아이들이 얼마

명준이는 책가방을 들고 일어나 방바닥의 우산을 발로 탁 차고 밖으로 나갔다. 누나는 우산을 집어 들고 동생을 쫓아 나갔다.

"명준아, 찢어지긴 했어도 안쓰고 가는 것보다 나을테니까 어서 쓰고 가라, 응?"

"싫다는데 왜 여러 말이야!"

누나는 여러 말로 달랬으나 명준이는 듣지 않고 나중에는 소리쳐 울고 말았다.

이윽고, 누나는 무엇을 생각했는지 고개를 갸우뚱하더니, 방으로 들어가 지갑에서 백 원짜리 하나를 꺼내 가지고 나왔다.

"명준아, 옛다. 가다가 사서 쓰고 가도록 해라. 늦겠다. 빨리 가, 응?"

"응"

명준이는 누나에게서 받은 돈을 바지 주머니에 넣고 대문 밖으로 나섰다.

누나는 콜록콜록 기침을 하며 명준이의 가는 뒷모습을 지켜 보았다.

명준이는 좋아서 단숨에 골목 어귀에 있는 잡화상까지 뛰어나가서, 항상 부러워하던 경남이 우산 같은 것을 골랐다.

"이 우산 얼만가요? 아저씨."

"왜 그래 네가 이 우산을 사겠느냐?"

"그럼 사지 않을 걸 값을 물어보는 줄 아셔요?"

"백 원만 내라."

"백 원요?"

명준이는 저를 내려다보는 상점 주인이 원망스러운 듯 입을 쑥 내밀고, 주머니에 손을 넣어 백 원짜리 동전 하나를 꺼냈다. 그리고 사람을 업신 여기는 가게 주인의 코앞에 넌지시 내어 놓으려 하였다.

그러나 돈을 꺼내어 쥔 명준이의 머릿속에는 누나의 핼쓱한 얼굴이 떠올 랐다.

나 놀렸는지 누난 알기나 해?" 뚫어진 우산, 걸레 우산, 계집애 우산이라고.

↓

누나 명준아, 찢어지긴 했어도 안쓰고 가는 것보다 나을테니까 어서 쓰고 가라, 응? (달래는 말투로)

명준 싫어, 싫어.(전신주에 기대어 운다. 누나, 괴로운 표정으로 무엇을 생각한다. 잠시 후, 명준이 울면서 왼쪽으로 걸어간다. 누나, 결심한 듯이 안으로 홱 들어가더니 돈을 쥐고 나온다.)

↓

누나 명준아, 옛다. 백 원이다. 가다가 사서 쓰고 가거라.

(명준이의 눈물을 닦아 준다.)

자, 어서 빨리 가야지 지각하겠다.

(기침을 한다.)

명준 응. (돈을 받아 쥐고 방긋 웃더니 왼쪽으로 달려나간다. 누나, 명준이 가는 것을 한참 바라보다가 손끝으로 눈물을 씻고 우산을 집어 든다.)

(효과) 비 오는 소리 크게

(음악) 비장함 음악 크게

(누나, 우산을 펴서 써 보고, 다시 접어들고 대문 안으로 들어간다. 무대 잠깐 비운다.)

<table>
<tr>
<td>〈몸이 아파서 벌써 사흘이나 공장을 빠진 누나! 엊저녁에도 밤새도록 기침을 하고, 일어나지도 못할 것을 학교 시간에 늦을까 봐 일찍 일어나 밥을 지은 누나!
아까도 대문간에서 기침을 하며 나를 바라보던 누나! 이 돈은 누나의 약값이 아닌가?〉
이렇게 생각한 명준이는 돈을 받으려고 손을 내밀고 있는 주인의 얼굴을 쳐다보고,
“저……. 요담에나 살래요. 아저씨, 죄송해요.”
하고 말하고, 돈을 주먹에 쥔 채 돌아서 골목 안으로 달려들어 갔다.
“고얀 녀석 같으니. 어린 놈이 어른을 놀리는 건가?”
상점 주인의 투덜거리는 소리를 귓가로 들으며, 명준이는 쏜살같이 집으로 달려갔다.
“누나, 옜소.”

명준이는 누나의 손에다 아까 받은 돈을 쥐어 주었다.
“너, 우산 안 샀니?”
“안 살 테야. 이 우산도 좋아. 이 돈은 누나 약 지어 와, 응?”
명준이는 찢어진 우산을 들고 밖으로 달려 나갔다. 누나의 부르는 소리도 못 들은 척, 뒤로 돌아다보지 않고 찢어진 우산을 쓰고 씩씩하게 걸어갔다.
누나는 동생이 쓰고 가는 찢어진 우산이 골목 모퉁이를 돌아설 때까지 눈물을 흘리며 바라보았다.</td>
<td>(명준, 왼쪽에서 달려나온다. 손에 쥔돈을 펴본다.)
(음악) 음악 소리 작게
명준 누나! 누나야! (누나, 우산을 들고 대문으로 나온다.)
누나 명준아, 왜 도로 왔지? (걱정스런 얼굴로)
명준 누나, 옜소.(돈을 누나에게 준다.)
누나 너 왜 우산 안 샀니? (기침을 한다.)
명준 안 살테야. 누나, 난 이 우산도 좋아. 누나 몸살감기로 벌써 사흘이나 공장을 빠지지 않았어. 엊저녁에도 밤새도록 기침을 하고, 기운이 없어 일어나지도 못할 것을 학교 시간에 늦을까봐, 아침 일찍 일어나 밥을 하지 않았어. 이 돈, 누나 약 지어 와.(동정의 표정)
(명준, 돈을 누나 앞에 던지고, 우산을 빼앗아 왼쪽으로 달려나간다. 누나, 꿈에서 깨어난 듯이 돈을 집어 들고)
누나 명준아! (왼쪽으로 달려나간다.)
(효과) 비 소리 커진다.
(음악) 음악 소리 커진다.</td>
</tr>
</table>

위의 글에서 보듯이 소설과 희곡은 차이를 보이고 있다. 예를 들면, 소설에서는 장소의 제약을 받지 않으므로, 즉 방 안에서 대문 밖으로, 잡화상으로, 다시

방 안으로 장소가 여러 번 바뀔 수가 있다. 그러나 희곡에서는 장소의 제한을 받지 않을 수 없다. 따라서 장소를 '대문 밖, 골목 안'으로 한정시켜 놓고 사건을 전개시켜 나간다.

(6) 희곡을 읽는 법

희곡은 연극을 하기 위해 씌어진 글임을 염두에 두고 다음 사항에 유의하여 읽어야 한다.

① 첫 부분에 나오는 때와 장소, 등장인물의 관계를 관심 있게 알아 둔다.

② 실제 무대에서 연출될 때의 상황을 머릿속에 상상하면서 읽는다.

③ 충분히 읽어서 작가가 의도하는 주제가 무엇인가를 파악한다.

④ 사건이나 이야기의 줄거리가 어떻게 전개되어 나가는가를 알면서 읽는다.

⑤ 연극에서의 주요한 장면과 클라이맥스가 어디인가를 파악한다.

⑥ 인물의 성격을 살펴보고, 성격이 잘 나타나 있는지 여부를 알아본다.

⑦ 재미있다고 생각되는 점이나, 잘 됐다고 생각되는 점을 표시해 두었다가 그 때의 장면을 상상하기도 하고, 인물의 심리 상태를 생각해 보기도 한다.

결론적으로 희곡을 읽는 법은 머릿속에 무대와 무대 장치, 그리고 출연하는 배우들의 행동, 표정, 말투 등을 상상하면서, 다시 말하면 실제 연극을 보는 태도로 읽는 것이 좋다.

3) 유아에게 알맞은 희곡

(1) 유아에게 알맞은 희곡

〈개미와 베짱이〉

〈해 설〉

① 극의 종류와 우화극

② 주제는 근면

③ 극의 분위기는 흥미롭게

〈나오는 이들〉

개　미 ① (남녀 관계 없음)	개　미 ② (남녀 관계 없음)
개　미 ③ (남녀 관계 없음)	개　미 ④ (남녀 관계 없음)
개　미 ⑤ (남녀 관계 없음)	개　미 ⑥ (남녀 관계 없음)
베짱이 ① (남녀 관계 없음)	베짱이 ② (남녀 관계 없음)
베짱이 ③ (남녀 관계 없음)	베짱이 ④ (남녀 관계 없음)
베짱이 ⑤ (남녀 관계 없음)	베짱이 ⑥ (남녀 관계 없음)

〈 준비할 물건 〉

① 마분지로 만든 개미 쓰개 6개

② 마분지로 만든 베짱이 쓰개 6개

개미 ① ~ ⑥까지 한 줄로 서서 차례대로 나온다.

등을 꾸부리고 무거운 것을 짊어진 시늉을 한다.

개미들　영차! 영차! 영차!

– 무대 한 편에 가서 차례로 짐을 부려 놓는 시늉을 한다. 짐을 부린 개미는 이마의 땀을 닦는 시늉을 한다.

개　미 ① 개미 우리들은 개미 가족!

개　미 ② 부지런히 일합니다.

개　미 ③ 무더운 여름날에도.

개　미 ④ 땀을 뻘뻘 흘리며.

개　미 ⑤ 쉬지 않고 열심히.

개　미 ⑥ 일을 한답니다.

– 한 쪽에 베짱이 ① ~ ⑥까지 걸어 나와 제멋대로 선다.-

베짱이들 (즐거운 듯) 하하하…….

베짱이 ① 우리들은 베짱이 가족!

베짱이 ② 노래하며 즐겁게 지냅니다.

베짱이 ③ 무더운 여름날엔.

베짱이 ④ 시원한 나무 그늘에서.

베짱이 ⑤ (바이올린을 켜는 시늉을 하며) 찡찡 짱짱 끼끼 깡깡.

베짱이 ⑥ 즐겁게 노래 부르죠.

– 베짱이들의 합창이 시작되면 개미들은 영차! 영차! 하며 열심히 짐을 나른다.

베짱이들 (산토끼 곡에 맞추어 합창) 개미야! 개미야! 어디로 가느냐, 땀을 뻘뻘 흘리며 어디로 가느냐, 하하하……

개미들 영차! 영차!

– 개미들 무대 한 옆에 가서 모여 선다.

베짱이 ① 애들아, 개미들은 더운데도 왜 일만 하니?

베짱이 ② 그건 바보니까 그렇지.

베짱이 ③ 그래그래, 개미들은 바보다.

베짱이 ④ 아니야 구두쇠야.

베짱이 ⑤ 구두쇠가 뭐니?

베짱이 ⑥ 모으기만 하고 쓸 줄 모르는 구두쇠. 그렇지?

베짱이들 (다 함께) 그래그래, 개미는 바보! 구두쇠.

개 미 ① 애들아, 우리들이 그동안 일해서 거둬들인 곡식이 얼마나 되니?

개 미 ② 쌀 백 개.

개 미 ③ 보리쌀 오십 개.

개 미 ④ 콩 백 개.

개 미 ⑤ 반찬 열 통.

개 미 ⑥ 사탕 스무 통.

베짱이들 아이 추워, 아이 추워.

베짱이 ① 벌써 가을이 가고.

베짱이 ② 나뭇잎도 다 져 버리고.

베짱이 ③ 찬바람이 부는 겨울이 왔습니다.

베짱이 ④ 산과 들엔 하얀 눈이 쌓여.

베짱이 ⑤ 온종일 먹이를 찾아보아도 없습니다.

베짱이 ⑥ 아–춥고 배가고파요.

– 베짱이들, 힘없이 손을 축 내리고 한 줄로 서서 개미들이 모여 있는 쪽으로 쩔룩거리며 걸어간다.

베짱이 ① (문 두드리는 시늉) 똑, 똑, 똑. 여보셔요. 개미님!

– 개미들, 문을 여는 시늉을 한다.-

개　미 ① 웬일인가요? 베짱이님?

베짱이 ② 부끄러운 말씀이지만, 우린 거지가 됐어요.

개　미 ② (놀라며) 아니! 지금도 노래 부르며,

개　미 ③ 재미있게 지내는 줄 알았더니?

개　미 ③ 아닙니다. 우리는 (흐느낀다) 엉엉……

개　미 ④ 오늘은 춥고 배가 고파서,

개　미 ⑤ 도움을 받으러 왔습니다.

개　미 ④ 봄, 여름, 가을 동안 무엇을 하셨지요?

개　미 ⑤ 겨울 준비도 안 하셨나요?

개　미 ⑥ 부끄럽습니다(머리를 숙이며). 노래만 부르고 놀다가 그만…….

개　미 ⑥ 아이 가엾어라.

– 베짱이들, 모여서 흐느껴 운다.

– 개미들, 주머니에서 먹을 것을 꺼내어 맛있게 먹는 시늉을 한다.

(송명호 각본)

(2) 저학년 어린이에게 알맞은 희곡

〈요술 부리는 새〉

〈곳〉 대궐 안 뜰

〈나오는 사람〉 어린 왕자, 시녀, 새

화려한 꽃밭이 보이고 가까운 곳에 토끼 한 마리가 놀고 있다.

시녀가 어린 왕자를 데리고 뜰을 거닐며 이야기를 해 준다.

시녀　왕자님, 저기 저 꽃을 보옵시오. 꽃은 모두 왕자님이 보시라고 저렇게 예쁘게 피어 있지 않습니까?

왕자　꽃도 보기 싫어.

시녀　왕자님은 모두 싫다하시니, 그럼 저 연못에서 노는 금붕어를 구경하실까요?

왕자　(몸을 흔들며) 금붕어가 뭐이 재미있다는 거야?

시녀　그럼, 저기서 놀고 있는 토끼를 데리고 노실까요?

하얀 옥토끼가 참 귀엽답니다.

왕자 그까짓 토끼가 뭐이 귀엽다는 거야. 난 토끼도 싫어.

시녀 참, 그러시면 어떡해야 좋아요?

왕자 무엇이든 신기한 걸 보고 싶어.

시녀 신기한 것이 무엇입니까? 이 좋은 대궐 뜰에서 재미있는 것이 없으시다니…….

왕자 없어 없어. 재미있는 게 없는 걸.

시녀 참, 딱하기도 하시어라.

왕자 신기한 것 좀 보여 줘.

시녀 나도 신기한 건 모르겠는데……

왕자 그럼, 아빠한테 가서 물어 봐요.

시녀 아바마마한테 그런 걸 물어 보면 야단하십니다.

왕자 신기한 걸 뵈 주지 않으면 울 테야.

시녀 어머나! 왕자님이 우시면 큰일 나십니다. 이를 어떡하나?

새 (나무 위에서) 왕자님, 나 좀 보시오. 나는 어때요? 신기하지 않나요?

왕자 (사방을 두리번거리다) 내게 말을 건 게 누구야?

새 이 나무 위에 있지 않습니까?

시녀 왕자님, 저건 요술 부리는 새랍니다.

왕자 요술 부리는 새라고? 무슨 요술을 부리는 거야?

새 왕자님, 당신이 원하는 것이 있으면 무엇이든지 말씀을 하시오. 내가 담박에 보여드릴 테니……〉.

왕자 그게 정말이야?

새 무어든지 원하시는 대로 - 하지만, 너무 큰 소원은 들어 드리지 못합니다. 너무 욕심이 크시면 못씁니다.

왕자 좋아, 그럼 이 꽃을 가지고 새 깃이 되게 해 봐.

새 꽃아, 꽃아, 새 깃이 되어라.

왕자가 꽃을 쥐고 있는데 금방 새 깃이 된다.

왕자 아, 참 정말 새 깃이 됐네. 신기해라!

새 어때요 재미있죠?

왕자 새야, 한 가지 더 해 보여 줘.

새 무얼 보여 드릴까요? 무엇이든지 소원대로 말씀하십시오.
하지만, 너무 욕심 많은 소원을 말씀하시면 안됩니다.

왕자 이 토끼에 날개가 나서 날아다니게 해 봐.

새 토끼 등에 날개가 나서 날아다니게 하란 말씀입니까?
문제없습니다. 자 보고 계셔요.
토끼야, 토끼야, 날개가 돋아서 훨훨 날아 다녀라.
(토끼, 날개가 나서 훨훨 날며 나간다.)

왕자 야! 참 재밌다. 토끼가 날개를 치고 날아다닌다.

시녀 왕자님 인제 기분이 좋으신가요?

왕자 신기한 걸 보니까 기분이 좋아. 요술쟁이 새야,
이번엔 무얼 보여 주겠니?

새 무어든지 소원대로 말씀하셔요. 그렇지만,
너무 욕심을 부리시면 안 됩니다.

왕자 나는 인제 달을 따 가지고 싶어. 달을 따다 줘.

새 하늘에 있는 달님을 따 가지시겠다고요? 그런 너 욕심이
많은 말씀은 들어 드릴 수 없습니다.

왕자 아냐, 난 달을 가지고 놀 테야. 어서 달을 따오게 해 줘.

새 그런 욕심을 부리시면 안 된다고 말씀드리지 않았어요?

왕자 안 돼. 나는 달을 가질 테야.

새 욕심을 부리면 어떻게 되나 보셔요.
새깃아, 새깃아, 날아가 버려라.

시녀 왕자님, 새깃이 없어져 버렸습니다. 괜히 욕심을 부려서…….

새 토끼야, 토끼야 날아가 버려라.
(토끼, 훨훨 날아서 나가 버린다.)

시녀 왕자님, 왕자님, 그 예쁜 날개 돋친 토끼도 없어졌습니다.

왕자 (울 듯한 소리로) 요술쟁이 새야, 토끼를 도로 내 놔,
꽃도 내놓고……

새 왕자님은 나무 욕심이 많아서 그것들이 다 가버린 거랍니다.

시녀 이를 어떡하면 좋담. 이 뜰에 있던 그 꽃과 토끼는
임금님께서 끔찍히도 좋아하시던 건데…….
아빠가 야단치시겠지?

시녀 크게 화를 내실 겁니다. 왕자님이 욕심을 부려서 없어진
줄 아시면 왕자님도 꾸지람 을 들으실 게고………

왕자 요술 부리는 새야, 어떡하면 좋아. 토끼를 도로 오게 해 줘,
꽃도 도로 오게 해줘.

새 왕자님은 그 꽃이나 토끼를 자기 것이라고 생각하지만,
정말 왕자님의 것은 아니랍니다. 정말 왕자님의 것이 되게 하려면
꽃나무를 가꾸세요. 손수 가꿔서 꽃을 피워야 해요.
토끼도 그렇죠. 새끼부터 손을 보아 길러야 해요.
그리고 너무 큰 욕심을 내지 마셔요.
그렇게만 한다면 이담에 또 재미있는 걸 많이 보여 드리겠어요.
(왕자 고개를 떨어뜨리고 훌쩍훌쩍 울면서 들어간다. -막-)

(이원수 각본)

(3) 어린이 방송극본

〈동석이와 자전거〉

(소요 시간 15분)

〈나오는 사람들〉

동 석 (10세, 남)	**인수 엄마** (30대, 여)
수 연 (8세, 여)	**인 수** (10세, 남)
엄 마 (30대, 여)	**정 아** (10세, 여)
아 빠 (30대, 남)	**해 설** (30대, 여)

음악 – 주제곡

수 연 오빠, 나 아까 오빠 자전거 타는 거 봤다.

동 석 그래? 어때? 잘 타지? 수연아.

수 연 응, 아주 잘 타던데?

엄 마 동석이가 언제 자전거 타는 걸 배웠지?

동석 벌써 오래 됐는걸요.

엄마 그런데, 엄만 동석이가 자전거 타는 걸 한 번도 못 봤구나.

동석 그럼 엄마, 이따가 30분 후에 베란다에서 아파트 아랠 내려다 보셔요.

엄마 아파트 아랜 왜?

동석 제가 자전걸 타고 올 테니까 보셔요. 엄마.

엄마 자전거?

동석 예, 아주 새 자전거를 타고 올께요.

엄마 새 자전가라니?

동석 친구 걸 빌려서 타는 거여요.

엄마 으응.

동석 엄마, 꼭 내다보셔요. 수연아, 너도 내다봐.

수연 알았어, 오빠.

엄마 그래, 내다보마.

음악 – 명랑한 음악

해설 자전거는 참 이상한 것이다.
한번만 타 보면 자꾸만 타고 싶어진다.
자전거가 없으면 더 타고 싶어진다.

수연 엄마, 30분 됐어요.

엄마 그래? 어디 내다보자.

효과 – 유리 창문 여는 소리.

수연 엄마, 저기 오빠가 와요.

엄마 정말, 야아!

수연 엄마, 오빠 자전거 잘 타죠?

엄마 그래, 어느 새 저렇게 배웠을까?

수연 (큰 소리로) 오빠! 오빠! 하하하.

엄마 동석아! 호호…….

해설 동석이는 자랑스럽게 팔을 흔들면서 자전거 종을
따릉 따릉 울리며 지나갔다.

효과 – 초인종(딩동)

수 연 누구셔요?

인수 엄마 (마이크에서 약간 멀리) 나 인수 엄마야.

수 연 (문을 열며) 아줌마 오셨어요?

인수 엄마 그래, 엄마 계시니?

수 연 예, (사이) 엄마 –

엄 마 어서 오셔요, 인수 엄마.

인수 엄마 안녕하셔요?

엄 마 예.

인수 엄마 베란다에서 무얼 하셔요?

엄 마 예, 저 아래서 동석이가 자전거를 타는 걸 보고 있었어요.

수 연 아줌마, 우리 오빠 자전거 참 잘 타요.

인수 엄마 그래?

엄 마 (자랑스럽게) 글쎄, 우리 동석이가 언제 배웠는지
자전거를 곧잘 타는 군요. 호호……

인수 엄마 동석이는 운동을 잘 하니까 자전거도 빨리 배웠군요.

엄 마 그런가 봐요. 오늘 전 동석이가 자전거 타는 것 처음 봤어요.

인수 엄마 동석 엄마, 동석이도 자전거를 사 주셔야겠어요.

엄 마 예– 사 주긴 해야 할 텐데…… 자전거 값도 꽤 비쌀 테지요?

해 설 엄마는 망설였다. 동석이에게 자전거를 사 주고도 싶고,
또 비싼 물건 이라 사 주고 싶지 않기도 하고.

음악 – 경쾌한 음악(부릿지)

해 설 한편, 동석이는 아파트 앞마당에서 처음 자전거를 배우는
인수의 자전거 뒤를 붙잡아 주고 있었다.

동 석 (뛰어가며) 자, 인수야. 이제 손 놓는다.

인 수 그래, 놔, 어어어?

동 석 핸들을 꽉 잡아. (사이) 인수야!쓰러지려는 쪽으로 핸들을 돌려!

인 수 어어어?

효과 – 자전거 넘어지는 소리.

인 수 아야야.

동 석 (마이크 가까이) 임마, 쓰러지려는 쪽으로 핸들을 돌려야 안 넘어진단 말이야.

인 수 그래도 쓰러지려면 자꾸만 반대쪽으로 핸들을 돌리게 된단 말이야.

정 아 (마이크에서 멀리서) 얘들아!(마이크 가까이) 얘, 우리 아파트 한 바퀴 돌자.

인 수 그래. 동석아, 이번엔 좀 잘 밀어 줘.

동 석 알았어. 이번엔 여섯 번째야.

인 수 그래.

동 석 어서 타. 밀어줄께.

인 수 됐어. 밀어, 동석아.

동 석 간다- 인제 손 놓는다.

인 수 오케이.

음악 - 코드. (짧고 경쾌한)

동 석 흥, 짜식.

해 설 동석이는 날씬하게 달려가는 정아의 자전거와, 비틀비틀 위태롭게 달려가는 인수의 뒷모습을 보면서 괜히 기분이 나빴다.

효과 - 자전거 벨 소리.

인 수 어이! 동석아, 나 좀 잡아 줘.

동 석 브레이크를 꽉 잡아!

인 수 어어어.

동 석 (마이크 가까이) 자, 됐어.

인 수 아유, 힘들어.

동 석 또 타. 이제 일곱 번째야.

인 수 그래.

동 석 민다.

인 수 그래, 야 - 재미있다. 하하……

음악 - 자전거 노래. (따르릉 따르릉)

정 아 동석아, 너도 엄마한테 자전거 사 달라고 그래.

동 석 우리 엄만 안 사 주실걸.

정 아 그냥 사 달람 사 주시니?

동 석 그럼, 어떻게 사 달래야 사 주시니?

정 아 막 떼를 써 봐.

동 석 떼를?

정 아 그래, 얘. 너, 나도 자전거 사 달라고 얼마나 떼를 썼는지 아니?

동 석 그럼, 나도 떼를 써 볼까?

정 아 그래, 얘. 뭐든지 얻어낼 땐 떼를 쓰는 게 제일 좋은 방법이야.

동 석 (혼잣말) 정말 그럴까? 아버지가 내년에 사 주신다고 하셨는데…….

인 수 (마이크에서 멀리) 얘들아, 나 인제 집에 갈래.

동 석 어? 인수야. 그냥 감 어떡해.

인 수 뭘.

동 석 임마, 열 번 밀어주면 한 번 태워 준다고 약속했잖아.

인 수 그렇지만, 아홉 번 밖에 안 밀어 줬으니까 안 태워 줘도 돼.

동 석 (약이 올라) 아홉 번 밀어 줬으니까 인제 한 번만 더 밀어주면 내 차례란 말이야.

인 수 난 열 번이라고 했지, 아홉 번이라곤 안 했어.

동 석 뭐? 비겁한 자식, 태워 주기 싫으니까.

인 수 흥, 난 약속대로 하는 거야.

동 석 배신자, 비겁한 자식.

인 수 뭐 임마, 너 말 다했어?

동 석 그래, 임마. 내가 아홉 번이나 힘들게 밀어줬는데 그냥 갈거야?

인 수 그럼, 어때?

동 석 에잇! (때린다.)

인 수 어? 이 자식.

(둘이 치고 받고 싸운다.)

정 아 얘. 동석아, 인수야, 싸우지 마.

동 석 놔! 놔!

정 아 그만들 둬, 인수야.

인 수 뭐야, 뭐. 씨, 잉잉. (운다)

정 아 아이 참, 그만 둬. 인수, 네가 약속을 안 지키니까 그렇잖니?

동 석 씨, 씨.

정 아 동석아, 내 자전거 타.

동 석 싫어!

음악 – 부릿지. (장면이 바뀌는 음악)

해 설 인수와 싸우고 집으로 돌아온 동석이는,

엄 마 친구하고 사이좋게 놀지 이게 뭐야? 단추가 떨어지고,
눈가에 멍이 들고.

동 석 엄마, 인수 자식 아주 나빠요.

엄 마 친구를 욕하는 사람도 나빠요.

동 석 그렇지만 인수 자식은 더 나쁜 자식이야.

엄 마 어허, 그래도 그러는구나.

수 연 오빠, 아프지?

동 석 괜찮아.

해 설 동석이는 약이 올라 아픈 줄도 몰랐다.

동 석 엄마, 글쎄 말이어요. 인수가 자전거 뒤를 열 번 밀어 주면
한 번 태워 주기로 약속하고 내가 아홉 번을 밀어 줬는데,
날 태워 주기 싫으니까 집으로 간다잖아요.

수 연 아이, 인수 오빤 정말 약았다.

동 석 약속을 안 지키는 배신자야.

엄 마 친구보고 그게 무슨 소리야.

동 석 엄마, 나도 자전거 사 줘요.

엄 마 아빠가 내년에 사 주시겠다고 약속하셨잖아.

동 석 그래도 사 줘요.

엄 마 이런, 녀석. 인수가 약속을 안 지켰다고 배신자라면서,
넌 아빠하고 한 약속 안 지킬거야?

동 석 에이, 씨, 괜히 약속했네.

해 설 그 날 밤.

아 빠 저런, 그래서 동석이 눈등이 퍼렇게 멍이 들었구나.

동 석 죄송해요. 아빠.

수 연 아빠, 오빠도 자전거만 있음 안 싸웠을 거여요.

동 석 그건 그래요, 아빠.

아 빠 그런데, 동석이가 웬일로 자전거 사 달란 말이 없을까?

동 석 아빠가 내년에 사 주신다고 약속하셨잖아요.

아 빠 응, 그랬었지.

동 석 지금 제가 사 달라고 떼를 쓰면 저도 배신자가 된단 말이어요.

아 빠 뭐? 배신자?

동 석 예.

엄마 · 아빠 허허허…… 호호…….

동 석 약속은 반드시 지켜야 한단 말이어요.

아 빠 암, 지켜야지. 작은 약속이든, 큰 약속이든, 약속을 지켜야지.

동 석 약속을 안 지키는 사람은 나쁜 사람이어요.

아 빠 그래, 동석아. 네가 오늘 약속은 반드시 지켜야 하는 거라는 걸 절실히 느꼈구나.

동 석 예.

아 빠 그럼, 그 상으로 아빠가 동석이와 한 약속을 조금 앞당길까 ?

동 석 예? 정말이셔요?

아 빠 그래.

동 석 언제로요? 아빠.

아 빠 내일.

동 석 우와– 신난다!

모 두 하하…….

아 빠 동석아, 그 대신 아빠하고 몇 가지 약속을 해야겠다.

동 석 무슨 약속인데요?

아 빠 첫째, 자전거를 타고 차가 다니는 큰 길에 나가지 말 것.

동 석 예!

아 빠 둘째, 좁은 골목에서 넓은 길로 갑자기 뛰어나가지 말 것.

동 석 예!

아 빠 그 다음은 너무 빨리 달리지 말 것.

동 석 그리구요?

아 빠 마지막으로 오늘 싸운 인수하고 화해하고 사이좋게 지낼 것.

동 석 저어, 그건.

아 빠 왜? 화해하기 싫으냐?

동 석 아니, 그게 아니라, 어쩐지 쑥스러운 걸요.

아 빠 이제 네가 새 자전거를 사면 인수가 왜 약속을 어겼는지 알게 될 거야. 자기가 아끼는 새 자전거를 남에게 빌려 주기 싫은 건 너도 마찬가질 걸.

동 석 응……정말 그럴 거여요. 아빠, 전 다른 애들은 만지지도 못하게 할거여요.

수 연 오빠, 그럼 나도 안 태워 줄 거야?

동 석 수연이, 넌 특별히 태워 줄께.

수 연 정말? 약속해. 나중에 안 태워 준담 안 돼, 오빠.

동 석 그래, 약속할께.

수 연 그럼, 손가락 걸어.

동 석 자, 약속.

수 연 약속.

모 두 하하……

음악 – 끝을 알리는 주제곡.

(김숙희 각본)

–한국교육개발원 라디오극 공모전 수상작

4. 문학평론의 이해와 실제

차세대문학의 장르구분에서도 언급한 바 있지만, 기대하는 만큼 뛰어난 작품이 창작되지 않는다든가, 작가의 위상이 높아지지 않는 등 차세대문학의 발전이 저해되는 원인 가운데 하나가 바로 비평의 부재다. 특히 근자에 이르러 차세대문학의 주류를 이루고 있는 아동문학가들이 우후죽순처럼 배출되어 아무런 여과장치 없이 간혹 수준 이하의 글을 지상에 발표하는 등 문제가 날로 심각해져 가고 있다. 비평을 전문적으로 연구하고 평론부문에 정식 등단한 사람이 사명감을 가지고 차세대문학비평 활동에 적극 참여하여 질적 수준을 높이는 동시에 위상을 제고시키는데 최선을 다해야 할 것이다. 차세대문학의 나아갈 방향을 제시하고, 따가운 질타와 채찍을 가하는 일이야 말로 비평이 해야 할 가장 중요한 역할이며, 차세대문학이 정립되어가는 첩경이라고 생각되기 때문이다.

1) 비평의 이해

(1) 비평이란 선택행위

사람들은 사회생활을 하면서 수없이 많은 일에 대해 평가를 하기도 하고 스스로 암암리에 테스트를 받으며 살아간다. 유치원에 들어 갈 때, 어느 유치원이 좋은 유치원인가를 선택하기 위해서 인근에 있는 여러 개의 유치원을 놓고 거리를 재고, 시설을 비롯한 여러 가지 교육환경을 살펴보고, 원장의 운영방침이나 선생님의 신상에 대해서 신중히 따져보던 어른들의 모습을 기억할 것이다. 그 후 대학을 선택하고 전공을 선택하는 문제를 비롯하여 지금까지 우리는 어떤 문제에 부딪힐 때마다 그것을 효율적으로 해결하기 위해 이해하고, 해석하고, 판단하고, 가치를 평가하는 일에 고심해 왔던게 사실이다. 특히 일생을 같이 살아야 할 배우자를 선택하는 문제에 있어서 우리는 정말 다각적인 평가를 하지 않으면 안 된다. 얼굴이나 피부, 몸매나 키 따위의 외형적인 것은 물론이고, 교양이나 마음씨, 취미나 특기 등 보이지 않는 내면적인 것도 꼼꼼히 짚어가야 한다.

물론 자기의 구미를 100% 만족시켜 주는 상대는 없다. 그러나 자신의 이상형을 찾기 위해 사람들은 수없이 많은 기준을 가지고 상대와 만난다. 외모만 빼어나게 아름답다고 해서 좋은 배필이 될 수 없고, 지와 덕을 손색없이 다 갖추었다고 해도 외모가 지나치게 떨어진다면 결코 좋은 배필이라고 할 수 없다. 진정 잘 어울리는 짝은 외재적인 아름다움과 내면적인 아름다움을 고루 다 갖추어야 한다. 그래서 사람들은 많은 이성들을 만나면서 이 모양 저 모양으로 상대방을 관찰하고, 해석하고, 판단하고, 자신이 정한 기준에 의해 평가한 후 궁극적으로 자신에게 가장 잘 어울리는 짝을 결정하게 되는 것이다.

비근한 예로 백화점에 가서 옷을 고를 때, 우리는 먼저 여러 점포를 돌아다니면서 이른바 아이 쇼핑 *eye shopping* 이라는 것을 한다. 옷의 색깔도 보고, 자신의 취향에 맞는 옷인지 모양도 살핀다. 값이나 실용성도 무시할 수 없는 구매조건이다. 그러나 옷이란 몸에 맞아야 한다. 색깔이나 모양, 값이나 실용성 등이 다 조건에 맞다 해도 그 옷을 입었을 때 몸에 맞지 않으면 아무 쓸모가 없게 된다. 옷의 사이즈에 대한 판단이 잘 못되었기 때문에 결국 효율적인 쇼핑을 할 수 없는 것이다. 비평이란 한 마디로 좋은 작품을 가려내는 행위다.

(2) 비평은 안팎을 고루 보는 것

문학작품을 볼 때도 경우는 마찬가지다. 독자들은 우선 자기가 원하는 책이 어느 장르에 속하며, 작품을 쓴 사람은 누구이며, 어느 출판사에서 나왔고, 책의 장정은 어떻게 되었는가, 등 외형적인 것을 살핀다. 조금 더 시간이 있다면 작품을 꼼꼼히 읽어가면서 언어나 구성, 문체 등 작품을 이루고 있는 내적인 요소에 대해서 예리한 분석을 가한다. 이른바 어떤 작품을 보다 잘 이해하기 위하여 우리는 작품의 외형적인 면과 내면적인 면을 종합적인 시각으로 바라보게 되는데, 이와 같은 작업이 이른바 비평이다. 덧붙여 말한다면 문학작품을 볼 때, 작가에 대한 연구, 작품의 시대상황 등 작품을 외부적 사실과 연결시켜 연구하는 경우를 외재적 비평이라고 하는 반면, 작품 자체를 완결된 세계로 보고 작품 연구에만 몰두하는 경우를 내재적 비평이라고 한다.

외재적 비평은 다음 세 가지 관점에서 이야기된다.

첫째는 작가의 체험, 사상, 감정 등이 작품을 만든다고 보아 작가의 의도, 작가의 전기, 작가의 심리상태 등을 중시하는 표현론적 관점이 있는데, 이들은 예를 들어 이광수의 〈무정〉이라는 작품이 이광수 자신의 생애를 투영한 작품으로 해석한다.

둘째는 작품을 현실 세계의 반영으로 보고 작품이 대상 세계의 진실한 모습과 전형적 모습을 얼마나 반영했는지 검토하는데 중점을 두는 반영론적 관점인데, 이들은 〈홍부전〉이 신분체계의 변동, 빈부간의 갈등 등 조선 후기 사회상의 반영물이라고 주장한다.

셋째로 작품이 독자에게 어떤 효과를 얼마만큼 주었느냐에 따라 작품의 가치를 평가하려는 효용론적 관점인데, 이들은 독자가 감동하는 것이 무엇 때문이며, 그것이 구체적으로 작품의 어떤 면에서 촉발되는가를 검토하는데 주력한다.

반면, 내재적 비평에서는 작품을 이해하는데 필요한 자료는 오직 작품뿐이며, 작품 속에 모든 것이 갖추어졌다고 주장한다. 그래서 작품을 작가나 시대, 환경으로부터 완전히 독립시켜 이해하려는 동시에 작품의 언어를 중시한다거나 부분들을 유기적으로 통합하고 있는 작품의 구조를 분석하는 일에 주력한다. 그들은 현진건의〈운수 좋은 날〉에서 추적추적 내리는 겨울비가 곧 아내의 죽음과 하층민의 삶을 암시한다는 사실을 읽어낸다.

앞에서 말한 것처럼 사람이나 물건을 고를 때 외형적인 것과 내면적인 것을 다각적으로 관찰해야 소기의 목적을 이룰 수 있듯이, 문학작품의 경우도 외재적인 요소와 내재적인 요소를 다각적으로 조명할 때 비로소 좋은 작품을 가려낼 것이다.

(3) 비평은 전문적 독서행위

문학을 전공하는 사람들까지도 문예비평이 어렵다고 말한다. 대부분이 비평의 개념을 제대로 파악하지 못하였거나, 막상 비평을 하고자 할 때 무엇을 어떻게 시작해야 할지 그 방법을 모르기 때문이라고 그들은 말한다.

그렇다면 과연 비평이란 무엇인가?

비평이란 원래 라틴어의 *Criticus*에서 비롯된 것으로 재판관, 심판관, 감정사,

심사원 등의 의미를 지니고 있을 뿐 아니라, 희랍어의 *Krinein*에 해당되는 것으로 분할하다, 구분하다, 결정하다, 식별하다, 권위 있는 의견을 말하다 등의 뜻을 지니고 있다.

한자어에서도 비평(批評)의 비(批)는 손으로 치다{擊, 밀치다推, 깎다削, 뵈어주다示} 등의 의미를 지니고 있으며, 평(評)은 평론하다{品論, 헤아리다量}는 뜻을 지니고 있는데, 구조상 언(言)과 평(平)이 어우러진 형태로 말을 공평하게 한다는 뜻이 있다.

영국의 그래엄 하프 *Graham Hough* 교수는 비평에 대해서' 비평이란 글을 알고 있는 사람에게는 자연스런 활동이다. 따라서 비평행위를 해 온 사람은 많고 다양하다. 비평은 지적인 독서의 정상적인 연장이며, 지적인 글을 쓸 때 필요한 부속물이라고 할 수 있다. 책에서 발견하는 것과 자신의 경험 내용을 비교하는 사람은 누구나 비평가가 되기 시작한 것이다. 문학작품을 처음 읽을 때는 비평적으로 읽지 않는다. 초보적인 비평 활동은 책을 읽을 때에도 일어나지만, 문학작품을 읽는다는 것은 하나의 일에 참여하는 것이다. 한 걸음 물러나서 그 일에 대하여 깊이 생각해 볼 때야말로 진정으로 비평이 시작되는 것이다. 비평이란 말하자면, 비평 이전의 작업을 기초로 하여 성립된다. 그와 같은 많은 작업이 있은 후 의문을 제기하고, 분석하고, 정리하고, 비교할 필요가 생기는 것이다. 이러한 활동을 우리는 비평이라 부른다. 비평이 일반적인 독서의 자연스런 연장이긴 하지만 결국 그것은 의식적인 기술, 과학인체 하는 티까지도 내는 기술이 된다. 오늘날 비평은 문학도만을 위한 것이다.

독자들 중에는 문학도가 되고 싶어 하지 않으며, 문학연구를 불필요하다고 생각하는 사람이 많다. 그들은 문학이란 연구하기 위한 것이 아니고 즐기기 위한 것이라고 타당성 있게 지적하며, 자신들의 무비판적이고 비조직적인 즐김에 만족한다. 그들은 그렇게 할 정당한 권리를 가지고 있으며, 우리는 그러한 독자들이 언제나 다수가 될 것이라는 것에 만족해도 될 것이다. 그러나 그들에게 이 글은 더 이상 할 말이 없다' 고 말한다.

그렇다면 독서행위를 해 왔던 사람은 누구나 알게 모르게 비평행위를 해 왔다고 할 수 있다. 그러나 비평이란 단순히 작품을 느끼고 이해하는 정도의 자각적인 독서행위에 머무는 것이 아니라, 작품에서 받은 인상을 보다 명료화하고 구체화하는 해석적인 독서요, 보다 전문적인 독서라는 점에 주목하지 않으면 안된다.

(4) 비평은 문학에 관한 일체의 논의

그러나 문학비평은 일반적으로 한 작가나 작품을 분석하고 평가하는 행위라고 할 수 있다. 이상섭 교수는 문학에 관련된 일체의 논의, 즉 문학이란 무엇인가, 한 편의 문학작품의 뜻이 무엇인가, 작가는 무슨 일을 하는가, 한 작가 또는 작품의 가치는 어떠한가 등등에 관한 논의를 넓은 의미의 문학비평이라고 말하고 있다. 문학비평은 문예에 대한 과학적인 비평, 작품을 비평함에 있어 그 작품의 좋고 나쁨만을 따지는 것이 아니라 여러 관점에서 논리적으로 귀결 지으려는 비평방법이다. 따라서 비평가의 개인적인 주관은 용납될 수 없고, 그의 판단은 심미적인 판단으로서 감상비평에 지나지 않으면 안 된다. 프랑스의 쌩트 뵈브는 작품 외에 작가의 생애, 환경, 목적, 사회 등을 고찰할 것을 주장하였으며, 떼느는 종족, 시대, 환경이 문학을 결정짓는 주요 요소라고까지 주장한 바 있다.

그 밖에 문학비평에 관한 정의는 수많은 학자들에 의해 언급되어 왔으나, 비평에 대한 정의를 대체로 아래와 같이 요약할 수 있다.

① *to judge*

② *to evaluate*

③ *to analyse*

④ *to appreciate*

⑤ *to fault-finding*

⑥ *to praise*

⑦ *to classify*

⑧ *to compare*

전통적인 비평의 이론과 실제의 유형은 앞에서도 잠깐 언급한 것처럼 문학작품을 설명하고 판단하는데 있어서 그것들이 기본적으로 그 작품을 작가 또는 외부세계나 독자에게 귀착시키느냐, 아니면 작품 그 자체를 하나의 완성품으로 보느냐에 따라서 몇 가지로 구분된다. 즉, 문학이 그것을 취급하는 사물과의 관계에서 볼 때는 모방론적 비평관이 성립하며, 문학이 독자에게 미치는 영향과의 관계에서 볼 때는 효용론적 비평관이 성립되고, 문학을 작가와의 관계에서 볼 때는 표현론적 비평관이 성립되고, 문학을 그 자체로서 하나의 자족적인 존재가 된다고 볼 때는 존재론적 또는 객관적 비평관이 성립된다.

에이브럼즈 *M. H. Abrams*의 다음 설명을 읽어 보면 비평이 무엇인가 보다 구체적으로 이해하게 될 것이다.

① 모방론적 비평 *mimetic criticism* : 문학작품을 세계와 인간생활의 모방 · 반영 혹은 재현으로 보며, 작품에 적용되는 기본적 평가 기준은 그것이 재현하거나 재현해야만 할 대상에 대해 얼마나 진실성 있게 재현했느냐 하는 것이다. 이 비평양식은 플라톤과 아리스토텔레스에게서 처음 드러났으며, 현대 리얼리즘 문학이론의 특징이기도 하다.

② 효용론적 비평 *pragmatic criticism* : 작품을 독자에게 미적 쾌감 · 교훈 혹은 감동 등 일종의 어떤 효과를 주기 위해 구축된 것으로 보며, 작품의 가치를 그런 목적의 성취도에 따라 평가하려고 한다. 이러한 접근은 로마시대로부터 18세기까지의 문학논의를 지배했고, 최근에는 작품 속에 제시된 것들에 대한 독자들의 반응을 이끌고 또한 그것에 영향을 미치기 위한 수단으로 작가들이 사용하는 예술적 전략을 강조하는 수사학적 비평 속에서, 혹은 독자들의 해석적 반응에 영향을 주는 약호들의 조직적인 활동으로 문학작품을 분석하는 바르트와 같은 구조주의자들에 의해 다시 나타나고 있다.

야우스 *Jaus*의' 독자에 의해 작품 속의 의미가 올바르게 수용되었을 때, 그 작품은 비로소 생명체를 갖는다.' 는 말에 주목할 필요가 있다.

③ 표현론적 비평 *expressive criticism* : 문학작품을 기본적으로 작가와의 관계에서 취급한다. 이것은 시를 감정의 표현 · 분출 · 발화로, 혹은 자신의 지각 · 사고 · 감정에 작용하는 시인의 상상력이 만들어낸 산물로 정의한다. 그래서 이것은 시인의 개인적 전망이나 마음 상태가 얼마나 진지하게, 또는 순수하고 적절하게 표현되었는가에 따라 그 작품을 평가하려고 한다. 그리고 흔히 작품 속에 의식적이거나 무의식적으로 자신을 드러내 놓은 작가들의 특별한 기질과 경

험들에 대한 증거를 그 속에서 찾는다. 이런 관점은 주로 낭만주의 비평가들에 의해 발전되었으며, 오늘날에도 여전히 통용되고 있는데, 특히 정신분석학적 비평가들의 저작물과, 뿔레 Poulet나 제네바 학파 등과 같은 의식비평가들에게서 이를 발견할 수 있다.

④ 객관론적 비평 *objective criticism* : 작품을 시인이나 독자나 주위의 세계로부터 자유롭게 떨어져 존재하는 어떤 것으로 파악하는 경우다. 이것은 문학작품을 자기 완결적인 대상으로, 그렇지 않으면 그 자체가 하나의 세계라고 기술하고, 따라서 작품은 복잡성 · 일관성 · 균형 · 총체성 및 구성 요소들의 상호 관계 등 내재적 기준에 의해 분석되고 판단되어야 한다고 본다. 이것은 1920년대 이후 많은 중요한 비평가들의 접근방법이며 신비평가, 시카고학파, 유럽 형식주의 지지자들, 그리고 많은 프랑스 구조주의자들이 이런 비평방법을 택하고 있다.

그러나 이러한 비평 유형들이 따로따로 분리되어 문학에 적용되지는 않는다. 대부분의 경우에 있어서 모방론 계열의 사실주의 비평은 문학의 원천으로서의 사회를 논할 뿐 아니라 문학의 사회적 효용에 관해서도 말한다. 존재론 역시 작품의 독특한 원리를 밝히는 작업이 궁극적으로 인간 체험, 곧 인생의 질서와 조화의 이념에 공헌하는 것으로 주장할 수도 있기 때문이다.

결국 비평의 가장 중요한 과제는 앞에 열거한 여러 유형들 사이의 끊을 수 없는 연결 고리를 문학작품의 손상 없이 어떻게 규명하고 서술하고 평가하느냐라고 할 수 있을 것이다. 또 한 가지 간과할 수 없는 일은 문학작품 자체에 대한 면밀하고 편견 없는 관찰이 어떤 종류의 비평에서나 피할 수 없다는 점이다.

실제적인 비평의 분류에 있어서 일반적으로 문학작품의 특수한 성질들을 결정한 영향이나 원인들을 설명하려는 의도 아래 문학을 다른 특수한 영역의 지식이나 이론과 관련시켜서 구별하는 경향이 있다.

* 문학비평이란 세계에서 알려지고 선택된 가장 좋은 것을 배우고 퍼뜨리려는 공정무사한 노력이다. — 아놀드 *M. Arnold*

* 문학비평은 작품에 나타난 인생 및 표현의 해석이다.

— 허드슨 *W. H. Hudson*

* 비평은 작가의 작품을 분석하는 것, 원인을 찾아 그것을 설명하는 것, 또 미적인 가치를 판단하는 것에 있다. – 리카도 *Ricardo*

* 문학에 관한 담화 *discourse about literature* 다.

– 르네 웰렉 *Rene Wellek*

2) 차세대 문학평론의 실제

(1) 상상, 그 영원한 매력

신년호 각 문예지를 읽으면 우리 문단에서 아동문학의 위상이 아직도 정립되지 않고 있음을 발견할 수 있다. 특히, 종합 문예지들이 거의 아동문학을 게재하지 않고 있을 뿐 아니라 신인상 작품 모집마저 회피하고 있는 실정으로 매우 안타까운 일임을 먼저 지적해 둔다. 아동문학이 어린이 정서 발달에 매우 중요한 영향을 끼친다는 것을 알면서도 지면을 할애하는 데 인색한 잡지사에 일차적인 책임이 있다고 본다. 매 호에 아동문학 작품을 적어도 몇 편 정도는 게재해야겠다는 편집 방향이 세워지기를 당부한다.

고정적인 동서 인구가 가장 많고, 우리 나라의 경우 시인 다음으로 아동문학가의 수가 많은 사실을 비추어 볼 때 아동문학 장르에 크게 비중을 두어야 하는 것이 당연하다. 중앙에서 발행되는 문예지부터 솔선수범하여 이 일에 앞장설 때 우리 나라의 아동문학은 눈부시게 발전되리라는 확신이 선다. 아동문학의 발전 없이 다른 문학 장르가 발전한다는 것은 어불성설이다. 체계적으로 좋은 아동문학 작품을 읽고 자란 차세대들이 나중에 시인이 되고 소설가가 되었을 때 비로소 우리는 그들에게 수준 높은 작품을 기대할 수 있다.

최근에는 IMF 한파가 아동 문단에도 불어닥친 것 같다. 우리 사회의 아동문학에 대한 관심이 부족한 데다 출판비의 폭등으로 창작집을 준비하던 문인들이 발간을 보류하거나 포기한 탓인지 예년에 비해 좋은 작품을 만나기가 어려웠다. 발표된 작품도 대부분 아동문학의 절대적인 요건이라고 할 수 있는 상상의 빈곤을 벗어나지 못한 수준이어서 안타깝다. 그러나 여러 가지 어려운 상황 속에서도 몇 편의 작품을 건질 수 있어서 퍽 다행스럽게 생각한다.

딱따구리는 왜 전화할까/나무 기둥에서 어미새
톡톡톡 전화하면/높은 가지 잎새 속에서
아기새/듣겠지
왜 나란히 앉아 지저귀지 않고/전화할까
그럴만한 일 있었나 보다/어미새와 아기새 둘 사이에

나무 밑에서/아이가 두 눈에 웃음 담는다.

– 유경환의 〈딱따구리〉 전문

상상력을 십분 발휘한 시로 유경환의 〈딱따구리〉(아동문예 1월호)를 빼놓을 수 없다. 이 시에 등장하는 소재는 단순하다. 딱따구리, 전화, 나무, 어미새, 아기새 등이다. 과학적으로 말하면 딱따구리가 나무를 쪼아 대는 상황을 적은 것 외에 아무것도 없다. 그러나 시인은 딱따구리가 톡톡톡 나무 기둥을 쪼아 대는 소리를 과학적이고 사실적으로 표현하지 않고, 현실을 초월한 상상의 세계, 즉 어미 딱따구리가 아기 딱따구리에게 전화를 하는 상황으로 변형시킴으로써 상상력을 극대화하고 있다.

상상의 주된 기능 과거에 겪었던 여러 가지 이미지들을 결합하여 새로운 공동체를 만들어 내는 일이라고 전제할 때, 창작 과정에서 이미지들을 선택하여 결합하는 단계, 곧 다르거나 관계가 먼 여러 가지 이미지들을 선택하여 거기서 어떤 유사점을 찾아 결합하는 단계야말로 매우 중요하다. 심리학에서는 이 같은 현상을 관념 연상이란 용어로 정리하고 있다. 따라서 딱따구리가 톡톡톡 나무 쪼아 대는 소리를 들으며 전화하는 것으로 상상할 수 있었던 것은 시인이 겪었던 과거의 어느 이미지와 무관하지 않다고 본다. 유년의 어느 날 우체국에 갔다가 호기심에 가득 찬 모습으로 우연히 들었던 무전기 소리를 연상했거나, 철봉대 한쪽 끝에 귀를 대고 친구가 작은 돌로 철봉대 다른 끝을 톡톡톡 가볍게 두드리면 마치 바로 옆에서 치듯이 크게 들려 오던 그 소리를 기억해 냈거나, 아니면 대나무 봉 두 개를 실로 이어서 만든 장난감 전화기를 가지고 엄마와 함께 전화

놀이 했던 추억을 무의식 속에서 끌어 내 형상화했다고 생각한다. 이런 경우 문학에서는 연상적 상상이라는 표현을 쓰는데, 연상적 상상은 어떤 사물이나 관념을 좀더 분명하게 드러내는 효과가 있다.

> 배꼽티 입고/밭둑길 가는
> 누나를 보고/참외밭에 참외들이/웃었습니다.
> "배꼽이 이 정도는 돼야/내놓는기라."
> 볼록볼록 배꼽 쥐고/웃었습니다.
> 깔깔깔 낄낄낄/웃었습니다.
>
> – 서오근의 〈배꼽티〉 전문

서오근의 〈배꼽티〉(아동문예 1월호) 역시 연상적 상상력이 뛰어난 작품이라 하겠다. 사람의 배꼽 모양과 덩굴이 매달린 참외의 반대쪽의 모양은 매우 흡사하다. 특히 참외 중에는 배꼽참외라는 것이 있어서 외형적인 것뿐 아니라 배꼽이라는 이름마저 같아서 〈배꼽티〉를 읽으며 조금도 어색함을 느끼지 못한다. 한 마디로 이미지의 결합이 자연스럽게 성공한 경우라 하겠다.

아울러 이 작품은 알레고리의 성격도 강하게 지니고 있어 읽는 이들에게 카타르시스의 쾌감까지 제공해 준다. 배꼽도 배꼽답지 못한 것을 내놓고 다니며 부끄러워할 줄 모르는 일부 젊은 세대를 날카로운 혀를 통해 비웃고 있다. 교훈적인 것을 말하고자 할 때 인간의 입장에 서서 윤리나 도덕을 길게 늘어놓는다면 진부하고 건조해서 아무에게도 감동을 줄 수가 없다. 짤막한 한 마디의 알레고리로 족하다.

그런 의미에서 "배꼽이 이 정도는 돼야/내놓는기라" 고 풍유한 것이야말로 시인이 〈배꼽티〉에서 거둔 또 하나의 성공이라고 하겠다.

중앙의 문예지가 아동문학에 인색한 반면, 지방에서 발간되는 문예지는 비교적 아동문학에 후한 편이다. 인천문우회가 발행하는 「갯벌문학」이나, 통영문인협회가 발행하는 「통영문학」의 경우, 아동문학 작품을 다른 장르의 작품과 동등하게 다루어 오히려 중앙 문예지의 역할을 대신하고 있다. 필진도 그 지역의 문인에 한정하지 않고 전국적으로 확산하여 우수한 작품들이 이따금 눈에 띈다. 김완기의 〈시골 논둑길〉「갯벌문학」, 8집은 각 연끼리의 이미지 결합이나 상상력 처리가 노련한 작품이라고 할 수 있다. 시의 화두를 "콩 꼬투리가/멍하니 입을 열고/앉았다"로 시작하여 2연에서 빨간 노을에 신이 난 잠자리 떼가 꼬리를 뻗어 가을 바람을 일군다고 말하고, 마지막 연에서 입이 큰 개구리 한 마리가 논둑길을 두리번거리다 흙을 덮고 누워 버린다고 마무리함으로써 가을철 시골 논둑길의 정경을 안정감 있고 리얼하게 묘사하고 있다.

한국문인협회가 원주지부가 발행하는「원주문학」· 5집에 게재된 정혜원의 동화 〈파란 지붕 호수집〉 역시 지방 문예지를 읽으며 발견한 감동적인 동화이다. 엄마와 단 둘이 살아가고 있는 열두 살짜리 해철이의 시각을 통하여 가족끼리의 진정한 사랑이 무엇인가를 극명하게 보여 준 작품이다. 한 번도 만나 본 일이 없는 아빠에 대한 그리움을 상상과 순수한 동심으로 차분하게 그려 간 점이라든가 정경 묘사의 섬세함, 짜임새 있는 구성 등은 정혜원의 동화가 지닌 장점으로 기대해 볼 만하다.

–「월간문학」의 월평

(2) 감동, 그 뜨거운 힘

21세기가 눈앞에 와있다. 금세기가 시작되던 무렵에 패기라는 사람이 "어리석은 자가 허세를 부린다"고 했던 말을 읽은 일이 있다. 우리 나라의 경우 1908년 육당 최남선이「소년」지에 발표했던 〈해에게서 소년에게〉를 아동문학의 시발점으로 본다면 금년이 탄생 90년이 되는 셈이다. 어린이를 위한 문학이 부재하던 당시의 봉건 사회에서 오늘날 어린이들에게 읽힐 문학작품이 풍요할 정도로 많이 쏟아져 나오고 있는 점이나, 어린이들에게 문학 작품을 제공할 아동문학가들이 세계 어느 나라 못지않게 많이 배출된 점을 비추어 볼 때, 우리 아동문학이 양적으로 일단 승리를 거둔 건 사실이다.

그러나 아동문학의 질적인 측면에서는 이렇다 할 성과를 거두지 못했다는 점을 지적하지 않을 수 없다. 우리의 아동문학 발전을 위해 사명감을 가지고 연구 노력한 몇몇 아동문학가들의 공적을 제외한다면 그 동안 1세기 가깝게 대다수의 아동문학가들이 작가 의식을 상실한 채 허세만 부리거나 안일 무사주의에 빠져 진취적인 작품을 창출하지 못하고 있음은 매우 안타까운 일이다. 세계는 하루가 무섭게 젊어지고 있는데, 어린이를 1차적 대상으로 삼고 있는 문학이 몇십 년 전의 생각이나 기법을 가지고 현상 유지에 급급해 한다면 과연 어느 누가 접근해 올지 아동문학가들 스스로 반성하지 않으면 안 된다. 만약에 아동문학을 한다는 사람이 아동심리나 발달 단계를 모르거나 문학의 체계적인 이론을 공부하지 않은 상태에서 어린이를 위한 작품을 쓸 경우 어떤 결과가 초래될지 불 보듯 뻔하다.

시나 소설보다 미숙한 상태가 동시이고 동화라는 막연한 지식으로 아동문학에 덤벼드는 것은 참으로 위험하다. 반대로 시나 소설 공부를 충분히 하고 난 뒤에 동시나 동화를 쓰는 것이 순서이고 아동문학가로서 성공하는 길이라는 것을 신인들은 특히 명심하기 바란다.

> 날씨가 좋은 날이면/나의 작은 고향은
> 흰 빨래처럼/푸른 하늘에 늘 걸려 있다.
> 신작로에 쏟아지는/햇빛처럼/눈부시게 펄럭인다.
> 흙담 사이로 길게/휘어져 굽은/골목길도 함께 걸려 있다.
> 내 어릴적/고무신 발자국도 남아 있다.
>
> – 이상현의 〈나의 작은 고향〉 일부

「월간문학」 2월호에는 아동문학 특집으로 동시 11편과 동화 6편을 엮고 있는데, 역시 한국 문인들의 대표 문예지답게 선구자적인 면모를 볼 수 있어 뜨거운 박수를 보낸다. 다만 특집이라는 이름을 붙이지 않고도 계속 지면을 넉넉히 할애해 주어야 아동문학이 발전한다는 사실을 언급하고 싶다. 이번에 발표된 작품들은 대체로 우리 나라 중진 아동문학가들의 동시와 동화로 수준작을 만날 수 있어 흐뭇하다. 특히, 이상현의 〈나의 작은 고향〉 (「월간문학」, 2월호)은 동시가 시보다 미숙한 단계에서 창작되는 것이 아님을 입증해 주는 작품이다.

항간에 유치한 생각과 언어를 사용해야 동시가 되는 것처럼 '엄마 · 아빠 · 해님·달님' 따위를 즐겨 쓰거나, 문학의 모든 정황을 세상 물정에 어두운 철부지로 만들어 성인의 생각과 괴리시키려는 경우를 보게 되는데, 잘못하면 오히려 어색하고 조잡스런 글을 쓰기 쉽다. 아동문학의 대상을 무의식중에 유아뿐이라고 착각하는 데서 오는 실수다.

이상현의 〈나의 작은 고향〉은 얼핏 생각하기에 어른을 위한 시 같지만, 어린이들이 이해하기 쉬운 언어를 사용하였으며, 어린이들의 마음을 움직여 상상의 날개를 펼칠 수 있도록 두 개의 고향을 설정해 놓은 점으로 미루어 한 편의 아름다운 동시임에 틀림없다. 하늘로부터 출발하여 지상에 존재하는 나에게까지 시적 공간을 이동해 가며 향수를 재현시키고, 마지막 행에서 '나의 또다른 고향'을 제시하여 유년의 고향에서 만날 수 있는 과거의 이미지와 지금 또다른 고향에서 만나는 현재를 입체화시킨 점이 주목할 만하다.

아울러 고향을 그리는 간절한 마음을 '흰 빨래·햇빛·골목길·고무신 발자국' 등 시각적인 구체물로 형상화시킨 뒤, 5연에서 '아이들의 사투리가 들려 오고' 라는 청각적 이미지를 동원하여 향수의 절정을 이루게 하고, 마침내 6연에서 시적 화자로 하여금 현실로 돌아가게 하는 구성력도 만만치 않다. 이상현이 꾸준하게 수작을 내놓기까지는 오랫동안 시를 써온 것이 밑거름이 되었을 뿐 아니라, 평소 아동문학을 체계적으로 연구해 온 결과라고 본다.

같은 지면에서 읽은 엄기원의 〈깊은 산 속 옹달샘〉은 저절로 흥이 날 만큼 리듬이 살아 있으며, 맑고 깨끗한 이미지가 마치 고성능 촬영기로 동심을 찍어 낸 듯 투명하고 생동감이 넘치는 시이다. 김신철의 〈봄이 오는 소리〉는 다양한 소재를 선택하여 어린이들 곁으로 서서히 다가오고 있는 이른 봄의 정경을 차분하게 묘사하고 있으며, 이진호의 〈담쟁이덩굴〉과 서정남의 〈겨울산〉은 어린이 특유의 의구심과 호기심을 어린이의 시각으로 잘 포착하고 있어 어린이들에게 더욱 친근감을 주리라 믿는다.

이 달에 읽은 동와 가운데 권태문의 〈할머니, 나 노랗지?〉(「아동문예」, 2월호)는 유아 동화로서 퍽 인상적이다. 두 살배기 채림이가 할머니를 따라 약수터에 갔다가 샘가에 피어 있는 노란 개나리꽃을 보는 데서 이야기는 시작된다.

> "할머니, 이건 왜 노랗지?"
> 두 살바기 채림이가 샘가에 피어 있는 개나리꽃을 하나 따와 할머니에게 보였습니다. 채림이의 눈은 아침 이술 방울처럼 반짝 반짝 빛났습니다.
> "이 샘물을 빨아먹고 크기 때문이야."
> 할머니의 주름진 얼굴이 웃음으로 활짝 펴졌습니다. 할머니는 채림이의 머리를 쓰다듬으며 자꾸 웃었습니다. 약수터 곁에 있는 개나리는 노란꽃을 조롱조롱 달고 깔깔 웃는 듯 했습니다. 먼데서 보면 노란 옷을 입은 것처럼 보였습니다.
>
> – 권태문의 〈할머니, 나 노랗지?〉 일부

어린이들이 갖고 있는 강력한 탐구심, 호기심 그리고 어떤 것에 대한 기대 심리를 잘 이용하여 두 살배기 채림이가 할머니에게 질문을 던지는 형식으로 동화의 서두를 잡은 점에 주목할 필요가 있다. 발단 부분에서 어린이의 마음을 사로잡지 못하면 실패작으로 끝난다는 무서운 사실을 동화 작가에게 시사해 준 좋은 본보기다. 샘물을 먹으면 노래질 수 있다는 할머니의 말을 그대로 믿고 샘물을 한 컵 마신 뒤 노래지기를 기다리는 일이라든가, 잘 우는 아이는 노래질 수 없다는 말에 우는 버릇을 쉽게 고친 일, 잠든 사이 어머니가 노란색 츄리닝을 갈아입힌 것도 모르고 이튿날 개나리처럼 노래졌다고 좋아서 어쩔 줄 모르는 채림이의 행동에서 순진무구한 동심을 흠뻑 맡을 수 있어 동화의 진미를 실감했다. 특히, 노란색 츄리닝을 입고서 노랗게 변했다고 믿는 채림이에게서 유아기의 심리를 자연스럽게 읽어 낼 수 있도록 묘사한 점이 〈할머니, 나 노랗지?〉를 유아 동화로서 성공시킨 관건이라 하겠다. 결말 부분에서 어린이들에게 안도감을 주면서 간결하게 마무리한 점도 호감이 간다.

김진희의 〈토요일 상자〉 (「아동문학」, 1월호)도 발달 부분에서 비교적 성공을 거둔 작품이라고 하겠다. 권태문의 동화에서 느낄 수 있는 함축미는 결여되었으나, 두 꼬마 아이들이 굉장히 많은 양의 산삼을 가졌다고 서두를 시작하여 독자로 하여금 그 다음의 이야기에 관심을 기울이게 한 점에서 일단은 성공을 거두었다고 본다. 구성이나 묘사력도 제법 다듬어져 있으며, 긴장감 속에서 사건이 전개되다가 결말 부분에 가서 유머와 재치로 문제를 명쾌하게 해결하는 솜씨 또한 돋보인다. 그러나 철희와 인태의 대화 가운데 감춰 놓은 산삼을 어른들에게 들키면 안 된다고 하면서 이 다음에 세계 여행갈 때 큰 돈이 될 거라고 수준에 맞지 않는 이야기를 나누거나, 죽어 가는 병아리를 살리기 위하여 산에서 가지고 온 산삼을 씻으며 욕실에서 여유 있게 물장구도 치고 비눗방울 놀이를 하는 대목은 아무래도 어색하다.

다음으로 김선태의 〈FM과 AM〉(「월간문학」, 2월호)은 제목에서부터 흥미를 끌었다. 마치 라디오 주파수를 연상하게 하는 제목이었지만 동화를 읽어 가다 보면 금방 AM은 아메리카 메리골드의 약자로 만수국을 의미하고, FM은 프랑스 메리골드의 약자로 공작초를 의미한다는 것을 알게 된다. 상대편의 단점을 드러내면서 매일같이 다투던 두 꽃나무가 결국 화해한다는 내용의 의인화 동화로 FM과 AM이 지니고 있는 특징을 함축적이면서도 예리하게 조명한 점이 두드러진다. 아울러 능숙한 대화체를 통하여 화자의 성격을 효과적으로 묘사하거나 플롯의 움직임을 빠르게 진전시켜 나간 점은 김선태의 동화가 지니고 있는 장점이라고 하겠다.

이창수의 〈짧은 만남, 긴 이별〉과 김철수의 〈휘파람 부는 꾀꼬리〉(「월간문학」, 2월호)는 척박한 시대를 살아가는 현대인들에게 진정한 인간애가 무엇인가를 보여 주는 휴머니즘의 동화로 오래간만에 가슴이 훈훈해짐을 느낄 수 있었다. 이 달의 아동문학 작품을 읽으면서 일본의 동화 작가 구리 료헤이가 쓴 〈우동 한 그릇〉이 떠오른다. 한 나라를 울리고 전 세계를 감동시킬 수 있는 동화가 이 땅에서 나오기까지는 아동문학가들의 가슴 깊은 곳에 도사리고 있는 이런저런 허세부터 뽑아 버려야 한다는 생각을 해 본다. －「월간문학」 월평

(3) 리얼리즘의 한계

아동문학이 발전하려면 리얼리즘을 바탕으로 한 비판정신이 좀더 적극적으로 작품 속에 녹아 있지 않으면 안 된다. 우리의 고전 문학사를 살펴볼 때, 신라의 〈서동요〉를 비롯하여 조선 시대의 〈녹두장군의 노래〉, 〈흥부전〉, 〈심청전〉 등 많은 아동문학 작품이 어린이부터 어른에 이르기까지 다양한 독자층을 확보

했던 까닭은 그 작품들이 비판적 리얼리즘을 바탕으로 쓰여졌기 때문이라는 임헌영의 지적은 매우 신빙성 있게 받아들여진다. 오늘날 우리 아동문학 작품이 읽히지 않는 이유는 바로 작품 속에 비판적 리얼리즘이 없기 때문이라고 바꾸어 말할 수 있다.

아동문학은 어린이들에게 아름다운 꿈과 낭만적이고 환상적인 세계를 보여줘야 하기 때문에 사실을 미화시켜야 한다고 생각하는 아동문학가가 있다면 그는 자기도 모르게 어느 날 독자로부터 소외당하고 말 것이다. 특히, 동시에서 지나치게 서정적인 범주를 벗어나지 못하고 동심의 탈을 쓰고 모든 것을 아름답게 포장해야만 동시가 되는 것처럼 착각하는 경우를 자주 발견하게 되는데 바람직한 일이 아니다. 어려서부터 현실을 알고 미래의 꿈을 실현해 나가는 데 필요한 능력을 다양하게 길러 주는 것이 아동문학임을 잊어서는 안 된다.

> 마른 가지에 기대어/좀처럼 떠날 생각을 않는다.
> 얇은 그물짓으로/바람 걸러 보내면서
> 가까이 다가가도/좀체로 움직이지 않는다.
> 모두들 떠나간 자리/벼그루터기에서/마지막 가을을 붙들고 싶다.
> 시린 바람에/간간이 날개 떨면서/깊은 생각에 빠져 있다.
> 기도중인가 보다.
>
> \- 조무근의 〈늦가을 잠자리〉 전문

한국아동문학회 회원들의 작품집 「21세기 꿈동산」에 실린 조무근의 〈늦가을 잠자리〉는 현실이 살아 움직이고 있는 시다. 서정적이면서 사람이 살아가는 냄새가 물씬 풍긴다. 모두가 떠나고 난 늦가을, 마른 가지에서 마지막 가을을 붙들고 앉아 아쉬움에 떨고 있는 잠자리는 인간이 지니고 있는 가장 원초적인 모습일지도 모른다. 산업화 시대, 정보화 시대에 접어들기 전까지만 해도 사람들은 한 번 만나 정을 붙이면 헤어지지 않고 일편단심으로 살아가는 것을 미덕으로 삼아 왔다. 사람끼리의 정은 물론이고, 돌 하나, 나무 한 그루와 맺은 정까지도 쉽게 버리지 못하는 것이 본래의 인간이다. 그러나 요즘의 어른들은 만나고 헤어지는 일을 너무 쉽게 생각하고 있다. 의리도 없고, 신뢰성도 없다. 당장 자신에게 이익이 되지 않는다고 생각하면 모든 걸 쉽게 버리는게 요즘 어른들의 특징이라고 할 수 있다. 조무근의 〈늦가을 잠자리〉를 통해서 이와 같은 비인간적인 현대인들의 행위를 날카롭게 꼬집는다.

이런 맥락으로 볼 때, 늦가을을 지키고 있는 잠자리는 순진 무구하고 가장 원초적 인간의 변신, 즉 어린이라는 해석이 가능하다. 더구나 마지막 연을 "기도중인가 보다"라는 한 행으로 처리하여 다른 연과 동등하게 비중을 둠으로써 형이상학적 의미를 강조한 것을 보면 그가 얼마나 예리한 비판 정신을 가지고 현실과 만나는지 확인할 수 있다.

> 오랜만에 올라오신 할아버지는/앉아서 자꾸만 좌우로
> 몸을 흔드신다./눈을 끔뻑거리시며
> 자꾸만 내게 몇 층이냐고/물어보신다.
>
> "10층이요, 할아버지."/내가 10자에 힘을 주어 대답하면
> 침을 꿀꺽 삼키시며/"얘야, 너 그 창문가에
> 너무 가까이 가지 마라."
> 엄마가 솜씨내어 차린 밥상 앞에서도
> 할아버진 자꾸 멀미가 나신단다.
>
> – 김희정의 〈우리 할아버지〉 일부

김희정의 〈우리 할아버지〉(「아동문예」, 3월호)는 리얼리티가 매우 강하게 드러나 있는 작품이다. 고층 아파트에 사는 도회지 사람들의 불안정한 심리를 시골에서 올라오신 할아버지의 목소리를 통해 직설적으로 표출함으로써 훨씬 고조시키고 있다. 아울러 전원으로 돌아가고자 하는 인간적 원초적 잠재 심리를 할아버지의 말과 행동으로 보여 주고 있기 때문에 이 시의 정황들이 더욱 현실감 있게 가슴에 와 닿는다. 그리고 어지러워서 더 못 있겠다고 짐을 싸시는 할아버지의 태도에서 우리는 현대 문명의 이기로 등장한 아파트 문화에 대하여 시인 스스로가 강한 비판 의식을 가지고 있다는 것을 쉽게 읽을 수 있다. 처음부터 계속 긴장감을 주던 이 시가 끝부분에 가서 "할아버지/올 가을에도 밤이랑 감이랑

따 주세요./그제서야/허허 크게 웃으시며/오냐, 오냐. 가을에 꼭 내려오너라."로 마무리한 것은 세련된 기법으로 안정감을 줄 뿐 아니라, 자연 회귀 본능의 인간 심리를 잘 드러낸 경우라 하겠다.

신천희의 〈까막눈〉(「아동문예」, 3월호)에서도 에프킬라 통에 겁도 없이 앉아 놀고 있는 파리를 전경화시킨 뒤, 어리석은 인간들의 무모한 행동을 냉혹하게 풍자한 비판적 리얼리즘을 발견할 수 있다. 무식한 사람에 대한 경고인 동시에 열심히 공부하라는 교훈을 내포한 짧은 시로, 경우에 따라서는 대단히 강한 현실감을 안겨 준다. 기타 다른 작품 속에서 원색적인 욕설을 그대로 사용하거나 무조건적인 부정적 시각으로 사건이나 사물을 조명하는 경우를 보게 되는데, 이는 어린이 정서 발달을 전혀 모르는 무지한 소치로 아동문학가들이 특히 삼가야 할 일 가운데 하나다. 아동문학에서 리얼리즘의 한계가 바로 여기에 있다.

동화에서도 예외일 수는 없다. 특히 관념적인 문제를 동화로 형상화하는 경우 어디까지 깊이 있게 다루어야 하는지 애매할 수밖에 없다. 다만 작품을 읽는 대상자가 주로 어린이라는 점을 감안하여 발달 단계에 맞게 써나가면 된다. 그러나 정치적, 사회적 이데올로기 문제가 특히 초등학교 정도의 어린이들에게 얼마만큼 흥미를 줄 것이며, 그들 수준으로 내용을 얼마나 소화할 수 있는지에 대해서는 더 연구되어야 할 일이다.

> 아저씨는 침을 꿀꺽 삼키며 강조하듯이 말했다.
> "아니야, 새는 정작 가장 중요한 것 한 가지를 잃어버리고 있어.
> 자유! 저 푸른 하늘을 마음대로 날아다닐 수 있는 자유를 읽어버리고 있는 거야. 새는 푸른 하늘을 마음대로 날아다니며, 부르고 싶은 노래를 마음껏 부를 수 있어야 진정으로 새답게 사는 거라구. 내 말 무슨 뜻인지 알겠니?"
> 나는 아저씨의 말이 무슨 뜻인지 알 것 같기도 하고 모를 것 같기도 해 어정쩡한 눈으로 아저씨를 바라보고만 있었다.
> "……"
> 아저씨가 다시 말했다.
> "사람도 마찬가지야. 좋은 걸 좋다고 하고 싫은 걸 싫다고 말할 수 있어야 그것이 진정한 자유라구. 그런데 우리나라에는 지금 그런 자유가 없어. 힘

> 을 가진 사람이 무조건 밀어붙이면 힘없는 사람은 싫어도 할 수 없이 따라 가야만 돼. 만약 싫다고 투정을 부리면 그 사람은 여지없이 끌려가 매를 맞거나 새처럼 장 속에 갇혀 지내야 해. 대학생 형들은 바로 그런 잘못된 사회를 바로잡아 보겠다고 데모를 하는 거야. 사람이 항상 창살 속에 갇힌 새처럼 살 수는 없는 것 아니겠니?"
>
> – 조대현의 〈키다리 아저씨와 최루탄〉 일부

작가 조대현은 〈키다리 아저씨와 최루탄〉(「아동문예」, 3월호)을 발표하면서 '이 작품은 암울했던 군부 통치 시대를 배경으로 한 것' 임을 전제하고 있다. 열한 살짜리 초등학교 어린이의 시각을 통해 당시의 사회상을 처음부터 끝까지 진지한 태도로 해부해 나가고 있는 점이 눈길을 끈다. 서울의 한 달동네 뒷골방에 새로 세들어 온 키다리 아저씨가 집 주인인 열한 살짜리 나에게 대학생들이 왜 데모를 해야 하는지에 대하여 이해시키고자 온갖 노력을 기울이지만, 자유가 무엇이고 잘못된 사회가 어떤 것인지 떠들어 대는 아저씨의 말은 잘 알아들을 수 없을 뿐더러, 그런 말에는 흥미도 없어서 그냥 아저씨의 방을 나왔다고 앞의 예문 바로 뒤를 이어 털어놓는 화자의 고백을 통해 아동문학에서 이념적인 문제를 다루는 것이 얼마나 어려운 일인지 짐작할 수 있다.

이런 소재를 다루다 보면 작품 속의 어린이까지도 자신의 수준을 넘어서 어른처럼 생각하고 행동하게 하는 걸 보게 되는데 주의해야 할 일이다. 〈키다리 아저씨와 최루탄〉에서 키다리 아저씨의 유골을 뿌리는 것을 보고 "아, 그 때 나는 보았다. 키다리 아저씨의 아버지가 뿌리는 하얀 뼛가루 속에서 그 뼛가루보다 더 하얀 새 한 마리가 푸드득 날아올라 넓은 하늘 속으로 훨훨 날아가는 것을…….

그것은 마치 키다리 아저씨가 전에 나에게 들려 준 새장 속의 새가 드디어 자유를 찾아 푸른 하늘로 날아오르는 것만 같아 보였다."고 이야기한 것도 열한 살짜리 생각치고는 아무래도 지나치다고 본다. 오래 전부터 아동문학에서 리얼리즘을 추구해 온 것은 사실이다. 그러나 사회와 현실을 정면에서 그리는 문학이 성공하려면 이데올로기의 강조 이전에 예술적인 형상화가 이루어져야 한다. 그렇지 않은 상태에서 진정한 리얼리즘의 문학을 기대한다는 것은 불가능한 일이다.

– 「월간문학」 월평

(4) 잃어버린 언어

어린이를 일차적인 독자로 삼고 있는 아동문학은 성인을 대상으로 하는 문학에 비해 여러 가지로 창작상의 제한을 받는다. 그 중에 언어의 제한성 문제는 아동문학가들이 작품을 창작하는 데 있어서 가장 심도 있게 다루어야 할 부분의 하나인데, 개중에는 요즘 어린이들의 언어생활과 거리가 먼 구태의연한 말을 거침없이 사용하여 안타까울 때가 가끔 있다. 아동문학을 하는 사람이라면 창작에 앞서 동시든 동화든 어린이들이 알아들을 수 있는 말을 사용해야 한다는 것쯤은 기본 상식으로 알고 있으리라 생각한다.

작품은 어른이 쓰고 주 대상 독자는 어린이이기 때문에 자칫 어른 중심의 어려운 말을 무의식 중에 사용하거나 어린이의 언어 발달 단계를 크게 벗어나 성인들도 이해하기 어려운 언어를 남발하는 작품이 있어 언어 선택의 부실함을 절감하게 한다. 거기다가 어린이를 지나치게 의식한 나머지, 현실과 거리가 먼 혀짧은 유아어나 유치한 말장난을 써놓고 그게 곧 아동문학의 진수인 것처럼 착각하는 아동문학가가 있어 문제는 더욱 심각하다.

동심을 제대로 파악하지 못한 상태에서 막연한 추측이나 회상에 의해 요즘 어린이의 말이나 생각이나 생활을 묘사하고자 하는 발상 자체가 못마땅하다. 지금 우리는 고속 정보화 시대에 살고 있다. 농경사회에서 즐겨 사용하던 '10년이면 강산도 변한다' 는 말이 이미 무용지물이 된지 오래인데 일부 아동문학가가 아직도 그 정서 속에 살면서 회고조의 글이나 쓰고 있다면 과연 어느 독자가 그의 글을 읽겠는가 생각해 볼 일이다.

21세기를 눈앞에 둔 이 시대는 18개월마다 100%의 비율로 새로운 정보가 걸러져 새로운 지식으로 정리된다고 한다. 바꾸어 말하면 우리가 현재 알고 있는 모든 정보가 18개월 후면 쓸모 없이 될 것이라는 이야기다. 실제로 과거에 배웠던 것보다 새로운 것을 배우는 것이 훨씬 더 쉽다고 미래학자들은 말하고 있다. 어린이들은 감수성이 예민하고 동일시 현상이 매우 강하기 때문에 어른들보다 변화의 속도가 매우 빠르다. 과거에 전혀 상상할 수 없었던 분야의 놀라운 발명과 혁신은 요즘 어린이들의 언어나 사고, 놀이, 생활 양식까지 크게 바꾸어 놓고 있다. 육체적, 지적, 정서적으로 실제에서 가능한 것들만 경험했던 기성 세대와는 달리 이 시대의 어린이들은 인공 현실 혹은 가상 현실 기능 속에 길들여지고 있다. 이런 상황에서 아동문학가는 잠시라도 제자리에 머물러서는 안 된다. 어린이 속으로 파고들어가 그들의 모든 것을 꼼꼼하게 읽어 내야 한다. 동심을 제대로 읽지 못하면 어린이들에게 소외당할 수밖에 없다.

이 달에 읽은 작품 가운데 최갑순의 〈나는 장애인이 아니에요 · 3-내가 그린 그림 · 2〉(「아동문예」, 4월호)는 이 시대의 동심을 잘 포착했을 뿐 아니라 어린이들이 알아들을 수 있는 언어를 사용하여 친근감을 준다.

> 날아다니는 자동차를 그렸어요.
> 수많은 별도 그렸어요.
> 몸에 지니면
> 나처럼 생각하고
> 같이 놀아 주는 기계도 그렸어요.
> 어느 나라 말도 할 수 있고
> 고집도 사라지게 만드는
> 기계도 그렸어요.
> 자동차와 기계와 별이
> 가득한 그림을 보고
> 선생님은 잘 그렸대요.
>
> — 최갑순의 〈나는 장애인이 아니에요 · 3〉 전문

하늘을 날아다니는 자동차와 어느 나라 말이든지 마음대로 할 수 있는 기계와 함께 놀아 줄 수 있는 기계와 고집을 사라지게 만드는 기계로 가득 찬 어느 장애아의 그림을 1인칭의 입장에서 서술하고 있는 동시다. 우선 요즘 어린이들의 생각을 현실감 있게 조명한 점이 돋보이고 아울러 우리 사회에서 소외당하고 있는 장애아의 아픔을 작품으로 형상화했다는 점에 박수를 보낸다. 건강한 어린이들의 이야기는 많으나 장애아에게 용기와 희망을 주는 작품이 빈약한 우리 아동문단에 최갑순이 함께 발표한 〈나는 장애인이 아니에요〉 연작 동시 7편이 시사하는 바가 매우 크다. 역설적으로 나는 장애인이 아니라고 절규하는 모습에 많은 아동문학가들이 귀를 기울여 주기 바란다.

마을 어귀에
한 그루
할아버지 느티나무
매미들
노랫소리에
허허허
아이들 웃음소리에
허허허
농부들 코고는 소리에도
허허 허허

"참 기특들두 하지."
하루 종일 뒷짐 지고 서서는
허허허 허허허
백년을 하루같이
바람소리 웃음소리 품고 사는
할아버지 느티나무

– 김용섭의 〈느티나무〉 전문

아동문학 작품 속의 언어가 쉬우면서도 다양해야 한다는 제한성을 가지고 있다면, 김용섭의 〈느티나무〉(「아동문학」, 2, 3월호)는 어느 정도 그 조건에 충족되어 시선을 끈다. 항간에 어린이를 위한 글일수록 최대한 어휘 수를 줄여야 되는 것처럼 오해하는 사람들이 있는데 그들이 쓴 작품은 대체로 유치원 어린이 수준의 어휘에서 더 이상 발전하지 못하고 있다는 점을 주목해야 한다. 쉬운 언어를 쓴다고 해서 어느 일정한 어휘만을 골라 쓰는 일은 바람직하지 않다. 오히려 어린이들이 알아들을 수 있는 범위에서 최대한 어휘수를 늘려 써야 지능 개발에도 좋고 언어 능력을 향상시키는 데 도움이 되기 때문이다. 김용섭의 〈느티나무〉는 우선 쉬우면서도 다양한 어휘를 쓰고 있는 점이 돋보인다. 거기다가 전체적인 시의 짜임이 넉넉하면서도 탄탄하게 느껴지는 것은 백년 묵은 느티나무를 전경에 내세웠기 때문이다. 할아버지와 마을 어귀의 느티나무를 합성시켜 할

아버지 느티나무라고 지칭한 점도 매우 자연스럽다. 그래서 느티나무가 허허 웃는다고 말해도 어색하지 않게 느껴지는 것이다. 기존의 어휘들을 잘 활용하면서도 때때로 공감이 갈 만한 신조어에 관심을 가져 보는 일도 중요하다.

그러나 짧은 시 한 편에 같은 시어가 특별한 의미 없이 반복되어 전체적으로 단조로움을 주거나, 엄동설한, 지조와 절대 등 어린이가 이해하기 어려운 시어를 무심코 사용하여 시의 흐름을 단절시키는 경우가 자주 발견되는데 이는 바람직하지 않다.

아울러 사랑, 행복, 그리움 등 추상적이고 관념적인 말을 쓰는 것도 가급적 피하는 것이 좋다. 그런 말을 빈번하게 사용하면 시의 내용이 관념적으로 흘러 가슴에 와 닿지 않는다는 점도 명심하기 바란다. 또한 요즘 어린이들의 정서와 전혀 맞지 않는 등교, 하교 따위의 말을 쓰는 것도 조심해야 할 일이다.

동화의 경우도 예외는 아니다. 「아동문학」지는 2, 3월 합병호에서 아동문학의 세계화를 위해 여러 편의 외국 동화를 게재하여 잡지의 특성을 살려 가고 있는데, 그 중 한순진의 번안 동화 〈치과에 가는 것이 재미있어요〉는 어린이의 심리를 잘 묘사한 작품으로 감동적이다. 몇 개의 어려운 낱말이 나오기는 하나 앞뒤의 문장을 통하여 그 의미를 금방 알아차릴 수 있게 처리한 점도 좋고, 두려움을 갖지 않도록 어린이에게 재미있고 알아듣기 쉽게 이야기를 들려 주면서 치료해 가는 의사의 성격 설정도 호감이 간다.

> "열여덟, 열아홉, 스물, 네가 스무 개의 이를 가지고 있고 하나는 충치가 되었구나. 너 충치가 무슨 뜻인지 알고 있니?"
> "모르겠는데요."
> 체리가 대답했다.
> "충치라는 것은 이에 구멍이 난 것이란다."
> 닥터 엘리가 말했다.
> "그러나 나는 너를 위하여 그 구멍을 막아 주고 싶단다. 그 구멍을 막기 위해서 너의 입을 잠들게 해야 해. 네 입에 무엇을 넣어서 입을 잠들게 할 수 있도록 네 눈을 감아 줄래."
>
> —〈치과에 가는 것이 재미있어요〉 일부

한 어린이가 치과에서 충치를 치료받는 과정이 지극히 편안하고 자연스럽게 느껴지는 것은 작가가 호기심 많고 두려움 많은 동심을 제대로 파악하고 작품을 썼기 때문이다. 동심을 올바로 파악할 때 아동문학 작품에서 언어의 난해성 문제도 덩달아 해결됨을 잘 보여주고 있다. 그러나 중국의 류원무가 쓴 동화 〈이쁜이와 종다리〉는 앞의 작품과 여러 가지 면에서 매우 대조적임을 발견할 수 있다.

> 광호는 밸이 울끈 치밀었으나 어쩌는 수가 없었다. 그는 독수리가 병아리채듯 연필깎개를 호주머니에 집어 넣고 부랴부랴 산수 숙제를 시작하였다. 그러나 미처 한 문제도 풀기 전에 상학종이 울리고 선생님이 들어오셨다. 방정맞게도 이날따라 선생님이 광호의 숙제를 검사하게 되어서 광호는 진땀을 빼었다.
>
> – 〈이쁜이와 종다리〉 일부

불과 몇 줄을 인용했으나 생소한 언어가 자주 눈에 띈다. 밸이 울끈 치민다거나 '상학종이 울린다' 는 등 북한식의 언어를 사용하고 있어 우리에게 매우 낯설게 느껴진다. 따라서 동화에서도 어렵거나 낯선 언어를 만나는 경우 감동이 약화된다는 사실을 입증하는 작품이다.

해외 작가가 쓴 작품은 고사하고 국내 작가가 쓴 동화에서까지 생소한 언어를 빈번히 사용하고 있다면 심각한 문제라고 생각한다. 아래 문장은 이 달에 읽은 동화 가운데 어린이들이 이해하기 어렵다고 생각한 부분을 인용했는데, 어린이에게 더 이상 적절한 말이 없을까 같이 생각해 보자는 뜻에서 해당되는 언어에 밑줄을 그었다.

① 그러니까 지구가 생겨나고 얼마 뒤인 백악기에 태어났지.
② 소년이 얼른 사과를 하고 자초지종을 토해 냅니다.
③ 너무 자책만 하지 말아요.
④ 김 빠진 맥주처럼 자포자기되어 힘없이 말합니다.

아동문학 작품은 또 언어 사용에 있어서 교육적인 측면을 고려해야 한다. 예를 들어, 작품 속에 죽음을 액면 그대로 노출시키거나 혐오감과 증오심을 불러일으키는 언어는 사용하지 않는 것이 바림직하다. 그리고 가급적이면 같은 뜻의 더 아름다운 언어를 찾아 쓰는 데 최선을 다해야 한다. 뱀장어 새끼보다는 아기 뱀장어가 훨씬 아름답고 어린이들에게 알맞은 표현이다. 언어는 그 민족의 얼이라고 했다. 푸른 오월, 싱싱한 나무처럼 두 팔을 벌리고 서 있는 이 땅의 어린이들에게 생명수 같은 동시와 동화를 많이 안겨 주어야 사회도 발전하고 나라도 발전한다. 동심을 바르게 이해할 때 비로소 좋은 작품을 쓸 수 있으며, 동심의 언어를 제대로 구사해야만 좋은 작품이 생산된다는 사실을 아동문학가는 항상 유념하기 바란다.

–「월간문학」 월평

Ⅵ. 실용문학의 이해와 실제

1. 독서지도
2. 논술지도
3. 문학치료
4. 동화구연
5. 동화의 개작
6. 미디어 문학

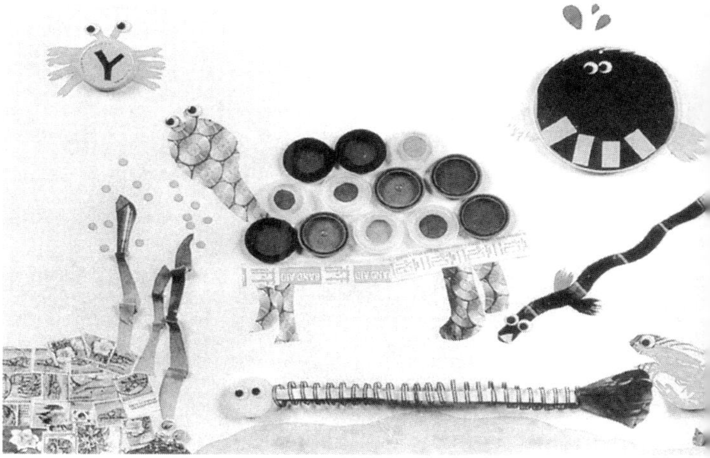

Ⅵ. 실용문학의 이해와 실제

1. 독서지도

1) 독서의 발전과정

독서지도와 문학체험에 대한 문제는 어린이가 문자를 해득할 수 있느냐 없느냐에 따라 방향을 결정해야 될 것 같다. 문자를 해득하지 못한 상황에서는 부모나 교사의 힘을 빌거나 TV · 라디오 등의 매체를 통해 문학을 체험해야 되는 한계성을 지니지만, 문자를 해득한 어린이는 누구의 도움이 없이도 스스로 문학을 체험할 수 있다는 차이가 있기 때문이다.

어린이들의 흥미의 대상도 어린이들이 성장하면서 점차 변화되기 때문에 그에 맞도록 문학을 체험시키는 일은 매우 중요하다. 생각보다 많은 부모나 교사들이 어린이들에게 그들의 흥미와는 관계가 먼 문학을 주고 있다는 사실을 간과해서는 안 된다.

일본의 사카모도는 어린이들의 흥미와 관련하여 독서의 흥미 발달 단계를 다음과 같이 제시하고 있다.

① 자장 이야기기 (4세 무렵까지) : 자기를 중심으로 하는 주변의 사람과 사물의 명칭 · 성질 · 관계 등을 이야기에 의해 재확인하는 단계이다. 생활의 기본적인 습관과 자립이 이야기에 의해 주어진다.

② 옛 이야기기 (4~6세 무렵까지) : 신변의 생활 소재로 이것을 상상에 의하여 재구성한 이야기에 흥미를 갖는다. 자기중심적 사고가 발달하고 소박한 선 · 악에 대한 판단이 싹튼다.

③ 우화기 (6~8세 무렵까지) : 옛 이야기기의 패턴은 계속되나 실제생활이 사회적으로 확대되기 때문에 새로운 생활 장면에서의 행동의 규범에 관심을 가지

는 단계이다. 따라서 왕성하게 가치의 판단을 구하며 도덕적 판단을 포함하는 이야기를 좋아한다. 글을 읽기 시작하나 그림의 보조적 역할이 필요한 단계이다.

④ 동화기 (8~10세 무렵까지) : 자기중심적 심성에서 벗어나기 시작하여 동화에 의한 현실의 재구성을 즐긴다. 그러나 자기생활의 단순한 재확인에 그치는 것이 아니라, 오히려 타인의 경험을 통하여 새로운 현실을 배우려 한다. 그래서 생활공간의 확대로 자주적인 태도와 가치적용을 증대시켜 간다.

⑤ 소설기 (10~12세 무렵까지) : 논리적인 사고력이 발달하며, 새로운 행동의 영역을 적극적으로 개발하여 가려는 단계이다. 행동의 장벽을 극복하는 모험을 즐기며 사회적인 자각이 성숙하면서 인간관계의 갈등에 관심을 갖는다. 판타지의 시기에서 과학적인 사고의 시기로 변모되는 과정으로 소설기라고도 한다.

⑥ 전기기 (12~15세 무렵까지) : 역경에 도전하여 그것을 극복해 나가는 인물 중심의 이야기에 공감한다. 즉, 현실의 생활 속에서도 어떤 문제나 상황에 대해 때때로 반항하면서 그것을 타개해 나가는 방법을 모색하는 단계이다.

사카모도의 이와 같은 견해는 물론 오늘날 현실과는 차이가 있다. 교육환경이 당시와는 매우 달라졌기 때문에 사카모도의 이론을 그대로 수용한다는 것은 오히려 문제가 생길 수도 있다. 다만 단계별로 변화되는 과정을 참고할 뿐이지 해당되는 나이에 오늘날의 어린이를 맞춰 지도하는 것은 무의미하다.

테르만 *Terman*과 리마 *Lima*의 '어린이들의 독서에 대한 홍미 연구'는 사카모도의 독서홍미 발달단계에 비해 훨씬 최근의 것으로, 독서지도에 있어서 두 연구를 적절히 참고하는 것이 좋을 것 같다.

① 5세 이전 : 동요, 짧고 간단한 옛날 이야기(동화), 의인화된 동물이야기를 좋아한다.

② 6~7세 : 자연에 관한 이야기에 높은 관심을 갖는다. 동화를 즐긴다. 삽화가 많이 들어간 책을 좋아한다.

③ 8세 : 실제생활의 이야기에 관심을 갖는다. 소년 소녀 모두 홍미에 변화를 보이기 시작한다. 어린이들은 그들 자신에 관한 이야기에 더 많은 관심을 갖는다.

④ 10세 : 여행에 관한 책, 다른 나라 이야기, 신화, 전설 등을 좋아한다. 간단

한 전기문에 흥미를 느끼기 시작한다.

⑤ 11세 : 소년은 모험과 미스터리의 요소를 가진 이야기를 좋아하게 되고, 소녀들은 가정과 학교생활 이야기에 관심을 갖는다.

⑥ 12세 : 영웅숭배의 연령으로 소년들은 전기, 역사, 모험을 즐긴다. 소녀들은 가정과 학교생활 이야기를 좋아하지만, 성인을 위한 소설작품에도 흥미를 갖기 시작한다.

⑦ 13세 : 소년의 흥미는 변화한다기보다 강화된다. 특히 목표를 달성하는 위험한 모험이야기에 관심이 높다. 소녀는 성인소설, 고전, 시를 좋아한다.

⑧ 14~16세 : 흥미는 소년과 소녀 사이에 더욱 차이가 드러난다. 소년들은 논픽션을 좋아한다. 소녀들은 감각적인 소설을 좋아한다. 성인 독서의 성격과 태도가 이때 형성된다.

특히 유념해야 될 일은 육체적으로는 계속해서 성장되고 있는데 독서 단계는 아직도 그림책이나 만화책 단계에 머무는 경우가 없도록 발달단계에 따라 관심있는 지도가 필요하다. 뿐만 아니라 아동문학가들은 창작을 하기 전에 어린이가 성장하면서 흥미의 대상이 어떻게 변화되어가는가에 더욱 민감해야 한다.

2) 책과 어린이

어린이를 위해 쓴 책이 모두 문학일 수는 없다. 그리고 어른들의 테마를 줄여서 쓴 것이 아동문학이라는 생각을 갖는 것은 더욱 잘못이다. 앞에서 언급했듯이 어린이들이 신체의 성장과 마찬가지로 독서에도 단계를 거치게 마련이다. 어떤 어린이는 옛이야기를 읽는 단계에서 바이킹(중세 초기 노르만의 해적, 민족이동에 따라 침략을 하여 식민했다)의 사실을 쓴 책으로 옮아가고, 더욱 자라면 화성에 흥미를 기울이게 될지도 모른다.

그러나 옛 이야기로 배양된 그 어린이의 상상력은 성장을 쉬지 않을 것이다. 그리고 바이킹 얘기를 읽고, 먼 과거에서 현대까지의 인간이 여행을 해온 기나긴 길, 즉 역사가 마음속에 남을 것이다. 그 어린이는 또 이 지구 이외의 다른 세계에 대해서 놀라기도 하고, 추측을 통하여 우주에 대한 신비감을 가지게 될 것이다. 그리고 그 어린이가 즐거움을 가지고 읽은 것은 모두 앞으로의 독서의 기초가 되고, 배경이 되어, 마음 속으로 좀더 읽고 싶다는 욕망과 읽지 않고서는 못 배길 절박감을 불러일으킬 것이다. 한 권이라도 어떤 훌륭한 책이 어린이의 마음에 주는 심한 충격은 바로 하나의 열매이며 확실한 하나의 경험이다. 어렸을 때 〈보물섬〉이라든가 그 밖의 좋은 책을 읽는다는 것은 어른이 되어서도 독서를 계속하게 하는 바탕을 마련해 주는 것이다.

3) 좋은 책

그렇다면 어린이들에게 어떤 책을 주어야 좋을까 하는 문제에 당면하게 된다. 물론 좋은 책을 주어야 한다.

프랑스의 문학사가 폴 아자르 *Paul Hazard*는 좋은 책의 선택 기준을 다음과 같이 제시하고 있다.

첫째, 예술의 본질에 충실한 책이라야 한다. 직관에 호소하여 직접으로 물건을 느낄 수 있는 힘을 어린이들에게 베풀어 주는 책, 곧 어린이들도 읽고 이내 이해할 수 있는 간소한 미를 지니고 있는 책, 그것을 읽은 어린이들이 깊은 감동으로 몸도 마음도 적셔져서 일생동안 그 생각을 마음에 간직할 수 있는 책, 그런 책이다.

둘째, 어린이들이 즐겨 머리에 그리는 것을 그대로 내보여 주는 책이라야 한다.

셋째, 감상이 아니라 감수성을 눈감게 하는 책, 인간다운 고귀한 감정을 어린이의 마음에도 불어넣는 책, 동물의 생명도 식물의 생명도, 삼라만상의 생명도 모두 소중히 하려고 하는 마음을 그들에게 주는 책을 말한다.

넷째, 놀이가 소중하고 중요한 것이라는 사실을 인정하는 책, 지성과 이성을 단련한다는 것은, 그것이 반드시 이내 이익을 낳거나 실제 생활에 필요하거나 하는 것을 목적으로 하는 것이 아니라 또한 목적으로 할 수도 없다는 것을 분별한 책이라야 한다.

다섯째, 지식을 주는 책이라야 한다. 어린 영혼의 싹을 짓눌러버리는 기억과 암기를 위로 하는 주의의 책이 아니라, 영혼 안에 지식의 씨를 뿌리고 그것을 원기 왕성하게 기르려고 하는, 그런 책이어야 한다.

여섯째, 인간의 심정에 관한 인식을 어린이들에게 주는 책이라야 한다. 다시 말하면 높은 도덕성을 지닌 책을 일컫는다. 언제까지나 변하지 않는 진리, 인간의 영혼을 생생하게 하고, 분발하게 하는 진리를 풍족히 간직하고 있는 책이라야 한다.

물론 이와 같은 조건을 다 갖춘 책이란 극히 드물다. 그만큼 어린이를 위한 양서의 조건이 훨씬 엄격할 수밖에 없다. 그러나 잔재주를 부려 이야기를 솜씨 있게 만들어 내고, 어린이에게 소화가 되지 않는 가짜 읽을 거리를 주어서 어린 영혼을 짓눌리거나, 뛰어난 도덕가인 척하는 얼굴로 교훈이나 지식 따위를 헐값으로 팔거나, 급기야는 단점이나 결점을 장점이나 미점으로 느끼게 하여 어린이들을 그릇되게 하는 짓만은 도저히 용납할 수 없는 일이라고 아자르는 적고 있다.

4) 작품의 선택

문학작품을 읽어준다거나 어린이 스스로 읽어 보도록 할 경우에는 특히 다음 몇 가지에 유념할 필요가 있다.

첫째, 어린이의 수준에 맞는 책이나 작품을 선택해야 한다. 아무리 좋은 책이라도 지나치게 수준이 낮은 만화나 그림책만 선택할 수는 없다.

둘째, 재미있는 것을 골라야 한다. 우선 어린이들이 듣고 싶어하는 이야기, 읽고 싶어하는 책을 선택해야 한다. 이야기가 재미 없으면 어린이들은 그 내용에 감명을 받지 못할 뿐 아니라 마침내 문학을 멀리하는 결과를 초래하게 된다. 그래서 자란 뒤에도 영영 독서를 싫어하게 된다.

셋째, 목적과 필요에 의해 선택해야 한다. 아무런 목적의식도 없이 닥치는 대로 문학 경험을 주는 것은 대단히 위험한 방법이다. 뚜렷한 목적의식 아래 거기에 합당한 작품을 선택하는 지혜가 필요하다.

마지막으로, 같은 종류나 비슷한 내용의 책이 많이 있을 경우에는 많은 사람들에게 널리 알려진 정평 있는 책, 가급적 그 방면의 전문가나 권위 있는 자가 지은 책, 알기 쉽게 잘 꾸며져 있고 인쇄·제본이 잘된 책이나 작품을 선정하는 것이 가장 바람직하다.

5) 독서위생 및 책 다루기

어린이들이 문자를 해득하지 못한 상황에서도 책은 접하게 된다. 그림책의 경우는 의외로 일찍 어린이에게 주어진다. 그러나 대부분의 부모들은 독서위생이나 책 다루는 법에 대하여 무관심하다. 이 분야에 대한 지도는 어린이들에게 훌륭한 문학경험을 주는 것 이상으로 중요하다. 먼저 독서위생에 대한 지도의 예를 몇 가지 제시한다.

① 책과 눈의 거리는 약 30㎝ 정도가 알맞다. 어렸을 때부터 책을 볼 때 이 거리를 지키도록 항상 지도를 게을리해서는 안 된다.

② 책장을 넘길 때 손가락에 침을 발라서 넘기지 않도록 한다. 손가락에 침을 바를 때 손가락 자체와 책에 묻어 있는 수많은 대장균이 입 안으로 들어가 병을 옮기게 된다는 점을 강조해 두어야 한다.

③ 책을 볼 때는 항상 바른 자세로 앉아서 보도록 해야 한다. 누워서 책을 본다거나 엎드려서 보는 일이 없도록 하고, 음식을 먹으면서 책을 보지 않도록 해야 한다. 책 보는 자세가 바르지 못하면 주의가 산만해져서 집중력도 없어질 뿐 아니라 몸의 균형이 비정상적인 상태로 성장하게 된다. 책상 앞에 바르게 앉아 책을 보는 습관을 철저히 길러줘야 한다.

④ 어두운 곳이나 흔들리는 차 안에서 책을 보는 것은 삼가도록 한다. 이는 시력과 밀접한 관계에 있기 때문에 특히 조심해야 한다.

그리고 책을 다룰 때는 어떻게 해야 될 것인가에 대하여 평상시에 꾸준히 지도해야 한다. 흔히 어린이들은 책 다루는 법을 모르거나 무관심 상태에 있으므로 책을 함부로 대하는 경우가 있다. 특히 다 읽은 책은 아무 곳에 버려두거나 함부로 다루는 경향이 없도록 오래된 책일수록 귀중하다는 점을 지도하여야 한다. 책을 다루는 데 주의해야 할 점을 몇 가지 제시해 보면 다음과 같다.

① 햇빛에 닿지 않도록 보관해야 한다. 이는 햇빛에 오래 두면 퇴색할 염려가 있기 때문이다.

② 난롯불 가까이 책을 놓고 읽지 않아야 한다. 책의 모양이 보기 싫게 변형되기 쉽기 때문이다.

③ 습기가 많은 곳에 책을 두지 말아야 한다. 곰팡이가 끼거나 습기가 배게 되면 책장이 쉽게 찢어지고 글자까지도 읽을 수 없게 된다.

④ 책장을 접어 두거나 연필로 낙서하지 않도록 하고, 음식물이 떨어지지 않도록 조심해야 한다. 책장을 넘길 때는 앞에서 언급되었듯이 절대로 손가락에 침을 묻혀서 넘기지 말아야 한다.

⑤ 낱장을 잡고 책을 들거나 책을 집어던지는 일 등을 삼가도록 지도해야 한다.

책이란 정말 소중한 것이라는 생각을 어려서부터 갖도록 세심한 지도를 해줘야 한다.

6) 독서 흥미유발 방법

우리 집 아이는 도무지 책을 읽지 않는다는 말을 많이 듣는다. 책을 읽지 않는다는 말은 곧 독서에 흥미를 갖지 못한다는 얘기와 동일하다. 유아기나 아동기를 막론하고 모든 어린이들에게 좋은 문학 경험을 주어야 한다고 전제할 때 이 문제 역시 대단히 중요하다고 본다.

유태인 어머니의 하루 생활 가운데 가장 중요한 것의 하나는 아기가 잠들기 전에 침대 곁에서 무궁무진한 구약 이야기를 들려주는 일이라고 한다. 그들은 아주 어렸을 때부터 어머니에게 재미있는 이야기를 듣는 가운데 훌륭한 문학 경험을 쌓게 되고 그럼으로써 자연히 독서 의욕을 갖게 되는 것이다. 이른바 베드사이드 스토리 *Bedside story* 에서부터 인생이 시작된다고 할 수 있다. '옛날 얘기를 좋아하면 가난하게 산다.' 고 이야기 들려주는 것을 회피해 오던 우리나라의 어른들과는 비교가 안 된다. 옛날 이야기를 듣고 싶어서 목말라하던 어린이들에 비해 어른들은 흡족할만한 이야기 거리가 없었기 때문에 그와 같은 현상이 벌어졌으리라는 추측이 간다.

우선 문자해독 이전의 어린이들에게는 어려서부터 귀로 듣는 독서가 많아야 한다. 초등학교 1학년까지는 틈나는 대로 재미있는 이야기를 많이 들려주어야 한다.

다음으로 어른들 스스로가 부지런히 독서하는 시범을 보여주어야 한다. 부모나 교사가 즐겨 독서하는 모습을 보여 줄 때 어린이들은 자연스럽게 열심히 독서를 하고자 하는 의욕을 갖게 된다. 일본의 주부들은 시장 보러 갈 때 시장바구니 안에 그들이 읽던 책을 넣어가지고 간다. 물건 값을 계산하거나 포장하는 짧은 시간 동안이지만 시장바구니에서 책을 꺼내 읽는다. 현대사회는 하루가 무섭게 급변한다. 급변하는 현대에 대처하기 위해서는 독서를 하지 않으면 안 된다. 영영 시대에 뒤떨어진 인생을 살지 않기 위해서는 어른이나 어린이나 쉬지 말고 독서를 해야 한다.

어린이들은 어른의 흉내에 민감하다. 부모나 교사가 열심히 독서하는 것을 보게 되면 어린이들은 곧바로 책보는 흉내를 내게 된다. 아버지의 흉내를 내며 공부를 하는 동안에 세계 최고의 권력을 쥐기에 이른 사람이 있다. 유태인으로서 처음으로 미국 국무장관의 지위에 올랐던 헨리 키신저는 그의 자서전에서 어렸을 때 매주 아버지와 함께 공부하였다고 썼다. 그의 아버지 루이는 과거 독일의 모 고등학교 교사를 했던 사람인데 식구들이 살았던 방 다섯의 아파트는 책으로 꽉 메워져 있었다고 한다. 어려서부터 아버지를 따라 열심히 독서한 보람이 마침내 키신저를 훌륭한 외교관으로 만들었던 것이다.

시기적으로 보아 대개 초등학교 2학년부터는 문자를 해득했다고 인정하여, 어린이 스스로 책을 가까이 하는 습관을 길러주는 일이 무엇보다 중요하다. 그러나 이 때부터 대부분의 어른들은 어린이의 성적을 올리기 위해 교과 학습에 얽매이도록 강요하여 결국 어린이는 정서발달과 지식발달간의 괴리현상을 가져와 인간성을 상실한 무서운 아이들로 자라게 된다. 또 *TV*의 만화영화로 인하여 어린이들은 점차 독서로부터 멀어져가고 있음을 간과해서는 안 된다. 명작 동화를 *TV*에서 만화로 보여주니까 구태여 오랜 시간을 빼앗겨 가며 책을 읽을 필요가 없다는 심리가 어린이들에게 적용되면서부터 독서와 멀리하게 되고, *TV* 아니면 만화 가게로 달려가는 좋지 못한 습관이 생길 우려가 있다.

이렇게 *TV*나 만화를 즐기다 보면 심각한 것보다는 가벼운 것을, 정서적인 것보다는 자극적인 것을, 진실한 것보다는 허황한 것을 받아들이려는 성향으로 발전한다고 한다. 이른바 TV의 빠르게 흘러가는 영상을 보며 어린이는 이를 직감적·수동적으로 받아들이기 때문에 무슨 일에든 깊이 생각하고 모든 일에 신중한 인간이 되도록 지도되어야 한다. 그리고 문자를 해득하게 되면 적극적인 독서 지도가 필요한데 어린이들로 하여금 자연스럽게 책을 가까이 하도록 여건을 조성해 주어야 한다.

책을 가까이 할 수 있도록 유도하는 방법을 몇 가지만 제시하여 보면 다음과 같다.

(1) 부모나 교사가 재미있는 책을 읽어 듣는 사람에게 감동을 주는 방법

부모나 교사가 재미있는 책을 읽어주어서 듣는 사람에게 감동을 주는 경우인데 흥미진 진하게 읽어 주다가 가장 클라이맥스Climax 부분에 가서 낭독을 멈추고 "나머지는 너희들이 읽어봐라." 하며 나머지 이야기를 어린이 스스로가 찾아서 읽도록 유도하는 방법이다. 대부분의 어린이는 이야기가 클라이맥스에서 중단되고 나면, 다음 이야기가 궁금하여 열심히 책을 찾아 읽기 시작한다.

(2) 노래에 맞춰 책 내용을 알아보는 방법

노래에 맞춰 책 내용을 알아보는 놀이이다. 예를 들면, 어린이들을 두 팀으로 나누어 한 팀이 책 내용의 어느 문제를 노래로 물으면 다른 한 팀이 그에 대한 대답을 곡에 맞춰 노래로 부르는 게임이다.

〈보기 1〉

* 노래 곡에 맞춰 작품 내용을 묻고 대답하는 방법
* 피노키오 내용을 중심으로 〈산토끼〉곡에 맞춰 노래로 묻고 대답하기
  - 엄마 : 피노키오 피노키오 왜 코가 커졌나?
  - 어린이 : 나는 나는 알아요. 거짓말 때문이죠.

〈보기 2〉

* 안델센을 읽고 작가가 어느 나라 사람인가를 곡에 맞춰 묻고 대답하기

– 엄마 : 안데르센 안데르센 어느 나라 사람인가?

– 어린이 : 나는 나는 알아요. 덴마크 사람이죠.

(3) 퀴즈를 통해서 독서에 흥미를 갖도록 하는 방법

작품 속의 주인공을 스무고개 형식으로 진행하면서 알아맞히는 게임으로, 문제를 제시할 때 주의할 점은 처음에는 넓고 포괄적인 문제로 시작하여 점차 구체적이고도 힌트가 들어있는 문제로 진행하는 것이 좋다. 문제는 반드시 체계성에 의해 주어지지 않으면 안 된다. 이 때 부저를 미리 준비해 놓았다가 찬스가 오면 부저를 울리게 하고 답을 말하도록 하면 어린이의 흥미를 배가시킬 수 있다.

〈보기 3〉

* 문제지를 미리 카드로 만들어 어려운 문제부터 번호를 매겨놓는다.
* 사회자는 먼저 "나는 누구일까요?"라는 멘트를 주고 시작한다.

  – 나는 '위인전' 에 실려 있습니다.

  – 나는 미국 오하이주에서 태어났습니다.

  – 사람들은 나를 '99%의 노력가' 라고 칭찬합니다.

  – 축음기 · 전등 · 전차 등 1000여 가지의 발명품이 있습니다.

답 : 토마스 에디슨

(4) 책 빼앗아 읽기를 통해 주의집중하면서 독서하는 방법

책 빼앗아 읽기를 통하여 주의 집중하면서 독서하는 습관을 갖게 한다. 이 활동으로 발음을 정확하게 내는 일, 정독하는 습관을 기르는 일 등의 효과를 기대할 수 있으며, 대화체 낭독 기술이 향상된다.

(5) 독서 감상화를 그려보는 방법

읽은 작품의 내용 가운데 재미있거나 인상적인 내용을 그림으로 표현해 봄으로써 독서에 흥미를 갖게 하는 방법이다. 책을 읽은 다음의 미술시간이나 여가시간에 그림을 그린 후에 다음과 같은 활동을 해본다.

- 짝끼리 바꿔보고 이야기 나누기
- 분단끼리 바꿔보기
- 독서발표회에서 이야기하기
- 그림의 아래 부분의 여백이나 뒷면에 설명을 적어 게시하기

(6) 독서 벽신문 만드는 방법

독서한 후에 그 내용을 중심으로 독서 벽신문을 만들어 보는 방법인데, 이 활동은 차기 독서 동기유발과 독서내용의 심화활동으로 매우 중요하다. 이 활동을 통해서 같은 조끼리의 친목은 물론이고 협동심을 길러준다.

- 제목 정하기 : 같은 조의 친구들과 상의해서 정한다.
- 꼭 적어야 할 사항 : 만든 날짜, 홋수, 만든 곳, 만든 사람들, 가훈(급훈)
- 신문 크기 : 전지의 1/2 크기가 좋다.
- 글씨와 그림 : 제목과 내용은 사인펜 굵기의 글자로 쓰는 것이 좋다.
  삽화는 크레파스나 색종이를 오려 붙여 입체감이 나게
  구성한다.
- 활용방법 : 교실이나 복도에 게시하여 다른 어린이들도 많이 볼 수
  있게 하고, 서로 잘된 부분에 대하여 이야기를 나눈다.

(7) 독서 우편엽서 교환하는 방법

우편엽서 크기의 독서 우편엽서를 준비하여 앞면에는 받는 이와 보내는 이의 이름을 적고, 뒷면에는 각자 읽은 책의 제목, 지은이, 줄거리, 느낀 점 등을 예쁘게 적는다.

- 받을 사람에게 독서 우편엽서를 전한다.
- 직접 전해도 좋고, 편지함을 준비하여 그 곳에 넣어서 찾아가도록
  하는 방법도 좋다.
- 독서 우편엽서를 많이 모은 사람에게 상을 준다.

그 밖에 어린이 상호간에 읽은 책의 내용을 중심으로 편지 주고받기 운동을 전개하여 독서의 폭을 확대해 가도록 유도하는 일이라든가, 가정 독서 일을 1주일에 하루 이틀 정하여 한번은 독서를 하고 다음은 읽었던 책에 대하여 가족이 함께 의견 교환을 함으로써 독서 분위기를 조성해 주는 것도 좋은 방법이다. 특히 아버지와 동참할 수 있는 독서일이 되도록 하는 것이 중요하다.

어렸을 때부터 독서를 통하여 다양한 문학 체험을 하며 자란 어린이는 학교 성적도 우수할 뿐 아니라 인격도 바람직하게 성장한 예는 얼마든지 있다. 그러나 유치원에서부터 지나치게 지식 중심 교육을 강요당한 어린이는 점차 학교에 싫증을 느끼고 성적도 떨어지며 비인간화되는 사례가 많다고 한다. 어른들은 독서를 통하여 문학 경험을 많이 갖는 어린이가 최후의 승리자가 된다는 점을 명심해야 한다. 또 가정이나 유치원, 학교 교실 등 어린이 눈에 잘 띠는 곳에 '책 든 손 귀하고, 책 보는 눈 빛난다.' 라는 독서 표어 하나쯤 붙여 놓는 성의를 어른들이 보여줄 필요가 있다.

2. 논술지도

1) 논술에 대한 정보

우리나라 전역에 논술의 열풍이 불기 시작했다. 최근 주요대학들이' 2008학년도 입시안' 을 발표하면서 고등학교를 비롯한 초중학교까지 교육계는 일대 비상이 걸렸다. 이런 움직임에 교육부가 사실상 본고사로의 변질 가능성을 제기하며 대학들이 계획하고 있는' 통합교과형 논술' 에 제동을 걸고 있다. 그러나 주요 대학들은 학생선발의 변별력을 갖기 위해 어떤 형태든 논술을 강화한다는 방침이다.

교육부는 2008학년도 입시부터 대학이 수험생의 종합적 사고력, 문제해결력을 논술고사를 통해 평가하기로 결정함에 따라 교육인적자원부가 최근 2006학년도부터 초 · 중 · 고교에서 논술교육을 실시할 수 있는 방안을 마련하고 있다.

교육부 계획에 따르면 초등학교에서는 종합적 사고력과 문제해결력의 기초를 마련하기 위해 독서교육 강화와 함께 서술 논술형 문제해결 지도와 평가가 이뤄질 것으로 보인다.

「내일신문」 장세풍 기자가 취재 보도한 바에 의하면, 논술은 하루 아침에 좋은 결과를 거두기 어렵다는 사실을 입증하고 있는데, 내용을 요약하면 다음과 같다. 문제에 대한 분석력, 종합력, 통찰력 등이 사고력의 핵심인데, 풍부한 사고력이야말로 논술의 기초가 된다. 인간이 경험한 모든 것이 사고력과 직접 관련을 맺는데, 초등학생에게 주어지는 직접 경험의 기회는 한계가 있기 때문에 초등학생이 남보다 많은 경험을 쌓기 위해서는 간접 경험을 많이 해야 한다. 이런 간접적인 체험을 얻을 수 있는 대표적인 방법이 독서다. 즉, 논술은 사고력이 풍부해야 잘 할 수 있고 사고력이 풍부해지려면 독서를 많이 해야 한다는 논리다.

전문가들은 독서교육을 시작할 시기에 대해 '어리면 어릴수록 좋다' 고 조언하고 있는데, 특히 초등학생을 대상으로 한 독서교육은 아이의 발달 수준에 맞게 적절한 시기에 교육이 이루어지는 것이 효과적이라고 한다. 초등 1, 2학년 학생은 독서 입문기로서, 음성언어에서 문자언어로 나아가는 시기라 소리 내서 읽는 것이 중요하고, 초등 3, 4학년까지는 기초 기능기라고 볼 수 있는데, 독해로 나아가는 시기로 독서의 기초 기능을 익히고, 학습 독서가 시작되며 의미 중심의 글 읽기를 시작하는 시기다. 초등 5, 6학년 학생은 기초 독해기로 초급의 사고 기능을 익히는 단계로 사실과 의견 구분하기, 정보 축약하기, 생략된 정보 추론하기, 이어질 내용 예측하기, 비유적 표현의 의미 이해하기 등과 같은 기초 독해 기능을 기르는 단계다.

12세 이전 독서량이 매우 중요한데, 교육부는 논술교과 신설 계획에서 초등학생을 대상으로 독서교육을 강화하겠다고 밝히고 있다. 이는 좋은 글을 쓰려면 좋은 글의 모델과 친숙해야 하기 때문이다. 전문가들은 독서교육이 가장 효과적인 시기를 언어능력이 완성되는 12세 이전으로 보고 있다. 인간의 어휘량과 어휘의 질은 80% 정도가 책으로부터 결정되며, 이 기간에 어휘량의 80%가 입력되기 때문이다.

한국독서교육개발원 남미영 박사는 '아이들이 쓴 글을 보면 사용 어휘의 종류가 아이별로 특징이 있다' 며 '교양 문화적인 어휘를 많이 사용하는 아이, 영롱한 시적인 어휘를 사용하는 아이, 코믹한 어휘를 사용하는 아이, 폭력적인 어휘, 공상과학 어휘, 탐정어휘, 공포어휘, 선정적인 어휘 등으로 나뉘는데 사용어휘군이 다른 것은 어린이들이 읽은 책의 종류가 다르기 때문' 이라고 한다. 전문가들은 공신력 있는 기관에서 추천하는 도서를 선택하는 것이 쉽게 양서를 접할 수 있는 방법이며, 아이들의 독서 속도가 너무 빠르지 않도록 조절해야 한다고 조언하고 있다. 천천히 책을 읽으면 어휘력이 향상되고, 비판력, 추리력, 상상력을 동원할 시간적 여유를 갖게 되기 때문이다. 또 감동을 경험해야 감동적인 글을 쓸 수 있는데 너무 빨리 읽는 아이들은 책속의 감동을 느낄 수 있는 기회를 갖지 못하는 경우가 대부분이라고 한다.

서울시교육청은 이미 서술 · 논술형 평가를 도입하고 있으며 지난달 시험 문제 유형을 공개하기도 했다. 서울시교육청이 공개한 문제 유형을 기초로 전문가들은 효과적인 학습방법에 대해 조언하고 있다. 이에 따르면 국어과는 체계적이고 지속적인 독서와 일기쓰기, 다양한 주제에 대하여 깊이 생각하고 글쓰기, 부모님과 선생님, 친구들과 여러 주제에 대해 대화하기, 날마다 접할 수 있는 신문과 방송의 다양한 내용에 대해서 비판적으로 분석해 보기 등이 좋은 학습방법이다. 수학과는 단편적인 지식이나 계산 기능을 측정하기 보다는 종합적인 사고력과 문제해결력을 신장시킬 수 있는 문제들이 출제되므로 수학적 개념이나 원리를 충분히 이해하고 이를 응용하고 적용하는 학습 방법이 필요하다. 교과서에 나오는 수학적 개념과 원리를 이해하고 이를 적용해 자료를 해석하고, 추론하고, 실생활에 적용하는 학습 훈련이 필요하다는 것이다. 즉, 표로 정리하기, 그림이나 그래프로 나타내기, 거꾸로 풀어보기, 풀이 과정을 정리해 보기, 왜 그렇게 생각했는지 설명해 보기, 추론하기, 조건 바꾸기, 문제를 만들어 보기 등 다양한 방법으로 문제를 해결해 보는 것도 좋은 학습방법이다. 사회과는 먼저 주위에서 일어나는 여러 가지 사회 현상을 자신의 생활과 관련해 생각하는 훈련이 필요하다. 또 기본 개념을 정확히 아는 것이 중요하다. 특히 신문이나 방송 뉴스의 여러 가지 시사문제에 대해 여러 사람의 입장에서 생각해 보고 토론하는 것도 좋은 사고력 신장 훈련이 된다.

이외에도 평소 사회과와 관련된 초등학생용 역사, 지리, 경제 등에 관한 독서를 꾸준히 하는 것과 일상생활에서 여러 가지 사회과학의 용어들을 자연스럽게 구사하는 것도 좋은 학습방법이다. 과학과는 평소 학교에서의 수업에 적극적으로 참여하고 꾸준히 과학적 지식과 흥미를 유발시키는 과학 관련 책을 읽는 것이 가장 좋은 학습방법이다. 특히 과학의 단편적인 지식을 암기하는 것보다는 기본 개념을 유기적 · 통합적으로 이해하고 창의성, 개방성, 객관성, 합리성, 협동심을 기르는 데 초점을 두어야 한다는 것이다(*spjang@naeil.com*).

또한,「한국일보」(2005. 07. 24) 진성훈 기자는 주요대학 수시논술에 대하여 다음과 같이 취재 보도함으로써 논술의 방향잡기에 크게 도움을 주고 있다.

수시논술은 일반적인 의미의 논술과는 거리가 있다. 최근 논란이 인 이른바 '통합교과형' 으로 볼 수 있는 논술이 많다. 상당수 대학에서 제시문에 영어 지문을 많게는 절반 이상까지 포함하고 있는 것은 국어와 동시에 영어 실력을 평가하겠다는 의도로서 ① 제시문의 주제를 파악하거나 요약하는 문제 ② 제시문 간의 연관관계를 파악하는 문제 ③ 제시문에 대한 반론을 제기하라는 문제 ④ 자신의 의견을 서술하라는 문제 등이 대표적인 유형이라고 분석하고 있다.

수시논술은 기본적인 쓰기 능력과 함께 점차 범교과적인 배경지식과 문제해결 능력을 요구하는 경향이 있다. 따라서 논술의 문제는 자유롭게 자신의 의견을 개진하기보다는 주어진 제시문을 정확히 이해하고 분석한 내용과 방향성에 근거하여 주장을 펼쳐야만 한다. 특히 자연계열 수험생들에게는 과학 · 수학적 능력을 더 요구하는 경우가 많다. 대부분 대학에서 여러 문제를 내는 대신 짧은 답안을 요구한다. 고려대는 요약문제의 경우 각 지문당 10~140자(인문계) 또는 100~140자(자연계), 논술문제는 75~850자(인문계), 130~160자(자연계)로 정했다. 따라서 논술하면 떠올리게 되는 서론, 본론, 결론의 완결된 구조를 갖추기에는 무리가 있다. 오히려 말하고자 하는 바를 먼저 명료하게 서술하도록 하는 연습을 해야 한다. 구술면접과 달리 논술고사에서는 시사적인 문제의 출제 비율이 그리 크지 않다는 점도 알아두어야 한다. 수리논술의 경우 고교 수학 교육과정 중 출제 빈도가 높은 단원(수열, 극한, 미분, 적분, 도형, 벡터, 확률, 통계)을 중심으로 각 단원들이 어떤 의미를 가지고 있는지 생각해 보고 각 단원의 개념과

정의 그리고 단원별로 연결하여 설명할 수 있는 수학적 지식을 쌓아야 한다. 교과서의 각 단원에 해당하는 큰 주제에 따른 기본적인 정의와 증명을 반드시 마지막까지 다시 한 번 점검하고 수학에서 중요하게 쓰이는 공식과 정리는 어떻게 유도했는지도 꼼꼼히 살펴보아야 한다.

그리고 수시논술의 유의사항으로서 다음 몇 가지를 제시하고 있는데 논술의 실전에서 대단히 유익한 정보가 될 것이다. 문제지를 받자마자 어떤 문제가 나왔는지 한번 훑어본다. 모두 풀어야 한다는 강박관념을 갖지 말고 아는 것부터 차근차근 풀면 된다. 한글과 영문 제시문이 동시에 나올 때는 한글 제시문부터 읽어 문제의 내용을 미리 파악하는 것이 효과적이다. 답안을 작성할 때는 제시문에서 규정하고 있는 조건을 철저히 지켜야 한다. 제대로 문제를 파악하지 못해 반론을 제기하라는 지시에도 불구하고 동조 의견 및 근거를 나열한다든지 하는 실수를 범해서는 안 된다. 너무 흔하게 사용되는 사례나 문구, 근거 등은 피하는 것이 좋다. 틀에 박힌 표현은 답안을 외웠다는 느낌과 함께 창의력이 부족하다는 인상을 줄 수 있다. 채점자 입장에서는 수많은 학생들의 답안을 함께 읽기 때문에 수험생들이 무더기로 비슷한 표현이나 문구를 사용하면 좋은 점수를 주기 힘들다. 마찬가지로 사자성어나 속담을 남용하는 것도 좋지 않다. 다양한 지문을 읽고 내용을 요약하라는 논술에서는 가급적 지문에 쓰이지 않은 단어를 활용한다. 지문에 나오는 문장을 그대로 답안에 인용해 사용하는 것은 감점 요인이 된다.

이 밖에 맞춤법에 어긋나는 구어체나 통신용어, 비속어, 외국어를 사용하는 것은 좋은 평가를 받을 수 없으며 명사로 끝나는 등의 불완전한 형태의 문장도 피해야 한다. 글씨도 예쁘게 쓰기보다는 크고 뚜렷하게 써서 읽기 쉽도록 하는 게 좋다(*bluejin@hk.co.kr*).

2) 논술의 이해

글쓰기의 일종인 논술은 자신의 생각을 논리적으로 설득력 있게 전개한다는 점에서 논문과 다를 바 없는데, 다만 입시에서의 논술은 제한된 시간에 정해진 논제로 글을 써야 한다는 점에서 논문과 다르다고 하겠다. 특히 논술은 별도로 필요한 자료를 찾고 분석할 시간적 여유가 없는 상태에서 글을 완성해야 하기 때문에 개인적인 사고의 깊이가 확실하게 드러날 수밖에 없다. 제시문의 해석 능력, 문제파악 능력, 원인파악 능력, 문제해결 능력, 글쓰기 능력 등 총체적인 능력을 요구하는 글이 논술이므로 어려서부터 많이 읽고, 많이 쓰고, 많이 생각하는 습관을 갖는 것이 논술을 잘하는 비법이라고 하겠다. 따라서 폭넓은 독서와 체험한 것들에 대하여 문제의식을 가지고 자기 나름대로 그 문제를 해결하는 방안을 생각해 보는 일이 대단히 중요하다. 신문 사설이나, 칼럼 등을 읽으면서 모방해서 써 보는 것 또한 대단히 중요한 공부가 된다. 평소 면밀한 관찰력과 문제의식, 여러 분야에 관한 전문지식 습득, 깊이 있는 사고능력을 갖추도록 노력해야 한다. 우리나라 사람들의 대부분은 주입식 교육에 익숙해져서 자신의 생각을 논리적으로 생각하고, 전개하는데 많이 부족한 실정이다.

좋은 논술을 쓰기 위해서는 먼저 논제의 핵심을 정확히 파악하는 일이 무엇보다 중요하다. 집을 지을 때 설계도가 필요한 것처럼 좋은 글을 쓰기 위해서는 좋은 구상이 필요하다. 문제를 분석하고 출제 의도를 파악해 논술문의 방향을 바르게 잡으면 목적지의 반은 온 셈이다. 시간을 충분히 할애해 출제 의도를 파악하고 개요를 작성해야 한다. 개요는 가능한 한 문장 형태로 구체적으로 작성하고, 이때 시간과 분량 안배까지 염두에 둬야 한다. 그리고 논제와 관련된 주제를 알맞게 정하고, 주제를 중심으로 간단한 줄거리를 작성한 후에 줄거리의 각 항목을 논술 전개하는 순서로 진행하면 된다.

특히, 글의 시작은 논술의 성패를 좌우하는 대단히 중요한 부분으로서 신중을 기하지 않으면 안 된다. 흔히 서론을 '첫 인상' 에 비유한다. 그만큼 서론의 역할이 중요하고 평가에 미치는 영향도 크다. 참신한 주의 환기, 타당한 문제 제기가 이뤄질 수 있도록 미리 몇 가지 서론 형식이나 소재 등을 준비해 보는 것이 좋다. 서론부분은 한 문단으로 충분한데, 타인의 말이나 격언, 속담 등을 인용하거나 최근의 사건에 대하여 언급하면서 시작하는 것이 좋다. 그리고 질문 형식으로 일화에 대해 언급하면서 시작하는 것이 효과적이다. 어떻게 이 글을 전개해 나갈 것인지, 전개 방향을 제시해 주면 좋다.

3) 논술의 실제

세상에는 글을 잘 쓰는 사람도 있고 상대적으로 못 쓰는 사람도 있지만, 글을 쓴다는 것은 누구에게나 어려운 일이다. 철자법이나 표준어, 존대어, 문법, 언어, 부호 등 글을 쓰는데 필요한 규칙을 정확히 지켜야 하고, 자기의 말을 논리적이면서 설득력 있게 자연스럽게 써야 하기 때문이다.

모든 일이 다 그렇겠지만, 특히 논술은 단시일 내에 준비해가지고는 절대로 좋은 결과를 얻을 수 없다. 앞에서 언급한 바와 같이 어려서부터 체계적인 독서와 글쓰기를 통해서만이 좋은 글, 좋은 논술을 얻을 수 있는 것이다. 논리적 근거를 들어 자신의 주장을 펼치는 일이야말로 장기간에 걸쳐 계획적이고 단계적인 교육이 뒤따르지 않으면 안 된다는 얘기다.

논술은 출제형태에 따라 대체로 단독 과제형과 자료 제시형 두 가지의 유형으로 분류할 수있다.

(1) 단독 과제형

주관하는 측에서 일방적으로 특정한 논제를 주고 쓰게 하는 논술방법을 말하는데, 단어형 논제, 어구형 논제, 문장형 논제로 나누어 볼 수 있다. 먼저 단어형 논제는 '종교', '유행' 등과 같이 하나의 단어로 이루어진 논제를 말하는 경우로, 이런 유형의 논술을 쓸 때는 먼저 논제에 대한 개념을 규정하여 논제의 범위를 좁히며 그 개념을 바탕으로 자기의 생각을 펼쳐나가야 한다. 어구형 논제는 '사랑과 진실', '글쓰기와 독서의 상관성' 등과 같이 두 개 이상의 단어가 하나의 어구를 이루는 경우로, 이런 유형의 논술은 단어형 논제보다 범위가 좁혀져 있으므로 두 단어 사이의 연관성에 특히 주목하여 서로를 비교하고, 대조하는 등 다양한 접근방식으로 생각을 정리해야 한다. 문장형 논제는 완벽한 문장의 형태로 논술의 방향과 범위를 구체적으로 제한해 놓은 논제를 말한다.

(2) 자료 제시형

이 형식은 특정의 문장, 도표, 통계 등의 자료를 제시하고 그 자료에 근거하여 논술을 쓰도록 하는 방법이다. 이는 다시 단일 자료형, 복수 자료형, 요약형으로 나누어 이야기할 수 있는데, 이런 논제에서는 그 자료에 대한 정확한 이해를 바탕으로 자신의 견해나 주장을 논의하도록 요구하므로 우선 주어진 자료를 정확하게 이해하고 분석해야 하며, 그것을 바탕으로 자신의 독창적인 생각을 펼쳐나가는 것이 중요하다. 좀 더 구체적으로 말하면, 단일 자료형은 한 가지 자료를 주고 분석하도록 하는 방법으로 자료는 문장형으로 제시할 수도 있고, 통계 도표나 그림의 형태로 제시될 수 있다. 문장 자료의 경우 문장의 개요는 물론 심층적인 의미까지 파악해야 그 자료에 대한 반박을 하든, 그 자료에 바탕으로 논지를 펼칠 수 있고, 방향을 설정할 수 있다. 통계나 도표, 그림 자료가 제시되었을 경우 이것을 문장으로 설명할 수 있어야 한다. 제시된 자료의 경향이나 추세를 파악하고, 그 경향이나 추세가 무엇을 의미하는지 분석하고, 그 결과가 도출된 원인을 밝히는 동시 대책까지 마련해야 한다.

복수 자료형은 둘 이상의 자료를 제시하고 서로의 관계를 파악하여 글을 쓰도록 하는 방법으로 자료간의 상관성을 파악하는 일이 매우 중요하다. 자료간의 대등한 위치에 놓여 서로 상반된 사실을 보여줄 수도 있고, 서로 보완적인 관계도 될 수 있으므로 자료 하나하나를 정확하게 이해하고 파악한 후 그것을 바탕으로 자기의 견해를 피력해야 한다. 요약형은 주어진 자료의 내용을 요약하여 제시하는 방법인데 자료내용의 명확한 이해력, 논리적 재구성력 등이 측정대상이 된다. 이 경우는 같은 형식으로 요약하게 할 수도 있고, 희곡이나 신문기사, 대담 등 다른 양식의 글을 주고 서술문장으로 요약하게 할 수도 있다. 요약할 때는 핵심어가 무엇인지를 찾고 그것을 바탕으로 소주제문을 만든 다음 개요를 작성해가는 것이 효과적이다(경희대, 「글쓰기의 이론과 실제」).

일반적으로 출제되고 있는 논술의 유형별 작성 방법을 터득하고 나면, 서술 방식을 잘 선택해야 좋은 논술을 작성할 수 있다. 아무리 생각이 뛰어나도 실제 글이 매끄럽지 못하거나 논증방법이 서툴러 설득력이 없다면 논술은 실패로 돌아가기 때문이다.

논술의 서술방법에는 사물 또는 사건의 현장을 문제의 객관적인 상황이라든지 현실의 실태, 현실의 구체적인 사례 등을 사실대로 표현하는 데 사용하는 글쓰기 방식으로 기술이 있고, 문제의 상황을 깊이 있게 분석하고 분류하고 비교하여 그것들의 의미를 밝히기도 하고 논의에 필요한 핵심개념을 정의하기도 하고, 구체적인 사례로 풀이하기도 하며, 문제의 원인을 규명하는 서술 방식으로 설명이 있다. 그리고 때로는 이미 알려진 것을 바탕으로 하여 아직 모르는 것을 짐작해 판단해야 하고, 자신의 논의를 토대로 예측하는 경우에 쓰이는 서술 방식으로 논증이 있으므로 상황에 따라서 지혜로운 서술방식을 택하여 글을 쓰는 것이 필요하다.

글쓰기의 일반적인 방법 가운데 전정재가 「독서의 이해」(2001)에서 제시한 방법은 논술뿐 아니라, 모든 글쓰기에 매우 효과적이라고 생각하여 소개한다.

글을 쓰기 전에는 학생들마다 조금씩 다르기는 해도 보편적으로 다음과 같은 과정을 거친다.

* 무엇을 쓸까?
* 어떻게 쓸까?
* 주제는 무엇인가?
* 무슨 결론을 내릴까?
* 누가 쓰나?
  (예 : 주요섭의 〈사랑방 손님과 어머니〉는 딸이 쓴 것처럼 되어 있다.)
* 누구의 견해로 쓰는 것인가?
* 왜 쓰는 것인가? 등 수없이 많은 생각을 한다.

또 쓰고자 하는 주제에 대해 누군가와 토론이나 의논을 하고, 또 다른 책이나 참고 서적을 읽고, 가끔 그림을 보기도 하며, 심지어 낙서까지 해가면서 초안을 잡아보는 등의 과정을 거친 후에야 비로소 글을 쓰기 시작한다.

브리튼*James Britton*(1978), 에믹*Janet Eming*(1971), 그레이브스*Donald Graves*(1975), 에트웰*Nancy Atwell*(1987), 칼킨스*Lucey Calkins*(1986) 등은 모두 이러한 쓰기의 과정이 다음 세 단계로 나누어져 있다고 설명하였다.

제1단계-준비 단계

〈연습 과정〉

쓰기는 읽기와 그 과정이 정반대라고 생각해도 된다. 읽기는 읽고 난 뒤에 생각을 하지만 쓰기는 생각을 먼저 한 뒤에 쓰게 된다. 그래서 글을 쓸 때는 우선 무엇을 쓸까에 대한 생각부터 해야 한다. 그레이브스 *Donald Graves*(1983)는 이것을 연습 과정 *rehearsal stage*이라고 하여 어른이나 아이 모두 '무엇을 쓸까', '어떻게 쓸까'를 구상해내는 단계라 했고, 머레이 *Donald Murray*(1985)는 이 단계가 가장 중요한 단계라고 했다.

〈책을 더 읽기〉

'21세기는 과연 어떤 세기일 것인가?'에 관해 글을 쓰던 한 고등학생이 자신의 생각을 정리하고 구상하는 과정에서 자기 자신이 '20세기를 과연 어떻게 보냈는가?' 하는 생각이 먼저 떠올랐다. 그는 이 글을 쓰는 준비 과정에서 20세기에 관한 책을 더 많이 읽었다.

〈그림 그리기〉

이것은 주로 저학년에서 많이 쓰는 방법으로서 학생들이 글쓰기 위한 준비 과정으로 자신이 그리려고 하는 생각을 우선 그림으로 그려본다. 미술 시간이 아니므로 그림을 잘 그리고 못 그리고는 중요하지 않으며 자신이 쓰려는 것을 그림으로 그리면서 혼잣말로 표현을 한다(가끔 이것을 녹음한 후에 자기 목소리를 받아쓰는 경우도 있다). 물론 어느 학생이나 이런 경로를 다 거칠 필요는 없지만 글쓰기를 아주 싫어하는 학생이나 어려워하는 학생에게는 아주 효과적이다.

〈도표 그리기〉

'이것은 어려서 그림 그리기를 했던 아이들이 점점 발전해서 자신이 쓰려는 것을 도표로 그리는 것이다. 여기서도 그림 그리기와 마찬가지로 도표를 잘 그리고 못 그리고가 문제가 아니라 자신의 생각을 잘 정리하는 것에 의미가 있다.

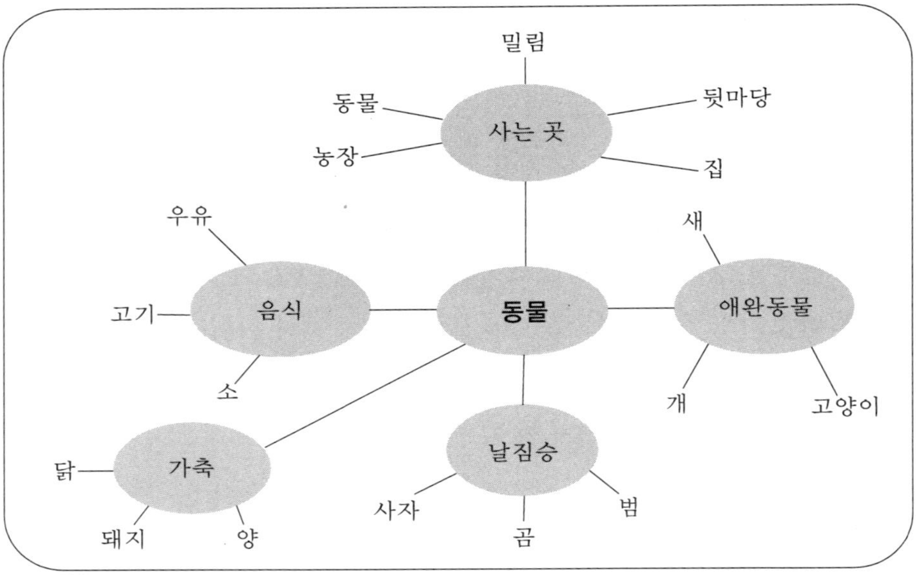

〈동물원〉

다음은 저학년 학생의 동물원에 대한 도표 그리기이다.

이런 도표를 그린 후 자신의 주체를 어느 한 곳에, 즉 애완동물이나 날짐승 등으로 좁혀서 '쓰겠다, 혹은 안 쓰겠다.' 를 결정하기도 한다.

〈말하기, 듣기, 읽기〉

King(1989), *Harste, Woodward & Burke*(1984)의 연구는 쓰기가 확실히 듣기, 읽기와 관련이 있을 뿐만 아니라 듣기, 말하기, 읽기가 쓰는 것을 도모한다는 내용의 연구이다. 여러 차례에 걸친 연구에 의하면, 쓰기를 할 때는 듣기, 말하기, 읽기를 통해 쓰고자 하는 내용이 아주 확실해야 하는데 가끔 듣기만 해서 쓰는 내용이 불투명하거나(또는 확실치 못하거나) 읽어서 아는 수준이 많다면, 말을 하는 도중이나 말하기의 결과 쓰려는 내용이 선명해져서 쓰려는 주제와 주인공, 요약잡기 원인과 결과, 줄거리를 정리하는 것 등도 더욱 선명해진다고 했다. 반에서 많은 학생들에게 이렇게 말할 기회를 다 주는 것이 바람직하기는 하나 현실적으로 그럴 수는 없다. 그러므로 테이프를 사용하여 일단 자신이 주로 쓸 내용을 말해 녹음해 보는 것도 효과적인 방법이다.

〈거침없이 쓰기〉

피터 엘보 *Peter Elbow*의 연구는 글쓰기를 꺼리고 무서워하는 대학교 1학년 학생을 대상으로 했다. 그 이후 *Franger, Tway, Grander, Hamond, Hordie, Mohier& Whitt*(1987)는 대학생만이 아니라 글쓰기에 심리적 압박감 *writer's block*을 갖고 있는 학생들에게 초등학교 때부터 글쓰기를 다음과 같이 가르쳤다.

* 어느 시간을 정해 그 반 학생들의 마음을 편하게 한다.
* 선생님이 글을 쓰라고 하면 학생들은 자기 머리에 생각나는 것이면 무엇이라도 상관 안하고 쓰는 것이다. 그러나 일단 한번 쓰기 시작하면 멈추거나, 속도를 늦춰 쓰거나 하는 일은 조금도 없어야 한다.
* 멈추고 싶으면 멈추고 싶다고 글로 쓸 수는 있어도 실제로 멈추지는 못한다. 선생님이 멈추라는 지시를 할 때까지 계속 쓰게 한다. 선생님이 멈추라는 지시가 있을 때부터 약 5분간은 쓰던 것을 마무리짓기 위해 계속 써나가는 것이다.

여기에서 중요한 것은 학생들이 글을 쓸 때 무엇을 쓸까?, 철자법은 맞는지, 문법의 구조는 맞는지?, 말이 되는지? 등의 구애를 받지 않고 써나가는 것이다. 그러나 만일 여기에서 그냥 끝난다면 요새 유행하는 채팅 *chatting*이니 이메일 *e-mail*이니 하는 것과 별다를 것이 없을 것이다.(이메일에서 막 쓰여진 문장에 익숙해지는 것이 교육에 문제가 되고 있다). 엘보 *Elbow*의 연구에서 가장 중요한 것은 이렇게 멈추지 않고 쓰고 난 뒤에 일어나는 일들이다. 쓴 내용의 전개, 그 내용을 정돈하는 법, 철자법 수정 등을 누구의 것이라는 것을 밝히지 않고 반드시 반 전체가 함께 해보는 것이다(그룹으로 나눠서 할 수도 있다).

이 연구에 의하면 6개월 동안 거침없이 쓴 그룹과 그냥 쓴 그룹을 비교했을 때 거침없이 쓴 그룹이 훨씬 글을 잘 쓴 것으로 나타났다. 다시 말하면 글은 글을 씀으로써 더 잘 쓰게 된다는 것이다(악기 연습이나 운동 연습처럼 글도 자꾸 써봐야 잘 쓸 수 있는 것인가, 어떤 이론을 외우거나 또 한 부분만을 잘 안다고 해서 전체적인 글을 잘 쓰게 되는 것은 아니다). 또 이렇게 거침없이 써 낸 학생들은 6~8개월 후에는 글쓰기의 공포, 무서움이 없어졌다(여기서 자꾸 써 봐야 잘 쓴다는 말은 작가 같은 사람들의 문학적 재능을 말하는 것이 아니다).

제2단계–쓰는 단계

이 단계는 주로 두 부분으로 구분할 수가 있다.

〈초안 잡기〉

누구든지 글을 쓸 때는 다 초안잡기에서부터 시작한다.

* 초등학교 : 이 나이에는 초안이 어떤 모습이라도 상관없다. 어떤 학생은 그림 그리기로부터 시작하여 도표 그리는 것까지 자신의 생각을 종이에 일단 써 보는 것이다. 근래에 들어서는 컴퓨터가 있어서 컴퓨터에 초안을 잡는 학생들도 많이 생겼다.
* 중학교 : 초등학교 때부터 이렇게 초안을 계속 잡아온 학생은 중학교 쯤 되면, 초안을 잡는 것이 익숙해져서 가끔은 초안을 머릿속에서 잡는 학생들도 있다. 초안 잡기는 종이건 컴퓨터이건, 머릿속에서 하건 상관없지만 반드시 거쳐야 하는 과정이다.

잘 잡은 초안이 나중에 잘 쓰여진 글이 될 수 있다는 것을 가르쳐야 한다. 글쓰기는 마치 대리석 *marble*으로 조각을 만들어내는 것과 같다. 대리석 *marble*이 아무리 좋아도 처음부터 예술품이 한꺼번에 나올 수 없는 것처럼 글을 잘 잘 쓰기 위해서는 우선 초안을 잡는 것이 중요하다. 미켈란젤로는 큰 대리석을 구해 놓고는 그 앞에서 수백 시간도 넘게 혼자 생각에 잠기기도 하고 중얼거리기도 하는 등 자신만의 세계에 빠져 있었다고 한다.

그동안 우리 교육은 주입식 교육으로 시험을 보고, 그 결과만을 중요시하기 때문에 늘 이 과정에 소홀했던 것 같다. 독서는 물론 쓰기도 이 과정을 거치지 않고서는 좋은 결과를 기대할 수 없다.

이 과정을 중요시하지 않았거나 혹은 초안을 잡아보지 않은 학생일수록 선생님의 도움을 많이 필요로 할 것이다. 학생들을 가르칠 때 선생님들이 가장 중요시해야 할 것이 꼭 한 가지 있다. 그것은 초안의 목적은 글을 쓰는 사람의 생각을 일단 종이나 컴퓨터에 쓰고 그 내용에 초점을 맞춘 다음에 문장 구조, 문법, 철자법들이 따른다는 것이다.

초안을 잡을 때 꼭 가르쳐야 할 사항들은 아래와 같다.

* 종이에 초안을 잡을 때는 앞면만 쓰게 할 것. 뒷장에는 나중에 거기에 연결된 사항을 더 넣을 수 있도록 한다.
* 앞면의 초안에도 줄을 하나씩 건너 뛰어 쓰도록 해서(컴퓨터의 경우는 *double space* 를 쳐서 공간을 비운다)공간을 많이 남긴다.
* 초안을 지울 일이 있으면 지우지 말고 줄을 긋게 한다. 나중에 지운 것을 다시 쓸 일이 있을 수 있으니까 볼 수 있도록 남겨두는 것이다.
* 초안은 여러 개를 잡을 수 있다. 각 초안마다 날짜와 페이지 수를 매겨 자기 스스로가 어떤 변화의 과정을 겪고 있는지 보도록 한다.

〈함께 검토하기 *conferencing*〉

Donald Graves(1983), *Lucy Clakins*(1986), *NancieAtwell*(1987) & *Mary Heller*(1990) 등은 모두 '다른 사람과 함께 검토하는 것' 을 대단히 중요시했다. 학생들이 보통 글을 쓸 때는 '누구에게 쓰는가' , '누가 읽을 것인가' 등이 가장 중요하다. 보통 학생의 글을 읽는 사람은 선생님들이다. 그러나 함께 검토하기를 통하여 학생들의 글을 읽는 사람이 반드시 선생님이 아닐 수도 있다는 것을 알아야 한다. 함께 검토하기의 가장 중요한 목적은 격려와 칭찬을 통하여 쓰는 내용, 생각을 잘 정리했는지, 또 학생의 질문을 받고 또 어떤 면을 더 보충해야 하는지 등을 파악하는 것이다.

* 선생님과 함께 검토하기 – 선생님들은 학생이 많기 때문에 일일이 많은 시간을 할애할 수도 없고 또 그럴 필요도 없다. *Nancie Atwell*은 선생님이 직접 아주 짧은 시간 내에 학생들이 쓴 내용에만 그 중점을 맞춰 문제점만 잡아주는 것에 함께 검토하기의 목적이 있다고 하였다.
* 학생들끼리 검토하기 – 가끔 학생들끼리 초안을 서로 읽어 주고 내용 정리가

잘 되는지 검토를 해보는 것도 바람직하다. 초안을 듣는 학생의 질문 자체가 초안을 쓴 학생에게 크게 도움이 될 수 있기 때문이다.

제3단계－교정하기

많은 사람들이 교정을 그저 틀린 것을 고치는 것으로 오해하고 있다. 물론 교정의 단계가 틀린 것을 고치는 것이라는 점은 사실이다. 그러나 그 과정을 조금 더 깊이 생각해 봐야 한다. 우리는 누구나 글을 쓸 때는 쓰기에 바쁘고, 쓰는 것 자체에 파묻혀 있다. 다시 말하면 참여자로서 글을 쓰는 것이다. 그러나 일단 글을 다 쓰고 나면 그 글은 자신이 쓴 글이기는 하지만 그 글을 들여다보는 순간, 남의 것을 보듯, 자신과는 분리가 되어 버린다. 즉 참여자가 아니고, 방관자로서 그 글을 들여다보게 된다. 가끔 이것이 잘 안 될 때는 자기의 글이 틀린 것을 눈앞에 놓고도 틀린 원인을 알아차리지 못한다. 아직도 자신과 글을 따로 떼어놓지를 못했기 때문이다. 교육심리학에서는 이것을 메타카그니션 과정 *Metacognitive process*이라고 한다. 즉, 아직도 참여자로 있기 때문이다.

① 내용 교정 : 내용에 충실했나? 여기는 그 내용의 정리 정돈을 잘 하나?, 그 내용은 순서적으로 놓여 있나?, 분석할 내용은 충분히 분석했나? 등이다.

② 표현 방법 교정 : 글에서 언어 표현 방법 등을 말한다. 여기에서는 철자법 교정, 문법 교정 등을 의미한다.

* 교정 단계－단어 교정, 문장 교정, 문단 교정이 있다. 교정이 항상 이 순서로 될 수는 없다고 하더라도 단어 다음에는 문장이고 마지막은 문단이다.
* 한 가지 생각을 표현 할 때 단어에도 여러 가지 종류가 있다. '과연 그 단어가 그 생각에 적절한 단어였나?'를 생각해 본다.
* 문장－문장의 길이는 물론이지만 같은 말의 반복이나 혹은 꼭 필요한 문장을 빠트렸나 등을 생각한다.
* 문단 －같은 문단에는 같은 생각만 있어야 한다. 문단이 잘 정리되어 있지 않으면 생각의 분열이 생기고 산만해진다.
* 마지막 단계－서론 · 본론 · 결론의 세 가지가 잘 분배되었는가? 본론은 물론

길고, 서론과 결론은 짧다. 동시에 결론은 항상 서론과 연관성이 있어야 한다.

3. 문학치료

1) 문학치료의 이론적 배경

문학치료란 명칭은 최근 미국에서 시의 힘을 빌려 정신적 환자를 치료하면서부터 크게 관심을 갖게 되었는데, 독서치료란 말의 어원은 '책, 문학' *biblion*과 '도움이 되다, 의학적으로 돕다, 병을 고쳐주다' *therapeia*라는 그리스어의 두 단어에서 유래 되었다. 또 ' 독서요법' 을 의미하는 '*biblio-therapy*' 는 '도서*book, biblion*' 와 '치료*treatment of disease*' 의 복합어로, '의학과 정신의학에서 도서를 병치료의 자료로 활용하는 방법' 을 의미한다. 독서치료의 명칭은 그밖에 '독서상담' *biblio-counceling*과 '독서교육' *biblio-education*,' 독서심리' *bibliopsychology*, '개별치료' *tutorial group therapy*, 도서관 치료학' *library therapeutics* 등 다양하다. 또한 '시치료' *poet-therapy*와 '글쓰기 치료' 등도 독서치료의 한 분야로 포함시키고 있다.

웹스터 사전은 독서치료를 '직접적인 독서를 통한 개인적 문제의 해결을 안내하는 것' 이라고 정의한다. 한편 *Berry*와 같은 학자는 문학작품을 강조하여 독서치료를 정의하는데, '문학작품을 서로 나누는데 기초하여…… 촉진자와 참여자 사이에 상호작용을 구성하기 위한 일련의 기술들' 이라고 한다. 최근에는 사회사업 분야에서도 독서치료를 임상적 활동에 활발하게 적용하고 있다. 바커에 의해 출판된 「사회사업 사전」에는 독서치료를 "정서적 문제들과 정신적 질환을 가진 사람들을 치료하는데 문학과 시를 사용하는 것, 독서치료는 흔히 사회적 그룹 워크와 그룹 치료에 사용되고, 모든 연령에 효과가 있다고 보고되고 있으며, 기관에 있는 사람들 뿐만 아니라 외래 환자들과 개인적인 성장과 발전의 수단으로 문학작품을 나누기 원하는 건강한 사람들에게도 효과가 있다" 고 기록하고 있다.

따라서 근본적으로 독서치료는 문학을 사용하여 정신건강을 증진시킨다는 것이다. 그 역사는 오래되었으나 20세기에 들어서야 비로소 논의가 시작되어 20세기 중반 이후에 본격적으로 그 치료 방법과 효과에 대한 연구가 발표되고 있다. 정신건강을 강화하기 위해 도서를 이용하는 독서치료는 역사적으로 고대 그리스로부터 시작되었다. 독서치료는 20세기에 정신병원에서 정신과 의사들과 전문 사서들이 한 팀이 되어 협력하여 책을 치료에 사용하던 것으로부터 다양한 문학작품을 상담의 보조적인 방법으로 이용하는 것으로 분화되었다. 최근 연구에 의하면, 가장 광범위한 독서치료의 목적은 성격이나 행동에 있어 사회 적응에 문제를 가지고 있는 사람에게 독서를 통해서 문제를 해결하도록 하는 데 목적이 있다고 한다. '사람이 책을 만들고 책이 사람을 만든다.' 는 말이 있는데, 책이 사람을 만든다고 하는 것은 책을 읽고 그 내용을 바탕으로 바람직한 사람이 되어 가는 교화의 수단이 될 수 있다고 보는 견해이다.

여러 학자들이 나름대로 독서치료, 문학치료의 목표를 설정하고 있지만, 돌과 돌*Doll & Doll*이 말하는 독서치료의 목표와 동일하거나 유사한 내용들이 대부분이므로 돌이 말하는 독서치료의 목표 일곱 가지를 요약하여 소개하고자 한다.

첫째, 독서요법은 책을 읽는 사람에게 자기 자신에 대한 통찰력을 키워준다.

둘째, 독서요법은 독자에게 정서적 카타르시스를 경험케 한다.

셋째, 독서요법은 독자들에게 그들이 겪는 일상적인 문제를 해결할 수 있도록 돕는다.

넷째, 독서요법은 타인과 상호작용하는데 있어서 태도를 변화시킨다.

다섯째, 독서요법은 다른 사람과 효과적이고 안전한 관계를 촉진시킨다.

여섯째, 독서요법은 청소년들이 그들의 동료들과 헤어지는 특수한 문제 상황에 직면할 때 유용한 정보를 제공한다.

일곱째, 독서요법은 읽는 이들에게 독서의 즐거움을 제공한다.

원시시대 제의에 속했던 문학은 현대에 와서 치유의 기능을 상실한 것처럼 보인다. 그러나 문학이 의식의 소산물만이 아니라 무의식의 소산물이라는 점에서 치유적 효과는 살아있다고 말할 수 있다. 그러나 시대가 바뀜에 따라 문학은 일정한 형식이나 패러다임으로만 파악되는 것이 아니라는 것은 수용미학을 통해 잘 알려져 있다. 수용미학 이후 문학 수용은 개개 독자들에게서 특정한 유형으로 나타나기 때문에 문학텍스트는 하나의 매체일 뿐이고 독서의 과정에서 독자와 문학이 서로 어떤 영향을 주고받느냐 하는 것이 더욱 중요하다는 발견을 하게 되었다. 치료적인 관점에서 독자는 하나의 환자로 볼 수 있다. 왜냐하면 독자는 빈곳을 채우고 상처를 치유하려는 의도에서 책을 읽기 때문이다.

따라서, 문학치료는 임상학문의 하나로, 독자들이 정신세계의 빈곳을 채우고 상처를 치유하려는 의도에서 책을 읽기 때문에 치료적인 관점에서 독자를 하나의 환자로 볼 수 있다는 것이다. 그렇다면 독서가 문학치료의 수단과 대상이 될 수 있고, 또 그 치료를 위해 독서의 과정이 어떻게 전개되는지 연구하는 것은 매우 중요하다고 생각한다.

문학이 단순히 리비도적 충동을 해소하기 위한 수단이라고 주장한다면 그것은 본능과 그것을 충족시키는 수단을 혼동하는 것이다. 프로이트 스스로도 후기에는 리비도적 충동이 성적 충동만이 아니라는 것을 고백했듯이, 리비도 충동에는 여러 가지가 있을 수 있다. 다만 이러한 충동들은 서로 어떤 연관을 맺으면서 심리적 인력에 따라 전면에 부상했다가 다시 이면으로 물러서는 것이다. 그렇다면 우리는 문학에 있어서의 여러 가지 일차적 경험의 수단을 단순히 욕구충족으로 보기보다는 호메오스타시스를 유지하기 위한 과정으로 보는 것이 타당할 것이다. 문학치료는 이미 걸린 당뇨병을 치료해서 자율적으로 평형상태를 유지하도록, 즉 인슐린 주사를 맞지 않아도 되도록 하는 것 전체가 호메오스타시스의 과정일 것이다. 그렇기 때문에 당연히 그 수단은 많이 존재할 수 있다. 그래서 영탄, 기쁨(웃음), 슬픔(울음), 우정, 사랑, 희망, 실망, 비꼼, 야유, 반어 등 인간이 가질 수 있는 여러 조건에 대한 호메오스타시스의 과정은 실로 다양하다. 그렇기 때문에 문학의 일차적 기능은 우선 보상의 메카니즘이다. 그 다양한 보상의 메커니즘의 양상에 대해서는 이미 노르드롭 프라이의 원형비판을 토대로 야우스가 구체적으로 언급하였다. 그렇다면 독서는 문학치료의 수단과 대상이 될 수 있고, 또 그 치료를 위해 독서의 과정이 어떻게 전개되는지를 살펴보는 것은 매우 중요한 일이다. 거꾸로 문학에 대해 잘 말할 수 있기 위해서는 정신분석학적 견지에서 인간의 독서심리가 어떻게 전개되는지, 다시 말하면 인간은 무엇인지, 또한 그가 어떤 상징형식을 갖고 그것을 어떻게 표출하는지를 알아야 할 것이다. 문학은 왜 치료적인 역할을 하게 되어 있는가? 문학은 무엇을 치료하는가? 문학은 어떻게 치료를 할 수 있는가? 문학 작품을 치료적인 관점에서 읽어 내기 위해서는 먼저 이러한 의문들에 답을 해야 할 것이며, 이러한 의문들에 답을 하기 위해서는 다음과 같은 것들이 전제되어야 할 것이다.

첫째, 사회적으로 채택된 욕망 성취의 전략이 곧 문화라는 것이다. 인간에게 자연은 누릴 만한 삶의 터전이기도 하지만 극복해야 할 위협이기도 하다. 자연은 해와 달, 산과 들, 강과 바다, 공기와 물, 풀과 나무, 꽃과 나비, 새와 물고기 등으로 사람들을 행복하게도 하지만, 추위와 더위, 가뭄과 홍수, 지진과 해일, 맹수와 독충, 질병과 기근 등으로 사람들을 불행하게 만드는 것도 자연이다. 뿐만 아니라 사람들도 넓은 의미에서는 자연과 같아서, 이웃이 되고 친척이 될 때에는 더없이 따뜻한 축복이지만, 적이 되고 남이 될 때에는 약육강식의 잔인한 재앙이다. 사람들은 지혜를 짜내고 힘을 모아서, 이러한 자연의 위협을 극복하고 안전하게 욕망을 성취할 방법들을 강구하여, 가장 적절하다고 인정되는 방법을 발견하게 되면, 동일한 상황에서는 언제나 이 방법을 반복적으로 사용하기로 하는데, 이렇게 반복적으로 사용하기로 한 방법이 곧 문화인 것이다. 다시 말해서 사회적으로 채택된 욕망 성취의 전략이 곧 문화인 것이다.

둘째, 문화는 사회적으로 인정할 수 없는 개인적인 욕망을 억압한다는 것이다. 문화는 자연의 위협을 극복하고 안전한 욕망 성취를 도모하기 위한 가장 효율적인 전략이기는 하지만, 그 효율적인 전략을 구사하기 위해서는 불가피하게 집단의 이익에 반하는 모든 개인의 욕망들을 제한할 수밖에 없다. 다시 말해서 문화는 집단적인 욕망을 성취하기 위해서 그 집단적인 욕망의 성취에 위배되는 모든 개인적인 욕망들을 금지할 수밖에 없는 것이다. 따라서 문화는 각 개인들에게 삶에 대한 위협을 극복하고 안전하게 욕망을 성취할 수 있는 가장 효율적인 전략임과 동시에, 그 전략을 거스르는 모든 개인적인 욕망의 분출을 철저히 억압하는 준엄한 규범이다.

셋째, 억압된 욕망은 언제나 일탈을 도모한다는 것이다. 각 개인이 문화의 규범을 잘 지켜내는 한 이 세상을 살아가는 데 적어도 겉으로는 별 문제가 없다. 그러나 실제로는 그렇지 않다. 문화의 규범으로 말미암아 억압된 욕망들은 언제나 반란을 일으킬 준비가 되어 있다. 억압된 욕망들이 반란을 일으키면 사람은 자연의 위협 못지않은 또다른 위험에 빠질 수밖에 없다. 수많은 범죄와 정신적 질환들이 바로 그것이다. 억압된 욕망이 문화의 규범을 정면으로 거부하면서 외부 세계를 교란시킬 적에 범죄가 될 것이며, 자신의 내면을 파괴할 적에 정신적 질환이 될 것이다.

한 마디로 문학치료란 문학이라는 도구로 심리적 장애를 치료하는 것이다. 문학이 심리적 장애를 치료하는 데 소용이 된다는 관점은 문학 연구를 위해서나 문학 자체를 위해서나 매우 고무적인 관점이 아닐 수 없다. 이러한 관점을 취하면 문학이 왜 필요하고, 또 어떤 문학이 필요한가, 문학 연구는 어떤 목적을 성취하기 위한 것인지 분명하게 이해할 수 있으리라고 본다. 문학치료는 말 그대로 치료이다. 그러나 문학치료만이 가지고 있는 고유한 효과는 그 기본적인 도구로 문학을 사용한다는 데에 있다. 이 점에서 문학치료는 참여자 모두에게 정신의 건강한 측면에 특별한 호소력을 지닌다. 상호작용적 문학치료가 강조하는 것은 문제를 일으키는 영역에 대한 진단보다는 참여자가 가지고 있는 능력에 대한 더 많은 격려와 강화에 있다.

2) 문학치료의 단계적 방법

전문가들에 의하면, 문학치료, 곧 독서치료는 일반적으로 '인식→고찰→병치→자기적용' 등 4단계에 의해 진행하는 것이 효과적이라고 한다. 대상자, 혹은 참여자가 문학작품을 읽고 작품 속에 내재되어 있는 어떤 메시지를 포착하는 초기 단계에서 출발하여 자기적용의 경험으로 유도하는 과정까지 말한다.

(1) 인식 *recognition*의 단계

첫 단계는 인식*recognition*의 단계이다. 인식이란 자료에 내포되어 있는 것을 참여자가 지각하는 것을 말한다. 인식과정에서 자료 중 일부를 이해하는 것이 제일 중요하다. 따라서 참여자가 그 자료를 읽은 적이 있어서 그 내용을 아는 것보다 자신이 알고는 있었으나 의식하지 못한 것들은 깨닫는 것이 중요하다. 인식이 일어나는 방식에는 즉각적으로 일어나기도 하고, 어떤 때는 자료 그 자체가 직접적으로 반응을 유도하지 못하는 경우도 있다.

(2) 고찰 *examination*의 단계

둘째 단계는 고찰 *examination*의 단계이다. 사람들은 자신의 책이나 영화를 본 후에 인식한 많은 것들을 자세히 설명하지만 고찰하는 데는 서툴다. 독자가 인식한 감정에 대한 반응 *feeling-response*이 실제로 그에게 어떤 의미를 주는지에 대한 고찰의 과정이 꼭 필요하다. 또한 고찰을 할 때 "누가, 언제, 어디서, 무엇을, 어떻게, 왜, 얼마나, 어디서"라는 항목에 중점을 두어 관찰하는 것이 필요하다. 특히 '왜' 라는 질문은 대개의 경우 고찰의 마지막 단계에서 이루어진다. 독서치료자는 독서치료 집단의 구성원들이 스스로의 노력으로 자신들의 반응을 고찰해 보도록 유도해야 한다.

(3) 병치 *juxtaposition*의 단계

셋째 단계는 병치 *juxtaposition* 단계로, 독자가 작품의 일부분에서 받은 충격의 결과로 생기게 되는 사고나 느낌에 대한 인식단계를 말한다. 독서치료에서 주어진 조건에 따라 나타나는 반응과 병치되는 새로운 인상은 대화를 통해 생겨난 느낌이나 개념일 수도 있고, 문학 그 자체에서 발견할 수 있는 개념, 상황, 등장인물, 이미지 등 모든 것이 해당될 수도 있다. 병치를 통해서 생기는 통찰이 독서치료 뿐 아니라 다방면에서 발생되는 현상이지만, 상호 작용적 독서치료는 외부자극과 이전에 고수하던 태도나 감정 간에 새로운 연관을 찾도록 격려하는 환경을 제공하고, 외부자극 그 자체를 제공한다.

(4) 자기적용 *self application*의 단계

마지막 단계는 자기적용 *self application*의 단계로, 작품을 통해서 인식되고, 고찰되고, 병치되었던 느낌이나 개념들은 자기적용의 경험으로 진전되도록 해야 한다. 평가는 인식하고 고찰하여 병치를 이끌어 내는 과정이며, 통합이란 자기적용의 과정을 의미한다. 평가를 위해서는 새로운 인식과 고찰이 필요하다. 자기인식은 앞의 3가지 단계를 거쳐 발달되어 마지막 단계에서 명확해 지는 것이다. 이것을 '이름짓기' 혹은' 명명하기' 라고 하며, 독특한 관점이나 경험에 대하여 적절하면서도 일반적인 표현을 부여하면서 시작되는 것이다. 참여자는 자신만의 독특한 여과장치를 거친 후 다른 사람이 묘사한 것을 명명한다.

그 밖에 문학치료의 효과에 대해서 여러 학자들이 논의한 바 있지만, 문학의 치료적 효과를 두뇌생리학적 관점에서 깊이 연구한 사람은 글렌 도만이다. 그는 평생 동안 중증 뇌 장애자 치료에 헌신해 온 사람으로 읽기를 가르치는 것이 뇌장애 치료에 탁월한 효과가 있음을 발견하였다. 그는 연구를 통해서 인간의 시각, 청각, 촉각 등의 감각경로와 운동, 말하기, 손을 사용하기 등의 운동경로와 두뇌발달은 서로 밀접한 상관관계에 있음을 밝혀냈다. 그의 이론에 따르면 '기능이 구조를 결정한다.' 는 것이다. 중증 뇌장애자의 경우 대부분 부모들은 그가 중증 뇌 장애를 지녔기 때문에 지능이 낮고 지능이 낮기 때문에 읽을 수 없다고 가정하고 아이가 독서경험을 할 수 있는 환경 제공을 아예 포기해 버린다는 것이다. 그러나 안타깝게도 뇌장애아들은 독서경험을 해 본 적이 없기 때문에 뇌의 구조가 충분히 발달하지 못하고 그렇기 때문에 읽기 능력과 생각하는 힘이 저하된다는 것이다. 다시 말하자면 중증 뇌장애자들에게도 충분한 독서를 경험할 수 있도록 배려하면 정상적인 아동들과 전혀 다름없이 지능이 발달한다는 사실을 30여 년의 임상적 경험을 통하여 밝혀낸 것이다. 글렌 도만은 이러한 자신의 경험을 토대로 정상적인 아동들의 지능발달을 위한 프로그램을 개발하여 활발하게 활동 중이다.

돌과 돌 *Doll&Doll*에 의하면, 독서치료의 장점은 누구든지 준비된 만큼 손쉽게 할 수 있다는 것이다. 특히 문학치료, 독서치료는 다른 치료방법과 달리 적절한 시기에 적절한 책을 골라주기만 해도 내담자와 책의 상호작용을 통해서 치료가 될 뿐 아니라, 독서치료는 내담자와 텍스트의 상호작용을 보다 중요시하기 때문이다. 그러나 독서치료는 다른 치료방법과 달리 사전에 준비할 일들이 많으므로 다음 과정을 철저히 점검하지 않으면 안 된다.

첫째 준비단계로서, 내담자와 신뢰관계 형성, 내담자가 지닌 문제점 확인, 문제의 범위와 성격 진단, 기타 필요한대로 내담자의 상황 파악 등이 선행되어야 하고, 둘째 읽힐 자료의 선택단계로, 내담자의 독해력 수준에 맞는 양질의 책 선택, 준비단계에서 밝혀진 내담자가 지닌 문제의 성격에 적합한 책 선택, 내담자가 지닌 문제해결책이 있는 책을 선정한 뒤 자료를 속하고, 내담자의 관심을 고조시켜 책을 소개하고, 책에 대한 과도한 부담감이나 건강하지 않은 감정적 반응을 포착하고 조절하며, 내담자의 읽기 준비도를 고려하지 않으면 안 된다. 셋째 이해를 돕는 단계로, 이 단계에서 독서치료의 4가지 원리가 적용되도록 한다. 즉, 동일시의 원리, 카타르시스의 원리, 통찰의 원리, 문제해결 모델의 원리가 일어나도록 촉진하는 것이다. 특별히 책의 주요 등장인물이나 문제를 탐구하도록 돕는 일, 등장인물들을 어떤 특정한 행동으로 이끄는 동기에 특히 관심을 가지도록 돕는 일, 책에서 시도되는 문제들과 해결책, 그리고 다른 해결책의 과정을 찾아내도록 돕는 일, 책의 등장인물들이 지닌 문제와 내담자가 지닌 문제 사이의 유사성을 직시하도록 돕는 일 등이다. 마지막, 후속조치와 평가단계로, 내담자가 위의 3단계를 통해 깨달은 바를 실제 행동에 옮길 수 있도록 격려하고, 내담자가 성공적으로 수행할만한 합리적인 행동을 발전시키도록 도와야 하고, 자신이 결심한 바를 실제 행동에 옮겼는지 모니터하고, 결심한 행동이 효과적이 될 때까지 다시 시도하는 일 등을 단계에 따라서 신중성 있게 진행하여야 한다.

3) 문학치료의 주요 개념

(1) 동일시 *identification*와 감정이입 *empathy*

감정이입이란 자연계와 인간에 대하여 가지는 자신의 감정을 저도 모르게 다시 그 대상과 인간에게 옮겨 넣고 마치 자신과 같은 감정을 가지고 있는 듯이 느끼는 것이다. 한 독자가 소설의 주인공과 자기를 동일시하여 그 주인공이 웃었다는 대목에 이르러서는 자기도 같은 마음에서 웃는 것이나, 무섭게 찡그린 배우의 얼굴을 보면서 자기도 얼굴을 찡그리는 것은 모두 감정이입의 결과이다.

감정이입과 비슷한 말로 공감 *sympathy*이라는 말이 있다. 공감은 주로 인간끼리 동류의식을 가지는 것을 뜻한다. 독자는 공감의 능력이 없으면 작품을 읽을 수 없다. 공감은 지적이고 사상적인 것인 반면 감정이입은 육체적이고 본능적이다. 작품의 전달을 위해 앞의 두 가지 요소가 다 필요하다. 번스타인 Bernstein은 문학을 통한 동일시가 아동에게 몇 가지 치료적인 목적에 도움이 된다고 다음과 같이 제안하고 있다.

① 독자들은 다른 사람의 문제를 보면서, 자신의 문제를 깨달을 수 있는 기회를 가진다.

② 독서는 사적인 활동이며, 자아인식은 흔히 고독한 가운데 생긴다.

③ 당황함이 최소화된다. 아동이 성적 학대와 같은 문제에 처했을 때, 아동은 그러한 상황에 처한 사람이 혼자만이 아님을 깨달을 수 있다.

④ 독자는 다른 사람에게 보이거나 간섭받지 않고서 자기 문제에 대한 해결방법을 연습할 수 있다.

⑤ 독자는 등장인물과 관련하여 자기 문제를 토론해 볼 용기가 생긴다.

(2) 전이 *transference*

독서치료에 있어서 전이의 기능은 아동의 어린 시절의 정신적 충격을 재생시켜 주고, 도와 줌으로써 무의식적인 요소와 내부감정을 문학작품 내의 등장인물에 투영시키는 것이다. 여기서 중요한 점은 상담자와의 치료 중 '지금 그리고 여기' 의 상태에서 한 이들 투사가 실제로 어린 시절 사건의 부산물이라는 것을 아동이 이해하도록 도와 주는 것이다. 예를 들어, 한쪽 부모의 죽음으로 부모의 상실을 극복해야 하는 아동은 거부, 분노, 협상, 우울, 수용의 단계를 거쳐야 한다. 이 경우 투사는 처음 3단계에서 나타난다. 아동이 부모 등의 죽음을 경험한 경우에 문학작품은 사별과정의 각 단계를 적당하게 제시해 줄 수 있다.

(3) 암시 *suggestion*

해석과 마찬가지로 암시는 새롭게 경험한 무의식적인 정서를 의식 혹은 현실세계로 동화할 수 있도록 도와 준다. 이것은 상담자와의 관계에서 내담자에 대한 상담자의 전반적인 지식에 기초하며, 아동에 관한 상담자의 선입견에도 영향을 받는다. 내담자가 방어와 저항을 극복하고 자아에 대한 통찰이 이루어지는 것은 암시와 숙련된 해석을 통해서 가능함을 강조할 필요가 있다.

(4) 통찰력 *insight*

통찰이란 지각상의 재조직화를 의미한다. 새로운 관계를 깨닫는 것이고 축적된 경험을 통합하는 것이다. 통찰 과정의 첫 요소는 '관계의 지각' 이다. 그 상황이 어떠한 관계 속에서 이루어지는가를 알아차리는 것을 말한다. 그리고 '자기의 수용' 이다. 지각의 관점에서 다른 말로 표현하면, 모든 충동의 본질적 관련성에 대한 지각이다. 상담 상황의 수용적 분위기는 내담자가 매우 쉽게 모든 태도와 충동을 인정하게 해준다. 상담 상황에서는 사회적으로 수용되지 않는 감정이나 이상적 자기와 일치하지 않는 감정을 부정하려는 욕구가 부정하려는 일반적인 욕구가 없다. 통찰과정에서 다음의 요소는 '선택' 이다. 진정한 통찰은 보다 더 만족스러운 목표를 적극적으로 선택하는 것을 포함한다. 신경증 환자는 현재의 만족과 성숙한 행동의 만족 사이의 선택을 분명히 깨닫게 되면 후자를 좋아하는 경향이 있다. 이 선택의 행위를 '창조적 의지' 라고 부른다.

어린이에게 있어서 자신에 대한 통찰력의 발달은 자기 자신에 대한 타인의 동기와 행동뿐만 아니라 자기 인식과 자신의 감정, 사고, 행동에 관한 이해를 수반한다. 이러한 생산적인 사고를 통해 현실을 보는 인식의 변화는 감정, 가치, 태도에 관한 재교육이 일어나도록 해준다. 이러한 전반적인 과정이 통찰력을 성취하게 도와 준다. 일단 통찰력이 생기면 아동은 새롭고, 좀더 생산적인 행동을 할 수 있다. 만약 어떤 이유로 해서 통찰력이 생기지 않았다고 해도, 독서치료는 아동에게 정화를 통해 최소한도의 치료적 가치를 제공해 주게 된다. 통찰이 발달되어가면서 또 내담자가 새로운 목표로 향하게 하는 결정이 이루어지면서, 내담자는 새로운 목표의 방향으로 움직이는 행동을 함으로써 이 결정을 이행하려는 경향을 보인다. 이런 행동은 획득된 통찰이 과연 진정한 통찰인지의 여부를 검증해 준다. 만일 새로운 방향이 행동에 의해 자발적으로 강화되지 않는다면, 그것은 성격에 깊게 관련되어 있지 않은 것이 분명하다.

(5) 카타르시스 *catharsis*

아리스토텔레스의 「시학」 *Poetics*에서 '비극을 애련과 공포에 의하여 이러한 정서 특유의 정화를 한다.' 라고 정의한 데서 이 용어가 처음 사용되었는데, 대체로 정화 *purification*와 배설 *purgation*의 의미를 지니고 있다. 즉, 연민과 공포는 인성의 본연적 경향이지만, 비극적 흥분은 관객의 심리에 쌓이는 이러한 정서를 배출해 감정의 중압에서 해방과 경감의 쾌감을 일으킨다. 한편 정신 분석에서는 마음의 상처나 콤플렉스를 밖으로 발산시켜 치료하는 정신요법의 일종을 가리킨다. 만약 어린이가 문학작품 내의 작중인물과 동일시하게 되면, 그때 어린이는 정화를 경험하게 된다. 정화는 문학작품 내의 작중인물을 통해서 어린이가 억압된 감정을 경험하게 해 준다. 또한 정화를 통해 공격적인 행동, 성적 욕망과 같은 사회적으로 적절하지 않은 감정과 행동을 배출하게 된다. 또한 개인적인 감정상의 억압과 자기표현을 방해하는 사회적인 장벽을 잠시 풀어주는 기회를 제공하여 아동에게 자유로운 경험을 맛보게 해 준다.

바꾸어 말해서 카타르시스는 등장인물의 감정, 사고, 성격, 태도에 대한 감상을 문장으로나 말로 표현시키는 소위 감상의 고백을 말한다. 이러한 등장인물에 대한 감상의 고백은 사실 대상자 자신의 내면적인 정서나 사고, 성격, 태도에 대한 감상을 문장으로나 말로 표현시키는 소위 감상의 고백을 말한다. 이러한 등장인물에 대한 감상의 고백은 사실 대상자 자신의 내면적인 정서나 사고, 성격, 태도의 투영, 즉 간접적인 고백이기 때문에 다른 심리요법에서 흔히 볼 수 있는 저항도 받지 않는다. 이 뿐만 아니라 글이나 말로 감상을 표현해 나가는 동안 의식적인 억제나 억압이 점차 약해져 감에 따라 등장인물에 대한 감상이라고 하는 간접적인 표현이 현실 생활 중의 인물에 대한 감상이라고 하는 직접적인 표현 형태로 바뀌어 나가게 된다.

4) 상황별 독서치료 권장 도서

(1) 자아 존중을 길러주는 책

* 나는 내가 좋아요/노경실 지음, 박향미 그림/푸른나무/1999

* 너는 특별하단다/맥스 루카도 지음,/아기장수의 날개 역/ 고슴도치/2002
* 당나귀 덩키덩키/로저 뒤봐젱 글 · 그림, 서애경 역/웅진닷컴/2002
* 내 이름은 프레즐/마가렛 레이 글, 김원숙 옮김/비룡소/2002
* 행복은 네 곁에 있단다/맥스 루카도 지음, 아기장수의 날개 역/고슴도치/2002
* 내 이름이 담긴 병/최양숙 글 · 그림, 이명희 역/마루벌/2002
* 우리, 그림자 바꿀래?/미리암 프레슬러 글, 김경연 역/국민서관/2002
* 못난이 내 친구/야마자키 요코 글, 정근 역/언어세상/2002
* 땅꼬마 벌레/빌 마틴 주니어? 마이클 샘슨 글, 엄혜숙 역/청솔출판사/2002
* 외뿔이 사슴 올라프/폴커 크리겔 글 · 그림, 이진영 역/문학동네/2002
* 난 크고 싶어/안드레아 샤빅 글, 이연수 역/그린북/2002
* 날아라 올라프/폴커 크리겔 글 · 그림, 이진영 역/문학동네/2002
* 너는 유일해/루드비히 아스케나지 글, 이지연 역/베틀북/2002
* 너는 특별해/조운 링가드 글, 서수연 역/베틀북/2001
* 야곱, 너는 특별해!/가브리엘레 하이저 지음, 권세훈 역/문학과지성사/2002
* 바보 이반의 이야기/똘스또이 지음, 이종진 역, 창작과비평사/1990
* 세상에서 가장 뜨거운 아이/애너 피엔버그 글, 이은석 역/문학동네/2001
* 대포알 심프/존 버닝햄 글 · 그림, 이상희 역/비룡소/2001
* 우당탕탕, 할머니 귀가 커졌어요/엘리자베트 슈티메르트 글, 유혜자 역/비룡소/1999
* 아기 곰 비디/돈 프리먼 글 · 그림, 이상희 역/비룡소/2001
* 알록달록 코끼리 엘머/데이비드 맥키 글 · 그림, 김양미 역/아가월드/2001
* 영원한 세 친구/헬메 하이네 글 · 그림, 황영숙 역/중앙M&B/2001
* 세상에서 가장 소중한 보물은 나/니나 쉰들러 글, 전재민 역/중앙출판사/2001
* 아주 특별한, 너를 위하여/맥스 루카도 글, 아기장수의 날개 역/고슴도치/2001
* 엄마 아빠 그리고 나/이미영 글 · 그림/논장/2001
* 마르따와 녹색 자전거/알베르틴 제르마노 쥘로 글 · 그림/새솔/2000
* 물고기는 물고기야!/레오 리오니 그림 · 글, 최순희 역/시공주니어/2000
* 토끼야, 토끼야/피터 매카티 글 · 그림, 지혜연 역/시공주니어/2000
* 세상에서 가장 아름다운 달걀/헬메 하이네 글 · 그림, 김서정 역/시공주니어/1998

* 나도 무늬를 갖고 싶어!/조남주 글, 김복태 그림/웅진닷컴/1997
* 고릴라야, 힘내!/조은수 글, 이혜리 그림/웅진닷컴/1997
* 목이 길어진 사자/최정훈 글 · 그림/보림/1994

(2) 다른 사람과 관계 맺기를 도와 주는 책

* 너와 나는 정말 다를까?/로라 자페 외 글, 장석훈 옮김/푸른숲/2002
* 마르따와 녹색 자전거/알베르틴 제르마노 쥘로 글 · 그림/새솔/2001
* 너는 유일해/루드비히 아스케나지 글, 이지연 옮김/베틀북/2002
* 새 친구가 이사 왔어요/레아 골드버그 글, 박미영 옮김/중앙M&B/1999
* 외딴 마을 외딴 집에/이상교 글, 김세현 그림/아이세움/2002
* 우리 마을 멋진 거인/줄리아 도널드슨 글, 고정아 옮김/웅진닷컴/2002
* 우체부 아저씨 고마워요/오보 마코토 글 · 그림/대교/2002
* 버찌가 익을 무렵/이오덕 글, 이태호 그림/효리원/2002
* 우리 동네에는 아파트가 없다/김중미 글, 유동훈 그림/도깨비/2002
* 왜 도와야 하나요?/클레어 레웰린 글, 정유진 옮김/함께읽는책/2002
* 너와 나는 정말 다를까?/로라 자페 외 글, 장석훈 옮김/푸른숲/2002
* 내 친구 루이/에즈라 잭 키츠 글 · 그림, 정성원 옮김/비룡소/2001
* 세계의 어린이 우리는 친구/유네스코 아시아 문화 센터 기획/한림/1991
* 넌 아름다운 친구야/원유순 글, 김상섭 그림/푸른책들/2001

(3) 성취감을 북돋워 주는 책

* 나 혼자서 잘 거야!/제라르 프랑캥 글 · 그림, 홍은주 옮김/문학동네/1999
* 이슬이의 첫 심부름/쓰쓰이 요리코 글, 이영준 옮김/한림/1991
* 혼자서 집 보는 날/유혜광 글 · 그림/지경사/1999
* 구두구두 걸어라/하야시 아키코 원작/한림/1990
* 혼자서도 할 수 있어요/노성두 지음, 황지영 그림/사계절/2002
* 레나는 축구광/키르스텐 보예 글, 박종대 옮김/계림북스쿨/2001
* 꼭 하고 말 테야!/원유순 글, 이다현 그림/여명미디어/2001

* 진정한 용기가 필요해!/사라 보세 글, 유혜자 옮김/중앙출판사/2001
* 난 너하고는 달라/김자환 글/문공사/2001
* 세상에서 가장 소중한 약속/고정욱 글, 이은천 그림/두산동아/2001
* 손도끼/게리 폴슨 글, 김민석 옮김/사계절/2001
* 이자벨/예수스 발라즈 글, 프란시스꼬 인판떼 그림, 유동환 옮김/푸른나무/2000
* 날고 싶지 않은 독수리/제임스 애그레이 글, 김경연 옮김/풀빛/2000
* 백조의 트럼펫/엘윈 브룩스 화이트 글, 윤여숙 · 김경희 옮김/중앙M&B/2001
* 난 뭐든지 할 수 있어/아스트리드 린드그렌 글, 강일우 옮김/창작과비평사/1999
* 아빠, 엎드려!/미레이유 달랑세 글 · 그림, 임혜정 옮김/파랑새어린이/1999
* 작은 어릿광대의 꿈/손춘익 글, 김환영 그림/창작과비평사/1990

4. 동화구연

1) 동화구연과 구연동화

대체로 동화를 어린이들에게 들려주는 방법은 책을 읽어 주는 방법과 이야기로 들려주는 방법이 있으나, 어린이들은 책을 읽어 주는 것보다는 서로 얼굴을 보며 재미있는 표정을 통해 이야기를 전달받는 편을 더 좋아한다. 따라서 부모나 교사는 가장 자연스러운 방법으로 가장 적절한 이야기를 들려줄 수 있는 방법에 대하여 연구할 필요가 있다.

흔히 구연동화와 동화구연이라는 말을 혼용하는 경우가 있어 동화구연 대회와 구연동화 대회마저도 아무런 생각 없이 바꾸어 쓰는 경우를 본다. 그러나 이 두 가지의 의미는 엄격히 구분되어야 한다. '동화구연' 은 동화를 연기 형식으로 옮기는 과정의 행위 그 자체를 말하며, '구연동화' 는 입체적 연기로 연출되는 형식의 동화나 대본 자체를 말하는 것이다.

구연이란 말의 사전적 의미를 찾아보더라도 '문서에 의하지 않고 입으로 사연을 말하는 것' 이라고 씌어 있다. 글로써 전달되는 것이 아니라 말로써 의사가 전달되는 것으로 어떤 사연이나 이야기를 연출하듯이 표현하는 것을 구연이라 한다.

영어로는 *Oral Interpretation*, 또는 *Oral Narration*이라 표기한다. '구연동화'라는 용어는 동화를 전달하는 방법적인 측면에서 구분할 때 '문장동화'와 대립되는 용어로써만 사용될 뿐이므로 이와 같은 경우 이외는, 즉 어린이들에게 동화를 말로써 전달하는 경우는 모두 동화구연이라는 말을 써야 한다. 따라서 구연동화 대회가 아니고 동화구연 대회라고 써야 맞는 말이 된다.

동화구연의 의미를 더 구체적으로 말하면 음조 · 표정 · 몸짓 등의 보조적인 방법을 함께 사용하면서 시청자들에게 이야기를 보다 흥미 있게, 보다 실감나게 들려주는 것을 의미한다.

그 밖에 말이나 몸짓 뿐 아니라 효과적인 도구, 즉 인형이나 그림 등을 보조장치로 쓰는 경우가 많이 있다.

또한 동화의 줄거리를 직접 구연할 때와 녹음기를 사용했을 때 어느 쪽이 더 효과적인가에 대해 최근 연구 조사된 한 자료에 의하면 유아들일수록 직접 구연하는 것이 효과적이라고 한다. 이 연구 결과로 볼 때, 시청각 매체가 아무리 발달되었다 하더라도 어린이들에게 동화를 이야기해 줄 경우에는 이야기를 들려주는 화자와 그 이야기를 듣는 청자가 마주 보며 직접 육성을 통하여 이야기를 진행해 가는 방법이 가장 좋은 전달 방법이라고 할 수 있다.

그렇다면 동화구연에서 얻는 교육적 효과는 무엇인가?

두말할 것 없이 동화구연은 어린이들의 정서교육에 많은 도움이 된다. 동화를 많이 듣고 자란 어린이는 *EQ* (감성지수)가 높아진다. 즉 다른 사람의 입장을 이해하고 받아들이고 자기감정을 조절할 수 있는 능력이 생긴다는 것이다. 그렇기 때문에 지적인 면과 정서적인 면의 조화가 필요하지만 사려 깊고, 이해심 많으며 종합적인 사고를 할 수 있는 어린이로 자라게 된다고 한다.

(1) 언어발달 측면에서

① 바른 말, 고운 말, 표준어를 쓰게 된다.

② 발음이 정확해진다.

③ 어휘 어감을 풍부히 하여 언어의 힘을 기른다.

④ 발표력, 표현력을 키워 준다.

(2) **정서발달 측면에서**

① 다른 사람의 입장을 이해하는 수용능력이 생기고 통합능력을 키워 준다.

② 인간관계를 원만하게 한다(언어를 통한 감정 사랑의 교류 등).

③ 자신감을 키워준다.

④ 슬픔, 화냄, 두려움, 의심 등의 부정적 느낌을 분출 정화시켜주고 사랑, 기쁨, 인내, 감사, 용기 등 긍정적이고 아름다운 느낌을 소유하여 행복감을 갖도록 해 준다.

⑤ 감동적인 이야기를 통해 아름답고 순수한 마음을 소유하게 된다.

⑥ 감수성 발달과 정서순화에 도움이 된다.

⑦ 정의와 불의를 분별하고 바른 가치관을 갖게 된다.

⑧ 바른 생활습관을 자연스럽게 형성한다 (편식, 손가락 빨기 등).

⑨ 자연을 사랑하며 정신세계가 넓어진다.

(3) **지적인 측면에서**

① 상상력을 기른다.

② 사고력, 창조력을 기른다.

③ 문제해결 능력을 키워 준다.

2) 구연하기 전의 준비

동화를 어린이들 앞에서 이야기해야 하는 구연자는 다음 몇 가지 자세를 가다듬고 어린이 앞에 서야 한다.

① 장애가 되는 습관을 버려야 하다. 동화구연에서 가장 장애가 되는 것은 행동습관과 언어습관인데, 행동습관은 무의식적으로 신체의 부분을 움직인다든지 시선이나 손 등을 어느 한 곳에만 머무르게 하는 따위이다. 언어습관은 필요 없이 말을 반복 삽입하거나 듣는 사람들에게 방해가 되는 뜻 없는 소리를 내는 수도 있다. 소리의 강약도 습관성일 수도 있으며 지나치게 어법에 어긋나는 것도 습관에서 오는 경우가 있다.

② 자신을 가져야 한다. 누구든지 여러 사람 앞에서 이야기를 한다는 것은 쉬

운 일이 아니다. 그러나 준비와 연습에 의해 누구든지 훌륭하게 구연할 수 있다는 자신감을 갖고 용기 있게 구연할 자세에 임하도록 한다.

③ 안정감을 가져야 한다. 특히 어린이들 앞에 서있는 교사의 태도가 불안해서는 안 된다. 이야기하는 교사가 불안한 모습을 보이면 듣는 어린이들의 자세가 금방 산만해진다. 너무 긴장하지 말고 차분한 태도로 구연하는 것이 무엇보다 중요하다.

④ 동화 내용을 익숙히 알아야 한다. 이야기의 주제와 인물과 줄거리를 충분히 소화할 수 있도록 미리 작품 내용을 여러 번 읽어 보아야 한다. 작품 내용을 완전히 이해하지 못했을 경우 불안하고 자신감이 없으며 여러 가지 좋지 않은 버릇이 무의식 중에 발생한다.

⑤ 시기와 장소를 미리 생각해야 한다. 계절에 맞는 소재를 선택함은 물론이고, 행사 목적에 맞는 작품을 미리 준비한다. 어린이 발달 단계에 따라 동화구연 시간도 조절해야 한다. 장소의 멀고 좁음에 따라 음성의 크기도 알맞게 구연해야 하므로 시기와 장소를 미리 알아둘 필요가 있다.

⑥ 목적의식이 뚜렷해야 한다. 이와 같은 상황에서 이 이야기를 해야 하는가를 먼저 생각해 보고 주제가 뚜렷한 동화를 주도록 노력해야 한다.

⑦ 응용물을 미리 준비해야 한다. 동화를 선택하고 그 내용을 익숙히 이해한 다음에는 무엇을 응용해서 구연할까를 정해야 한다. 정해진 응용물은 늦어도 구연하기 전날까지 미리 마련되어야 한다. 입체동화의 경우 교사가 여러 명 나와서 구연할 때도 각색을 하고 차례에 따라 충분한 연습이 있어야 한다.

⑧ 구연자의 몸가짐에 유의한다. 동화구연할 때 뿐 아니라 평상시에도 교사는 특히 옷차림이나 용모에 각별한 신경을 써야 한다. 어린이들은 그날 교사가 입고 온 의상에 관심을 돌린다. 따라서 동화구연할 때의 옷차림이 너무 요란하거나 사치스러워서도 안 된다. 너무 요란한 의상이나 화장이 지나치면 어린이들의 관심이 동화보다는 의상이나 다른 곳에 모아질 수가 있으므로 오히려 방해요소가 된다.

흔히 동화구연 대회의 출연자를 보면 어린이 출연자나 어른 출연자 할 것 없이 지나치게 요란한 차림으로 여러 사람 앞에 나오는 경우가 있다. 너무 초라한 차림도 좋지 않지만, 지나친 차림도 좋지 않다. 분위기에 알맞은 수수한 차림이 무난하다. 특히 어린이 동화구연대회의 출연자를 보면 어린이에게 새로 맞춘 옷을 입혀 출연시키는 경우가 간혹 발견되는데 좋은 일은 못된다. 왜냐 하면 어린이 자신도 처음 입어보는 새 옷에 신경이 쓰이게 됨으로 구연하는데 도리어 방해가 되기 때문이다.

3) 구연 중의 유의점

어린이들에게 이야기를 보람 있게 들려주기 위해서는 다음 몇 가지 유의할 점이 있다.

① 도입과정을 잘 살려야 한다. 이야기를 처음 시작하는 도입단계가 마음에 안 들면 어린이들은 떠들기 시작하여 이야기가 끝날 때까지 주의를 집중하지 않는다. 동화구연의 성패를 좌우하는 것은 도입과정을 어떻게 이끌어 가느냐에 달려 있으므로 구연자는 특히 도입단계에 신경을 써야 한다. 처음부터 이야기를 잘 듣게 하려면 '참 재미있겠다.' 라는 기대감을 갖도록 하는 것이 중요하다. 그리고 처음에 어린이들과 주의를 끌기 위해 다른 말을 던지는 방법이 사용되는데, 대개 이 경우에는 동화의 내용과 관련시키는 것이 좋다. 예를 들어, 날씨, 동화 속의 주인공 성격, 동화와 관련된 노래 부르기, 주인공을 그린 그림이나 사진을 미리 보여주기, 주인공의 언어 및 태도 등의 암시, 동화와 관련된 율동 등을 통해 주의를 집중시킨 후에 구연을 시작한다.

② 자기 자신을 의식할 필요가 없다. 이에 대해서는 반론을 제기하는 경우도 있는데, 대체적으로 이야기에 열중하다 보면 자신을 의식하지 못하는 경우가 많으므로 특별히 문제가 되지 않는다.

③ 어린이들의 반응을 살펴야 한다. 구연자가 자기 자신을 의식하는 것보다 중요한 것은 이야기를 듣는 어린이를 의식하는 것이 더 중요하다. 구연자가 어린이들이 자신의 이야기에 어떠한 반응을 나타내고 있는 지를 살피면서 이야기를 해야 한다. 즉, 어린이로부터 지루한 반응이 나타나면 빨리 이야기를 끝마무리해야 하고, 흥미를 잃은 듯한 반응을 나타내면 상황을 새롭게 환기시킬 필요가 있다.

④ 아름다운 수식어가 필요 없다. 이야기를 시작하면 우물쭈물하지 말고 과감하게 밀고 나가야 한다. 이것이 이야기를 재미있게 듣게 하는 첫째 요령이다. 동화재료가 너무 세밀하거나 수식어가 많이 있을 경우에는 용감하게 자르면서 척척 전진해 나아가는 구연법을 써야 한다. 세밀한 수식어에 치우쳐 시간을 끈다든지 도중에 어물어물하고 있으면 어린이들의 상상이 앞질러 이야기가 클라이맥스에 이르러도 별로 큰 감동을 주지 못한다.

⑤ 직접화법을 써야 한다. 문장 동화는 눈으로 읽는 동화이기 때문에 간접화법이 많다. 그러나 구연동화에서는 직접화법으로 고쳐야 한다. 간접화법이란 대화가 끝날 때마다 '……하고 말 했어요' 라든가 '……라고 말 했어요' 하는 따위의 방법을 말하는데 이런 것을 직접 말하는 투로 바꾸는 것이 좋다. 특히 이야기의 절정에 가서는 직접화법을 쓰는 것이 좋다. 또 '그래 가지고, 그러나, 그렇지만, 이리하여' 등의 접속어도 대폭 없애야 문장이 짧아진다. 설명보다 등장인물 스스로가 얘기할 수 있도록 해 줘야 한다.

⑥ 자기 수정이나 환기는 금물이다. 이야기 도중에 구연자가 자기 수정하는 것은 분위기를 흐리게 한다. 예를 들어, '선생님이 한 가지 빼먹었어요.' 라든지 '선생님이 잘못 말했어요' 라는 말을 한다면 어린이들이 우선 그 이야기에 대해서 신뢰를 잃는다. 잘못 말한 것이나 빼놓은 내용이 있을 경우 반드시 그 내용이 필요한 것이 아니라면 그대로 이야기를 진행하는 것이 좋다. 또, 이야기 도중에 어린이들을 꾸짖거나 주의를 주는 일이 있어서는 안 된다. 그리고 도덕성을 강요하는 훈화체 이야기가 도중에 끼어들어서는 안 된다.

⑦ 마지막 부분에 훈화를 생략해야 한다. 동화구연은 순수하게 동화구연으로 끝나야 한다. 더 이상의 군더더기는 필요 없다. 동화구연의 가치를 마치 교육적인 것에만 있는 것처럼 생각한 나머지 동화구연을 아주 잘 하고나서 끝부분에 교훈적인 말을 첨가시키는 일은 삼가해야 한다. 예를 들면, "여러분! 누가 착한 사람이지요? 네, 맞아요. 여러분도 순이처럼 착한 어린이가 되셔요." 따위의 훈화적인 말은 생략해야 한다. 도덕교육과 동화구연을 구분하지 못하고 이야기의 결론으로 선악을 지워주는 일은 우매한 행동이고 무가치한 일이다.

기타, 낮은 의자에 앉아 전체 어린이들의 눈을 골고루 보면서 이야기할 것, 일상 회화체로 천천히, 그러면서도 분명하게 이야기할 것, 이야기 줄거리의 흥미를 떨어뜨리는 질문은 피할 것 등을 제시한 사라 리퍼 *Sarah Hammond Leeper*의 견해를 주목할 만하다.

그리고 루쓰 소오여 *Ruth Sawyer*는 초보 구연자일수록 무조건 줄거리를 암기하려는 경향이 많다고 지적하면서 이러한 방법이 기계적인 암기일 때는 무척 지루하고 어려우나, 그림들을 이용하여 줄거리를 익히면 그 줄거리의 이미지와 함께 잘 기억되어 절대 잊어버리지 않는다고 하였다.

4) 동화구연과 언어

동화구연은 언어를 통해 이야기가 전달되기 때문에 특히 언어에 관심을 가져야 한다. 동화구연에 알맞은 언어를 대략 다음과 같이 정리해 볼 수 있다.

① 쉬운 말을 사용해야 한다. 동화를 들려주어도 어린이들이 알아듣지 못하면 좋은 구연을 했다고 할 수 없다. 평소에 쓰는 언어는 어른들끼리의 말이 많기 때문에 어린이들에게 그대로 전달해서는 모르는 경우가 많다. 즉, '두통이 났어요.' 는 '머리가 아팠어요' 라고 고쳐야 쉽고 친절하다. 또 구연동화의 언어는 구체적인 것이 아니면 안 된다. 추상적인 말을 피해야 한다. '귀를 의심했다' 라든가 '맥이 탁 풀렸다.' '아름다운 꿈나라로 달음질쳤다.' 는 말은 어울리는 표현이 아니다.

② 활동적인 언어를 선택해야 한다. 어린이들은 활동적이기 때문에 동화의 언어도 발랄하고 활동적인 말을 선택해야 한다. 구체적으로 말하면 동사와 활성적인 형용사나 부사를 많이 써야 한다. 예를 들면, '호랑이가 엉금엉금 걸어 나왔습니다.' 보다는 '엉금엉금 호랑이가 걸어 나왔습니다.' 라고 표현하는 것이 더 바람직하다. '엉금엉금' 이란 부사가 앞으로 나옴으로써 더 활동적인 느낌이 들기 때문이다.

③ 고상한 말을 써야 한다. 고상한 말이란 바른 말 고운 말을 뜻하는 것으로 항상 교육적인 것이 아니면 안 된다. 난폭하고 상스러운 말이나 욕설 등을 그대로 사용하는 일이 없도록 해야 한다.

또한 어린이들은 욕설이나 유행어에 흥미를 가지고 있으므로 이런 말은 함부로 쓰지 않도록 해야 한다. 그리고 엉뚱한 말로 어린이들을 웃기는 일은 초심자가 흔히 빠지기 쉬운 폐단이다. '돼지새끼' 가 맞는 말이지만 '아기돼지' 라고 표현해야 미감을 줄 수 있음도 간과해서는 안 된다. 결론적으로 구연동화의 언어는 논리체계에 맞고 어린이들이 이해할 수 있는 쉬운 말과 바른 말 그리고 미감을 주는 고운 말을 사용해야 한다.

④ 정확한 말을 써야 한다. 동화구연에서 사투리를 사용하는 것은 좋지 않다. 아무리 대화라고 하더라도 어린이들에게 구연할 때는 사투리를 써서는 안 된다. 동화에는 사투리로 표기되었어도 표준말로 고쳐서 구연해야 한다는 점을 잊어서는 안 된다. 예를 들면, 오영수의 동화 '아찌야' 는 대화가 온통 사투리로 되어 있다. '아찌, 아부지, 와, ……했능교?, 인자, 몬' 등의 사투리는 비록 경상도에 있는 유치원이나 학교에서 구연된다 할지라도 '아저씨, 아버지, 왜, ……어요?, 이젠, 못' 등의 정확한 언어로 고쳐서 구연해야 한다.

⑤ 존칭어를 쓰는 것이 좋다. 서술어는 '~했습니다.' 또는 '~했어요.' 등 어린이들에게 친근감 있는 표현이 좋다.

5) 동화구연과 음성

동화구연을 잘 하려면 다음과 같은 점에 유의하여 음성을 조절하면 된다.

① 자연스러운 음성으로 이야기한다. 자연스러운 음성이란 한 어린이에게 말하듯이 하는 음성인 동시에 자신이 가지고 있는 그대로의 음성을 말한다. 소리가 너무 작아서 어린이가 듣지 못하는 경우도 문제가 되지만 너무 큰 소리를 내는 것도 좋지 않다. 청중이 들을 수 있을 만한 음성이면 무난하다. 즉, 동화구연의 음성은 그 장소와 청중의 수에 비례한다.

② 명확한 음성으로 표현해야 한다. 어린이에게 전달되는 동화는 말이 분명해야 한다. 대체적으로 발성에서 오는 불명확, 빠른 말에서 오는 불명확, 어미처리의 불명확, 군더더기 말에서 오는 불명확으로 말미암아 동화의 전달이 잘 이루어지지 않고 있다. 특히 언어에는 습관성이 있기 때문에 이야기에 열중하다 보

면 '아, 그런데 아, 철수는 아, 막 달려갔어요.' 라고 '아' 라는 발음을 남발하거나 '그래 갖고, 그랬더니, 그러자……' 등 쓸데없는 접속사의 사용, 또 교사가 무엇을 생각할 때 '음- '하는 따위의 사용은 금해야 한다.

③ 음성에 변화를 주어야 한다. 변화 없는 한 가지 소리만 내면 싫증을 주고 주의력을 잃게 된다. 필요에 따라 장단 · 고저 · 완급 등의 적절한 변화를 주어야 한다. 악센트 *accent*에도 정확성을 보여주어야 한다.

④ 감탄사를 적절하게 사용해야 한다. 느낌말에는 감정 느낌과 의지 느낌이 있다. 감정 느낌은 우리의 감정, 곧 기쁨 · 놀람 · 슬픔 등을 나타내고 의지 느낌은 우리의 뜻 곧 단념 · 힘씀 등을 표현한다. 유아동화에는 특별히 감탄사가 많이 들어간다. 감정이나 의지 여하에 따른 적절한 느낌만을 골라야 하고, 그 발음도 알맞아야 한다.

6) 동화구연과 제스처

일반적으로 제스처는 두 가지로 분류하는데 협의의 제스처는 몸가짐 · 자세 · 모양 등을 의미하고, 광의의 제스처는 동화에서 사용하는 몸 · 손 · 발 · 눈 · 입 등 모든 지체의 운동을 의미하는데 이를 도식화하면 아래와 같다.

- 제스처
  - 협의(태도) — 몸가짐 · 자세 · 모양
  - 광의(동작)
    - 신체(협의의 태도) …… 몸가짐 · 자세
    - 짓 …… 몸짓 · 손짓 등
    - 표정 …… 얼굴 표정

동화구연에서 제스처를 사용할 경우는 분명한 목적이 있어야 한다. 제스처의 무용론을 주장하는 사람들처럼 전혀 제스처를 쓰지 않아도 문제가 되지만, 필요 없거나 무리한 제스처를 남발해서도 안 된다. 따라서 제스처를 행하는 목적을 분명히 알아야 한다.

① 주의를 행하는 목적을 분명히 알아야 한다.

② 말의 의미를 강조하기 위하여

③ 말을 생략하기 위하여

④ 인상을 명확하게 하기 위하여

제스처를 행하게 되는데, 제스처는 어디까지나 자연스럽고 이야기와 일치해야 한다는 것이다.

다음으로 구연자가 갖춰야 할 태도에 대하여 제스처를 중심으로 알아보면 다음과 같다.

① 구연자의 의상은 앞에서도 언급했듯이 비싸고 화려한 옷보다 깨끗하고 밝은 의상이 좋다. 지나친 화장은 금해야 한다.

② 구연자의 자세는 어린이들이 잘 보이도록 의자에 앉거나 서는 것이 좋고, 테이블을 사용하지 않는 것이 좋다. 테이블을 쓰게 되는 경우 청중과의 친근감이 없어진다.

③ 구연자는 이리저리 걸어 다니지 말고, 한 자리에 위치해 있는 것이 좋다. 특히 몸의 뒷면과 옆면은 청중에게 보일 필요가 없다. 허리 아랫부분은 원칙적으로 움직이지 않아야 한다.

④ 그러나 몸은 굳어 있지 말고 자유로우면서도 부드러워야 한다. 지나치게 긴장하면 몸이 굳어지고 언어의 표현이나 제스처도 어색해진다.

⑤ 어깨는 으쓱해 하거나 아래로 처지지 않도록 자연스럽게 가져야 한다.

⑥ 턱을 내밀면 얼빠진 느낌을 주며, 너무 당기면 차렷 자세처럼 굳어 보인다. 머리의 방향에 따라 각각 그 느낌이 다르게 전달된다.

⑦ 구연자가 제일 어려워하는 것 중의 하나가 곧 손의 처리문제이다. 제스처를 사용하지 않는 손의 위치는 각각 가볍게 쥔 채 앞쪽에 내리고 있는 것이 좋다. 너무 손을 의식하다 보면 도리어 어색하게 된다. 또한 손가락은 붙이고 있어야 한다.

⑧ 얼굴 표정을 상황에 맞게 잘 나타내야 한다. 슬플 때는 슬픈 듯한 얼굴, 기쁠 때는 웃는 얼굴, 무서울 때는 긴장한 얼굴이 되어 입을 꾹 다물고 눈을 치켜뜬 두려운 표정을 지어야 한다.

⑨ 눈은 동화구연에서 가장 중요한 위치를 차지한다. 구연자의 눈은 항상 청

중을 둘러봐야 한다. 눈은 그 운동으로 다음과 같은 표현을 한다.

- 모양
  - 넓이 ………… 왼쪽에서 오른쪽으로 눈이 움직인 범위
  - 길이 ………… 아래를 보며 왼쪽에서 오른쪽으로 움직여 표현
  - 높이 ………… 위 아래로 눈을 움직여 높이를 표현
  - 크기 ………… 원형으로 눈을 움직여 크기를 표현

- 방향
  - 일점 ………… 멀리 있는 것을 가리킨다.
  - 다점 ………… 물건을 찾는 경우, 정체불명 등
  - 원근 ………… 상하에 의해 높낮이를 나타낸다.
  - 고저 ………… 상하에 의해 멀고 가까움을 나타낸다.

- 동작
  - 크게 뜬다 ………… 강함, 위엄, 놀라움 등
  - 반쯤 뜬다 ………… 약함, 슬픔, 온화, 우미 등
  - 감는다 ………… 아주 약함, 묵상, 사색 죽음 등

⑩ 이야기를 할 때 계속 지껄이는 것은 나쁜 방법이다. 끊을 때는 끊고, 쉴 때는 쉬어야 한다. 특히 의문 뒤, 놀라움 뒤에는 생각하게 하는 여유를 주기 위하여 의식적으로 명확하게 끊는 것이 좋다. 대체로 입의 동작은 다음과 같은 의미를 나타낼 때 쓰인다.

* 다문 입 – 강함, 위엄, 진실을 나타내고 아랫입술을 깨물면 분노, 결심을 나타낸다.
* 반쯤 다문 입 – 우미, 유순, 탄원, 실망, 기쁨 등의 약한 표현을 의미한다.
* 벌린 입 – 놀라움의 경우, 아연 실색한 모양을 표현한다.

제스처를 잘 하려고 너무 의식하게 되면 오히려 어색하고 실수를 범하게 된다. 앞에서 언급했듯이 제스처는 자연스럽게 행해져야 한다. 그러기 위해서는 동화의 내용을 완전히 소화하여 자기 것으로 만들어야 한다.

7) 구연동화의 응용

구연동화에서는 세 가지 기본 요소가 필요하다. 즉, 구연자 · 청취자 · 구연화

재가 그것이다. 석용원은 구연동화의 형태별 분류를 보통동화(설화체 동화, 문답체 동화, 동화시, 입체동화), 음악동화(악기를 이용하는 것, 녹음기를 이용하는 것, 성악을 이용하는 것), 그림동화(괘도식, 낱장 그림식, 그림 연극식, 삽화식, 융판식, 슬라이드식), 완구동화(실물을 보여주는 것, 장난감이나 인형을 이용하는 것, 공작 · 종이접기를 이용하는 것), 표현동화(율동을 이용하는 것), 등 크게 다섯 가지로 나누고 있는데 비하여, 박춘식은 청각적인 구연과 시청각적인 구연으로 나누고 시청각적인 구연을 다시 이야기식의 동화구연(설시적 동화구연, 문답식 동화구연, 동화시), 음악적인 동화구연(노래를 넣어서 이야기를 이끌어 나가는 방법, 악기를 이용하는 방법, 녹음기를 이용하여 음악적인 효과와 함께 의음효과를 가지는 방법), 그림을 이용하는 동화구연(그림을 낱장씩 준비하여 이야기를 진행시키는 방법, 그림식으로 연출하는 방법, 흑판이나 흰 종이 위에 그림을 그려가면서 이야기를 진행하는 방법, 융판 위에 미리 준비된 그림을 부착시키면서 구연하는 방법, 슬라이드를 이용하는 방법), 완구를 이용하는 동화구연(실물을 이용하는 방법, 장난감이나 인형을 이용하는 방법, 공작물이나 종이접기를 이용하는 방법), 텔레비전을 이용하는 구연 등으로 분류하고 있으나 그 내용은 비슷하다.

이와 같은 방법 외에도 그림책을 같이 보면서 글자를 모르는 어린이에게 그 내용을 읽어 주고 제스처도 그림대로 흉내 내며 이야기를 들려주는 방식, 그림자를 이용한 동화구연 방법 등 개발하기에 따라서 얼마든지 좋은 방법이 나올 수 있다.

5. 동화의 개작

1) 개작의 필요성

많은 구연자들이 전래동화나 창작동화를 읽고 그대로 구연하려고 든다. 그러나 동화책에 있는 이야기는 문장체로 되어 있기 때문에 그대로 구연해서는 안 된다. 구어체로 개작해야 함은 물론 현실에 맞게 고칠 필요가 있다. 그 이유를 들면 다음과 같다.

① 시대정신에 맞도록 고쳐야 한다. 문학은 시대상을 반영한다. 예를 들면, 조선시대의 문학작품은 조선시대의 사회나 풍속, 가치관 등이 잘 나타나 있고 오늘날의 문학작품 속에는 현대사회의 여러 가지 양상들이 담겨 있다. 그러나 조선시대의 사회와 현대사회는 여러 가지 측면에서 차이가 있기 때문에 부분적인 수정을 가하여 어린이들에게 전달해야 할 필요가 있다.

구비나 전설 같은 것도 도덕성을 내포하고 있는데 그 당시에는 합당한 정의라 하더라도 현대에는 통용되지 않는 것들이 많다. 가령 효행을 하라는 내용에서 옛날 이야기 가운데는 자신의 허벅다리 살을 잘라내어 부모님 병환을 치료했다는 얘기라든가, 아버지의 병환을 고치기 위해 자식을 가마솥에 삶아서 드렸다는 따위의 효도 이야기는 현대의 어린이에게 그대로 전할 수 없으므로 시대적 정신을 바탕으로 개작해야 한다.

② 우화를 구연할 경우, 적당한 길이로 개작할 필요가 있다. 이솝 우화를 비롯해서 대부분의 우화는 앙상한 줄거리로 엮어져 있기 때문에 원문대로 구연한다면 시간적으로 2분 안팎이면 끝난다. 자칫 잘못하면 어린이들 앞에 서자마자 끝나게 되므로 어린이들로부터 시시하다는 얘기를 듣기 쉽다.

일반적으로 어린이들의 주의력 집중 시간은 동화의 피로도 시간과 관련이 있는데, 어린이들의 연령별 동화구연 청취시간은 다음과 같다.

* 3세부터 4세까지 ……………… 2분이내
* 4세부터 5세까지 ……………… 2~3분
* 5세부터 6세까지 ……………… 3~4분
* 6세부터 7세까지 ……………… 5분

물론 주위 집중 시간만큼 동화를 구연하라는 얘기가 아니다. 다만 구연시간이 2분 안팎으로 끝난다면 너무 짧고, 맛도 느낄 수 없다는 점을 말하고 싶은 것이다. 따라서 우화 따위의 짧은 이야기는 원작에다 뼈와 살을 붙이고 보다 흥미를 느낄 수 있도록 다시 써서 구연하는 것이 좋다.

그러나 개작할 때는 원작의 내용이나 작품 정신을 존중해서 재구성해야지, 엉뚱한 내용으로 바꾸는 것은 피해야 한다.

③ 작품의 주제는 절대로 바뀌지 않도록 해야 한다. 어린이들, 특히 유아에게는 지은이의 작의가 지나치게 노골적인 것은 개작해야 한다. 예를 들면, 안데르센의〈그림 없는 그림책〉이나 톨스토이의 〈바보 이반〉 따위의 작품은 유아들에게는 어려운 내용이다. 이와 같은 작품은 그대로 어린이들에게 주면 소화가 안되므로 효과가 없고 지루해 한다. 이해하기 쉽도록 개작하여 들려주어야 한다. 가령 외국 작품 중 〈신데렐라〉를 개작할 경우, 계모가 신데렐라를 학대하는 장면이 너무 길고 잔인한데, 이 부분을 간략하게 처리해도 현대의 어린이들은 충분히 그 상황을 이해할 수 있게 된다. 이는 시대착오의 부분을 삭제한 경우이다.

또 신데렐라가 왕궁의 무도회에 초대된다는 부분을 어린이들이 알기 쉽도록 생일잔치에 초대되는 것으로 고칠 수도 있고 신데렐라가 신앙을 가졌다는 이야기는 없지만 여러 가지 어려운 상황을 신앙으로 극복했다는 것을 첨가할 수도 있다. 이미 언급되었듯이 작품의 주제는 변동이 없어야 한다.

2) 개작의 요령

읽는 동화와 듣는 동화는 여러 가지 면에서 다르다. 특히 읽는 동화는 주된 언어가 해설체로 되어 있으나 듣는 동화는 회화체로 되어 있다는 점에 주목할 필요가 있다. 개작은 곧 해설체로 된 동화를 회화체로 고치는 일 뿐 아니라, 내용면에서도 현재 오늘의 어린이가 구연동화를 개작하는 법에 대하여 정리하면 다음과 같다.

① 읽는 동화를 듣는 동화로 고쳐야 한다. 좀더 구체적으로 말하면 대부분의 설명 부분을 대화 부분으로 바꿔 써야 한다. '~라고 말했어요.' 같은 간접화법 보다는 직접화법을 쓰고 접속사를 가급적 줄이고, 쉬운 말 · 활동적인 언어로 고쳐 써야 한다. 그리고 변화를 많이 주어야 한다. 귀로 듣는 이야기는 상당한 변화를 필요로 한다. 또한 어휘의 반복, 사건의 반복 등으로 리듬이 있도록 개작해야 한다.

② 어린이들이 이해할 수 있게 고쳐야 한다. 전래동화나 창작동화 할 것 없이 다시 검토해 보고 구연에 맞도록 개작해야 한다. 구연을 위해서는 꼭 필요한 사건이나 어린이 생활에서 이해될 수 있는 것 이외에는 개작해야 한다.

③ 긴 이야기를 짧게 개작해야 한다. 여기에는 긴 이야기를 요약해서 짧게 압축시키는 방법과 긴 이야기 속의 한 부분을 택하여 개작하는 방법이 있다. 긴 이야기를 압축시킬 때는 원작의 줄거리에 손상을 주지 않도록 하고, 줄거리에 불필요한 부분은 과감하게 삭제한다. 긴 이야기 속의 한 부분을 택하여 개작할 경우에는 가장 재미있고 어린이들에게 알맞은 부분을 뽑아서 개작하는 것이 좋다.

많은 이야기들이 들어 있는 〈그림 없는 그림책〉이나 〈아라비안나이트〉, 〈걸리버 여행기〉 등에서는 어떤 한 사건의 이야기만 뽑아서 개작하는 것이 가장 무난한 방법이다. 〈그림 없는 그림책〉에서는 서른셋째 밤까지의 이야기를 하나로 요약해서 구연한다는 것은 도저히 불가능하므로 그 중 둘째 밤의 이야기를 개작한다거나 스물둘째 밤의 이야기를 택하여 개작하는 것이 효과적이다.

④ 짧은 이야기를 길게 개작해야 한다. 앞에서 이미 언급되었듯이 특히 우화의 경우는 길이가 짧기 때문에 구연하기에 알맞은 길이로 개작해야 한다. 또한 우화란 어린이를 위해 만들어진 것이 아니기 때문에 비유나 우의(寓意)가 어른들 중심으로 되어 있어서 어린이에게 맞도록 개작해야 한다. 짧은 이야기를 길게 개작하는 방법은 원줄거리를 될 수 있는 대로 살리고 거기에 과장 · 리듬 · 반복 · 점층법 등을 이용하여 주제에 어긋나지 않게 첨가해 가는 것이 가장 일반적으로 쓰이는 방법이다.

⑤ 비교육적인 이야기를 교육적으로 개작해야 한다. 특히 전래동화에는 비교육적인 요소가 많으므로 대담하게 개작할 필요가 있다. 전래동화가 비교육적인 요소를 지니고 있는 까닭은 창작자나 화자의 무책임한 작업과 전수에 기인한다고 볼 수 있다. 이와 같은 예의 하나가 일본의 대표 전래동화인 〈모모따로오(桃太郎)〉이다.

이 동화는 복숭아에서 태어난 모모따로오가 귀도를 정벌하여 보물을 약탈해 오는 무용담이다. 이 모모따로오 동화는 약 400년 전에 지어진 것으로서 줄기찬 전파로 마침내 대표 동화가 되었는데 전후 일본에서는 이 모모따로오 말살운동이 크게 일어나 저항을 받은 일이 있다. 그것은 모모따로오에 의해 일본의 국민성이 침략주의 · 제국주의 · 군국주의가 되었고, 그런 호전 사상 때문에 2차 대전이 발발하여 마침내는 패전하였다는 거부반응이었다.

이처럼 한 편의 동화가 국민성을 옹달로 몰아넣었다면, 아마 이보다 더 부정적인 영향은 없을 것이다. 우리나라 전래동화 가운데 위트나 유머에 치중한 나머지 도둑질이나 사기를 합리화한 〈파랑 보자기〉나 〈외쪽이의 꾀〉, 효도를 지나치게 강조한 나머지 어린이의 목숨을 빼앗아 부모님께 바치는 〈동자삼〉, 〈석종〉 따위의 동화가 어린이들에게 부정적인 영향을 주는 것들이다. 이런 동화를 어린이들에게 아무 생각 없이 들려준다면 오히려 역효과가 더 많다는 점을 알고 무리가 가지 않도록 개작하여 들려주어야 한다.

잔인한 이야기는 피해야 한다. 흔히 동물동화에서 잡아먹고 잡아먹히는 이야기가 많이 나오는데 그런 대목은 가급적 피하는 것이 교육적이라고 한다. 이런 경우는 쫓아버렸다고 하거나 사라졌다는 정도로 개작하여 들려주는 것이 좋다. 도저히 불가능하다면 잡아먹는다는 표현을 간결하게 끝맺어버려야 한다. 피를 흘리는 장면 따위도 세밀하게 묘사해서는 안 된다.

어린이들에게는 원래 야성이 잠재하고 있어서 생물에 대하여 일종의 잔인성을 갖고 있다. 잠자리의 날개를 찢거나 개구리를 괴롭히는 일 따위가 그 예인데 아름다운 이야기를 통해서 이와 같은 성질을 순화시켜 주어야 한다.

그리고 동화에는 계모에 대한 이야기가 많이 나오는데 대부분이 계모는 악인역으로 등장하며 계모가 데리고 왔거나 새로 낳은 아이도 악인으로 등장하여 온갖 나쁜 짓을 맡아서 한다. 형제 관계에서는 형이 욕심도 많고 나쁜 역으로 묘사되고 있다. 계모를 악인 취급하거나 형을 욕심쟁이로 취급하는 따위는 비현실적인 동시에 비인간적이며 교육적으로도 매우 좋지 않다.

특히 요즘은 핵가족 시대라 자녀의 수가 많지 않은데 형을 나쁜 인물로 설정하는 것은 형되는 어린이에게 열등감 및 죄의식을 갖게 할 뿐 아니라 가족의 화합에 좋지 않은 영향을 준다. 가족 관계에 있어서 지나치게 악역을 묘사한 경우는 개작하는 것이 바람직하다. 또 동화 가운데 장애자에 대한 이야기가 나오는 경우가 있는데 가급적 이런류의 이야기도 취급하지 않는 것이 좋으며 외국 동화의 지나치게 사치스런 장면이나 우리와 너무 동떨어진 경우의 이야기는 개작하여 들려주는 것이 좋다.

어린이들에게 들려주는 동화는 지나치게 미지의 기괴한 세계, 이상한 세계로 인도해서는 안 된다. 공포심을 일으킬 만한 이야기는 피하는 것이 좋다. 어린이에게는 원래 공포 본능이 있기 때문에 이에 대한 자극을 강하게 받으면 오랫동안 혼자 있기를 두려워하고 어둠을 싫어한다고 한다. 우리의 전래동화에는 도깨비나 귀신이 많이 등장하는데, 이들을 무서움의 대상이 아니라 악한 인물로 인식하도록 한다. 어디까지나 동화 속의 도깨비나 귀신으로 끝나야 한다. 가급적이면 유령 따위는 취급하지 않는 게 좋은데 꼭 취급을 해야 할 경우는 요술쟁이나 거인 등으로 개작하면 된다.

또한 감상적인 동화는 어린이들, 특히 유아들에게는 금물이다. 생활고, 환자, 눈물, 죽음 따위를 주제로 한 이야기는 피해야 한다. 꼭 죽음을 이야기해야 한다면 가볍게 취급하여 이웃나라에 가는 듯이 하면 결코 비애의 눈물을 흘리는 일이 없을 것이다. 이밖에 악행이나 악인에 대하여는 동화가 '그러면 안 된다'는 것을 암시하고, 그 악인이 정의를 위해 벌을 받거나 개심하기를 바라는 마음을 불러일으켜야 한다. 장난도 실현될 만한 것이나 어린이들이 흥미를 가질 가능성이 있는 것은 세밀한 묘사를 삼가하는 것이 좋다.

3) 동화구연 예화자료

다음에 소개하는 〈커다란 무〉라는 동화는 단순하면서도 조금씩 조금씩 새로운 요소들이 첨가되기 때문에 기대감을 갖게 하며 유아나 초등학교 저학년에게 알맞은 동화라고 할 수 있다.

〈커다란 무〉

할아버지가 무를 심었어요.

"달콤한 무가 되어라. 커다란 무가 되어라."

무는 쑥쑥 자랐어요. 정말로 엄청나게 큰 무가 되었어요. 달고 시원한 무가 되었어요.

할아버지는 무를 뽑으려고 하였어요.

"어영차! 어영차!"

그러나 무는 뽑히지 않았어요.

"할머니! 할머니! 나와 무를 함께 뽑아요."

할머니는 할아버지를 잡아당기고, 할아버지는 무를 잡아당기며……

"어영차! 어영차!"

"얘야! 얘야! 나와 무를 같이 뽑자."

할머니는 손녀를 불렀어요.

손녀는 할머니를 잡아당기고, 할머니는 할아버지를 잡아당기고, 할아버지는 무를 잡아당기며…

"어영차! 어영차!"

그래도 무는 뽑히지 않았어요.

"멍멍아! 멍멍아! 나와 무를 같이 뽑자."

손녀는 멍멍이를 불러 왔어요.

멍멍이는 손녀를 잡아당기고, 손녀는 할머니를 잡아당기고,

할머니는 할아버지를 잡아당기고, 할아버지는 무를 잡아당기며……

"어영차! 어영차!"

그래도 무는 뽑히지 않았어요.

"야옹아! 야옹아! 나와 무를 같이 뽑자."

멍멍이는 야옹이를 불러 왔어요.

야옹이는 멍멍이를 잡아당기고, 멍멍이는 손녀를 잡아당기고, 손녀는 할머니를 잡아당기고, 할머니는 할아버지를 잡아당기고, 할아버지는 무를 잡아당기며……

"어영차! 어영차!"

그래도 무는 뽑히지 않았어요.

"찍찍아! 찍찍아! 나와 무를 같이 뽑자."

야옹이는 찍찍이를 불러 왔어요.

찍찍이는 야옹이를 잡아당기고, 야옹이는 멍멍이를 잡아당기고, 멍멍이

는 손녀를 잡아당기고, 손녀는 할머니를 잡아당기고, 할머니는 할아버지를 잡아당기고, 할아버지는 무를 잡아당기며…

"어영차! 어영차!"

마침내 무가 뽑혔어요.

아주 커다란 맛있는 무였어요.

4) 동화구연 전의 평가 항목

① 이야기가 재미있나?
② 길이는 알맞은가?
③ 이야기 속에 대화체가 잘 조화를 이루고 있나?
④ 이야기의 주제가 뚜렷한가?
⑤ 참신한 내용인가?

5) 동화구연 후의 평가 방법

① 구연에 적절한 작품을 선택했나?
- 명확한 구성, 등장인물의 적절한 출현, 어린이들에게 흥미로운 주제였나?

② 구연자의 언어는 명확했나?
- 어린이들에게 이미지를 형성했나?
- 구연자의 언어는 이야기 문체에 적절한 것이었나?

③ 손동작, 얼굴표정을 효과적으로 사용하였나?
④ 이야기와 관계없는 긴장된 동작은 없었나?
- "음, 음", "그래서, 그래서……" 등을 많이 사용하지 않았나?

⑤ 목소리는 명확하고, 정상 속도였나? 표현적이었나?
- 소리의 크기, 억양, 목소리의 높낮이, 강조, 리듬을 다양하게 사용했나?

⑥ 때때로 극적효과나 이미지를 강조하기 위해 일시정지 *Pause* 효과를 사용했나?

⑦ 효과음을 사용하였나? 효과음은 이야기를 보완하였나?

⑧ 구연자는 어린이들의 반응에 예민하였나?

- 어떤 방법으로든 어린이들에게 반응했나? 눈 맞춤도 하였나?

⑨ 보조물이 어린이들로부터 효과적인 반응을 일으켰나?

- 그것들이 이야기를 보완했나? 혹은 방해했나?

(Spagnoli, C., 1989)

- 동화책 재미있게 읽어 주는 다섯 가지 노하우! -

1) 먼저 읽어서, 감을 잡자.

엄마가 스토리를 알고 있어야 읽을 때 막히지 않아요. 아이보다 먼저 읽고, 내용을 분석하세요. 등장 인물의 캐릭터를 이해하고, 전체적인 감을 잡아야 재미있게 읽어줄 수 있어요.

2) 주변 사람의 목소리를 대입하자.

등장 인물의 목소리는 주변 사람들을 흉내 내면 쉬워요. 만일, 등장 인물 속에 수다스런 여우가 있다면, 동네 아줌마 중 수다스러운 사람이 누군지 떠올려 보고, 그 아줌마의 목소리와 말투를 흉내 내어 보세요.

3) 일부러 구연하겠다는 생각을 버리자.

억지로 구연하겠다는 생각에 사로 잡히면, 오히려 부자연스러울 수 있어요. 내용의 흐름에 맞게 감정을 이입시키면, 설사 엄마의 목소리가 등장 인물별로 명확하게 구분되지 않는다 하더라도 아이는 내용을 다 이해하거든요.

4) 노동으로 생각하지 말자.

책을 읽어 주는 것을 노동으로 생각하는 부모님들이 계세요. 책을 읽어 주는 것은 노동이 아니라, 아이와 함께 하는 놀이랍니다. 즐겁게 책으로 놀아주세요. "이 책이 몇 장으로 되어 있는지 한 번 세어 볼까?", "주인공 중에서 누가 제일 마음에 드니? 한 번 골라 볼래?" 하고 아이와 함께 놀아 주면, 책 읽는 시간이 더 즐거워져요.

5) 내 속도가 아닌 아이의 속도에 맞추자.

반드시 아이와 호흡을 함께 하세요. 혼자의 기분에 취해서 읽어 나가다 보면, 아이가 따라오지 못하는 경우가 생길 수 있어요. 이해의 속도가 빠른 아이가 있는 반면, 느린 아이도 분명 있거든요. 아이의 눈을 보면서 아이가 잘 따라오고 있는지 확인하세요.

- 성현주 (아동문학가) -

6. 미디어 문학

훌륭한 그림책은 독서의 취미와 습관을 만들어 주는데 아주 폭 깊게, 그리고 미묘한 영향을 주는 것으로 그 큰 힘은 측량하기 어렵다. 왜냐하면 그가 가진 진실은 흔들리지 않기 때문이다.

—앤 · 캐럴 · 무어 〈세 마리의 부엉이〉에서

1) 그림책의 이해와 지도

그림책은 특별히 글씨를 읽지 못하는 어린이들에게 다감각적 경험을 통하여 상상력을 확장한다는 점에서 매우 의의가 있다고 본다. 또한 어린이들이 이야기를 할 수 있도록 말하는 능력을 도와 주고, 등장인물이나 주인공에게 쉽게 동일시할 수 있으며, 미술과 예술을 간접적으로 가르치며, 구체적이고 세부적인 것을 관찰할 수 있을 뿐 아니라, 정서적 경험을 늘려주는 중요한 의미를 지니고 있기 때문에 차세대문학에서 중요한 일부분으로 다룰 필요가 있다고 판단이 된다.

(1) 그림책과 어린이

어린이들에게 최초로 주어지는 책은 곧 그림책이다. 어린이들은 그림을 좋아한다. 특히 문자를 아직 알지 못하는 어린이들은 그림책을 통하여 사고력 · 상상력 · 추리력을 키워나갈 뿐 아니라 그림과 글자를 연결하여 보고 읽는 가운데 자연히 문자를 해득하게 되는 효과도 있다. 그림책은 특히 어린이에게 최초로 주어지는 독서 경험이기 때문에 어린이들이 책에 대한 친근감과 흥미를 가질 수 있도록 각별히 유념해야 한다. 책의 장정, 인쇄, 내용, 그림, 색채, 구성, 어린이 발달단계 등을 고려하여 선택해 주는 것이 바람직한 태도라고 하겠다.

그림책은 편집 내용으로 보아 그림책과 그림 이야기책 두 가지로 나눌 수 있다. 그림책은 그림만을 그렸거나 그림 밑에 그림의 이름을 써놓은 그림책을 말한다. 예를 들어, 토끼를 크게 그려 놓고 그림의 한쪽에 '토끼' 라고 적어 놓은 책은 그림책에 속하고, 아주 짧은 문장이라도 그림의 내용이 이야기로 엮어져 있으면 그림 이야기책으로 분류된다.

그러나 일반적으로 그림책이라 하면 그림 이야기책까지를 포함하고 있기 때문에 여기서도 이 기준에 따라 이야기가 될 것이다.

(2) 그림책의 조건

좋은 그림책은 다음과 같은 조건을 갖추어야 한다.

첫째, 어린이들의 감각에 어필할 뿐만 아니라 지성, 정서에도 어필하는 것이 있어야 한다. 그러나 어린이들의 흥미를 끌기 위해서는 그림책의 아이디어나 감정이 어른의 생각이나 정서를 단순화한 것이어서는 안 되며, 어린이 마음 속에 있는 것이라야 한다. 그림책은 두 가지 미디어로 이루어졌다. 즉, 언어와 화재인데, 글과 그림이 융합되어 그림책에 하나의 통일과 성격을 주는 것이므로 언어와 그림은 같은 비중을 갖게 된다.

둘째, 좋은 그림책의 경우 그림을 통해서 스토리가 뚜렷하게 살아 나와야 한다 어린이들은 그림이 얘기하고 있는 스토리에 마음을 빼앗길 때 동시에 그 그림 전체를 자기 마음 속에 미적인 경험을 받아들인 것이 되며, 이런 경험이 거듭되는 동안에 그것은 그 어린이 속에 하나의 심미안의 표준을 만들며 한편 보잘 것 없는 열등품에 대한 방어의 구실도 하게 된다.

야콥스 *Jacbos*는 좋은 그림책의 조건을 창의성 · 성실성 · 정당성 · 간결성 ·

아름다움을 갖춘 것이어야 한다고 다음과 같이 주장한다.

① 창의성이 있어야 한다. 작품이 가지고 있는 개성을 의미한다. 〈검둥이 삼보〉는 전문가가 아닌 반나먼 부인에 의해서 그려진 소박한 그림책이다. 반나먼 부인 이후 많은 화가들에 의해 더 잘 그려진 〈검둥이 삼보〉가 나왔지만 독자적인 개성 때문에 반나먼 부인의 삼보 이야기를 계속해서 높이 평가하는 점이라든가, 〈피터 토끼 *Peter Rabbit*〉는 책의 크기도 작고 그림도 작게 그려져 있으나 피터의 이야기에는 폿타의 작은 토끼 그림이 있음으로 해서 불후의 걸작이 된 것이다.

따라서 좋은 그림책이란 다른 것으로 대치할 수 없는 개성이 뚜렷한 것이어야 한다.

② 성실성이 있어야 한다. 조잡한 내용과 조잡한 제본이 용납되어서는 안 된다. 어린이용이라고 공연히 울긋불긋하거나 귀엽게만 그린 것이나 예술성이 결여된 그림이어서는 안 된다. 책이 뒤틀리고 낱장이 떨어져 나가는 그림책도 성실하지 못하지만 요컨대, 겉보기만 호화스럽게 치장하고 내용에 충실하지 못한 불성실을 경고하는 결과가 된다.

③ 정당성이 있어야 한다.

타당성이라고도 한다. 적당히 얼버무리는 일은 있을 수 없다. 모든 내용은 확실한 근거가 있어야 하며 정확해야 한다. 어린이들은 어른들이 미처 보지 못한 세부의 표현까지 자세히 보기 때문이다.

④ 간결성이 있어야 한다. 그림책에서는 여백의 효과를 충분히 고려해야 한다. 책장 가득히 그림으로 채우기보다 여백을 둠으로써 오히려 표현하고자 하는 것을 더 돋보이게 할 수도 있다. 그림만이 아닌 그림책 속의 언어들은 압축된 간결성을 요한다.

⑤ 아름다움을 지녀야 한다. 그림책이 아름다워야 한다는 것은 너무나 당연한 조건이지만 아름다움의 기준에 따라서는 진실한 미를 갖추지 못할 수도 있다. 어린이들의 그림책은 많은 색을 쓴 소위 총천연색이 일반적이지만 색도를 많이 넣은 것이 아름다움과 직결되는 것은 아니다. 흑백이나 흑백에 한두 가지 색을 가미한 것, 또는 부분적으로 채색한 그림에서 개성 있는 아름다움을 찾을 수 있다.

요컨대, 그림책의 그림이나 포스터나 간판의 그림이 아닌 예술로서의 미를 갖추어야 한다. 그림책에 담기는 언어가 아름다워야 할 것은 당연하다. 또한 아놀드 로벨 *Arnold Lobel*은 좋은 그림책의 조건을 다음과 같이 제시한다.

① 그림책은 이야기체로 되어 있어야 하며 또한 그 이야기는 간결할 것

② 반복과 리듬이 있으면서 흥미 있는 내용일 것

③ 좋은 그림책은 너무 만화 같지도 않고, 너무 철학적이지도 않은 그림책일 것

④ 이야기 주제와 이미지, 분위기 등을 끌어가는 특유의 예술을 지녀야 할 것

⑤ 좋은 그림책은 진실을 갖출

그밖에 화가가 그림을 통하여 주지 않으면 안 될 것은 미와 진실과 상상의 세계라고 스미스 *Smith*는 말한다.

(3) 그림책의 선택

어린이에게 주어지는 그림책은 우선 어린이들이 좋아해야 한다. 어른의 시각으로 판단하여 좋다고 선택한 그림책이지만 어린이가 가까이 하지 않으면 헛수고만 할 뿐이다.

다음은 일본에서 조사한 어린이에게 인기 있는 그림책의 공통적인 특징을 요약한 것이다.

① 만화식의 선으로 된 움직이는 그림을 좋아한다.

② 희로애락의 표정이나 행위가 확실히 나타나 있거나 과장된 표현을 좋아한다.

③ 유머가 있는 것을 좋아한다.

④ 시리즈로 된 그림책을 좋아한다.

⑤ 외국작가보다 국내작가의 그림책을 더 좋아한다.

⑥ 그림을 말로서도 읽을 수 있도록 되어 있는 그림책을 더 좋아한다.

물론 선택의 기준을 어린이들의 기호에만 맞출 수는 없다. 어른이 어린이의 나이와 발달 수준을 참고하여 선택해 주어야 한다.

유치원에 바람직한 그림책에 대하여 특히 유치원 교사와 유치원에 다니는 자

녀를 둔 부모는 관심 있게 살펴볼 필요가 있는데 요약하면 다음과 같다.

① 개성 있는 그림책을 비치하도록 권장한다. 개성적이란 야콥스가 말한 창의성과 같은 의미로 그 그림책만이 지니는 독자적인 예술성을 말한다. 유아이기 때문에 예술적 가치가 있는 그림책과 독서의 첫 경험을 맺어야 한다. 몇 번이고 되풀이해서 읽어도 싫증이 나지 않는 매력적인 그림을 제공해야 한다.

② 양보다 질에 치중할 것을 권장한다. 어린이들에게 꼭 보여주고 싶고, 들려주고 싶고, 읽히고 싶은 알찬 내용의 책들을 쉽게 볼 수 있는 위치에 정리해 두고 같은 종류의 책을 여러 권씩 비치해 두어야 서로 보려고 다투는 일을 막을 수 있다.

③ 그림책과 글을 소리 내어 읽어보고 귀에 듣기 좋은 것을 선택하도록 권장한다. 유치원 연령기는 문자 해독 이전이므로 주로 읽어주어야 한다. 따라서 읽었을 때 듣기에 좋은 내용을 선택하는 것이 중요하다.

④ 그림책을 통해서 어린이의 잠재력을 발전시킬 수 있는 것이어야 한다. 그림책을 통해서 새로운 지식을 얻고 즐거움을 맛볼 수 있지만 공감의 형성이 보다 우선되어야 한다. 어린이는 한 권의 책, 하나의 이야기를 통해서 신나는 공감을 느낌으로써 새로운 관심을 자극받고 사물을 보는 눈이 한층 자라나도록 해야 한다. 어린이에게 많은 것을 주고 동시에 어린이에게서 많은 것을 끌어낼 수 있는 내용이 바람직하다.

⑤ 그림책은 원칙적으로 개별적인 형태로 수용하는 것이다. 집단으로 감상할 때는 그에 맞는 그림책을 선정할 필요가 있음을 기억해야 한다. 즉, 한 반의 40명의 어린이가 대상일 때와 분단으로 나누어 10명이 대상일 때는 그림책을 다루는 방법도 달라지고, 선택되는 그림책도 달라져야 한다는 것이다.

선택의 기준은 '지식 그림책' 과 '이야기 그림책' 이 서로 다르다. 지식 그림책은 동물이나 교통기관, 과학현상 등과 같이 사물에 대한 인식을 구체적으로 알아야 할 내용을 담은 것이므로 색이나 형이 적절하게 유아들이 쉽게 이해할 수 있는가를 살피는 것이 바람직하며, 사진이나 도감처럼 사실적으로 전부 드러나 있는 것보다는 오히려 사물의 특징이 잘 나타나 있는 책을 택해야 한다.

또한 그림책에 그려진 사물의 환경 등이 적절하게 표현되어 있는지 그 사물의 기능과 사람과의 관계는 어떠한지를 알 수 있어야 한다.

다음으로 이야기 그림책의 선택에 대한 기준이다. 그림은 예술성이 있어야 하고, 문장과도 조화를 이루어야 하며, 주제가 어린이들에게 맞는 것이라야 한다. 그리고 문학적 가치가 있는 문장으로서 글만을 읽어도 이미지가 풍부해 질 수 있는 책이어야 한다. 이야기의 구성도 반복적 리듬이 있는 것이 좋다.

기타 제본이나 장정의 견고함, 그림책의 표지그림이 내용을 소개하기에 알맞은 것인가 따위를 파악해야 한다. 한 마디로 어린이들이 좋아하는 그림책의 매력의 비밀은 그 그림이 펄펄 살아있어야 한다는 점이다.

(4) **그림책의 효용성**

그림책을 어린이들에게 경험시킴으로써 얻어지는 교육적 효과는 여러 가지가 있으나 정리해 보면 대략 다음과 같다. 부모나 교사는 특히 이 점에 명심하여 어려서부터 어린이들이 올바르게 독서 경험을 하도록 지도해야 한다.

① 그림책은 어린이들의 호기심을 충족시키면서 커다란 즐거움을 주고 있다. 그림을 통하여 새로운 것을 눈으로 보고 느끼는 즐거움은 매우 크게 작용된다.

② 지식을 구체화시킨다. 소와 말의 구분을 그림으로 배우며, 시각적인 판별 능력도 키워 준다. 그리고 동물이나 사물의 특징을 구체적으로 알게 된다.

③ 상상력을 키워 준다. 어린이는 아무 말 없이 그림책을 보고 있지만 그 순간 어린이의 머리는 그림과 함께 여러 가지 생각을 하고 있다. 그림의 특징에 따라 상상력이 구체화되고 활성화될 수 있다.

④ 지식에 대한 욕구를 자극하게 된다. 더 많이 알고 싶고, 더 빨리 알고 싶어 하는 욕망을 그림책에서 얻게 된다.

⑤ 언어습득에 매우 중요한 역할을 하고 있다. 그림을 보면서 친구나 가족들과 그림에 대한 대화를 나눈다면 이 때 언어습득에 영향을 주게 된다. 그리고 글자 공부에 대한 예비적인 기초를 마련해 주고 있으며, 특히 그림 이야기책인 경우에는 정확한 문장력을 습득케 한다. 글자를 모르는 어린이에게 그림 이야기책의 내용을 몇 번 읽어 주면 어린이는 곧 그 문장들을 외워서 혼자서도 읽는 흉내를 내게 되고 아울러 문장 습득에 큰 도움을 준다.

⑥ 독서에 대한 흥미를 갖게 한다. 부모나 교사의 지도에 따라 독서에 흥미를 더욱 많이 가질 수 있는 좋은 계기가 되므로 특별한 관심을 가지고 지도할 때 독서의 효과를 한층 높이게 된다.

⑦ 문화전달의 원동력이 된다. 조상들이 이룩한 문화전승의 기초를 다지게 된다. 어린이들이 그림 이야기책을 통하여 직접 표현하지 못하지만 인류 문화의 위대함을 느낄 수 있다.

이상의 효용성 이외에 한 가지 덧붙인다면 독서의 태도를 바르게 갖도록 한다는 점이다. 부모들이 독서에 대한 위생 문제, 책을 다루는 법, 책 보는 자세 등에 대하여 지도하고 스스로 모범적인 행동을 보여줌으로써 어려서부터 독서 태도를 바르게 갖는 습성을 길러 주어야 한다. 앞에서도 언급한 바 있지만 부모 스스로 책을 소중히 다루거나 항상 책을 가까이 하는 습관을 어린이에게 보여주는 것이 무엇보다 중요하다.

그림책 이렇게 고르세요.

그림책을 고를 때 엄마는 글을 먼저 읽어 보지만 아이는 그림부터 훑어 본다. 아이는 글씨가 없고 화려하지 않은 그림책이라도 재미있게 본다. 그림이 재미있기 때문이다. 특히 엄마들은 널리 알려진 세계 명작이나 전래 동화 같은 그림책을 손쉽게 고르곤 하는데, 그림의 스타일이나 내용이 매우 다양하므로 엄마가 먼저 그림책에 대한 올바른 기준을 가지고 있어야 한다.

(1) 그림만 보아도 이야기를 알 수 있어야 한다. 글자를 모르는 아이들은 그림을 보면서 엄마가 읽어 주는 내용을 듣게 된다. 글자를 안다고 하더라도 읽는 속도가 느리기 때문에 엄마가 들려주는 이야기를 통해 그 내용을 이해하게 된다. 따라서 그림만 보아도 내용을 알 수 있는 책을 골라 주는 것이 바람직하다. 아이들은 그림 속에 담겨진 내용을 보면서도 상상의 나래를 활짝 펼친다.

(2) 눈높이에 맞는 그림이 좋다. 아이들은 버스를 보더라도 커다란 바퀴만 보고 책상을 보아도 다리만 본다. 키가 작기 때문에 어른들이 보는 세상과 조금 다른 세상을 보는 것이다. 그래서 아이들은 자기의 눈높이에 맞게 표현된 그림을 보며 동질감을 느끼고 재미있어 한다.
(3) 그림의 완성도가 높아야 한다. 아이들은 글씨 없는 그림책을 아주 좋아한다. 그림책을 볼 때마다 이야기의 내용이 다르게 느껴지기 때문이다. 또한 그림을 보면서 그 내용을 표현하려고 적절한 언어를 고르는 도중 자연스럽게 언어 능력도 발달시켜 간다. 따라서 그림만으로 되어 있는 그림책을 골라 줄 때는 글이 있는 그림책을 고를 때보다 더 꼼꼼히 따져 보아야 한다. 특히 글이 있는 경우에는 그림의 수준이 조금 떨어지더라도 글씨로 서투른 부분이 다소 메워지지만 그림만 있을 경우에는 그만큼 그림의 완성도가 높아야 한다.
(4) 상상력을 불러일으키는 것이 좋다. 아이들은 어른들이 보지 못하는 세밀한 부분까지 관찰하면서 책을 본다. 그림 한 구석에 있는 작은 생쥐나 벌레 먹은 나뭇잎 하나를 보고도 아이들은 이야기를 만들어 내고는 한다. 따라서 보이는 장면 그대로 드러나는 그림보다는 다음 장에 대한 궁금증을 불러일으키는 그림이 좋다. 상상력을 자극하고 아이에게 이야기를 새롭게 꾸미는 능력도 키워 준다.
(5) 다양한 재료와 형식의 그림책을 고추 보여 준다. 수채화나 유화, 가는 펜으로 그린 그림, 판화 등 다양한 재료와 형식의 그림책을 고루 보여 주는 것이 좋다. 표현 기법과 쓰인 재료에 따라, 그림책이 만들어진 나라에 따라 독특한 느낌과 정서가 담겨 있기 때문이다.

(출처 : http://www.hibaby.co.kr)

2) 텔레비전의 이해와 지도

사람들은 현대사회를 세계화 시대 · 정보화 시대 · 매스 미디어의 시대라고 일컫는다. 얼마 전까지만 해도 세계라는 개념이 상당히 광범위한 측면에서 이해되어 왔으나 2000년대의 세계는 이웃처럼 친근하고 축소된 개념으로 파악하려는 경향이다. 이와 같은 현상은 두말할 나위 없이 최첨단 정보기술에 기인한 것으로, 특히 매스 미디어의 급속한 성장은 인류의 의식세계 내지 생활 패턴까지 바꾸어 놓는 엄청난 결과를 초래한 게 사실이다. 우리 나라의 경우, 1970년대를 기점으로 도시는 물론 농어촌의 가정마다 텔레비전 보급이 활발해지면서 정치, 경제, 사회, 문화, 교육 등에 관한 국민들의 의식이 크게 변화되기 시작했음은 주지하는 바와 같다. 그러나 텔레비전이 어린이에게 미치는 영향을 교육적인 차원에서 냉정하게 조명해 볼 때, 장점보다는 예상 외의 문제점이 더 많이 발견됨을 간과해서는 안 된다.

(1) 동일시 현상과 텔레비전

어린이는 그들이 자라온 문화의 가치 · 태도 · 특성을 흡수하는 경향이 있다. 정신분석학에서는 어린이의 이와 같은 특성을 동일시 *identification*이라는 말로 정의하고 있는데, 카간 *Kagan*에 따르면 어린이는 모델의 바람직한 특성을 소유하기 위해 모델의 행동과 태도를 채택한다는 사회학습이론으로 동일시를 설명하면서 다음의 서로 관련된 네 가지의 과정이 동일시를 하게 만들며, 또한 동일시를 강화한다고 밝히고 있다.

첫째, 어린이는 자기가 신체적 · 심리적 특성을 모델과 공유하고 있다고 믿는다.

둘째, 어린이는 모델이 느끼는 감정과 유사한 감정을 경험한다.

셋째, 어린이는 모델을 닮기를 원한다.

넷째, 어린이는 모델처럼 행동한다.

여기서 모델은 일차적으로 부모이며, 교사, 이웃, 친구, 텔레비전이나 그림 속의 인물, 또는 책이나 영화의 주인공이 될 수 있다. 프로이트 *Freud*는 동일시를 어린이가 이성부모의 사랑을 얻기 위한 동성부모와의 경쟁에서 자기의 무력함을 깨닫게 된 결과로부터 얻은 부산물이며, 이것은 오이디푸스와 엘렉트라 콤플렉스를 통해 발달한다고 보는데, 프로이트나 에릭슨 *Erikson*, 카간은 동일시를 유아기의 결정적인 발달로 간주하고 있는 점에서 의견을 일치시키고 있다.

오늘의 어린이들은 텔레비전과 함께 자란다고 해도 지나치지 않으리만큼 많은 시간을 텔레비전 시청에 소모한다. 취학 이전의 어린이, 형제나 친구가 없는 어린이, 맞벌이 부부의 자녀, 고립된 공간에서 사는 도시의 어린이일수록 텔레비전 시청 시간이 더 많다고 하는데, 미국의 한 연구조사에서는 6세의 어린이가 초등학교에 입학하기 전까지 3,000~4,000시간을 텔레비전 시청에 소모하고, 고등학교를 졸업할 때까지 약 15,000 시간을 시청한다는 통계를 발표한 바 있는데, 이는 초등학교에서 대학까지의 총 수업 시간인 10,800시간보다 훨씬 많은 시간으로, 텔레비전이 어린이에게 얼마나 많은 영향을 끼치고 있는가에 대한 문제를 깊이 생각하도록 우리에게 경종을 울린다.

학교 수업 시간보다 텔레비전 시청 시간이 훨씬 더 많다는 말은 한 마디로 자녀를 기르고 있는 부모나 교사들에게 대단히 충격적이다. 어린이들이 동일시하고자 하는 일차적인 대상이 부모라고 밝힌 바 있으나, 부모보다도 많은 시간을 텔레비전과 함께 생활하는 다수의 어린이에게는 일차적 동일시의 모델이 텔레비전 속의 인물로 전환될 가능성이 많기 때문이다.

그러나 부모와 교사의 관심이 있는 한 이 문제가 아주 절망적인 것만은 아니다. 어떤 부모는 자녀들에게 친사회적 행동 *prosocial behavior*을 갖게 하는 지도 방법으로 텔레비전을 이용하였는데, 협동과 나눠주기, 타인에 대한 이해 등을 보여주는 내용의 이른바 친사회적인 행위를 나타내는 텔레비전 프로그램을 시청하도록 권장하고 공격적인만화영화는 덜 보도록 하였더니, 어린이를 보다 더 동정적이고 관대하며, 남을 돕고 싶어하도록 격려할 수 있었다는 뮈센 *Mussen*과 아이젠버그 *Eisenberg*의 연구는 텔레비전의 프로그램 선택이나 시청 시간을 통제하는 등 부모의 관심 여하에 따라서 텔레비전 시청이 유익할 수 있다는 점을 시사하고 있다.

그리고 다른 연구에서도 미디어의 환경이 학습 환경이나 문화적 환경, 심리적 환경, 정서적 환경, 생활환경 등에 밀접한 관련과 영향을 준다고 밝힌 경우가 있다. 그러나 대부분의 연구 결과는 부모의 이와 같은 관심이 지속적으로 실행되기 어렵기 때문에 어린이에게 텔레비전 시청을 금지하는 편이 훨씬 효과적이라는 부정적인 견해를 제시하고 있어 부모들을 긴장시키고 있다.

(2) 성격형성과 텔레비전

유태인들은 가족끼리의 대화가 단절될 것을 염려하여 식당에 텔레비전을 설치하지 않을 뿐 아니라, 식사 시간에는 절대로 텔레비전을 시청하지 않는다고 한다. 현대인들이 안고 있는 갈등이나 소외의식, 이기주의와 불신풍조 등은 상호간의 대화 부족에 가장 큰 원인이 있다. 텔레비전에 빼앗기고 있는 가족끼리의 대화 시간을 이제 다시 찾지 않으면 안 되는 시점에 와 있다. 물질만능에 젖은 현대인들이 소외감과 고독을 극복하지 못하고 매스 미디어에 얽매어 키엘케고르의 말처럼 죽음에 이르는 병을 자초하고 있음은 참으로 안타까운 일이 아닐 수 없다.

오늘날 많은 부모들이 자녀교육에 텔레비전을 무의식적으로 이용하고 있는게 큰 문제점으로 지적하고 있다. 자녀가 심심해 할 때 시간을 보내기 위한 수단으로 이용하거나 지쳐 있는 자녀에게 피로를 풀기 위한 수단으로 이용하고, 말을 듣지 않을 때 좋아하는 프로그램을 못 보게 하여 벌칙의 수단으로 텔레비전을 이용하는 사례는 우리 주변에서 흔히 접할 수 있는 일로, 이를 방치했을 경우, 어린이의 성격 형성에 좋지 않은 영향을 주게 된다. 마리 윈 *Marie Winn*은 그의 저서 〈TV 없는 주, *The "NO TV WEEK" Guide*〉를 통해 텔레비전이 어린이와 가족생활에 미치는 중요한 부정적 영향 여덟 가지를 제시하고 있는데 요약하면 다음과 같다.

첫째, 텔레비전은 좀더 건전한 활동을 할 수 있는 시간을 빼앗는다. 텔레비전을 보면서 지내는 시간은 책을 읽고, 놀이를 하고, 얘기를 하면서 보내는 시간이 아니기 때문이다.

둘째, 텔레비전은 가족활동을 방해한다. 텔레비전의 수동적 즐거움에 빠지면 이야기를 한다거나 게임을 하는 등의 가족활동을 하려 하지 않는다.

셋째, 텔레비전은 어린이를 깨우치는 데 별 도움이 못된다. 부모들은 어린이가 그저 조용히 문젯거리를 일으키지 않고 시간을 보내게 하려고 텔레비전을 이용하므로 그만큼 자녀의 사회화에 손을 덜 쓰는 셈이다.

넷째, 텔레비전이 놀이를 대신한다. 어린이가 놀이 기술을 막 습득하려는 시기에 부모들은 텔레비전을, 자녀를 돌보아 주는 도구로 이용하기 시작한다.

다섯째, 텔레비전은 자원이 빈약한 어린이로 만든다. 텔레비전을 많이 보면서 자란 어린이는 여가 시간을 잘 보낼 수 있게 해 주는 다양한 기능을 습득할 기회를 덜 갖는다.

여섯째, 텔레비전은 어린이의 신체 건강에 부정적인 영향을 미친다. 얼마 전 한 연구는 비만증이 텔레비전 시청 시간과 비례한다고 보고한 바 있다. 텔레비전을 오래 보는 아동 집단이 그렇지 않은 집단에 비해 비만이나 과체중이 훨씬 더 많았다고 한다.

일곱째, 텔레비전은 어린이의 학업 성적에 부정적인 영향을 미친다. 텔레비전 시청을 많이 한 어린이들이 적게 한 어린이에 비해 숙제하는 시간을 빼앗김은 물론, 읽기 및 전체적인 학업 성적에서 더 낮은 점수를 받았다는 연구 결과가 이를 뒷받침하고 있다.

여덟째, 텔레비전 시청은 심각한 중독성을 불러일으킬 수 있다. 많은 사람들이 텔레비전을 내버리지 못하고, 켜지 않고 못 배기는 것은 텔레비전에 이미 중독이 되었기 때문이다. 텔레비전을 보느라 다른 사람과 얘기하고 함께 일하고, 함께 배우고, 또 지역사회 일에 참여하는 그런 기회가 단절된다.

우리나라의 경우만 하더라도 이미 많은 어린이들이 텔레비전 중독증에 걸려 있다. 예를 들어, 만화영화 프로가 방영되는 시간에는 대부분의 어린이들이 하던 일을 중단하고 텔레비전 앞에 앉는다. 부모들도 어린이 프로니까 안심해도 된다는 이유로 이를 방치하여 어린이는 자연스럽게 텔레비전의 마력 속으로 빨려들어 가게 된다. 텔레비전을 켜면 명작동화가 생동감 있게 모든 것을 보여주기 때문에 어린이들은 구태여 오랜 시간을 소비하여 명작동화 책을 읽을 필요가 없다는 생각을 한다. 또한 매코비 교수는 중류 가정의 경우, 부모와 자녀 간에 잘 어울리지 못하는 환경의 어린이가 텔레비전에 매달려 어떤 프로그램이건 즐겨 보는 시간이 많다고 주장하는데, 역시 주목할 일이다. 텔레비전 시청과 가정환경과 성격 형성 사이에는 서로 밀접한 함수관계가 작용한다는 사실을 알 수 있다. 텔레비전 중독증에 걸린 어린이는 대체로 다음과 같은 성격 변화를 가져 올 수 있다.

첫째, 빠르게 흘러가는 영상을 보면서 심각한 것보다는 경박한 것을, 사치스런 배경이나 생활환경을 보면서 진실한 것보다는 허황된 것을, 정화되지 않은 무협영화를 보면서 정서적인 것보다는 자극적인 것을 선호하는 성격으로 변화되기 쉽다.

둘째, 텔레비전 프로그램에서는 일반적으로 남성이 공격적이고 건설적인 반면에, 여성들은 의존적이고 수동적인 존재로 그려지고 있어 시대에 뒤떨어진 전통적 성역할 태도를 발달시키게 된다(*Frueh & McG-hee*, 1975).

셋째, 어린이들은 텔레비전을 통하여 다른 사람에게 일어났던 무서운 일들을 보거나 듣게 되고, 두려운 것들이 많다는 것을 알게 되면서 공포심을 갖게 한다. 물론 나이가 들면서 공포심이 줄어들고, 공포의 종류도 달라지게 된다. 학교에 다니는 연령의 요즘 어린이들은 공포의 대상이 전쟁과 공산주의자들에 대한 것으로 바뀌었다고 지적한 보고서도 있다(*Croake*, 1973).

넷째, 부모들이 텔레비전 시청에 대해 감독하지 않은 가정의 어린이일수록 공격적인 성격으로 바뀌기 쉽다. 텔레비전 폭력 프로그램 시청은 어린이들의 행동을 더욱 공격적으로 만든다. 한 연구에서는 1년 동안 유아원의 놀이 시간에 141명의 3, 4세 어린이를 관찰한 결과 어린이를 가장 공격적으로 만드는 프로그램은 탐정영화였고, 여아들에게는 소리를 지르고 뛰고 하는 열광적인 상황의 코미디와 게임이라고 보고한 바 있다(*Singer & Singer*, 1979 ; *Locke*, 1979).

다섯째, 텔레비전의 무절제한 시청은 정서적으로 줏대 없는 조숙한 어린이를 만든다. 어른들이 보는 프로그램을 절제 없이 보고 자란 어린이는 텔레비전 속의 인물과 동일시하려는 경향이 강하기 때문에 그 인물들의 행동이나 모습까지 비판력 없이 흉내를 낸다. 따라서 텔레비전을 많이 본 어린이일수록 점차 어린이다움을 잃게 된다. 요즘 어린이들에게서 지나치게 어른스러운 몸차림이나 어울리지 않는 행동을 발견할 수 있는 것은 바로 이 때문이다. 특히 텔레비전만 켜면 쉽게 접할 수 있는 유행가에 밀려 어린이들이 불러야 할 동요가 안타깝게도 점차 사라지고 있음은 매우 유감스럽다.

여섯째, 흥미 위주의 단순한 쾌락성의 추구로 어린이들에게 상상력이나 사고력을 메마르게 하여 단순한 성격을 형성케 한다.

일곱째, 외국에서 제작된 만화영화를 시청하는 경우, 우리의 생활습관과 맞지 않는 생소한 부분들이 많아 소외감을 갖게 될 뿐 아니라, 지나치게 사치스럽거나 잔인한 장면을 아무 비판력 없이 수용함으로써 비현실적이고 비인간적인 면을 드러내게 되어 어린이들에게 열등의식을 갖게 한다.

끝으로, 문자 해독 이전에 텔레비전을 많이 보면, 따분하고 고생스러운 독서보다 텔레비전을 보는 일이 훨씬 쉽다는 것을 느껴 학교 가서도 독서를 멀리하게 되고, 마침내 어렵거나 힘든 일은 처음부터 포기해 버리는 성격으로 변하게 된다.

(3) 텔레비전 시청의 절제

앞에서 이미 지적하였듯이 어린이들이 텔레비전을 지나치게 많이 시청하면 부작용이 생긴다는 것을 알면서도 대부분의 부모는 텔레비전을 치우지 못한다. 그러나 텔레비전 때문에 자녀가 바람직한 길로 가지 못하고 있다면 과감히 텔레비전을 안 보도록 하는게 현명하다. 마리 윈은 미국의 어린이와 부모를 상대로 텔레비전 안보기 운동을 전개한 후 그들의 변화된 생활 사례를 분석한 일이 있는데, 이를 요약하면 다음과 같다.

첫째, 새로운 활동을 할 수 있는 기회가 많아졌다. 텔레비전을 안 보는 대신 많은 책을 읽었고, 취미생활을 즐겼고, 친구와 어울렸고, 집안일을 돕는 등 활동범위가 훨씬 넓어졌다. – (학생)

둘째, 학교생활이 몰라보게 좋아졌다. 학교에서 어린이들이 덜 피곤해 하였고, 쉬는 시간에 공격적인 면이 줄어들었으며, 이야기를 듣는 자세가 좋아졌다. 자기 가족이 했던 많은 활동에 관한 얘기를 나누었고 함께 읽을 책도 가져왔다. 시험 성적도 굉장히 좋게 나왔다. – (교사)

셋째, 자부심과 성취감을 갖게 되었다. 텔레비전 안보기 운동에 참가하여 텔레비전 없이 지내고, 새로운 것을 시도하기 위해 있는 힘을 다하면서 가족 모두 자부심을 갖게 되었다. – (부모)

넷째, 가족 간에 서로 친밀해졌다. 가족끼리 많은 시간을 갖게 되어 서로 더 깊이 이해할 수 있었고 아울러 친근감도 더 느꼈다. – (학생 · 부모)

다섯째, 책을 더 많이 읽게 되었다. 텔레비전을 볼 수 없기 때문에 예전에 지겨운 것으로 제껴 놓았던 모든 책을 다 읽었으며, 그 책의 내용이 얼마나 좋은지 알게 되었다. – (학생)

여섯째, 다른 일을 위하여 더 많은 시간을 보냈다. 편지 쓰고, 밖에 나가서 놀고, 책 읽고, 좋아하는 과목을 공부하고, 학교 도서관에 진열해 놓은 샘플도 만들었다. – (학생)

일곱째, 텔레비전을 보지 않을 때 아이가 얼마나 창조적인지를 보면서 놀랐다. 아이들이 얼마나 자원이 풍부한지를 발견하였으며, 또한 아이들을 바쁘게 하는 일이 어렵지 않다는 것을 알았다. – (부모)

텔레비전의 지나친 시청은 성장기 어린이의 인격 형성에 지대한 영향을 끼친다. 어린이에게 일찍부터 텔레비전을 안 보도록 습관화시키는 것이 좋다고 대다수의 전문가들은 주장하고 있다.

또 많은 학생과 부모가 텔레비전 안 보기 운동을 시작하면서 생활이 몰라보게 좋아졌다고 증언하고 있다. 매스 미디어의 홍수 속에서 살고 있는 신세대 부모는 텔레비전의 프로가 좋으니 나쁘니 따지는 일보다 자녀가 텔레비전 중독증에 걸리지 않도록 철저한 관심을 기울이는 것이 더 중요함을 명심해야 한다. 영국의 정신 의학자 윈니코트가 '자녀 양육상 어려움을 겪지만 동시에 심각한 심리적 손상을 초래하지 않도록 부모의 소임을 잘하는 어머니가'가 바로 충족된 어머니라고 했듯이, 매스 미디어의 범람으로 어린이의 가치관이 흔들리고 있는 이 시점에서, 텔레비전 때문에 자녀들이 심각한 심리적 상처를 받지 않도록 최선을 다하는 부모가 가장 충족된 부모라고 말할 수 있다.

3) 사이버문학의 이해와 지도

오늘날 어린이나 청소년들은 과학기술이 급속하게 발전하는 사회에 살고 있다. 이러한 변화가 실제로 너무 크기 때문에 21세기의 혁명으로 불려 질 수 있다. 20세기에 미국인들은 전례가 없는 과학적 진보를 목격해 왔는데, 전기, 라디오, TV, 자동차, 비행기, 핵에너지, 로켓, 컴퓨터, 위성통신의 개발이 바로 그것이다.

이러한 여러 가지 변화 중에서 컴퓨터의 도입만큼 지대한 영향을 준 것은 없다. 최초의 컴퓨터는 오늘날의 개인용 컴퓨터 PC 보다 막강하지 못하면서도 그 가격은 수백만 달러를 능가했다. 최초의 PC는 1980년에 도입되었다. 그 이후로 컴퓨터의 사용은 급증하여 많은 사람들이 직업상 컴퓨터를 사용하고 있으며, 최근 대부분의 학생이 집에서나 학교에서 컴퓨터를 사용하고 있다. 미국의 통계국에 의하면 1996년에 유아원과 유치원 어린이의 약 27%가 수업에 컴퓨터를 사용하고 있다는 통계가 나온 바 있는데, 놀랍게도 우리나라의 경우 놀라울 정도로 많은 유치원 어린이들이 컴퓨터를 일상생활 속에 끌어들이고 있어 이에 대한 교육이 시급하게 되었다.

개인용 컴퓨터는 언어, 수학, 음악을 표현하기 위해 그리고 이야기나 동시와 노래 등을 창작하기 위해 쓰이는 상징들을 사용하는 기계이다. 컴퓨터는 시청각적인 자료로서의 가치뿐만 아니라 유아들의 인식발전을 위한 기재이며 유아로 하여금 반응*react*하게 하기보다는 행동 *act* 하도록 촉진하며 문제해결에 포함된 지적 과정을 좀더 인식하도록 돕는다(*Collin & White*, 1984)는 것이다.

교실에서는 컴퓨터가 발성과 읽기를 가르치는 것에서부터 화학수업에 사용된 액체의 온도와 농도를 분석하여 과학의 원리를 알아내는 것까지 다양한 목적으로 사용된다. 학생들은 컴퓨터가 무엇을 할 수 있을까 몹시 궁금해 하고 있다. 세계가 사실상 학생들 바로 가까이에 있다(*Carlson*, 1996).

(1) 컴퓨터 교육에 대한 관점

어린이들에게 컴퓨터 교육을 하는 것이 좋은가에 대한 찬반 논쟁은 그 대상이 발달상으로 전조작기에 해당하는 유아이기 때문에 야기되고 있다. 현재 우리나라의 경우만 하더라도 컴퓨터가 일상생활의 일부가 되어가고 있으며, 정보화 시대에 유아기부터 컴퓨터 교육을 시켜야 한다는 의견이 제기되고 있다.

여러 학자들이 유아들의 컴퓨터 교육에 대한 긍정적 관점과 부정적 관점을 다음과 같이 제시하고 있어 주목되고 있다.

1 긍정적 관점

① 유아들로 하여금 컴퓨터 공포로부터 자유롭게 한다.

② 컴퓨터 기술을 습득하는데 유익하며 좋은 시작을 하도록 한다.

③ 어린이들의 사고과정을 의식적으로 유도함으로써 좀 더 효과적으로 학습

하도록 도와 주며, 추상적인 것을 구체적이고 개인적인 것으로 바꾸어 준다.

④ 문제해결력을 증진시킬 수 있다.

⑤ 개인적인 호기심을 개발할 기회를 제공하며 과학에 대한 태도를 증진하고 개선시킨다.

⑥ 컴퓨터의 사용은 아동으로 하여금 정확성을 경험하게 하며, 분석하는 능력을 개발하는 기회를 준다.

⑦ 컴퓨터를 시작하고 멈추는 경험은 시간개념을 발달시켜 준다. 공간개념도 학습하고 또래와의 협동적인 학습도 하도록 한다.

⑧ 학습부진아나 주의산만한 어린이에게 컴퓨터 프로그램을 통해서 주의집중력을 갖도록 한다.

2 부정적 관점

① 현재 어린이들이 사용할 수 있는 소프트웨어는 거의 연습지와 같은 경우가 많고 이것은 비교육적이며, 지루하고 경비가 많이 든다.

② 컴퓨터는 어린이들에게 사회적인 고립감을 유도하여 유아가 컴퓨터에 몰두하며 혼자하기 쉽다. 즉, 사회적 기술을 발달시키는 결정적인 시기에 유아들의 사회성을 저해시킨다는 것이다.

③ 어린이 혼자 컴퓨터를 사용할 수 없다는 것이다.

그리고 인터넷을 통해 무절제하게 제공되는 부적절한 요소 때문에 부정적 견해를 주장하는 경우도 많다고 본다.

많은 부모들이 인터넷으로 이용할 수 있는 자료들이 엄청나게 많다는 것을 모르고 있다. 다양한 성행위가 포함된 자위행위에 관한 사진과 비디오 같은 음란물이 있다. 폰섹스와 윤락 등을 알선하는 곳에 관한 광고와 아울러 성 도구와 의상에 관한 카탈로그도 보게 된다. 인터넷에서는 모든 것이 이용 가능하면서 접근 통제가 불가능하기 때문에, 청소년들과 어린이들이 다른 곳에서보다는 인터넷을 통해 이러한 음란물들에 더 쉽게 접근할 수 있다.

폭력적이고 파괴적인 자료도 인터넷에 들어 있다. 폭탄, 지뢰 및 기타 파괴 장치 제로를 위한 비법도 제공된다. 한 예로, 1995년 미국 오클라호마시에서 사용된 폭탄과 유사한 폭탄 제조법을 인터넷 상에서 찾아낸 한 청소년이 그 폭탄이 제대로 작동하는지 시험해 보려고 철물점에서 관련 재료들을 구입하기도 하였다. 인터넷은 약물과 그 사용 도구에 관한 정보도 제공한다. 과격하고 진보적인 운동가들도 인터넷 상에 해당 자료들을 올린다. 이런 자료들은 신나치 집단이나 군대 조직에서 나올 수도 있고, 갱 집단에 관한 정보도 있다. 인터넷 사용자들은 마녀와 악마 의식을 가르치는 사교집단에 관한 정보를 접할 수도 있다.

인터넷 때문에 어른들은 아이들을 위해 기도할 필요가 생겼다. 어린 소년들과 소녀들을 유혹하는 아동 포르노작가들이 많다. 부모와 법률가들은 아이들을 이런 음란물에 노출되지 않도록 보호하는 법을 통과시키려 하고 있다(*Carlson*, 1996). 1996년 2월에 통신규제법이 통과되었으나 곧이어 일부 시민단체에서 그 법이 미국의 헌법에 위배된다고 제안하였다.

지나친 컴퓨터 사용은 청소년과 아동에게 다른 영향도 끼친다. 많은 청소년들이 게임을 하거나 인터넷을 통해 다양한 종류의 자료를 검색하느라 하루에 몇 시간씩을 컴퓨터와 보낸다. 실제로 요즈음 많은 부모들은 자신들이 *TV*를 보는데 보냈던 시간보다 더 많은 시간을 자녀들이 컴퓨터와 함께 보낸다고 불평하고 있다. 일부 컴퓨터 중독자들은 혼자서 산다. 가족뿐만 아니라 다른 사람들과의 대화도 줄어든다. 인터넷이 자신의 새로운 공동체로, 그리고 가상의 전자마을이 자신의 고향이 되기 시작했다. 얼굴과 얼굴을 맞대던 일차적 관계는 이제 컴퓨터를 매개로 한 관계로 대체되고 있다(*Pipher*, 1996).

컴퓨터 혁명의 또다른 흥미로운 결과는 아동과 부모간의 기술문명의 세대차이다. 많은 부모들은 컴퓨터를 잘 알지 못할 뿐더러 두려워하기까지 한다. 컴퓨터 지식에 대한 부모들의 더딘 적응은 기술문명의 차이를 넓혀 놓았다. 점점 더 많은 성인들이 컴퓨터 기술을 받아들이고 있지만, 이것은 컴퓨터에 대한 두려움을 극복하는 시작에 불과하다.

(2) 사이버문학의 특성

21세기의 디지털시대에 들어서면서 우리 차세대문학은 바야흐로 본격적인 통신문학시대가 열렸다. 사이버문학은 컴퓨터로 쓴 글을 인터넷을 통해 소통하는 것으로, 일부에서는 '통신문학', '멀티미디어 문학', '컴퓨터 문학', 'PC통신 문학', '하이퍼미디어 문학' 등의 용어를 주장하면서 문학의 범주를 어디까지로 볼 것인지 각자의 기준을 내세우며 사이버문학의 정의를 내리고 있다. 사이버 문학이라는 표현에서, '사이버'는 '사이버네틱스'의 줄임말로 가상의 공간을 가리키기 위해 미국의 소설가가 처음 사용한 '사이버 스페이스'란 말에서 유래한 것이라고 한다. 그런데 사이버문학은 문학의 소통에 인터넷이 이용됨으로써 지금까지의 문학과 많은 차이점을 드러내고 있다. 왜냐하면 개방성, 동시성, 대중성, 신속성 등 인터넷의 활용으로 인해 나타나는 독특한 특성으로 인해 내용과 형식이 달라지고 있기 때문이다. 사이버문학이 이슈로 대두되는 것은, 그냥 책의 글자를 인터넷상에서 볼 수 있다는 사실 그 이상이다. 대표적인 사이버문학으로는 인터넷 소설이 주류를 이루고 있으며 문학의 틀을 벗어난 것이라는 지적을 받을 수 있는, 만화와 시를 결합한 '파페포포 시리즈'와 '포엠툰' 같은 것들 또한 등장하고 있다. 사이버문학은 크게 세 가지 특성을 가지고 있는데, 차세대문학을 이해하고 지도하는데 대단히 중요한 관건이 된다고 본다.

① 사이버문학이 인터넷 용어 등 기존 문학에 비해 자유로운 언어를 사용하고 있다는 점이다. 인터넷을 주로 이용하는 층은 10~20대라고 할 수 있는데 이들은 이모티콘, 줄임말과 같은 인터넷 용어를 즐겨 사용하고 있다. 따라서 이들이 만들어 가는 사이버문학 역시 인터넷 용어를 사용할 수밖에 없다는 것이다.

> 벌컥!!!!!!!!!!ㅇ-ㅇ……ㅇ_ㅇ……
>
> "아…… 안뇽……꼬마야……"
>
> (중략)
>
> "웅·-·말해 봐. 너도 멍구네 번호 갈차주까?·ㅇ·멍구·ㅇ·멍구·ㅇ·"
>
> (중략)
>
> "아뇨아뇨 〉_〈 정말 괜찮아요 〉_〈 정말이에요 〉_〈"
>
> "고개좀 들어 보라니까요!?"
>
> "아니라니까요! 왜그르세요 ㅜ·ㅜ"
>
> 개미떼 중 하나와 내가 실갱이를 하는 사이..버스는 우리집 앞에 다다라 있

었다 .-_- 비러머글 개미놈 -_-아. 〉_〈 내가 지금 무슨 말을 〉_〈이런 〉_〈 이런 〉_〈

– 귀여니 작 〈늑대의 유혹〉 일부

위의 글은 인터넷 소설로 많은 독자들의 인기를 끌고 있는 한 작품이다. 소설 자체가 대화 중심이며 등장인물의 감정을 주로 이모티콘을 이용하여 표현하는 것을 볼 수 있다. 기분이 좋다는 것을 표현할 때는 ·—· ,*··* 등으로 표현하고, 슬픈 감정을 표현하고자 할 때는 ㅜㅜ, ㅠ—ㅠ 과 같은 식으로 나타낸다. 이모티콘을 사용하는 것은 동질의 인터넷 문화를 공유하고 있는 독자에게는 친밀감과 소속감을 부여하지만, 인터넷 문화를 공유하지 못하는 경우의 독자에게는 정반대가 될 수 있다. 또한 '안뇽, 갈차주까, 아뇨, 왜그르세요' 와 같은 줄임말 또한 인터넷상에서의 언어 파괴를 그대로 실었다는 점에서 문제가 될 수 있다. 위의 예는 작가가 10대이기 때문에 이러한 특성이 더욱 두드러지는 작품이라 하더라도, 일반적으로 사이버문학은 기존의 문학에 비해 자유로운 언어사용이 이루어지고 있다는 것을 볼 수 있다. 이처럼 쉽고 간단한 언어사용으로 소설의 장면 장면이 뮤직 비디오 화면처럼 다가오게 되는데, 이는 클릭에 길들여진 청소년들의 구미에 딱 맞아떨어지는 것이라고 할 수 있다. 그렇기 때문에 사이버문학은 점점 더 10~20대의 요구에 부합하는 요소를 강조할 수밖에 없는 것이다.

② 수정이 용이하고 독자들로부터 작품방향을 지적받는 등 반응을 즉각적으로 청취할 수 있다는 점이다. 기존의 문학은 작가가 작품을 100% 완성하여 출판하는 방식이기 때문에 중간에 내용을 수정하거나 독자의 반응을 보고 출판 결정을 하는 일이 있을 수 없다. 출판한 뒤 독자들의 평가를 기다리는 것이다. 하지만 사이버문학의 경우는 다르다. 몇몇 인기작가의 글은 독자들의 조회 횟수가 수 천회에 달하고 있기 때문에, 이런 인기작품의 작가들은 인터넷 통신을 통해 독자들의 호응 정도를 파악하여 이에 맞추어 독자들의 요구 사항을 수용하고, 독자들의 평가에 의해 출판을 결정짓는다. 통신 공간에서 소통되는 문학이다 보니 작가와 독자가 즉시에 만나게 되고 서로 직접적 영향을 미치게 된다는 것이다. 우리가 익히 알고 있는 '피드백 효과' 가 즉각 나타난다. 따라서 작가와 독자들의 합의에

의한 창작이 쉽게 이루어지며, 작가와 독자의 구별도 모호해지고, 또한 릴레이 소설과 공동 창작과 같은 독특한 창작법이 발달할 수 있게 되는 것이다. 이는 기존의 문학과 사이버문학을 구별하는 확실한 특징이라고 할 수 있다.

③ 기존 문학에 비해 제약이 없다는 특징이 있다. 사이버문학은 가상공간에서 불특정 다수가 익명으로 만들어 내는 것이어서 누구나 참여 할 수 있기 때문이다. 이는 사이버문학의 긍정적 요소이기도 하지만, 사이버문학을 비판하는 사람들이 내세우는 부정적 측면의 근거가 되는 특성이라고 할 수 있다. 일반 문학의 경우, 경제성과 같은 현실적인 문제를 고려해야 하기 때문에 출판사의 제재가 따르기 마련이다. 또한 사회적인 파장 등을 생각해야 하므로 함부로 이루어지지 않는다. 하지만 사이버문학은 창작을 하는데 일정 수준의 자본을 요구하는 것도 아니고, 작품의 수준을 고려하지 않아도 공공의 공간에 내놓는다는 첫 번째 관문 자체가 없다. 또한 가상의 공간에서 익명으로 이루어지기 때문에 도덕성이 떨어지는 것은 어쩔 수 없는 결과라고 할 수 있다. 뿐만 아니라, 컴퓨터를 이용한 글쓰기를 하므로 컴퓨터를 이용해 남의 작품을 복사하기도 쉽고 그것을 수정해서 자신의 글로 만드는데 용이하다. 그렇게 되면 저작권을 갖는 작가의 개념이 사라질 수 있는 문제점이 있다. 물론 제약이 없다는 특성을 살려 "포엠툰"과 같이 만화와 시의 결합이라는 다양한 장르를 개척할 수 있는 장점도 있지만, 부정적 측면 또한 무시할 수 없다.

(3) 사이버문학의 문제와 대안

평범한 여고생의 소설이 통신 공간을 통해 베스트셀러로 떠올랐고 영화로까지 만들어져 사이버문학은 우리의 일상생활과 깊은 연관이 있다고 할 수 있다. 이는 일반 문학이 아닌 사이버문학이기 때문에 가능한 경우이다. 그렇다면 통신문학은 과연 우리 생활에 긍정적인 영향만을 미칠까? 안타깝게도 사이버문학은 우리의 삶에 긍정적 영향과 부정적 영향을 모두 남기고 있다.

먼저 긍정적 측면이다. 사이버문학은 앞에서도 언급했지만, 자유로운 언어 사용이 특징이기 때문에 기존의 문학 작품에 보다 비교적 이해하기 쉽게 쓰여 있다. 창작의 주체가 되는 연령층이 어리다는 것도 이유가 된다. 따라서 쉽게 글을 접할 수 있다는 장점이 있다. 무겁지 않고 사람들에게 재미거리를 제공하는 흥미 위주의 글이기 때문에 누구든지 쉽게 쓰고, 쉽게 읽을 수 있다. 이는 '책을 읽는다' 혹은 '책을 쓴다' 라는 말을 떠올리면 거부감부터 드는 사람들에게 글과 친숙할 수 있는 기회를 제공한다는 점에서 높이 평가할 수 있다. 실제로 통신 문학이 발달하면서 글을 쓰는 사람이 늘어나는 추세이고, 소위 '뜬' 사례도 있다. 송경아씨나 김영하씨처럼 사이버문학을 발판으로 하여 기존의 문단으로 올라선 경우가 바로 그 예이다. 가상의 공간에서 이루어지는 통신문학은 기존 문단이 알아주지 않는 무수한 아마추어 시인과 소설가들의 망명국가였고, 침체될 수 있는 창작 활동을 활성화하는데 큰 도움이 된다고 볼 수 있다. 또한 일반적인 문학에 비해 제약이 없으므로 다양한 분야의 다양한 사람들이 창작활동을 하게 한다는 장점이 있다. 사이버문학이 발달하기 전에는 "창작은 작가의 몫" 이라는 의식을 가지는 사람들이 대부분이었지만, 현재는 이러한 고정관념에서 벗어나 "창작은 누구나 할 수 있는" 것 이라는 쪽으로 기울고 있다. 다양한 사람들이 만들어 내는 창작물은 몇몇의 전문가들이 만들어 내는 창작물보다 훨씬 창의적이고 신선할 수 있다. 다양한 장르를 개척할 수 있는 여지가 주어지는 것이다. 판타지와 앞서 언급한 '파페포포 시리즈' 와 '포엠툰' 과 같은 작품들이 바로 이에 해당된다고 볼 수 있다. 실제로 〈드래곤 라자〉라는 판타지는 국어 교과서에까지 실릴 예정이라고 하니 사이버문학이 우리 생활에 많은 긍정적 역할을 하고 있다고 볼 수 있을 것이다.

반면, 부정적 측면 또한 크다고 할 수 있는데, 한 예로 2004년 조선일보 신춘문예의 단편소설과 시 예심을 한 심사위원들의 평은 충격적이다. 심사위원들에 의하면 '몇몇 우수한 작품을 제외하고는 전반적으로 원고 수준이 하향 평준화됐다' 며 '오문이나 구성력 부재 등 글쓰기의 기본이 안 된 데다, 자잘한 일상이나 가족 이야기에 관한 글이 대다수였으며 뚜렷한 주제 의식은 찾아보기 힘들었다.' 고 지적했다. …… (중략)…… 단편소설 예심위원들은 '530편의 응모작 중 본심으로 올린 10편의 예심 통과 작을 고르기 힘들 정도로 작품 수준이 눈에 띄게 저하됐다' 고 지적하면서 그 이유로 사이버 공간을 무대로 한 글쓰기의 영향이 신춘문예 응모작에도 그대로 드러난 것으로 분석했다.

사이버 공간은 흔히 거의 무한대로 글쓰기 공간 확대 전 연령층으로의 필자 증가 등 긍정적인 측면도 지적된다. 하지만 신춘문예를 분석한 결과, 사이버 공간 글쓰기의 폐해가 오프라인에서도 그대로 드러났다는 지적이다. 심사위원들은 주어와 술어가 대응되지 않는 오문이나 비문 문장을 완성시키지 않는 '문장 분지르기' , 만화처럼 쓸데없는 의성어 의태어 남발, 말줄임표의 남발, 발음 나는 대로 쓰기 등을 들었다. 한 작품의 도입부는 인터넷 채팅에서 흔히 만날 수 있는 글쓰기의 전형을 보여주고 있는데, '본격적인 작품을 쓰기 위해 공을 들인다기보다는 자신의 이야기를 친구를 앞에 두고 담담하게 풀어나가는 '자족적 글쓰기' 의 모습(문학평론가 김미현)이며, 언어와 감정의 절제를 특징으로 하는 단편소설 특유의 문법은 찾아볼 수 없다는 지적도 나왔다. 소설가 박상우씨는 '일정한 주제를 잡고 집요하게 천착해 들어가는 구성력은 명작이나 고전 등 독서를 통해 습득된다.' 며 '이런 작품을 찾아볼 수 없는 것은 작가 수업의 필수 코스인 고전 읽기를 등한시한 데서 연유한 것으로 보인다.' 고 말했다.

심사위원들은 말초신경을 자극하는 감각적 표현 증가 사유의 깊이 대신 말재주에 중점 성(性)에 관한 소재 증가 등도 사이버 시대의 시 쓰기 특징으로 들었다. 한 심사위원은 '최근 몇 년 사이 산문풍의 시가 늘어난 것도 인터넷 시대 글쓰기의 영향으로 보인다.' 며 '그러다 보니 압축, 절제미나 언어의 경제적 운용 같은 시창작의 ABC조차 찾기 힘든 응모작이 많았다' 고 말했다(「조선일보」, 2003년 12월 19일자).

위의 신문 기사를 통해 알 수 있듯이, 사이버문학은 전반적인 문학의 질적 하락을 가져온다는 문제가 있다. 인터넷 소설은 어느 정도의 실력을 공인받은 작가가 쓰는 소설이 아니라, 아마추어 작가들이나 취미로 소설을 연재하는 사람들의 경우가 대부분이다. 따라서 평균적으로 볼 때, 인터넷 소설의 문학성이 다소 떨어지는 것은 불가피하다고 볼 수 있다. 하지만 여기서 문제시 되는 것은, 사이버문학의 질적 하락이 아니라 통신 공간 속에서의 문학이 아닌 다른 문학에까지 그 영향이 미친다는데 있다.

또 하나 사이버문학의 문제점은 한글을 파괴한다는 점이다. 이것은 비단 사이버문학만이 그 원인이 된다고는 할 수 없으나, 큰 요인이 되고 있다고 볼 수 있다. 인터넷의 보급으로 지금은 어른, 아이 할 것 없이 인터넷을 사용하고 있다. 점차 그 연령대가 낮아지고 있어 초등학교 저학년 학생들도 인터넷을 무리 없이 이용하고 있다. 사이버문학은 아직 한글에 대한 기초가 잡히지 않은 어린 학생들의 한글에 대한 가치관과 기초 지식을 파괴한다는 점에서 문제가 되고 있다. 인터넷 소설을 보면, '많이', '먹었다' 같이 겹받침이나 쌍시옷이 들어가는 단어는 컴퓨터 자판으로 입력시키는데 불편하기 때문에 흔히 '많이'는 '마늬'로, '먹었다'는 '먹엇다'로 표기하는 경우가 있다. 통신언어와 일반언어의 사용을 구별하는 성인과 달리 어린 학생들은 통신언어와 일반언어를 구별조차 하지 못하고 있다. 나중에는 세대 간 대화를 위해서는 통역이 필요하게 될 지경에 이를 수도 있는 것이다. 실제로 초등학교 선생님들의 이야기를 들어보면, 예전에 비해 한글 표기 수준이 현저히 떨어지고 있다고 한다.

마지막으로 인터넷 소설의 내용과 문체가 청소년에게 부정적 영향을 끼친다는 점을 들 수 있다. 청소년들은 인스턴트 문화와 클릭에 익숙해진 세대들이다. 이들은 오락거리조차 상당한 시간의 무게와 지속성을 거부한다. 요새 피시방과 보드 게임방이 늘어나는 것을 보면 짐작할 수 있는 사실이다. 이것들은 배울 필요가 없다. 배운다 하더라도 잠시면 되기 때문에 요즘과 같은 스피드 시대에 어울리는 것들이다. 기존의 문학작품을 즐기기 위해서는 적어도 앞부분 30% 정도는 인내심을 가지고 읽어나가야 한다. 세계적인 고전들을 읽는 방법 역시 그 깊은 뜻을 이해할 수 있을 때까지 읽고 또 읽어야 한다. 그래야 작가가 이끄는 세계 속에 몰입할 수 있고, 상상의 세계에 들어가 풍성한 즐거움을 누릴 수 있는 것이다. 하지만 이런 것들은 스피드에 물든 청소년들의 구미에 맞는 것들이 아니다. 사이버문학 역시 스피드를 좋아하는 청소년을 만드는데 일조하고 있다고 볼 수 있다. 책 대신 컴퓨터에 익숙해져 버린 요즘 세대들은 긴 글을 읽기 귀찮아하고 그림이 없으면 몇 장 넘기다 포기하고 가 버리는 모습을 쉽게 볼 수 있는데, 인터넷 소설은 이들의 구미에 맞춰서 내용을 텅텅 비운다. 또한 인터넷 소설은 등장인물의 감정을 표현하는 데 긴 문장을 쓴다거나 문학적인 표현을 이용하지 않는다. · ·, ㅜㅜ 과 같은 이모티콘으로 곧바로 끝내버린다. 심층적 서사 구조도 없으며 작가의 세계에 몰입하기 위해 첫 부분을 인내심을 갖고 읽어나갈 필요도 없다. 가벼움, 단순, 신속, 재미…… 이와 같은 단어로 표현할 수 있는 사이버문학은 알맹이는 빠지고 껍데기만 남아있는 것은 아닐까? 결론적으로 청소년들은 질이 낮은 소설을 접할 기회가 많고 그것으로 인해 부정적 영향을 받아들일 수 있다는 것이다.

그렇다면 이상에서 지적된 사이버문학의 문제점을 어떻게 개선해 나갈 것인지 그 대책을 시급히 마련해야 한다. 우선 가장 먼저 개선되어야 할 점은 사이버문학의 질적 제고이다. 작가들은 단순히 흥미만을 추구할 것이 아니라, 작품성 있는 통신문학을 만들어 가기 위해 앞장서야 할 것이다. 독자들 또한 마찬가지다. 생각하기 싫어하는 사람은 발전이 없다는 말이 있다. 가볍고 단순하고 재미있는 것만을 좇을 것이 아니라, 정신의 깊이를 더할 수 있는 부분에 집중해야 할 것이다. 질 높은 통신문학을 만들기 위해서는 작가, 혹은 독자 한 사람만 바뀐다고 해결될 수 있는 문제가 아니다. 양자의 꾸준한 노력이 있을 때 성과가 있는 것이다.

문학다운 문학, 소설다운 소설로 거듭나려면 일부 층에서는 쉽다고 환호받고, 어떤 층에서는 곱지 않은 시선으로 비판하게 해서는 안 될 것이다. 그리고 적어도 사이버문학에서 만큼은 통신용어나 이모티콘의 사용을 자제해야 할 것이다. 빠른 감정표현과 시간 절약이라는 측면에서 본다면 경제적인 이모티콘과 줄임말은 채팅과 같은 부분에서는 인정될지 몰라도 문학에서는 부정적 요소이다. 아름다운 표현과 깊이 있는 은유에서 느낄 수 있는 문학적 재미를 사이버문학에서도 느낄 수 있어야 할 것이다. 결론적으로 사이버문학은 어디까지나 문학작품이 갖추어야 할 조건들을 제대로 갖추어야 비로소 문학으로서의 역할을 할 수 있다고 하겠다. 독자들의 구미나 기호에 맞추기 위해 흥미중심, 편의중심의 글을 쓸 것이 아니라, 예술성에 기준을 두고 문학작품다운 작품을 써나가는데 혼신의 노력을 기울여야 할 것이다. 문학은 단순히 읽을거리로 끝나는 것이 아니기 때문이다.

아울러 어렸을 때부터 컴퓨터에 대한 교육이 올바르게 이루어지도록 부모나 교사가 지도하지 않으면 안 된다. 클레맨트(*Clements*,1985)는 어린이를 대상으로 한 컴퓨터에 관한 교수원리를 다음과 같이 10가지로 제시하고 있는데, 컴퓨터 지도에 많은 도움이 될 것이다.

① 컴퓨터를 사용해야 할 상황과 사용해서는 안 될 상황이 있다. 예를 들어,

어린이의 긍정적인 자아개념의 성장을 촉진할 경우나 어린이로부터 다른 중요한 경험을 박탈하지 않고 학습에 공헌할 경우다. 컴퓨터는 시간 채우기 위해서 사용되어서는 안 된다.

② 개인적으로 중요하고 의미있는 경험들이 컴퓨터의 사용보다 우선되어야 한다.

③ 교육과정의 결정에 있어서 어린이의 선호가 유일한 기초가 되어서는 안 된다.

④ 어린이의 발달은 안내의 지침서가 되어야 한다.

⑤ 다양하게 컴퓨터를 적용해 보는 경험을 해야 한다.

⑥ 컴퓨터 활동은 교육과정 속에 통합되어야 한다.

⑦ 어린이의 지적, 사회적, 정서적, 창의적인 성장을 촉진시켜 줄 수 있는 방식으로 컴퓨터를 의미 있게 사용할 수 있어야 한다.

⑧ 모든 컴퓨터의 실제 경험은 전반적인 교육프로그램에 조화를 이루는 것이어야 한다.

⑨ 컴퓨터를 통한 학습은 교육목표를 달성하기 위한 수단이어야지 목적이어서는 안 된다.

⑩ 교사는 컴퓨터를 성공적으로 사용하기 위한 중요한 요인이다.

다시 강조하지만, 유아들의 컴퓨터 활동은 유아교육과정과 다른 발달영역과의 통합 및 연계가 이루어져서 지도되지 않으면 안 된다. 요즘 만 3세~7세의 어린이를 대상으로 하는 컴퓨터 놀잇감으로 PICO 스토리웨어가 많이 활용되고 있다. 컴퓨터 기능은 가지고 있으나 키보드가 없어 유아들이 초기 컴퓨터 경험을 하는데 적합하며, 유아들이 직접 조작하고 관찰하고 탐색이 가능한 하드웨어이다. 그리고 CDI(*Compact Disc Interactive*)가 역시 유아들을 대상으로 1980년 네덜란드에서 처음 개발되고, 미국 필립스사에서 하드웨어를 만들어 판매되고 있는데 유아들이 보고 듣도록 고안된 점이 색다르다.

어렸을 때부터 컴퓨터에 대한 교육을 올바르게 한다면 앞에서 지적한 인터넷으로 인한 부작용도 발생하지 않을 것이며, 현재 사이버문학이 안고 있는 여러 가지 문제점도 올바르게 정착되어 갈 것이다.

마음이 가난한 자의 기도

오 주님!
한 잔의 커피가 메마른 삶을
촉촉히 적셔주듯이
우리들의 삶도
주님의 사랑으로
적셔지기를 원합니다.

먼저 나고 푸석푸석한 삶에
휴식이란
참으로 고마운 시간입니다.
힘들고 분주한 삶에
쉼표를 찍어주는 시간입니다.
우리들 삶의 욕심대로
사는 삶이 아니라
나누고 베풀 수 있는
삶이 되기를 원합니다.

한 잔 가득할 때의
아름다움도 있지만
빈 잔의 여유와
아름다움도 있듯이
날마다 나눔 속에
우리의 마음을 비우게 하소서

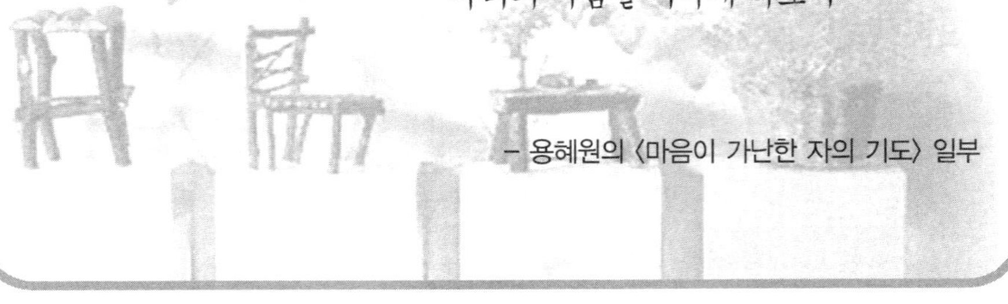

– 용혜원의 〈마음이 가난한 자의 기도〉 일부

Ⅶ. 문학의 자료

1. 문학치료를 위한 작품
2. 꼭 읽어야 할 세계명작의 줄거리
3. 한글 맞춤법
4. 이 주일의 노래

Ⅶ. 문학의 자료

1. 문학치료를 위한 작품

■ 욕심 많은 어린이를 치료할 때

〈황소 대신 감〉

옛날 어느 마을에 마음씨 착한 사람과 욕심 많은 사람이 살았습니다.

그런데 착한 사람의 집에는 감나무 한 그루가 있었습니다. 이 사람은 아침 저녁으로 감나무에 물을 주고 거름을 주어서 알뜰하게 잘 가꾸었습니다. 이 바람에 감나무는 어느 집 감나무보다 무럭무럭 잘 자라 감이 열리기 시작했습니다. 착한 사람은 매우 기뻐하며 더욱 그 감나무를 소중히 돌보았습니다.

나무에 달린 감들은 여름을 지나는 동안에 열매가 커져서 마침내 큰 참외만큼이나 컸습니다. 참으로 신기한 일이었습니다. 마을 사람들은 물론 보는 사람마다 그렇게 큰 감은 처음 본다면서 놀라워했습니다.

이 마음씨 착한 사람은 가을이 되어 감이 빨갛게 익자 그것을 조심조심 땄습니다. 그러자 그 감은 몇 섬이나 되었습니다.

이런 신기한 감을 혼자 먹기가 아까워, 그는 동네 사람들에게도 몇 개씩 나누어 주었습니다. 그리고 하도 신기한 감이라 나라 임금님에게도 가져다 올렸습니다. 임금님께서도 이 감을 보시고 매우 놀라셨습니다.

"야, 세상에 이렇게 큰 감은 처음 보는구나! 여봐라, 승지 듣거라. 이 감을 바친 농부에게 상을 내려야겠다. 요즈음 내게 들어온 물품 가운데 이 감 크기만 한 것이 없느냐?"

"예, 있긴 있사옵니다만, 워낙 값비싼 것이어서 아뢰옵기 황공하옵니다."

"아니, 값비싼 것이라고? 그게 도대체 무엇인고?"

"예, 금덩어리 옵니다."

"주저 말고 그 금덩어리를 이 농부에게 상으로 내리도록 하라."

이리하여, 마음씨 착한 농부는 큰 참외만한 금덩어리 하나를 상으로 받았습니다. 그것도 임금님이 내리신 상이라 기쁘기 한량없었습니다.

마음씨 착한 사람이 임금님께 감을 갖다 바쳐, 감 크기만한 금덩어리를 상으로 받았다는 이야기는 이내 온 마을에 두루 퍼졌습니다. 그러므로 같은 마을에 사는 욕심이 많은 사람도 이 소문을 들었습니다.

"옳지, 나도 임금님께 감보다 더 큰 무엇을 갖다 바쳐 더 큰 금덩어리를 상으로 받아야지".

욕심쟁이는 이런 속셈을 품고 무엇을 갖다 바칠까 하고 골똘히 생각했습니다. 그러다가 그에게는 좋은 생각 하나가 떠올랐습니다. 그는 큰 황소 한 마리를 갖다 바치기로 했습니다. 그러면 황소 크기만한 금덩어리를 상으로 받을 수 있다고 생각했기 때문입니다.

이리하여 욕심쟁이는 자기 재산을 팔아서 큰 황소 한 마리를 사서 임금님께 갖다 바쳤습니다.

"여봐라, 승지, 농부가 농사짓는 소를 내게 바쳤으니 얼마나 기특한 일인가? 내 이 농부에게도 상을 내리고자 한다. 요즈음 내게 들어온 물품이 무엇인가?"

"며칠 전에 들어온 참외만한 큰 감이 있사옵니다."

"그래? 그러면 그 신기한 감을 이 농부에게 상으로 내리도록 하라."

이리하여 욕심쟁이는 바라던 금덩어리는커녕, 큰 감만 받고 물러났습니다. 서운한 일이었지만 하는 수가 없었습니다. 이미 임금님께 바친 소를 도로 달라고 할 수도 없었습니다.

이리하여 욕심쟁이는 헛된 욕심을 부리다가 재산만 날리고 그만 가난뱅이가 되고 말았습니다.

■ 자기 중심적인 어린이를 치료할 때

〈말과 당나귀〉

어느 무더운 여름날입니다. 말과 당나귀가 무거운 짐을 잔뜩 등에 지고, 주인과 함께 먼 길을 떠났습니다.

그런데 당나귀는 더위에 시달리고 지쳐서, 완전히 힘이 빠져 버렸습니다.

당나귀는 더 이상 걸을 수가 없어서,

"말아, 제발 부탁한다. 내 짐을 조금만 져다오."

하고 사정했습니다. 하지만, 말은 당나귀의 부탁을 들어주려 하지 않았습니다.

가엾게도 당나귀는 얼마 못 가서 지칠 대로 지쳐 쓰러지고 말았습니다.

주인은 당나귀의 짐을 전부 말 등에다 다시 지웠습니다.

그제야 말은,

"아아, 이렇게 될 줄 알았더라면, 그때 당나귀의 부탁을 들어줘서 짐을 조금 덜어 줄 걸 잘못했구나. 아이, 무거워."

하고 후회를 하였습니다. 그러나 이미 때가 늦었습니다. 그 때부터 말은 무거운 짐을 전부 혼자서 나르지 않으면 안 되었습니다.

■ 경솔한 어린이를 치료할 때

〈영리한 양〉

숲 속에 사는 이리들이 모여서 의논을 했습니다.

"여보게, 저 목장에는 살찐 양이 많은데 저걸 잡아올 수 없으니 어떻게 좋은 방법이 없겠나?"

"그놈의 개들만 없으면 단번에 몇 마리든지 잡아오겠는데."

이런 얘기를 하고 있는데 그 중의 한 이리가 여럿 앞에 썩 나서며 말했습니다.

"좋은 방법이 있습니다. 그건 뭔고 하면 그 목장을 지키는 개를 쫓아내는 것이올시다. 우리가 양들에게 심부름꾼을 보내서 그 개들을 내쫓아 주기만 하면 양들과 우리가 의좋게 지내겠다고 해 보는 것입니다. 양들은 맘씨가 곱고 또 좀 어리석기도 하니까 우리 말을 믿고 개를 내쫓을지 모르잖아요? 그렇게만 되면 그 때는 우리가 목장에 가서 양들을 맘대로 잡아먹을 수 있을 거예요."

이 말을 들은 이리들은 그 참 좋은 의견이라고 손뼉을 쳤습니다.

곧 편지를 써서 심부름꾼을 시켜 보냈습니다.

편지를 받아 본 양들이 모여 이리들이 한 말을 들어 주느냐 안 들어 주느냐 하는 문제를 가지고 의논을 했습니다.

"이리는 항상 우리를 잡아먹으려고 눈독을 들이고 있었습니다마는, 이제 서로 정답게 지내기로 해 준다면 앞으로 걱정 없이 살 수 있지 않겠습니까? 우리가 이리를 무서워하며 조마조마하게 지내는 것보다는 이리와 친해져서 맘 놓고 사는 것이 얼마나 좋습니까?"

그러니까 여러 양들이 그 참 고마운 일이라고 좋아했습니다.

"그럼, 개를 좇아 버리기로 합시다. 이리들이 우리를 위해서 일러준 말이니 곧 실행을 해야겠지요."

"암, 그렇게 해야지요."

양들은 개를 좇아 버리자는 의견에 찬성을 했습니다.

이때 한쪽 구석에서 아무 말도 하지 않고 있던 양 한 마리가 손을 들며,

"나도 한 마디 할 말이 있소."

하고 나섰습니다.

"지금 여러분은 우리를 지켜 주는 개를 좇아 버리고 우릴 잡아먹으려고 으르렁거리던 이리와 친하려고 합니다만, 이런 일은 참으로 위험한 일이라고 생각합니다. 이리들은 우리를 지키는 개가 있을 때에도 우리를 해치려고 틈을 엿보고 있었는데, 이제 개를 좇아 버리는 날이면 얼마나 맘대로 우리를 잘 잡아먹게 되겠습니까? 이리의 꾀에 우리가 넘어가서는 안 됩니다."

이 양의 말을 들은 여러 양들은 그제야 정신이 번쩍 났습니다. 개만 없애면 서로 정답게 지내도록 하겠다는 이리의 말이 어떤 야심에서 한 말인가를 드디어 알게 된 것입니다.

"자네 말이 옳아! 하마터면 큰일 날 뻔했네. 이제부터는 개에게 감사를 드리고 아주 정신 차려서 이리를 막아야지, 잘못하다가는 큰일 나겠네."

지혜로운 양의 말에 모두들 정신을 바싹 차리고 이리를 조심했습니다. 그래서 이리는 개를 없애게 하려다가 양을 잡아먹기가 더 어렵게 되었습니다.

■ 잘난 척 하는 어린이를 치료할 때

〈사나운 개〉

성질이 사납고 못된 짓만 하는 개가 있었습니다.

너무나 말을 안 듣고 말썽을 부렸기 때문에, 기르던 주인도 더 이상 기를 수 없다고 생각했습니다.

"저 놈을 어떻게 한다?"

이렇게 골치를 앓고 있을 때, 이웃 사람이 한 가지 꾀를 가르쳐 주었습니다.

"개목에다 사슬을 다셔요. 사슬에는 무거운 나무를 매답니다. 그러면 아무리 사나운 개라도 더 나쁜 짓은 못할 거요."

그 말을 받아들여, 주인은 그대로 했습니다.

이튿날이 되었습니다. 개는 사슬 끝에 달린 나무가 값진 물건이나 되는 양, 거리로 쏘다니다가 장거리에 이르렀습니다.

"에헴, 어떠냐?"

개는 고개를 끄덕거리기도 하고 남의 눈에 잘 띄라고 일부러 발을 절룩거리기도 했습니다.

그러자 사람들은 모두 그 개를 피해 다녔습니다.

"꽤 못난 짓을 하는군."

한 늙은 개가 이렇게 말하면서 그 개에게 다가왔습니다.

"이봐, 집어치우는게 좋을 거야. 네가 잘난 체하고 남들한테 보라고 일부러 다리를 절지만, 그 나무를 매단 뜻은 '이 놈은 사나운 개니 조심하시오' 라는 뜻이라네. 이 바보 천치야 정신 차리게".

■ 거짓말 잘하는 어린이를 치료할 때

〈황새의 거짓말〉

"꾀꼴 꾀꼴, 내 목소리가 제일이야."

"구구구, 내 목소리가 제일이야."

"왜액 왜액, 내 목소리가 제일이야."

어느 날, 꾀꼬리, 비둘기, 왜가리가 만났다가 서로 자기 목소리가 제일 아름답다고 다투었습니다.

할 수 없이 셋은 황새한테 가서 누구 목소리가 제일 아름다운 목소리인가 하고 물어 보기로 했습니다.

왜가리는 꾀꼬리와 비둘기 앞에서 자기 목소리가 제일 아름답다고 자랑은 했지만 마음 속으로는 자기 목소리를 아름다운 목소리라고 생각하지 않았습니다.

"가만 있자, 황새는 개구리와 미꾸라지를 좋아한다지!"

왜가리는 개구리와 미꾸라지를 잡아 가지고 망태에 메고 황새한테 찾아갔습니다.

"황새님, 좀 있다가 꾀꼬리, 비둘기, 나 셋이 찾아와서 누구 목소리가 제일 아름다우냐고 물을 것입니다. 그 때 잘 부탁드립니다."

하고 왜가리는 말하고 돌아왔습니다.

그 다음에 왜가리는 시치미를 떼고 꾀꼬리, 비둘기와 함께 황새를 찾아갔습니다.

"황새님, 우리들 목소리 가운데서 누구 목소리가 가장 아름다운지 황새님께서 가려 주십시오."

하고 셋은 머리를 숙여 인사하면서 말했습니다.

"자, 그러면 꾀꼬리부터 소리를 내보아라."

황새가 말하니까,

"삼단같이 머리 빗고 꽃구경 가자."

꾀꼬리가 이렇게 말하니까 황새는 머리를 도리질하면서

"그 목소리가 꼭 기생 소리같이 들리는 구나."

그 다음에는 비둘기가,

"구구구 구구……, 계집 죽고 구구구, 자식 죽고 구구구."

비둘기가 이렇게 말하니까 황새는 머리를 도리질하면서

"그 소리가 꼭 홀어머니가 청승을 떠는 소리구나."

그 다음에는 왜가리가

"왜액, 왜액."

하고 소리를 지르니까, 황새는 머리를 끄덕이면서,

"그 소리야말로 사나이의 목소리다. 힘차서 좋다. 셋 가운데 가장 훌륭한 목소리구나."

하고 자기 마음에도 없는 말로 칭찬을 했습니다.

꾀꼬리와 비둘기는 그만 화가 나서 같이 달려들어 황새의 모가지를 비틀어 잡아당기면서

"다시는 거짓말을 못하게 혼내 주어야지."

하고 소리쳤습니다. 이 때부터 황새는 모가지가 기다랗게 비틀어지고 소리도 내지 못하게 되었습니다.

■ 게으름을 피우는 어린이를 치료할 때

〈게으른 사람들〉

옛날 어떤 마을에 손가락 하나 까닥하기를 싫어하는 게으른 아내를 데리고 사는 사람이 있었습니다.

게으른 아내는 자기 손으로 밥도 떠먹지 않는 게으름뱅이였습니다. 그래서 하루 세 끼의 밥을 남편이 떠먹였습니다.

남편이 한 닷새 가량 먼 길을 갔다 올 일이 생겼습니다. 그러나 집에는 남편 대신에 아내한테 밥을 떠먹여 줄 사람이 없었습니다.

남편은 여러 가지 궁리 끝에 자기가 없어도 아내가 굶어 죽지 않게 닷새 동안 먹을 수 있는 떡을 만들었습니다. 그리고는 아내의 입가를 비롯하여 얼굴에다 떡을 붙여 놓았습니다.

"여보 마누라, 내가 닷새만 갔다 올테니 혀만 놀려요. 떡을 먹을 수 있을 테니까."

아내는 이 말을 들었지만 대답하기가 귀찮아서 눈도 껌뻑이지 않았습니다.

남편은 일을 다 마치고 집으로 돌아오던 길에 어느 주막에 들렀습니다.

거기에도 두 게으른 사람이 있었는데, 한다는 소리가

"난 손 놀리기가 딱 싫어. 내 보따리에서 떡을 한 개만 꺼내 주게!"

"흥, 누구는 손놀리기를 좋아하는 줄 아나. 내 갓끈이 다 풀어졌는데도 손놀리기가 싫어서 내버려 두고 있어."

두 사람은 서로 소리쳤습니다.

"아이구 배가 고프다, 아이구 배가 고프다."

"이크 이크, 갓끈이 풀어진다. 이크 이크, 갓끈이 풀어진다."

두 사람은 소리만 치면서 손은 조금도 움직이지 않았습니다.

이 두 사람을 보니까 남편은 자기 아내가 걱정이 되어 집으로 빨리 돌아왔습니다.

집에 와 보니까 아내는 이미 굶어 죽은 지 나흘이나 되었습니다. 아내는 입술에 붙은 떡을 먹고 하루는 살았으나 그 나머지 떡은 혀가 닿지 않아 못 먹어 나흘치의 떡을 그대로 남겨 둔 채 굶어 죽었습니다.

■ 교만한 어린이를 치료할 때

〈까마귀의 목소리 자랑〉

까마귀 한 마리가 맛있어 보이는 살코기 한 덩어리를 물고, 나무 위에서 한 숨 돌리고 있었습니다.

마침 그때, 나무 밑을 지나가던 여우가 그것을 보고 까마귀에게 말을 붙였습니다.

"까마귀야, 잘 있었니? 요즘 숲 속에는 네 소문이 대단하단다. 너는 몸맵시가 날씬하고, 목소리가 고와서, 정말로 새의 여왕님 같다고 말이야. 그런데 아쉽게도 나는 아직 네 목소리를 한 번도 들은 일이 없지 뭐니. 그래서 네 목소리를 한

번 들어 보는 것이 소원이었는데 오늘 마침 잘 만났다. 제발 나에게도 네 그 고운 목소리를 한 번 들려주려무나."

이렇게 여우가 칭찬하는 바람에 까마귀는 아주 기분이 좋아졌습니다.

그래서 까마귀는,

"까악."

하고 입을 크게 벌리고 한 번 울었습니다.

그러고 보니 어떻게 되었겠습니까. 그 순간 소중한 살코기는 밑에서 기다리고 있는 여우의 입 속으로 떨어져 들어갔습니다.

"아차!"

까마귀는 그제야 속은 줄을 깨달았습니다.

"고맙지 뭐야. 잘 먹겠다."

여우는 혀를 날름 내밀고는 부지런히 도망쳐 가 버렸습니다.

■ 불평이 많은 어린이를 치료할 때

〈호박과 도토리〉

어느 날, 한 농부가 밭에 나갔습니다.

밭에서 농부가 가느다란 줄기에 큰 호박이 열린 것을 보고 불평을 했습니다.

"하느님은 어쩌다가 이런 실수를 하셨지? 이런 가는 줄기에 이렇게 큰 열매를 열리게 하다니, 이것은 정말 큰 실수야. 내가 만일 하느님이었다면 이렇게 하지는 않았을 거야. 이 호박을 저기 있는 큰 참나무에 열리도록 하겠어. 큰 나무에 큰 열매, 이 얼마나 어울리는 일이야. 그런데도 이렇게 큰 열매를 저런 큰 나무에는 열리게 하지 않고, 겨우 저런 조그마한 도토리를 열리게 하다니, 이건 정말 이치에도 맞지 않는 일이야."

농부는 이렇게 불평을 하며 집으로 돌아왔습니다.

다음날 농부는 또 밭에 나갔습니다.

간밤에 잠을 제대로 못잔 농부는 졸음이 와서 견딜 수가 없었습니다.

그래서 농부는 참나무 그늘에 가서 낮잠을 잤습니다.

한참 낮잠을 맛있게 자고 있는데 갑자기 도토리 한 개가 뚝 떨어져, 농부의 코를 탁 때렸습니다.

농부는 깜짝 놀라 눈을 번쩍 뜨고 손으로 코를 어루만지다가 턱수염 속에서 도토리 한 개를 꺼냈습니다.

"아이 코야, 이놈의 도토리 때문에 잠도 못자고, 코도 아프고, 하지만 도토리였기에 다행이지, 만일 저 큰 호박이 코에 떨어졌다면 어떻게 되었겠나. 아마 크게 다쳤을 거야. 하느님이 하신 일은 정말 나무랄 수가 없어. 조금도 잘못된게 없거든."

농부는 부시시 일어서더니 돌아갔습니다.

■ 실수 잘하는 어린이를 치료할 때

〈숯장수와 세탁장이〉

낯선 동네에 처음으로 이사를 온 두 사람이 있었습니다. 한 사람은 숯을 파는 숯장수요, 또 한 사람은 빨래를 해 주는 세탁장이었습니다.

두 사람은 길 이쪽과 저쪽에서 장사를 했습니다.

아는 사람도 친한 친구도 없는 곳에 온 이 두 사람은 서로 정답게 지냈습니다.

하루는 숯장수가 가만히 생각했습니다. 이런 낯선 곳에서 정다운 두 사람이 각각 딴 집에서 장사를 할 것이 아니라 한집에서 같이 살면서 장사를 하면 얼마나 좋겠는가. 첫째 집세도 하나만 내면 되고 밥도 같이 지어 먹게 될테니 돈도 적게 들 것 아닌가.

숯장수는 참 좋은 생각을 했다 하고 그 길로 세탁집으로 달려갔습니다.

"여보게, 나는 지금 참 좋은 생각을 하나 했네. 왜 진작 그렇게 못했나 하고 후회가 될 지경일세."

"무언데? 어디 얘기를 해 보게나."

"다른 게 아니고, 우리가 늘 정답게 지내는 사이이면서 왜 따로따로 집을 얻어 들었나 하는 걸세. 이제부터는 한집에서 일을 하면 심심하지도 않고 돈도 적게 들게 아닌가?"

숯장수는 숯가루에 시꺼멓게 된 얼굴을 들어 웃으며 말했습니다.

"참 좋은 생각이네만……"

세탁장이가 딱한 듯이 말했습니다.

"지금 자네가 말한 대로 한집에서 살게 되면 재미는 나겠네마는, 자네 숯가루가 내 빨래를 더럽히게 될테니 그게 탈이네."

그러면서 숯장수의 옷에서 하얀 빨래에 묻은 검댕이를 털었습니다.

"이것 보게. 자네가 잠시 놀러 왔는데도 이 하얀 빨래에 검은 숯가루가 묻지 않았는가. 같이 있으면 내가 해 논 빨래는 점점 더럽혀질테니 그게 탈이네."

"허허허! 정말 그렇군!"

숯장수는 자기가 생각한 좋은 계획이 남에게는 해가 된다는 걸 알고 쓸쓸히 웃고 돌아갔습니다.

■ 사교성이 없는 어린이를 치료할 때

〈개와 염소〉

목장에서 매일 같이 지내는 염소와 개는 먹는 것이 서로 달랐습니다. 염소는 풀을 뜯어먹고 사는데, 개는 목장 주인이 먹는 여러 가지 음식을 얻어먹었습니다. 맛나 보이는 고기도 먹고 고기를 넣고 끓인 국물에, 밥에, 모두가 염소보다 좋은 음식을 먹는 걸 보고 염소는 몹시 불만스럽게 생각했습니다.

그래서 하루는 주인을 보고 말했습니다.

"주인님은 너무 저희들과 개에게 차별 대우를 하십니다. 우리 염소들은 주인님께 옷감의 재료가 되는 털을 드리고, 젖을 내어서 치즈를 만들게 해 드리고, 또 새끼 염소를 낳아 드리는데 먹는 거라고는 땅에 난 풀밖에 없지 않습니까? 그런데 저 개는 주인님께 아무것도 드리는 게 없는데 늘 주인님이 잡수시는 여러 가지 맛난 음식을 먹게 하시는 건 웬일입니까?"

"참 그렇기도 하다마는 그 까닭은 개에게 물어 보면 잘 알게 될 것이다."

하고 개를 눈짓해 보였습니다.

개가 묻기도 전에 대답해 주었습니다.

"염소들이 풀을 먹고 있는데 내가 주인님의 맛난 음식을 먹는다고 불평을 할

건 없지 않은가. 자네들은 털과 치즈와 새끼를 주인님께 준다고 했지만 나는 염소들이 누구한테 도둑맞지 않고 사나운 짐승에게 물려가지 않게 밤낮으로 지켜 주지 않은가. 내가 만일 지켜 주지 않으면 겁이 나서 풀도 마음 놓고 뜯어 먹지 못하게 되는 거야."

이 말을 듣고 염소들은 개가 얼마나 저희들에게 소중한 짐승인가를 알았습니다. 그래서 그 때부터 염소들은 개를 존경하게 되었습니다.

■ 싸움을 잘 하는 어린이를 치료할 때

〈새들의 우정〉

숲 속에는 여러 가지 새들이 많이 살고 있었습니다. 그러나 이왕이면 서로 오손도손 정답게 살았으면 좋았을 텐데, 걸핏하면 다투기도 하고 싸우기도 했습니다.

싸움의 원인은 서로 자기가 잘났다고 생각하는 데 있었습니다.

"나의 이 깃털을 좀 보란 말이야. 네 것에 비하여 얼마나 아름다우냐 말이야!"

"무슨 소리야. 내 것이 몇 배 더 아름답지. 다른 새들도 모두 그렇게 말하는걸."

새들은 이렇게 만나기만 하면 서로 자랑을 하다가, 마침내는 싸우기까지 하는 것이었습니다.

어느 날, 꿩 한 마리가 풀섶에 앉아 있었습니다.

좋은 날씨였습니다. 맑고 푸른 하늘에는 흰구름이 뭉게뭉게 떠가고 있었습니다.

꿩은 기분이 좋았습니다. 공연히 필요 없는 싸움 같은 것은 하고 싶지 않았습니다.

그래서 나뭇가지에 앉아 있는 까치를 보고,

"까치야, 넌 나보다 어쩌면 그렇게 아름다우냐?"

하고 부드러운 목소리로 말했습니다.

까치는 꿩의 말을 듣고 깜짝 놀랐습니다. 꿩이 제가 잘났다고 뽐낼 줄로 알았는데, 반대로 자기를 칭찬했기 때문입니다. 까치는 싫지 않았습니다. 아니 기분이 좋아져서,

"천만에, 아름다운 건 꿩 너야. 네 깃털은 새들 중에서도 제일이야."

하고 대꾸했습니다.

그런 일이 있은 후부터 까치와 꿩은 아주 사이가 좋아졌습니다.

하루는 꿩이 까치를 보고 이렇게 말했습니다.

"까치야, 며칠 전부터 생각한 건데 함께 살지 않겠니?"

"좋아, 나도 네가 마음에 들어. 네 말대로 우리 이웃해서 살자. 나는 나무 위에서 살고 너는 저 아래 풀섶에서 살고."

까치도 즐거운 듯 말했습니다.

날이 갈수록 꿩과 까치는 더욱 친해지고, 서로 존경하게까지 되었습니다.

이렇게 꿩과 까치는 더욱 친해지고, 서로 존경하게까지 되었습니다.

이렇게 꿩과 까치가 정답게 지내는 것을 보고 다른 새들은 놀랐습니다.

"어떻게 해서 꿩과 까치가 저렇게 친해졌을까 ?"
하고 모든 새들은 이상하게 생각했습니다.

한 짓궂은 새가 있었습니다.

"정말로 꿩과 까치가 사이좋게 지내는 걸까? 어디 내가 한번 시험해 봐야지."
하고 생각하자, 까치가 없는 날을 택해서 풀섶으로 꿩을 찾아갔습니다.

그리고는 이렇게 말했습니다.

"너는 까치보다 몇 배나 아름다운 깃털을 가지고 있어, 그런데 까치는 자기가 더 아름답다고 그랬어. 그런 녀석하고 왜 사이좋게 지내니?"

그러자 꿩은 뜻밖에도 이렇게 대꾸했습니다.

"그게 무슨 소리야. 까치가 그런 말을 할 리가 없어요. 또 했다고 해도 까치 말이 맞지 뭐야. 까치는 나보다 몇 배나 아름다워. 그러면서도 나 같은 걸 존경하고 있어. 참 겸손한 새야. 나는 그와 이웃해서 사는 것이 기뻐."

짓궂은 새는 꿩의 겸손한 말에 감탄했습니다.

"그렇지, 이 꿩이란 놈은 본디부터 겸손한 놈이야. 그러니까 까치란 놈을 만나 보자."

다음날, 짓궂은 새는 이번에는 꿩이 없는 틈을 타서 까치집으로 날아갔습니다.

"너는 꿩보다 몇 배나 아름다운 새인데 어떻게 그런 못난 꿩하고 다정하게 살아가니?"

이 말을 듣고, 까치는 펄쩍 뛰었습니다.

"뭐, 내가 꿩보다 아름답다고? 천만에 꿩은 나보다 몇 배나 더 아름다운 새야. 그러면서도 나 같은 걸 존경하고 있단 말이야. 그러니 꿩이 얼마나 겸손한지 모르겠어. 그와 가깝게 지내는 것이 즐거워."

까치의 말을 듣고 짓궂은 새는 할 말이 없었습니다.

"까치와 꿩은 모두들 겸손하고 착한 새들이구나. 싸움을 붙이려고 한 내가 부끄럽다. 나도 까치와 꿩의 겸손한 마음씨를 본받아야겠다."

그로부터 짓궂은 새는 다른 새들을 만날 때마다,

"넌 나보다 몇 갑절 훌륭한 새다."

하고 겸손하게 말했습니다. 그러자 다른 새들도 기뻐했습니다.

"아니야, 네가 나보다 훌륭해. 그러면서도 뽐내거나 우쭐대지 않으니 말야."

이리하여 숲 속의 새들은 서로 남을 칭찬하고 겸손했습니다.

지난날처럼 다투거나 싸우지 않았습니다.

숲 속에는 또다시 평화가 깃들었습니다.

■ 은혜를 모르는 어린이를 치료할 때

〈늑대의 약속〉

양과 늑대가 전쟁을 했습니다.

이 전쟁에서 양은 늑대를 물리치고 승리를 거두었습니다.

양이 이긴 것은 양을 지켜주는 개들이 죽음을 무릅쓰고 도와주었기 때문입니다.

며칠이 지나서였습니다.

전쟁에서 진 늑대 쪽에서 양에게 사신을 보냈습니다.

"서로 평화롭게 잘 살자는 의논을 하려고 왔습니다. 그런 뜻으로 우리 쪽에서 늑대 새끼 한 마리를 당신들에게 인질로 보내겠으니, 만일 우리가 약속을 어기고 전쟁을 걸어오면 그때는 인질을 죽이십시오."

사신은 진심어린 태도로 양에게 말했습니다.

이런 정성어린 제의를 받은 양들도 생각해 보니 그리 나쁠 것은 없었습니다.

"그것 참 좋은 생각입니다. 당신들이 아무리 고약하다 해도 인질을 죽일 짓이야 하겠습니까?" 양들은 늑대의 제의를 받아들일 뜻을 비쳤습니다. "그렇고 말구요. 그걸 말이라고 하겠습니까? 그 대신 우리도 부탁이 한 가지 있습니다."

"말씀해 보십시오."

"전쟁이 없어지면 당신들을 지키고 있는 개들은 할 일이 없어지지 않습니까? 그러니 그 개들을 모두 없애버리겠다고 약속해 주십시오."

"좋습니다. 평화가 유지되는데 그까짓 개가 무슨 필요 있습니까. 모두 없애구 말구요."

양들은 늑대의 요구 조건을 기꺼이 받아들이기로 약속했습니다.

그래서 양들은 늑대 새끼를 인질로 받아들이고, 그 대신 이제까지 그들을 잘 지켜주던 개들을 모두 쫓아버리고 말았습니다.

마음씨 나쁜 늑대들은 이 꼴을 보고 속으로 웃었습니다.

개들이 다 없어진 지 며칠이 안 되어, 늑대들은 약속을 어기고 전쟁을 걸어왔습니다.

갑자기 늑대의 공격을 받은 양들은 몹시 놀라고 당황하여 인질로 온 늑대 새끼를 죽여 버리려고 했습니다.

그러나 아무리 새끼라도 늑대는 늑대입니다. 양들의 손에 호락호락 죽을 늑대가 아니었습니다.

마구 달려들어 양들을 물어 죽였습니다.

"아차! 우리가 속았구나."

양들은 그제야 늑대에게 속은 것을 알았습니다.

그렇지만 이미 때는 늦었습니다.

떼를 지어 쳐들어온 늑대는 닥치는 대로 양을 죽이고 잡아먹었습니다.

이때 간신히 살아나온 양 한 마리가 눈물을 흘리며 중얼거렸습니다.

"아, 우리는 바보였어. 엉큼하고 흉악한 늑대를 믿고, 우리를 잘 지켜주던 개들을 쫓아버리다니, 우리는 벌을 받아 마땅해……"

■ 줏대 없는 어린이를 치료할 때

〈까치와 까마귀〉

까치들 가운데 몸집이 크고 잘 생긴 까치가 한 마리 있었습니다. 이 까치는 여러 동무들 틈에 끼여 지내면서도 그 동무들을 업신여겼습니다.

"밤낮 깍깍 소리만 하고 걸어갈 때에도 점잖지 못하게 깡충깡충 뛰기만 하는 까치란 새는 백년을 가도 그저 그 꼴일 거야. 몸집이 볼품이 있나, 털 빛깔에 윤기가 있나, 나같이 잘 생긴 까치가 이것들 가운데 끼여 사는 건 아까운 일이고 남부끄러운 일이다."

이런 생각을 한 까치는 제 몸집이 크고, 멋쟁이로 생긴 것을 믿고 까마귀들 틈에 끼여 살아볼 궁리를 했습니다. 까마귀들은 점잖은 신사 같고 까치보다는 훨씬 훌륭해 보였던 것입니다.

까치는 큰마음을 먹고 동무 까치들에게 하직 인사를 했습니다.

"난 인제 여긴 다시 오지 않겠네. 자네들과 같이 지내자니 나까지 못난이가 될 것 같으니 말일세."

"아니, 어디로 간다는 건가?"

하고 동무 까치들이 물어도 잘 생긴 까치는 자세히 알려 주지도 않았습니다.

"어디로 가건 자네들은 올 수 없는 곳이니 잘들 있게."

이렇게 작별을 한 까치는 그 길로 까마귀들을 찾아갔습니다.

공단같이 새까맣고 기름기가 반지르르한 까마귀들이 소문도 없이 나타난 까치를 보고 왜 왔느냐고 물었습니다.

까치가 점잔을 빼며 대답했습니다.

"형님들과 같이 살고 싶어서 저의 나라를 떠나 여기까지 왔지요. 저는 어디로 보나 형님들과 같은 몸을 가졌습니다. 저를 잘 보세요."

이 말을 들은 까마귀들은 까욱까욱 소리를 지르며 덤벼들었습니다.

"이놈아, 넌 까치가 아니냐? 까치란 놈이 우리 흉내를 내려고 하는 건 세상에 보기 싫은 짓이다. 이 얼빠진 놈아, 한 대 맞아야 정신이 나겠나?"

까마귀들은 제 각기 한 번씩 까치를 쪼아 주었습니다.

머리며 등이며 목을 사정없이 쪼인 까치는 그만 견딜 수 없어 까마귀들 틈에서 도망을 쳤습니다.

"할 수 없군. 도로 까치들 틈에 돌아가서 까치 중에서 잘난 까치로 살 수밖에 없다."

혼자 중얼거리며 동무 까치들에게로 되돌아오니, 이번에는 까치들이 가만히 있지를 않았습니다.

"잘난 체하는 녀석이 뭣하러 우리한테 왔나? 혼자 잘 났으면 너 혼자 살아라."
하고 가까이 오지도 못하게 했습니다.

까마귀 틈에도 못 끼이고 까치들 틈에도 끼이지 못하게 된 잘난 까치는 혼자 외롭게 돌아다녀야 했습니다.

■ 꾀 잘 부리는 어린이를 치료할 때

〈사자와 여우와 나귀〉

여우가 사냥을 나왔다가 길에서 나귀를 만났습니다.

"나귀 아저씨, 어딜 가시는 길이셔요?"

여우가 상냥한 목소리로 물었습니다.

"나, 먹을 것이나 없나 하고 나온 길이야."

나귀는 무뚝뚝하게 대답했습니다.

"그럼 잘 됐군요. 나도 사냥을 나온 길인데 같이 다니면 먹을 것을 구하기도 쉬울 것 아녜요?"

"참 그렇겠군."

여우는 나귀와 같이 다니면 사냥을 하는 데도 도움이 될 것 같아서 나귀를 꾄 것입니다.

여우와 나귀는 같이 돌아다니며 사냥을 했습니다. 여우는 나귀에게 아주 정답게 굴면서 나귀가 구해 온 먹이를 같이 나누어 먹었습니다.

그런데 뜻밖에 산길에서 사자를 만났습니다. 사자는 몹시 시장한 얼굴로 두 짐승을 보자 잡아먹으려고 으르렁 하고 소리를 질렀습니다.

그러자 여우가 사자 앞으로 달려가서 귀에다 대고 속삭였습니다.

"사자님, 지금 저기 있는 나귀를 사자님이 잡수시도록 붙들어 드릴 테니 제 목숨을 살려 주십시오. 그러신다면 사자님께서 힘 안 들이고 나귀를 잡수시게 해 드리겠습니다."

사자가 고개를 끄덕이며 말했습니다.

"오냐, 그렇게 할 테니 어서 저 나귀를 잡아다오"

여우는 나귀에게 와서 귀에다 대고 속삭였습니다.

"나귀 아저씨, 지금 사자를 꼬여 가지고 우리가 잡아먹히지 않게 했으니 어서 도망을 칩시다."

"아, 그래? 어서 달아나야지. 난 죽게 되나 하고 벌벌 떨었구나. 참 자네 덕분에 살게 돼서 고맙네."

나귀가 여우에게 몇 번이나 고맙다는 인사를 했습니다.

"아저씨, 또 어떤 일이 생길지 모르니 이 풀섶으로 해서 갑시다."

"그래, 그게 좋겠지."

여우는 일부러 나귀를 풀섶으로 끌고 가서 사냥꾼이 차려 놓은 함정에다 나귀를 밀어 넣어 버렸습니다.

나귀는 깊은 함정에 빠져 나오지 못하게 되었습니다. 그러자 여우는 사자에게 자랑스런 듯이 말했습니다.

"사자님, 자, 보십시오. 인제 제아무리 애를 써도 기어 나오지 못합니다. 천천히 많이 잡수세요. 저는 가겠습니다."

사자가 함정에 든 나귀를 들여다보고 도망가지 못할 것을 알고는 여우에게 달려들며 소리쳤습니다.

"이놈아, 가긴 어디를 간단 말이냐? 달아나기 전에 우선 너부터 잡아먹고 나중에 나귀를 먹겠다."

하고 사자는 한달음에 여우를 잡아 물었습니다.

"아이고 사자님, 제 목숨은 살려 주신다고 약속을 하지 않았습니까? 저를 놓아 주십시오."

하며 여우는 애걸을 했습니다. 그러나 사자는 여우를 놓아 주지 않고 이빨 사이로 말했습니다.

"이 간사한 놈아, 너도 저 나귀에게는 도망을 가자고 말하고는 함정에 빠뜨리지 않았느냐? 거짓말 잘 하는 네놈에게 나만 약속을 지키란 말이냐?"

그리고는 먼저 여우를 잡아먹었습니다.

■ 의지심이 많은 어린이를 치료할 때

〈산돼지와 말과 사냥꾼〉

산돼지와 말이 이웃에서 살았습니다. 풀을 뜯어먹거나 시냇물을 먹거나 할 때에도 같이 먹는 일이 많았습니다.

그런데 말은 산돼지의 하는 짓이 맘에 맞지가 않아 불평을 하는 일이 잦았습니다. 풀을 뜯어먹을 때도 산돼지는 깨끗한 풀을 마구 짓밟고 먹습니다. 말은 그것이 싫어서,

"여보게, 먹는 걸 그렇게 짓밟아 놓으면 어떻게 하나? 좀 깨끗이 먹게나. 흙발로 제발 밟지 말란 말이야."

하고 타일러도 소용이 없었습니다. 말할 때만 좀 주의를 하는 체 하고 돌아서면 또 마구 짓밟습니다.

물을 먹을 때도 그랬습니다. 말이 물을 마시고 있으면 산돼지는 일부러 위쪽에서 마구 물 속에 들어서서 흙탕물을 일으킵니다.

"여보게, 물을 먹어도 좀 깨끗이 먹게. 흙탕물을 일으키면 나는 어떡하란 말인가?"

이렇게 타일러도 산돼지는 들은 체 만 체 하였습니다.

말은 생각다 못해 산돼지를 다른 곳으로 쫓아 버려야겠다고 한 꾀를 내었습니다. 그냥 딴 데로 이사를 가라고 해봤자 순순히 떠날 리가 없으니, 사냥꾼에게 부탁을 해서 쫓아 버리려고 한 것입니다.

말은 산 너머 마을에 사는 사냥꾼을 찾아가서 의논을 했습니다. 그러니까 사냥꾼은,

"그건 어렵지 않네. 내가 가면 산돼지쯤 당장 쫓아 버릴 수 있지. 하지만 그렇게 하려면 자네가 나를 태우고 가 주어야겠네."

하고 말했습니다. 귀찮은 산돼지를 쫓아 준다는 바람에 말은 사냥꾼의 청을 들어주기로 했습니다.

사냥꾼이 말 등에 안장을 놓고 고삐를 매었습니다. 그리고는 말에 올라 앉아 산돼지를 쫓으러 갔습니다.

사냥꾼을 본 산돼지가 큰일 났다 하고 부리나케 산 속으로 멀리 도망을 쳤습니다. 말은 소원대로 된 것이 기뻐서 사냥꾼에게 고맙다는 인사를 했습니다.

"참 감사합니다. 이제부터는 귀찮게 구는 산돼지가 없으니 이곳에서 편히 살

게 됐습니다."

말이 이렇게 말하자 사냥꾼은 고개를 저으며,

"아니야. 이제부터는 자네도 여기서 살 것이 아니라 내 집으로 가야 해. 고삐도 맸겠다, 안장도 얹었겠다, 이제부터는 자네 맘대로 하지 못하는 거야."

하고 말을 몰아 외양간에다 매었습니다.

그날부터 말은 제 살던 곳에 돌아가지도 못하고 사냥꾼 집에 매어 살면서 사냥꾼을 태우고 그의 명령대로 해야만 했습니다.

■ 분수를 지키지 못하는 어린이를 치료할 때

〈나귀와 강아지〉

나귀와 강아지가 한집에서 살았습니다. 주인이 어디 나갔다 들어오면 강아지가 꼬리를 흔들며 달려가서 주인 앞에서 깡충깡충 뛰어오르기도 하고 다리 사이로 돌아다니기도 하였습니다. 그러면 주인이 강아지의 머리를 쓸어 주기도 하고 끌어안아 주기도 합니다. 나귀는 강아지의 하는 짓을 보고 몹시 부끄러워했습니다.

"주인은 아마 저렇게 깡충깡충 뛰어오르고 다리 사이로 돌아다니고 하는 게 보기 좋은 모양이지. 나도 저 강아지 하는 짓을 잘 보아 두었다가 저렇게 귀염을 좀 받아 봐야겠다."

나귀는 속으로 이런 생각을 하고 있었습니다. 그리고는 강아지가 주인에게 하는 모습을 눈여겨 보았습니다.

하루는 주인이 뜰에 식탁을 내놓고 의자에 앉아 점심을 먹고 있는데 강아지는 그날도 주인 곁에 가서 꼬리를 흔들며 빙빙 돌다가 앞발을 들고 뛰어오르기도 하고 주인의 손을 핥기도 했습니다.

"버르장머리 없는 놈이다."

나귀는 혼자 중얼거렸습니다. 그러나 주인은 강아지를 나무라지도 않고 도리어 머리를 쓸어 주고는 맛난 고기를 집어 주었습니다.

이 모습을 본 나귀는 사람이란 저 강아지처럼 꼬리를 흔들고 덤벼들어 핥아

주고 하는 걸 좋아하는 거로구나 하고, 저도 한 번 그렇게 해 보려고 주인 곁으로 뚜벅뚜벅 걸어 나갔습니다.

나귀가 식탁으로 오는 걸 보고 주인은 눈이 휘둥그레졌습니다. 그러나 나귀는 주인이 이상해 하는 건 돌아보지도 않고 꼬리를 흔들었습니다.

평소에 그렇게 흔들어 본 일이 없는 꼬리라 몹시 힘이 들었습니다. 그래도 부지런히 흔들었습니다.

아무리 흔들어도 주인은 이상하다는 얼굴만 하고 있지, 머리를 쓸어 주지는 않았습니다. 나귀는 용기를 내어 주인에게 앞발을 들고 덤벼들었습니다. 강아지가 하던 대로 흉내를 낸 것입니다.

주인은 깜짝 놀라 소리를 쳤습니다.

"야, 야! 이놈이 이게 무슨 짓이야? 이놈이, 이놈이……"

하고 몸을 피하려고 의자에서 일어섰습니다. 나귀는 아직도 강아지만큼 재롱을 떨지 못했나 보다 생각하고 이번에는 커다란 혀를 내어 주인의 얼굴을 핥으려고 덤볐습니다.

"이놈이, 이놈이 정말 미쳤나 보군!"

주인은 옆에 있는 지팡이를 들어 나귀를 후려쳤습니다.

맛난 고기를 주지도 않고, 좋아해 주지도 않으면서 지팡이로 때리기만 하는 걸 보고 나귀는 그 까닭을 알지 못했습니다.

"강아지처럼 두 다리 사이로 뱅뱅 돌아다니지 않아서 그러나 보다."

나귀는 엉뚱한 생각을 하고는 그 큰 몸뚱이로 주인의 가랑이 사이로 들어가려고 머리를 들이밀었습니다.

주인은 눈을 부릅뜨며 더 큰 소리로,

"못난 자식! 이게 미쳤어."

하고 지팡이로 엉덩이를 마구 때려 주더니 외양간으로 끌고 가서는 고삐를 꼭 붙들어 매어 놓았습니다.

나귀는 실컷 얻어맞기만 하고 그날부터는 외양간에서 맘대로 나오지도 못하게 되었습니다.

■ 꾀와 재치가 모자라는 어린이를 치료할 때

〈원님의 꾀〉

옛날 착하고 어진 사람들만이 사는 한 마을이 있었습니다. 한번은 이 마을 원님의 집 제사 때 쓰는 그릇을 누군가가 밤중에 훔쳐갔습니다.

아무리 도둑을 알아 내려고 하여도 알 수가 없었습니다. 원님은 한 가지 꾀를 내어 도둑을 잡으려고 했습니다.

원님은 자기 앞에 하얀 단지를 놓고서는 말했습니다.

"이 단지 속에는 백 년을 산 개구리가 한 마리 있다. 이 개구리는 신통력이 있어서 도둑의 손을 물어뜯지. 마을 사람들은 모두 이 단지 속의 물에 한 번씩 손을 넣어 보도록 해라. 분명히 이 개구리가 도둑의 손을 물어뜯을 것이다."

마을 사람들은 원님이 마련한 단지 속에 한 사람도 빠지지 않고 모두 손을 넣었습니다.

그런데 그 이상한 단지가 놓여 있는 방은 캄캄하게 꾸며져 있었습니다. 사람들은 모두 어둠 속에서 단지에 손을 넣었습니다.

한 젊은이가 단지가 놓여 있는 방에서 나왔습니다. 원님은 그 젊은이의 손을 보자

"이리 오게나."

하고 말했습니다.

젊은이는 얼굴이 새파랗게 질렸습니다.

"손이 왜 이렇게 하얗지? 다른 사람들의 손을 보아라. 모두 검지 않느냐."

그러고 보니 그 젊은이의 손만 하얗고, 단지가 있는 방에 들어갔다가 나온 사람들의 손은 검었습니다.

그 까닭은 원님이 단지 속의 물에 물감을 풀어 넣었던 것입니다. 어두워서 모두들 잘 몰랐지만, 단지 속에 손을 넣으면 모두 검게 되었습니다.

손이 하얀 젊은이는 바로 제기를 훔친 범인이었습니다. 단지 속의 개구리가 도둑의 손을 물어뜯는다는 이야기를 듣고 젊은이는 단지 속에 손을 넣지 못하였던 것입니다.

원님의 꾀에 넘어간 젊은이는 자기가 물건을 훔쳤다고 털어 놓았습니다. 원님은 그 젊은이를 마을 밖으로 내쫓았습니다.

2. 꼭 읽어야 할 세계명작의 줄거리

〈걸리버 여행기〉

영국의 소설가 스위프트(1677~1745)가 1726년에 지은 풍자 소설이다. 여행기 형식으로 씌어진 이 작품은〈소인의 나라〉〈거인의 나라〉〈기인(奇人)의 나라〉 및 〈말(馬)의 나라〉의 4부로 이루어져 있다.

이야기는, 영국의 항해가 걸리버가 항해 도중 난파하여 난장이 나라에 표착(漂着)하여 높은 자리에 앉게 되고, 다시 키다리 나라에 닿아 구경거리가 되기도 하고 왕비의 총애를 받으며, 또 이상한 나라에 들려 기상천외의 일들을 경험하고, 끝으로 말의 나라에서는 말과 인간의 위치가 바뀐, 그래서 인간이 동물이 되어 인간의 가치를 잃는다는 것을 그리고 있다.

이 작품은 당시의 정치, 사회 및 인간의 오만과 추악함을 풍자하고 있다.

〈곤충기〉

프랑스의 곤충 학자인 파브르(1823~1915)가 1907년에 완성을 본 곤충의 관찰 기록서이다. 작가는 일생을 곤충 연구에 바쳤는데, 1879년에「곤충기」제1권을 낸 것을 비롯하여, 마지막 제10권을 29년의 긴 세월에 걸쳐 내놓음으로써「곤충기」를 완성하였다.

개미, 매미, 파리, 거미, 벌 등 여러 가지 곤충의 세계를 세밀히 관찰하고 곤충의 본능이나 습성, 그리고 곤충계의 숨은 비밀 따위를 그림과 사진을 넣어서 재미있게 해설한 이 곤충기는 과학과 문학을 한데 결부시킨 걸작으로, 특히 문학적으로 높이 평가하고 있다.

〈곱사등이 망아지〉

러시아의 작가 엘쇼프(1815～1869)의 작품이다.

매일 밤 어떤 놈이 밭을 못 쓰게 흩뜨려 놓자, 화가 난 주인이 자기의 세 아들에게 범인을 잡도록 시켰다.

셋째 아들 이반이 밭을 지키고 있자니 이상한 말이 나타나서 그 밭을 짓밟고 있어서 밤새껏 싸워 그 말을 항복시켰다. 그러니까 그 말이 훌륭한 말 두 필과 곱사등이 말 한 필을 주고 달아났다. 그 후 곱사등이 망아지의 힘으로 임금님의 못된 트집과 어려운 숙제를 척척 풀어간다. 그 후 마지막에 가서는 이반이 임금님의 뒤를 이어서 그 나라의 임금님이 된다. 이 작품은 러시아에 전해 내려오는 전설을 교묘하게 고쳐 써서 만든 것이다.

〈괴도 뤼팽〉

프랑스의 탐정 소설가 르블랑(1864～1941)이 시리즈로 쓴 여러 편의 탐정 소설을 묶은 것인데, 주인공으로 등장하여 눈부시게 활약하는 사람 이름도 역시 괴도 뤼팽이다. 뤼팽은 보통 도둑이 아닌, 교양이 있고, 쾌활하고, 머리가 날카로운 신사 도둑이다. 그리고 정의감이 강한 사나이로 못된 짓을 하는 악한들을 용서하지 않는가 하면, 약한 사람이나 가난한 사람을 위해 싸워 나가는 사람이기도 하다.

뤼팽이 귀신같이 출몰하여 통쾌하게 활약하는, 르블랑의 대표적인 탐정 소설로는 〈기암성〉〈8·1·3〉〈팔점종〉〈수정 마개〉 등이 있다.

〈꿀벌 마야의 모험〉

도이치란트의 소설가 본셀스(1881～1952)의 작품이다.

마야는 훌륭한 성 안의 뜰에서 새로 태어난 한 마리의 꿀벌이다.

날개의 힘도 차차 세어지고 벌집에서 처음으로 바깥 세상에 나온 마야는, 주위의 아름다운 풍경에 정신을 잃을 지경이었다.

그리하여 수펄이 늘 주의하던 말도 잊었다. 호기심이 강한 마야는 꿀벌의 무리에서 떨어져 점점 멀리 날아갔다. 세상을 모르는 마야는 무서운 경우도 여러 번 당하고, 또 여러 동물들의 구원도 받으면서 씩씩하게 자라간다. 이렇게 꿀벌 마야가 혼자서 자연과 곤충의 세계를 탐험하다가, 자기의 집으로 돌아온다는 이야기이다.

〈그림 동화〉

도이치란트의 언어학자인 그림 형제(야콥 그림, 1785~1863; 빌헬름 그림, 1786~1895)가 모은 민화집으로 1812년에 출판되었다.

지금부터 160년 전 도이치란트의 그림 형제가 옛날부터 도이치란트 민족 사이에 이야기로 전해 내려온 민화, 전설 등을 모아서 책으로 낸 것으로, 모두 200편 이상이나 되는데 그 중에서 널리 알려진 이야기로는 늙은 당나귀와 개, 고양이, 수탉이 브레멘으로 가는 도중 도둑떼를 만나 무용담을 벌이는《브레멘의 음악대》, 백설처럼 고운 공주가 계모에게 살해되지만 이웃 나라 왕자의 구원으로 되살아나 행복하게 되는《백설 공주》그 밖에《개구리 왕자》등이 있다.

〈닐스의 신기한 여행〉

스웨덴의 여류 소설가인 라게를 뢰브(1858~1940)가 1907년에 쓴 동화이다.

게으름쟁이고 장난꾸러기인 닐스 소년은 어느 날 집을 보다가 요정을 잡아서 놀려 주었다. 화가 난 요정은 요술을 부려 닐스를 난장이로 만들어버린다. 집에서 기르는 거위의 등에 올라탄 닐스는 다른 지방을 향해 하늘의 여행을 시작한다. 이리하여 닐스는 여행을 계속하는 사이에 여러 지방의 여러 가지 지리와 전설을 알게 되고, 차차 영리한 사람이 된다.

어느 사이에 가을이 되어 닐스는 거위와 기러기 떼들과 함께 그 지방을 떠나 자기의 고향으로 돌아온다. 닐스는 고운 마음씨를 가진 사람이 되었고, 옛날의 모습을 되찾게 된다.

〈동물기〉

영국 출생의 미국 동물 소설가인 시이튼(1860~1946)이 여러 야생 동물의 생태에 관한 기록을 모은 명작이다.

1894년에 「갤런보우의 이리왕 로보」의 발표 이후, 잇달아 사슴, 곰, 여우 등을 주인공으로 한 작품을 발표하였다. 이것들을 모아 「동물기」를 내놓음으로써 일약 유명해졌다.

자연과 야생 동물에 대한 깊은 애정을 그린 작품은 세계 곳곳에 많은 독자를 가지고 있다.

〈돈키호테〉

에스파냐의 소설가 세르반테스(1547~1616)가 쓴 풍자 소설인데, 1605년에 제1부, 1615년에 제2부를 각각 발표했다.

에스파냐의 라만차라는 곳에 한 건달 귀족이 있었는데, 하는 일이라곤 사냥을 가는 외엔 집에서 중세의 기사 이야기를 읽는 일이었다.

그런데, 기사 이야기를 너무 읽은 나머지 그만 머리가 돌아 버려, 마치 자기가 용감한 기사가 된 것처럼 생각하게 되어, 이름을 돈키호테 데라 만차라 고치고 머리가 좀 모자라는 산초 판사를 하인으로 거느리고는, 뼈만 남은 앙상한 말을 타고 무예 수업의 길을 떠나 강한 자를 무찌르고 약한 자를 돕는 등 돈키호테의 통쾌하고 우스운 갖가지 사건을 내용으로 하고 있다.

작가는 주인공들이 겪는 기묘한 사건을 통하여 인간이 바라는 이상과 실제의 현실이 다른 점을 날카롭게 꼬집고 있다.

〈마지막 수업〉

프랑스의 소설가 알퐁스 도데(1840~1897)의 단편작품이다. 90년 쯤 전에 프랑스는 도이치란트와의 전쟁에서 졌다. 이 때문에 프랑스의 영토인 알사스 지방이 도이치란트 것이 되었다. 이 이야기는 마침내 알사스가 프랑스에서 떨어져 나갈 운명의 날에 일어난 이야기이다.

"12시 종이 울렸습니다. 아멜 선생님은 '여러분! 나는……' 하고는 말을 잇지 못했습니다. 그리고 칠판에 '프랑스 만세' 라고 쓰고는, 잠시 꼼짝도 하지 않았습니다." 라고 쓴 대목이 매우 감명스럽다.

이 작품은 도데의 단편집 《월요 이야기》의 한 편이다. 그는 남 프랑스의 가난한 집에서 태어나 인생의 슬픔을 참고 이겨 내어 작가가 되었다.

〈바보 이반〉

러시아의 소설가이며, 사상가인 레프 톨스토이(1828~1910)의 작품이다. 옛날 한 곳에 부자 농사꾼이 세 아들을 데리고 살고 있었다. 큰아들은 군인, 둘째는 상인, 셋째는 농사꾼이 되었다. 세 아들은 아버지로부터 각기 많은 재산을 물려받았는데, 두 형들이 이반의 재산을 탐내자 이반은 형들에게 자기 재산을 모두 주고 더욱 성실히 살았다. 이것을 본 도깨비는 화가 나서 부하 도깨비를 시켜 삼형제를 모두 가난뱅이로 만들어 버리지만, 마침내는 도깨비도 이반의 성실성에 항복하고 만다.

〈빨간 머리 앤〉

캐나다의 소설가 몽고메리(1874~1942)의 작품이다.

빨간 머리의 고아 소녀가 풍부한 상상력과 솔직한 마음으로 어떠한 괴로움이나 역경도 이겨 나간다는 명랑한 이야기이다.

머슈와 매릴러 남매는 심부름꾼으로 들어온 앤이라는 소녀의 놀랄만한 상상력에서 우러나온 잔소리에 홀딱 반해 버린다.

앤은 매릴러의 말을 잘 듣고, 매일 열심히 일을 하지만, 한번 공상을 시작하면 모든 일을 다 잊어버리는 버릇은 고칠 수가 없다. 앤은 빨간 자기 머리를 창피한 것이 아니라 자기만의 독특한 것으로 애착을 느끼게 된다. 이러한 밝고 명랑한 성격이 이 이야기의 큰 매력이다. 이상을 구하는 앤과 현실을 중히 여기는 매릴러는 인생에서 중요한 것이 무엇인가를 독자에게 가르쳐 준다.

〈보물섬〉

영국의 소설가 스티븐슨(1850~1894)이 1882년에 지은 모험 소설이다. 영국의 브리스틀 항구에서 몇 십 km 떨어진 곳에 '벤보우 제독 여관' 이라는 별난 이름의 여관이 있었는데, 이 여관집 아들 짐이 우연한 일로 보물섬의 지도를 손에 넣고 의사인 리브지 선생과 지주인 트릴로니씨와 보물을 찾으러 가게 된다.

선원을 20명 가량 모집하여 히스파니올라라는 배를 타고 보물섬을 향하여 떠났는데, 선원들 중에는 실버라는 외다리 선원을 두목으로 하는 무서운 해적이 10여 명이나 끼어 있었다. 배가 보물섬에 도착하자, 해적들과 싸움이 벌어진다. 위험한 고비를 여러 번 겪은 끝에 해적들을 무찌르고, 보물을 찾아 가지고 돌아온다는 이야기이다.

〈사랑의 가족〉

도이치란트의 작가 자퍼(1852~1929)의 작품으로, 어느 가난한 음악선생의 가정을 소재로 하여 가난하지만 서로 사랑하며 도와가는 모습이 훈훈하게 그려진 가정 소설이다.

가장인 페플링 씨는 음악학교 선생님인데, 어린이를 지극히 좋아하는 명랑한 사람이다. 또한 부인은 항상 웃는 낯을 하고 있는 상냥한 사람이다. 두 사람 사이에는 아이가 일곱이나 된다. 선생 월급으로는 살림을 꾸려 나가기가 매우 힘들었으나, 부인의 솜씨로 아이들에게 큰 고생은 안 시켰다.

가난하지만 화목하게 살고 있는 이 집에 봄이 찾아온다. 신설된 음악학교의 교장으로 페플링 씨가 확정되는 기쁨이 찾아온다.

〈삼총사〉

프랑스의 소설가 뒤마 페르(1802~1870)의 역사 소설로 1844년에 씌어진 작품이다.

프랑스 가스코뉴 태생인 용감한 달타냥은 고향을 떠나 파리로 간다. 그 곳에 도착한 달타냥은 오만한 귀족 출신의 아토스, 쾌활한 포르토스, 계략에 뛰어난 아라미스 등 유명한 근위 삼총사와 결투를 벌이지만 결국 깊은 우정으로 맺어진다. 다이아몬드의 장신구를 미끼로 왕비를 모함하려는 재상 리셜리외를 상대로 네 사람은 갖가지 모험을 하여 드디어 왕비를 구출한다는 이야기이다.

루이 13세 시대를 배경으로 한 이 작품은 자유분방한 상상력과 숨막히는 모험 등으로 뒤마의 소설 중 가장 인기 있는 소설이다.

〈소공자〉

미국의 여류 소설가 버어넷(1849~1924)의 소년 소설이다.

미국에서 태어나서 일찍이 아버지를 여윈 소년 세드릭이 영국 백작의 후계자로 판명이 되어 영국으로 건너간다. 그리하여 타고난 아름다운 마음씨로 고집 세고 완고한 백작의 마음을 바꾸어 놓는다는 가슴 훈훈한 이야기이다.

작가 버어넷은 영국에서 태어났는데, 어렸을 때 아버지가 사업에 실패를 하여 미국으로 건너갔다. 그러나 생활이 어려웠으므로 그녀는 집안을 돕기 위하여 소설을 쓰기 시작했다. 「소공자」에 이어 쓴 「소공녀」를 통하여 세계에 널리 알려지게 되었다.

〈소공녀〉

미국의 여류 소설가 버어넷의 소녀 소설로 , 1888년에 씌어진 작품이다. 세에라의 아버지 크루우 대위는 세에라를 런던의 정화 여학원의 기숙생으로 입학시킨 후 근무지인 인디아로 돌아간다. 세에라는 특별 대우를 받으며 즐겁고 행복한 학교생활을 한다. 그런데, 세에라가 11세 때 아버지가 세상을 떠나자 이 학교의 교장인 민틴 선생은 세에라를 공부도 못하게 하고 마구 부려먹는다.

마음씨 고운 세에라는 설움을 꾹 참고, 매일 일에 시달리며 지내면서 옆집 주인아저씨와 친해진다. 옆집 주인은 아버지의 친구였는데, 세에라를 몹시 찾고 있었다. 그리하여 세에라는 옆집 주인아저씨 네 집에서 행복하게 산다.

〈십오소년 표류기〉

프랑스의 소설가 베른(1828～1905)이 1888년에 지은 모험 소설이다. 슬루기호라는 돛단배가 무인도에 닿았는데, 이 배에는 백인 소년 14명과 흑인 소년 1명이 타고 있었다. 그들은 뉴질랜드의 초등학교 학생들로, 여름 방학 때 뉴질랜드를 한 바퀴 도는 여행을 할 계획이었는데, 떠나기 전날 밤 소년들만 배에서 자고 있는 사이에 배가 항구 밖으로 떠내려가 표류한 끝에 무인도에 닿게 된다. 15명의 소년들은 무인도에서 갖은 고생과 모험을 하면서 사는데, 어느 날 이 섬에 착륙한 악한들을 무찌르고, 그들이 남겨 놓은 보트로 섬을 탈출하여 2년 만에 무사히 뉴질랜드로 돌아온다는 이야기이다.

베른의 작품은 세계의 소년들에게 모험과 정의에 대한 사랑을 가르쳐 주고 있다.

〈아기 사슴〉

미국의 여류 소설가 로올링즈(1896~1953)의 장편 소설로 1938년에 씌어졌다. 지금부터 약 100년 전, 미국의 플로리다 반도의 개척지에는 조디라는 소년이 아버지와 어머니 셋이서 가난하게 살고 있었다.

어느 날, 조디의 아버지가 숲에 사냥하러 가서 암사슴을 한 마리 잡았는데, 그 암사슴에는 젖먹이 아기 사슴이 딸려 있었다. 조디는 어미를 잃은 아기 사슴이 불쌍하여 집으로 데리고 와서 같이 뛰놀며 즐겁게 지낸다. 그러나 몹시 장난꾸러기인 아기 사슴은 곡식의 새싹을 죄다 뜯어 먹어 조디네 농사를 버리게 하는 일이 여러 번 있게 되자, 조디는 마침내 아버지의 말씀을 좇아 눈물을 머금고 정든 아기 사슴을 제 손으로 쏘아 죽이게 된다.

이 작품은 인간과 동물의 사랑과 슬픔을 잘 그리고 있다. 이 작품은 1939년에 미국의 유명한 퓰리처 문학상을 받았다.

〈아이반호우〉

영국의 소설가 스코트(1771~1832)가 1819년에 쓴 역사소설이다.

12세기말, 잉글랜드의 색슨민족은 노르만 민족에게 정복되어 압박을 받고 있었다. 색슨 인의 호족(豪族) 셰드릭의 아들 아이반호우는 사자 왕 리처드의 기사가 되어 십자군 원정에 참가하여 무훈을 세운다. 그러나 리처드 왕이 적군의 포로가 되자 왕의 동생 존 친왕은 왕위를 노려 무술시합을 벌인다. 아이반호우와 〈검은 기사〉는 크게 활약하여 존 친왕 편의 무리를 무찔러 노르만 인은 물러가고 잉글랜드에 평화가 찾아온다. 〈검은 기사〉는 리처드 왕이었다.

이 이야기는 리처드 왕 시대를 배경으로, 색슨 왕위의 부활에서 시작하여 아이반호우의 무용과 정열이 전편을 누비고 있다.

〈악동 이야기〉

도이치란트의 소설가이며, 극작가인 토마(1867~1921)가 1904년에 쓴 동화이다.

개구쟁이며, 장난꾸러기인 어린이가 어머니에게 미안하게 여기면서도 자꾸 못된 장난만 해 나가는 이야기를 어린이 자신이 고백하는 형식으로 쓴 것이다. 장난꾸러기 루드비히는 이웃집 부인이 몹시 귀여워하는 고양이의 꼬리에 불꽃놀이 딱총을 매달고 불을 붙였다. 그래서 불쌍한 고양이는 미쳐 버린다.

루드비히가 못된 장난을 할 때마다 어머니는 슬픈 얼굴을 한다. 그것을 보고 루두비히는 언제나 후회를 하면서 '이젠 착한 어린이가 되어야지' 하고 생각을 하지만, 하루도 못 가서 무너지고 만다. 그러면 다시 착한 아이가 되겠다고 맹세를 되풀이하는 것이다. 교묘한 말재주와 날카로운 어린이로서의 유머를 섞으면서 따스한 인간애를 풍기고 있다.

〈안데르센 동화〉

덴마크의 동화작가 안데르센(1805~1875)의 동화들을 모은 작품집이다. 안데르센은 동화의 왕이라고 불리는데, 그의 동화의 특색은 아름답고 부드러운 정서와 밝고 기지가 풍부한 문장으로, 그 밑바탕에는 소박한 그리스도교 신앙이 흐르고 있다.

안데르센은 200여 편의 동화를 썼는데, 그 중에서 옛날 전설을 소재로 한 《백조》, 성냥팔이 소녀의 눈물겨운 정경을 그림처럼 아름답게 그린 《성냥팔이 소녀》, 그리고 《그림 없는 그림책》, 《어느 어머니의 이야기》, 《미운 오리 새끼》 등은 너무나 유명한 이야기이다.

〈알프스의 소녀〉

스위스의 여류 작가 슈피리(1827~1901)의 대표작이다.

아름다운 나라인 스위스의 알프스 산 속에 사는 소녀 하이디의 이야기이다. 어느 날 하이디는 아주머니에게 끌려 프랑크푸르트의 부자 집에서 다리를 못 쓰는 클라라라는 소녀의 시중을 들게 된다. 클라라는 천진난만한 하이디의 덕분으로 점점 명랑한 소녀가 되어 간다. 반면 하이디는 산도 나무도 없는 도시 생활에 지쳐 병이 나고 만다. 그래서 알프스로 돌아온다. 맑은 공기, 신선한 음식- 클라라는 하이디와 힘차게 노는 사이에 못 쓰던 다리가 완쾌되어 명랑한 소녀가 된다.

구김살 없는 소녀들의 모습과 자연의 묘사가 아름답게 그려진 작품이다.

〈에밀과 탐정들〉

도이치란트의 소설가 케스트너(1899~1974)의 작품으로 소년 문학의 걸작이다. 열차 속에서 돈을 소매치기 당한 소년이 처음 만난 베를린 소년들의 협력으로 마침내 범인을 잡는 이야기로, 스릴과 유머가 넘친다.

에밀 소년은 방학을 이용하여 베를린에 있는 아주머니 댁에 놀러 가기로 하였다. 기차 속에서 중절모를 쓴 이상한 남자에게 어머니가 준 돈을 소매치기 당하였다. 에밀은 그 남자를 뒤쫓아갔다. 그 남자는 어느 식당 안으로 들어간다. 돈도 없고 낯선 고장에서 어찌할 바를 모르고 있는데, 베를린 어린이들의 협력과 기지로 소매치기 남자를 잡았다. 그리하여 경찰에게 상금을 받게 된다.

〈올리버 트위스트〉

영국의 소설가 디킨즈(1812~1870)가 1838년에 지은 장편 소년 모험 소설이다. 고아인 올리버는 거친 세상에 내던져져 장의사의 심부름꾼이 된다. 거기서 모진 학대를 받다가 견디지 못하고 도망쳐서 런던으로 간다. 그러나 런던에 도착하자마자 불량소년에게 붙들려 소매치기 두목에게 끌려가게 된 올리버는 선의 세계와 악의 세계의 위험한 고비에 부닥치기도 하지만 드디어 세상을 떠난 아버지의 친구인 브라운 로우 씨가 나타나 행복하게 된다는 이야기이다.

이 소설은 변화 있는 문장을 가지고 사회의 차가운 면을 드러내는 한편, 강요당하는 약한 자들에 대한 동정이 냉정한 필치로 그려지고 있다.

〈왕자와 거지〉

미국의 소설가인 마크 트웨인(1835~1910)의 유머 소년 소설이다. 16세기 중엽에 에드워드 왕자가 탄생했던 그 날, 런던의 빈민굴에서 톰이라는 거지 아이가 태어났다.

13세된 톰이 에드워드 왕자가 사는 궁전을 구경 왔다가 우연히 왕자를 만나 왕자 방에 들어간다. 그래서 두 아이는 장난삼아 옷을 바꿔 입었는데, 두 아이는 쌍둥이처럼 닮았다. 이리하여 톰의 누더기 옷을 입은 왕자는 뒷골목의 거지 소굴에서, 왕자의 옷을 입은 거지 톰은 궁전에서 살게 된다. 파란곡절을 거듭한 끝에 에드워드는 거지 생활의 체험을 살려서 훌륭한 정치를 한다는, 스릴에 찬 재미있는 소설이다.

〈이상한 나라의 앨리스〉

영국의 소설가 캐럴(1832~1898)이 1865년에 쓴 동화이다.

어느 날, 앨리스는 토끼를 쫓다가 토끼 굴 속에 들어갔는데, 굴 속은 이상한 나라였다. 앨리스는 놓쳐 버린 토끼를 찾아다니다가 괴상한 일들을 겪는다. 몸이 커졌다 작아졌다 하는가 하면 자기가 흘린 눈물이 괴어서 생긴 못에 빠져 허우적 거리기도 한다. 그 곳에는 토끼, 도마뱀, 개구리, 가짜바다 거북, 트럼프 등이 등장하는데, 갑자기 트럼프들이 우르르 덤벼드는 바람에 깜짝 놀라 눈을 뜨니, 앨리스는 언니의 무릎을 베고 깜빡 잠들어 꿈을 꾸고 있었던 것이다.

〈이솝 우화〉

이솝은 기원전 약 6백 년경에 살았던 그리스의 우화 작가이다. 그는 노예로서 팔려 다니는 몸이었으나, 뛰어난 말재주로 주인 이아드몬이 자유를 주었다. 그가 크로이소스 왕의 사랑을 받은 것도 사람을 웃기고 즉흥적으로 이야기를 꾸며내는 재주 때문이었다. 〈이솝 우화〉는 그가 지은 것이기는 하지만, 사람들에게 이야기를 하였을 뿐 문장으로 쓴 것은 아니다. 〈이솝 우화〉를 최초로 문장으로 정리한 것은 기원전 30년경 알렉산드리아의 데메트리우스이다. 현재 우리가 읽는 것은 14세기의 콘스탄티노플의 수도승 플라누데스가 엮은 것으로, 그 뒤 여러 나라 말로 번역되었다. 이 우화는 여러 가지 동물의 습성을 교묘하게 살려서 도덕적 교훈이나 세상을 살아가는 방법을 말하고 있으며, 문장이 간단명료한 게 특징이다.

〈작은 아씨들〉

미국의 여류 소설가 올코트(1832~1888)가 지은 소년 소설로, 1868년에 씌어졌다. 이 작품은 마아치 씨 댁의 네 자매가, 남북 전쟁에 출정하여 아버지가 안

계시는 집안을 어머니와 함께 지키면서 , 어려운 일을 물리치고 밝고 싱싱하게 성장하는 모습을 그린 이야기이다.

화려한 매그와 말괄량이 조우, 가정적인 베드, 멋장이 에미 등 네 자매들이 그들이 지닌 단점 때문에 일어나는 사건을 계기로 오히려 장점을 살려가는 과정이, 소녀들이 즐기는 파티라든지, 피크닉 등을 통하여 잘 나타나 있다. 네 자매는 가난한 사람들을 돕는 어머니의 인정에 끌려 모든 어려운 일을 극복해 나간다.

작자의 작품 모두가 신선감을 주는 것으로 이루어졌지만, 특히 이 작품은 그의 대표작으로 가정 문학의 면에서 높이 평가되고 있다.

〈장난감 곰 푸우 이야기〉

영국의 극작가 밀른(1882～1956)의 작품이다.

어느 날 푸우는 콧노래를 부르며 숲 속을 걷고 있었다. 토끼 굴 앞에 이르자 토끼에게 말을 걸면서 굴 속으로 들어갔다. 먹보인 푸우는 토끼가 대접하는 음식을 모두 먹어 치웠다. 배가 터지도록 잔뜩 먹고 굴을 빠져 나오려는데, 머리밖에는 나올 수가 없었다. 그는 할 수 없이 1주일 동안 굶어서 살이 빠지는 것을 기다리는 수밖에 없었다. 먹보인 푸우는 1주일 동안 아무것도 먹을 수 없게 되었음을 알고 눈물을 뚝뚝 흘린다. 어린이 방에 있는 장난감 동물들을 교묘하게 의인화하면서 밝고 기지에 찬 이야기로 미소를 금치 못하게 해 준다.

〈정글 북〉

영국의 소설가인 키플링(1865～1936)의 소년 소설이다.

인디아의 정글 속에서 질서 있게 생활을 하고 있는 한 무리의 이리가 있었다. 어느 날, 동네를 습격하여 갓난아기를 잡아왔다. 어미 이리가 불쌍히 여기고 자기 젖으로 이 아기를 기른다.

이 어린이는 모우글리라 불리며 무럭무럭 자란다. 그리하여 모우글리는 회의에서 정식으로 이리의 일원으로 인정이 되어, 정글의 규칙이며 여러 가지 동물의 말을 배운다. 양친과 헤어져 정글의 이리에게 길러진 소년이 이리의 왕자가 되어, 정글을 무대로 하여 대활약을 벌이는 흥미 있는 동물 소설이다.

〈집 없는 아이〉

프랑스의 소설가 엑토르 말로(1830~1907)가 쓴, 소년 소녀를 위한 애정 소설이다. 고아 루미가 갖은 고통을 겪은 끝에 마침내 어머니를 찾게 된다는, 일종의 편력 소설이지만, 이 편력을 통하여 사회의 냉혹성이 잘 그려져 있다. 또한, 어떠한 고난에 부닥쳐도 굽히지 않고 꿋꿋하게 살아 나가는 주인공 루미의 생활상이 잘 표현되어 있어서 참으로 감동적인 이야기이다.

루미는 밀리갠 부인의 별장을 찾아내어 마침내 서로 만나게 된다.

행복이 돌아왔다. 루미는 밀리갠 가의 사람이 되고, 지금까지 자기에게 친밀하게 해 준 모든 사람들에게 행복을 나누어 주는 것이다.

〈쿠오레〉

이탈리아의 소설가 에드몬도 데 아미치스(1846~1908)가 쓴 작품이다. 《쿠오레》란 이탈리아 어로 '진심', '애정', '심장'을 뜻하는 말이다. 이 책에는 여러 가지 성격의 소년 소녀들이 등장하는데, 어느 이야기를 들어도 사랑과 우정, 그리고 조국 이탈리아에 대한 애국심이 넘치고 있다.

이 책은 초등학교 3학년이 쓴, 1년 동안의 이야기 형식으로 되어 있다. 엔리코라는 소년이 쓴 일기로서, 그 사이사이에 집안 식구들이 보내준 편지와 담임선생인 펠보오니 선생님이 들려주신 그 달의 이야기들이 들어 있다. 그 중에서 가장 유명한 것이 소년 마리오를 주인공으로 한 《난파선》이라는 이야기이다.

〈크리스마스 캐롤〉

영국의 소설가 디킨즈(1812~1870)의 작품이다.

크리스마스 날, 스크루우지 할아버지는 그저 일만 하고 있다. 조카인 프랜드가 저녁을 드시자고 해도 모르는 체하고, 불쌍한 사람들을 위해서 기부금을 거두러 온 사람들도 쌀쌀하게 쫓아버린다.

그날 밤 늦게 스크루우지 할아버지는 죽은 마레의 유령을 만난다. 마레는 스크루우지와 같이 가게를 경영하던 친구인데 이 사람도 무서운 구두쇠였다. 마레는 '나처럼 죽은 뒤에 후회하지 않도록 충고해 주러 왔네.' 하며 지금부터 세 사람의 유령이 나타날 것을 일러 준다. 그리하여 스크루우지는 친구 유령에게 충고를 받아 착한 사람이 되었다는 이야기이다.

〈키다리 아저씨〉

미국의 여류 소설가인 웹스터(1876~1916)가 1912년에 지은 아동 작품이며, 이어 1915년에 〈속 키다리 아저씨〉를 내놓았다.

고아원에서 자란 제르시아는 글재주가 있고 지성이 풍부한 아가씨이다. 어느 날, 돈 많은 자선가인 스미스 아저씨의 도움으로 대학에 들어간다. 그녀는 이 아저씨가 키다리라는 것밖에는 알지 못하기 때문에 '키다리 아저씨' 라는 별명을 붙인다. 대학에 간 제르시아는 학교에서 일어난 모든 일을 빠짐없이 써서 보내기로 약속한다.

드디어 그녀는 우등으로 졸업을 하게 된다. 그리고 친구의 아저씨인 저어비스 청년이 결혼을 신청한다. 깜짝 놀란 제르시아는 곧 키다리 아저씨에게 의논을 하기 위하여 만나러 간다. 스미드 아저씨 댁에서 그녀를 맞아 준 이는 뜻밖에도 저어비스 그 사람이었다.

〈토펠리우스 동화〉

핀란드의 시인이며, 소설가인 토펠리우스(1818~1898)의 작품을 모은 동화집이다.

토펠리우스는 시처럼 아름다운 동화를 여러 편 썼는데, 안데르센과 거의 같은 시대 사람으로 '핀란드의 안데르센' 이라고도 한다. 그의 동화에는 북유럽풍의 환상적인 작품이 많으며, 대표작으로는 《바다에서 온 암소》《별 아가씨》 등이 있다. 《바다에서 온 암소》는 우유를 손에 넣기 위해 암소를 원하던 마야 할머니가 한없는 욕망의 꿈을 계속 꾸는 줄거리로, 인간의 어리석음을 환상적으로 그린 동화이며, 《별 아가씨》는 별처럼 아름다운 눈동자를 가진 소녀의 출현으로 모든 사람들이 행복 또는 불행을 경험하게 된다는, 토펠리우스 식의 사랑을 그리고 있다.

특히 「어린이를 위한 독본」이란 동화집으로 세계적인 이름을 얻었다.

〈톰 소여의 모험〉

미국의 작가 마크 트웨인(1835~1910)의 모험 소설로 1884년에 씌어졌다.

어느 날 밤, 개구쟁이인 톰은 부랑아 허크와 함께 공동묘지에 갔다가 인디언 조우가 사람을 죽이는 것을 본다. 그러나 엉뚱하게도 주정뱅이 포터가 범인으로 검거되지만 인디언 조우가 복수할 것이 두려워 침묵을 지키다가 마침내 법정에 증인으로 나가서 그 사실을 다 털어 놓고 만다. 그리고 톰과 허크는 무인도에 건너가서 해적놀이도 하고, 보물찾기도 하는데, 친구들과 피크닉을 가게 된 어느 날, 톰은 베키라는 여자 아이와 동굴에 들어가서 길을 잃고 헤매다가 우연히 보물을 찾아내게 된다는 이야기이다.

변경 태생인 작가 자신의 경험을 바탕으로 대자연 속에서의 활약을 유머러스하게 그리고 있다.

〈톰 아저씨의 오두막집〉

미국의 여류 작가 스토우 부인(1811~1896)의 대표작으로 1852년에 씌어졌다. 이 작품은 노예의 비참한 상태를 그린 것으로, 노예에 대한 수많은 독자의 동정심은 노예해방을 이루게 하였다.

켄터키의 농장주인 셀비이는 빚 때문에 정직하고 충실한 노예 톰과 하녀인 엘리자의 아이를 팔기로 한다. 톰은 셀비이 부인과 그의 아들 조오지로부터 데려오겠다는 약속을 들으며 노예 상인에게 팔려간다.

톰은 미시시피 강을 남하하다가 물에 빠진 천사같이 고운 소녀 에바를 구하게 된다. 이런 인연으로 톰은 에바의 아버지에게 팔려서 행복한 생활을 하나 그것도 잠시뿐 에바의 죽음을 맞는다. 에바는 톰에게 자유를 주라고 유언하고 죽지만 에바의 아버지는 톰에게 자유를 주기 전에 죽는다. 톰은 다시 잔인한 농장 주인에게 팔려 가서 갖은 고생을 하다가 죽고 만다. 조오지는 톰을 찾았지만 이미 죽은 다음이었다.

링컨 대통령은 스토우 부인에게, 이 책이야말로 남북 전쟁을 불러일으킨 것이라고 농담삼아 말했다고 한다.

〈파랑새〉

벨기에의 극작가인 마아테를링크(1862~1949)의 세계에서 가장 유명한 아동극으로, 6막 12장으로 이루어져 있다.

나무꾼의 자식인 치르치르와 미치르 남매는 크리스마스 이브에 요술장이 할머니를 만난다. 할머니는 병든 딸을 위해서 파랑새를 찾아 달라고 남매에게 부탁한다. 그리고 두 아이에게 요술 모자를 준다. 둘은 파랑새를 찾으러 출발하여, 여러 나라에서 여러 가지 이상한 일을 당한다. 둘이는 긴 여행을 마쳤으나 파랑새는 찾지 못하였다. 그러나 문득 정신을 차리고 보니, 자기 집에서 기르고 있던 새가 파랑새였다. 여기저기 찾아보았지만 찾을 수가 없었던 파랑새는 결국 자기 집 안에 있었던 것이다.

행복이란 먼 곳이 아닌, 우리들 주변에 있음을 상징적으로 그리고 있다.

〈페로 동화〉

프랑스의 소설가인 페로(1628~1703)의 동화를 모은 동화집이다.

페로 동화는 모든 유럽에 전해 내려오는 옛날이야기들을 바탕으로 한 것이기 때문에, 「그림 동화」에도 나오는 《빨간 두건》이나 《장화를 신은 고양이》 등이 실려 있다. 「페로 동화」의 특색은, 옛날 이야기를 그냥 모아서 엮은 것이 아니고, 아름다운 프랑스어의 간결한 표현과 이야기 가운데 많은 풍자와 교훈을 담고 있는 점이다. 페로 동화 중에서 대표적인 것으로는, 계모에게 구박받던 신데렐라가 요술장이의 도움으로 왕자와 결혼하게 된다는 《신데렐라 아가씨》, 꾀많은 고양이가 자기의 주인인 방앗간 집 막내아들을 공주와 결혼하게 하는 《장화를 신은 고양이》가 있다. 그 밖에 《푸른 수염》《잠자는 숲의 왕녀》 등도 잘 알려진 작품들이다.

〈플란더즈의 개〉

영국의 여류작가 위다(1839~1908)가 1872년에 쓴 소년 소설이다.

넬로는 어머니를 여의고 의지할 데가 없는 불쌍한 아이인데, 다아스라는 할아버지가 데려다가 길렀다. 다아스 할아버지는 파트라세라는 개도 있었다. 넬로는 할아버지와 함께 가난한 살림을 꾸리기 위해 우유를 배달하면서도 루벤스처럼 훌륭한 화가가 되겠다고 결심하고 혼자서 열심히 공부를 한다.

15세 되던 해 겨울에 다아스 할아버지가 세상을 떠나자, 집 주인에게 집을 쫓겨난 넬로는 춥고, 배고프고, 거처할 집도 없어 거리를 헤매다가, 앤트워프의 교회당 안에 있는 루벤스의 그림 앞에서 파트라세를 꼭 껴안은 채 죽은 시체로 발견된다. 가난한 할아버지와 마음씨 착한 넬로, 그리고 사랑스런 개 파트라세의 애정이 잘 그려져 있다.

〈피노키오〉

이탈리아의 소설가 콜로디(1826~1890)의 동화이다.

제페트 할아버지는 나무토막으로 꼭두각시 인형을 만들어 피노키오라 이름을 지어 주고 피노키오를 착한 어린이로 만들려고 학교에 보낸다. 그러나 피노키오는 공책을 팔아서 그 돈으로 극장 구경을 한다. 극장에서 나오다가 나쁜 여우와 고양이에게 속아서 돈을 빼앗기고 느티나무에 묶이게 된다. 위험한 지경에서 선녀의 도움을 받아 살아가는데도 선녀에게 거짓말을 하여 코가 길게 늘어나게 된다. 이렇게 나쁜 짓만 하던 피노키오가 마음을 고쳐먹고, 할아버지에게 지극히 효성스럽게 대하는 것을 보고 선녀들이 사람의 아들이 되게 해 준다.

〈피터 팬〉

스코틀랜드 출생의 영국 작가인 제임스 베리(1860~1937)의 소년 모험 소설이다. 나뭇잎으로 만든 옷을 입고 하늘을 마음대로 날아다니는 소년 피터 팬은 태어난지 얼마 되지 않아 요정이 되었다. 어느 날 밤에 소녀 웬디네 집에 몰래 숨어 들어간다. 거기서 웬디, 존, 마이켈 등 세 사람도 요정의 가루를 바르고 마음대로 하늘을 날 수 있게 된다. 그리하여 세 사람은 피터 팬의 섬을 향해 출발한다.

섬에 돌아온 그들은 힘을 합쳐서 해적들을 정벌하고, 포로가 되었던 인디언의 여왕을 구출한다. 그리하여 섬에는 또다시 평화가 찾아온다. 그리고 웬디를 비롯한 세 사람은 피터 팬에게 전송을 받으며 그리운 자기 집으로 돌아간다.

〈하우프 동화〉

도이치란트의 소설가이며, 동화 작가인 하우프(1802~1827)의 동화를 모은 작품이다. 하우프 동화는 그림 동화나 안데르센 동화와 어깨를 나란히 하는 명작 동화이다. 작가가 튀빙겐 대학을 마치고 어느 귀족 자제의 가정교사로 있을 때 아이들에게 들려준 동화를 토대로 하여 출판된 3권의 「동화 연감」 중 2권이 동방의 신비한 이야기를 내용으로 하고 있다.

그의 대표적인 작품으로는, 양복점 직공으로 일하는 라파카안이 주문받은 왕자의 예복을 입고 가짜 행세를 하다가 발각되는 《가짜 왕자》를 비롯한 《황새가 된 임금님》, 《꽃의 난장이》, 《차가운 심장》 등이 있다.

이 작품은 유머와 넌센스가 가득 찬 즐거운 동화로 재래의 교훈 냄새를 벗어나 순수한 공상의 세계를 그리고 있다.

〈행복한 왕자〉

영국의 소설가이며, 극작가인 오스카 와일드(1854~1900)가 쓴 동화이다.

어느 마을의 광장에 '행복한 왕자' 라고 불리는 동상이 있었는데 전신이 금박으로 되었으며, 두 눈과 칼의 손잡이도 보석으로 아름답게 장식이 되어 있었다. 어느 날 밤, 작은 제비가 한 마리 날아와 왕자의 발밑에서 쉬고 있었다. 그런데 물방울이 뚝뚝 떨어졌다. 깜짝 놀라 쳐다보니 왕자의 눈에서 흐르는 눈물이었다. 왕자가 말하기를 불쌍한 사람들에게 자기의 보석을 전해 주도록 해 달라는 것이었다. 제비는 왕자의 청을 거절할 수가 없어서 보석을 날라 주다가 추위에 얼어 죽었다. 왕자의 동상도 보석이 다 없어져 볼 품 없이 되어 헐어버렸다. 그것을 본 하나님이 왕자를 천당에 부른다.

〈허풍선이 남작의 모험〉

도이치란트의 작가 뷔르거(1747~1794)의 작품이다. 어느 날 사냥을 갔던 남작은 총알을 다 쏘아 버렸다. 그때, 기막히게 생긴 사슴이 나타났다. 남작은 하는 수 없이 앵두씨를 총에 넣어서 쏘았다. 총알은 보기 좋게 사슴의 머리에 맞았으나 사슴은 그대로 달아나고 말았다. 몇 년 후에 다시 그 숲으로 사냥을 갔을 때, 뿔과 뿔 사이에 앵두나무가 무성한 사슴이 나타났다.

알고 보니까, 그전에 앵두씨 총알을 맞은 그 사슴이었다. 남작은 곧 사슴을 잡아서 고기와 앵두를 같이 먹을 수가 있었다.

이 밖에 배꼽이 빠질 정도로 재미있는 허풍을 그럴 듯하게 엮어 놓은 동화이다.

〈홍당무〉

프랑스의 소설가이며 극작가인 르나르(1864~1910)가 쓴 단편 소설이다. 착실한 소년인 홍당무네 집은 아버지, 어머니, 형, 누나, 그리고 홍당무 이렇게 다섯 식구이다. 홍당무에게도 이름이 있을 텐데 모두 〈홍당무〉라고 부른다. 머리칼이 붉고 주근깨투성이기 때문이다. 어머니는 이 애를 귀여워하지 않는다. 형도 누나도 홍당무를 동생이라고 생각하지 않는다. 홍당무 편은 아버지뿐, 그래도 홍당무는 아무도 원망하지 않으며 순순히 말을 잘 듣는다. 홍당무는 집안에서 제일 일을 많이 하면서도 꾸중을 많이 들으니까 손해만 보는 셈이다. 이 아이는 그런 일로 해서 마음이 단단하게 잡혀 있다. 이 작품에서는 그러한 어린이의 모습이 조금도 과장 없이 그려져 있다.

〈위의 자료는 금성출판사의 「국어와 문학」(1975)을 참고하였음〉

3. 한글 맞춤법

'한글 맞춤법 통일안'은 1938년 조선어학회에서 처음 제정되었다. 이것은 주시경에 의하여 개척되고 그 제자들에 의하여 발전된 국어 정서법 체계인데, 해방 이후 국가적으로 채택되어 약간의 수정을 거치면서 시행되어 왔다. 그러나 50여 년의 세월이 지나는 동안 언어 현실이 달라진 점도 있어서, 문교부(현재 교육인적자원부)에서는 1988년 1월에 개정된 '한글 맞춤법'을 문교부 고시 제88-1호로 공고하고, 1989년 3월 1일부터 시행하도록고 하였다. 다음은 개정된 한글 맞춤법의 주요 내용이다.

1) 소리, 형태에 관한 것

【1】'ㄷ, ㅌ' 받침 뒤에 종속적 관계를 가진 '-이(-)'나 '-히-'가 올 적에는 그 'ㄷ, ㅌ'이 'ㅈ, ㅊ'으로 소리나더라도 'ㄷ, ㅌ'으로 적는다. (ㄱ을 취하고, ㄴ을 버림)

ㄱ	ㄴ	ㄱ	ㄴ
맏이	마지	핥이다	할치다
해돋이	해도지	걷히다	거치다
굳이	구지	닫히다	다치다
같이	가치	묻히다	무치다

【2】'ㄷ' 소리로 나는 받침 중에서 'ㄷ'으로 적을 근거가 없는 것은 'ㅅ'으로 적는다.

덧저고리 돗자리 엇셈 웃어른 핫옷 무릇 사뭇 얼핏
자칫하면 뭇[衆] 옛 첫 헛

【3】'계, 례, 몌, 폐, 혜'의 'ㅖ'는 'ㅔ'로 소리나는 경우가 있더라도 'ㅖ'로 적는 다.(ㄱ을 취하고, ㄴ을 버림)

ㄱ	ㄴ	ㄱ	ㄴ
계수(桂樹)	계수	혜택(惠澤)	혜택
사례(謝禮)	사레	계집	게집
연몌(連袂)	연메	핑계	핑게
폐품(廢品)	페품	계시다	게시다

다만, 다음 말은 본음대로 적는다.

게송(偈頌) 게시판(揭示板) 휴게실(休憩室)

【 4 】 '의' 나, 자음을 첫소리로 가지고 있는 음절의 'ㅢ' 는 'ㅣ' 로 소리나는 경우가 있더라도 'ㅢ' 로 적는다.(ㄱ을 취하고, ㄴ을 버림)

ㄱ	ㄴ	ㄱ	ㄴ
의의(意義)	의이	늬큼	닁큼
본의(本義)	본이	띄어쓰기	띠어쓰기
무늬(紋)	무니	씌어	씨어
보늬	보니	틔어	티어
오늬	오니	희망(希望)	히망
하늬바람	하니바람	희다	히다
늴리리	닐리리	유희(遊戲)	유히

【 5 】 한자음 '녀, 뇨, 뉴, 니' 가 단어 첫머리에 올 적에는 두음 법칙에 따라 '여, 요, 유, 이' 로 적는다.(ㄱ을 취하고, ㄴ을 버림)

ㄱ	ㄴ	ㄱ	ㄴ
여자(女子)	녀자	유대(紐帶)	뉴대
연세(年歲)	년세	이토(泥土)	니토
요소(尿素)	뇨소	익명(匿名)	닉명

① 다만, 다음과 같은 의존 명사에서는 '냐, 녀' 음을 인정한다.

냥(兩) 냥쭝(兩一) 년(年)(몇 년)

② 단어의 첫머리 이외의 경우에는 본음대로 적는다.

남녀(男女) 당뇨(糖尿) 결뉴(結紐) 은닉(隱匿)

③ 접두사처럼 쓰이는 한자가 붙어서 된말이나 합성어에서, 뒷말의 첫소리가 'ㄴ' 소리로 나더라도 두음 법칙에 따라 적는다.

신여성(新女性) 공염불(空念佛) 남존여비(男尊女卑)

④ 둘 이상의 단어로 이루어진 고유명사를 붙여 쓰는 경우에 ③에 준하여 적는다.

한국여자대학 대한요소비료회사

【6】한자음 '랴, 려, 례, 료, 류, 리'가 단어의 첫머리에 올 적에는 두음 법칙에 따라 '야, 여, 예, 요, 유, 이'로 적는다.(ㄱ을 취하고, ㄴ을 버림)

ㄱ	ㄴ	ㄱ	ㄴ
양심(良心)	량심	용궁(龍宮)	룡궁
역사(歷史)	력사	유행(流行)	류행
예의(禮儀)	례의	이발(理髮)	리발

① 다만, 다음과 같은 의존 명사는 본음대로 적는다.

리(里) : 몇 리냐?

리(理) : 그럴 리가 없다.

② 단어의 첫머리 이외의 경우에는 본음대로 적는다.

개량(改良) 선량(善良) 수력(水力) 협력(協力)

사례(謝禮) 혼례(婚禮) 와룡(臥龍) 쌍룡(雙龍)

하류(下流) 급류(急流) 도리(道理) 진리(眞理)

③ 모음이나 'ㄴ' 받침 뒤에 이어지는 '렬, 률'은 '열, 율'로 적는다.

(ㄱ을 취하고, ㄴ을 버림)

ㄱ	ㄴ	ㄱ	ㄴ
나열(羅列)	나렬	분열(分裂)	분렬
치열(齒列)	치렬	선열(先烈)	선렬
비열(卑劣)	비렬	진열(陳列)	진렬

규율(規律)	규률	선율(旋律)	선률
비율(比率)	비률	전율(戰慄)	전률

④ 외자로 된 이름을 성에 붙여 쓸 경우에도 본음대로 적을 수 있다.

신립(申砬) 최린(崔麟) 채륜(蔡倫) 하륜(河崙)

⑤ 준말에서 본음으로 소리나는 것은 본음대로 적는다.

국련(국제연합) 대한교련(대한교육연합회)

⑥ 접두사처럼 쓰이는 한자가 붙어서 된 말이나 합성어에서 뒷말의 첫소리가 'ㄴ' 또는 'ㄹ' 소리로 나더라도 두음 법칙에 따라 적는다.

역이용(逆利用) 연이율(年利率) 열역학(熱力學) 해외여행(海外旅行)

⑦ 둘 이상의 단어로 이루어진 고유 명사를 붙여 쓰는 경우나 십진법에 따라 쓰는 수(數)도 붙임 4에 준하여 적는다.

서울여관 신흥이발관 육천육백육십육(六千六百六十六)

【7】용언의 어간과 어미는 구별하여 적는다.

먹다 먹고 먹어 먹으니

신다 신고 신어 신으니

① 종결형에서 사용되는 어미 '-오'는 '요'로 소리나는 경우가 있더라도 그 원형을 밝혀 '오'로 적는다.(ㄱ을 취하고, ㄴ을 버림)

ㄱ	ㄴ
이것은 책이오.	이것은 책이요.
이리로 오시오.	이리로 오시요.
이것은 책이 아니오.	이것은 책이 아니요.

② 연결형에서 사용되는 '이요'는 '이요'로 적는다.(ㄱ을 취하고, ㄴ을 버림)

ㄱ	ㄴ
이것은 책이요, 지것은 붓이요. 또 저것은 먹이다.	이것은 책이오, 저것은 붓이오. 또 저것은 먹이다.

【8】어간에 '-이' 나 '-음 / -ㅁ' 이 붙어서 명사로 된 것과 '-이' 나 '-히' 가 붙어서 부사로 된 것은 그 어간의 원형을 밝히어 적는다.

① '-이' 가 붙어서 명사로 된 것

길이 깊이 높이 다듬이 땀받이 달맞이

먹이 미닫이 벌이 벼훑이 살림살이 쇠붙이

② '-음 /-ㅁ' 이 붙어서 명사로 된 것

걸음 묶음 믿음 얼음 엮음 울음 웃음 졸음 죽음 앎 만듦

③ '-이' 가 붙어서 부사로 된 것

같이 굳이 길이 높이 많이 실없이 좋이 짓궂이

④ '-히' 가 붙어서 부사로 된 것

밝히 익히 작히

⑤ 어간에 '-이' 나 '-음' 이 붙어서 명사로 바뀐 것이라도 그 어간의 뜻과 멀어진 것은 원형을 밝히어 적지 아니한다.

굽도리 다리(髢) 목거리(목병) 무녀리

코끼리 거름(비료) 고름[膿] 노름(도박)

⑥ 어간에 '-이' 나 '-음' 이외의 모음으로 시작된 접미사가 붙어서 다른 품사로 바뀐 것은 그 어간의 원형을 밝히어 적지 아니 한다.

㉠ 명사로 바뀐 것

귀머리거 까마귀 너머 뜨더귀 마감 마개

마중 무덤 비렁뱅이 쓰레기 올가미 주검

㉡ 부사로 바뀐 것

거뭇거뭇 너무 도로 뜨덤뜨덤 바투

불긋불긋 비로소 오긋오긋 자주 차마

㉢ 조사로 바뀌어 뜻이 달라진 것

나마 부터 조차

【9】명사 뒤에 '-이' 가 붙어서 된 말은 그 명사의 원형을 밝히어 적는다.

① 부사로 된 것

곳곳이 낱낱이 몫몫이 샅샅이 앞앞이 집집이

② 명사로 된 것

곰배팔이 바둑이 삼발이 애꾸눈이 육손이 절뚝발이/절름발이

③ '-이' 이외의 모음으로 시작된 접미사가 붙어서 된 말은 그 명사의 원형을 밝히어 적지 아니한다.

꼬락서니 끄트머리 모가치 바가지 바깥 사타구니

싸라기 이파리 지붕 지푸라기 짜개

【 10 】 명사나 혹은 용언의 어간 뒤에 자음으로 시작된 접미사가 붙어서 된 말은 그 명사나 어간의 원형을 밝히어 적는다.

① 명사 뒤에 자음으로 시작된 접미사가 붙어서 된 것

값지다 홑지다 넋두리 빛깔 옆댕이 잎사귀

② 어간 뒤에 자음으로 시작된 접미사가 붙어서 된 것

낚시 늙정이 덮개 뜯게질 갉작갉작하다

갉작거리다 뜯적거리다 뜯적뜯적하다 굵다랗다 굵직하다

깊숙하다 넓적하다 높다랗다 늙수그레하다 얽죽얽죽하다

③ 다음과 같은 말은 소리대로 적는다.

㉠ 겹받침의 끝소리가 드러나지 아니하는 것

할짝거리다 널따랗다 널찍하다 말끔하다 말쑥하다 말짱하다

실쭉하다 실큼하다 얄따랗다 얄팍하다 짤따랗다 짤막하다 실컷

㉡ 어원이 분명하지 아니하거나 본뜻에서 멀어진 것

넙치 올무 골막하다 납작하다

【 11 】 용언의 어간에 다음과 같은 접미사들이 붙어서 이루어진 말들은 그 어간을 밝히어 적는다.

① '-기-, -리-, -이-, -히-, -구-, -우-, -추-, -으키-, -이,키-, -애-'가 붙는 것

맡기다 옮기다 웃기다 쫓기다 뚫리다 울리다

낚이다 쌓이다 핥이다 굳히다 굽히다 넓히다

앉히다 얽히다 잡히다 돋구다 솟구다 돋우다

갖추다 곧추다 맞추다 일으키다 돌이키다 없애다

② '-이-, -히-, -우-' 가 붙어서 된 말이라도 본뜻에서 멀어진 것은 소리대로 적는다.

도리다(칼로~) 드리다(용돈을~) 고치다 바치다(세금을~)

부치다(편지를~) 거두다 미루다 이루다

③ '-치-, -뜨리-, -트리-' 가 붙는 것

놓치다 덮치다 떠받치다 받치다 밭치다 부딪치다

뻗치다 엎치다 부딪뜨리다/부딪트리다 쏟뜨리다/쏟트리다

젖뜨리다/젖트리다 찢뜨리다/찢트리다 흩뜨리다/흩트리다

④ '-업-, -읍-, -브-' 가 붙어서 된 말은 소리대로 적는다.

미덥다 우습다 미쁘다

【 12 】 '-하다' 나 '-거리다' 가 붙는 어근에 '-이' 가 붙어서 명사가 된 것은 그 원형을 밝히어 적는다.(ㄱ을 취하고, ㄴ을 버림)

ㄱ	ㄴ	ㄱ	ㄴ
깔쭉이	깔쭈기	살살이	살사리
꿀꿀이	꿀꾸리	쌕쌕이	쌕쌔기
눈깜짝이	눈깜짜기	오뚝이	오뚜기
더펄이	더퍼리	코납작이	코납자기

[붙임] '-하다' 나 '-거리다' 가 붙을 수 없는 어근에 '-이' 나 또는 다른 모음으로 시작되는 접미사가 붙어서 명사가 된 것은 그 원형을 밝히어 적지 아니한다.

개구리 귀뚜라미 기러기 깍두기 꽹과리날라리

누더기 동그라미 두드러기 딱따구리 매미

부스러기 뻐꾸기 얼루기 칼싹두기

【 13 】 '-거리다' 가 붙을 수 있는 시늉말 어근에 '-이다' 가 붙어서 된 용언은 그 어근을 밝히어 적는다.(ㄱ을 취하고, ㄴ을 버림)

ㄱ	ㄴ	ㄱ	ㄴ
깜짝이다	깜짜기다	속삭이다	속사기다
꾸벅이다	꾸버기다	숙덕이다	숙더기다
끄덕이다	끄더기다	울먹이다	울머기다
뒤척이다	뒤처기다	움직이다	움지기다

【 14 】 '-히다' 가 붙는 어근에 '-히' 나 '-이' 가 붙어서 부사가 되거나, 부사에 '-이' 가 붙어서 뜻을 더하는 경우에는 그 어근이나 부사의 원형을 밝히어 적는다.

① '-하다' 가 붙는 어근에 '-히' 나 '-이' 가 붙는 경우 급히 꾸준히 도저히 딱히 어렴풋이 깨끗이

[붙임] '-하다' 가 붙지 않는 경우에는 소리대로 적는다.

갑자기 반드시(꼭) 슬며시

② 부사에 '-이' 가 붙어서 역시 부사가 되는 경우

곰곰이 더욱이 생긋이 오뚝이 일찍이 해죽이

【 15 】 '-하다' 나 '-없다' 가 붙어서 된 용언은 그 '-하다' 나 '-없다' 를 밝히어 적는다.

① '-하다' 가 붙어서 용언이 된 것

딱하다 숱하다 착하다 텁텁하다 푹하다

② '-없다' 가 붙어서 용언이 된 것

부질없다 상없다 시름없다 열없다 하염없다

【 16 】 둘 이상의 단어가 어울리거나 접두사가 붙어서 이루어진 말은 각각 그 원형을 밝히어 적는다.

국말이 꺾꽂이 꽃잎 끝장 물난리

밑천 부엌일 싫증 옷안 웃옷

① 어원은 분명하나 소리만 특이하게 변한 것은 변한 대로 적는다.

할아버지 할아범

② 어원이 분명하지 아니한 것은 원형을 밝히어 적지 아니한다.

골병 골탕 끌탕 며칠 아재비 오라비

업신여기다 부리나케

③ '이[齒, 虱]'가 합성어나 이에 준하는 말에서 '니' 또는 '리'로 소리날 때 에는 '니'로 적는다.

간니 덧니 사랑니 송곳니 앞니 어금니

윗니 젖니 톱니 틀니 가랑니 머릿니

【 17 】 끝소리가 'ㄹ' 인 말과 딴 말이 어울릴 적에 'ㄹ' 소리가 나지 아니하는 것은 아니 나는 대로 적는다.

다달이(달－달－이)	따님(딸－님)	마되(말－되)
마소(말－소)	무자위(물－자위)	바느질(바늘－질)
부나비(불-나비)	부삽(불-삽)	부손(불-손)
소나무(솔-나무)	싸전(쌀-전)	여닫이(열-닫이)
우짓다(울-짓다)	화살(활-살)	

【 18 】 단어의 끝모음이 줄어지고 자음만 남은 것은 그 앞의 음절에 받침으로 적는다.

(본말)	(준말)	(본말)	(준말)
기러기야	기럭아	온가지	온갖
어제그저께	엊그저께	가지고, 가지지	갖고, 갖지
어제저녁	엊저녁	디디고, 디디지	딛고, 딛지

【 19 】 어간의 끝음절 '하'의 'ㅏ'가 줄고 'ㅎ'이 다음 음절의 첫소리와 어울려 거센소리로 될 적에는 거센소리로 적는다.

(본말)	(준말)	(본말)	(준말)
간편하게	간편케	다정하다	다정타
연구하도록	연구토록	정결하다	정결타
가하다	가타	흔하다	흔타

【 20 】어간의 끝음절 '하'가 아주 줄 적에는 준 대로 적는다.

(본말)	(준말)	(본말)	(준말)
거북하지	거북지	넉넉하지 않다	넉넉지 않다
생각하건대	생각건대	못하지 않다	못지 않다
생각하다 못해	생각다 못해	섭섭하지 않다	섭섭지 않다
깨끗하지 않다	깨끗지 않다	익숙하지 않다	익숙지 않다

【 21 】부사의 끝음절이 분명히 '이'로만 나는 것은 '-이'로 적고, '히'로만 나거나 '이'나 '히'로 나는 것은 '-히'로 적는다.

① '이'로만 나는 것

가붓이 깨끗이 나붓이 느긋이 둥긋이
따뜻이 반듯이 버젓이 산뜻이 의젓이
많이 적이 헛되이 집집이 틈틈이
겹겹이 번번이 일일이

② '히'로만 나는 것

극히 급히 딱히 속히 작히 족히
특히 엄격히 정확히

③ '이, 히'로 나는 것

솔직히 가만히 간편히 나른히 무단히 각별히
소홀히 쓸쓸히 정결히 과감히 꼼꼼히
심히 열심히 급급히 답답히 섭섭히
당연히 분명히 공평히 능히

【 22 】한자어에서 본음으로도 나고 속음으로도 나는 것은 각각 그 소리에 따라 적는다.

(본음으로 나는 것)	(속음으로 나는 것)
승낙(承諾)	수락(受諾), 쾌락(快諾), 허락(許諾)

만난(萬難)	곤란(困難), 논란(論難)
안녕(安寧)	의령(宜零), 회령(會零)
분노(忿怒)	대로(大怒), 희로애락(喜怒哀樂)
토론(討論)	의논(議論)
오륙십(五六十)	오뉴월, 유월(六月)
목재(木材)	모과(木瓜)
십일(十日)	시방정토(十方兎淨土), 시왕(十王), 시월(十月)
팔일(八日)	초파일(初八日)

【23】다음과 같은 접미사는 된소리로 적는다.(ㄱ을 취하고, ㄴ을 버림)

ㄱ	ㄴ	ㄱ	ㄴ
심부름꾼	심부름군	귀때기	귓대기
익살꾼	익살군	볼때기	볼대기
일꾼	일군	판자때기	판잣대기
장꾼	장군	뒤꿈치	뒷굼치
장난꾼	장난군	팔꿈치	팔굼치
지게꾼	지겟군	이마빼기	이맛배기
때깔	땟갈	코빼기	콧배기
빛깔	빛갈	객쩍다	객적다
성깔	성갈	겸연쩍다	겸연적다

【24】두 가지로 구별하여 적던 다음 말들은 한 가지로 적는다.(ㄱ을 취하고, ㄴ을 버림)

ㄱ	ㄴ
맞추다(입을 맞춘다. 양복을 맞춘다.)	마추다
뻗치다(다리를 뻗친다. 멀리 뻗친다.)	뻐치다

【25】'-더라, -던'과 '-든지'는 다음과 같이 적는다.

① 지난 일을 나타내는 어미는 '-더라, -던'으로 적는다.(ㄱ을 취하고, ㄴ을 버림)

ㄱ	ㄴ
지난 겨울은 몹시 춥더라.	지난 겨울은 몹시 춥드라.
깊던 물이 얕아졌다.	깊든 물이 얕아졌다.
그렇게 좋던가?	그렇게 좋든가?
그 사람 말 잘하던데!	그 사람 말 잘하든데!
얼만 놀랐던지 몰라.	얼마나 놀랐든지 몰라.

② 물건이나 일의 내용을 가리지 아니하는 뜻을 나타내는 조사와 어미는 '(-)든지'로 적는다.(ㄱ을 취하고, ㄴ을 버림)

ㄱ	ㄴ
배든지 사과든지 마음대로 먹어라.	배던지 사과던지 마음대로 먹어라.
가든지 오든지 마음대로 해라.	가던지 오던지 마음대로 해라.

【 26 】 다음 말들은 각각 구별하여 적는다.

가름	둘로 가름
갈음	새 책상으로 갈음하였다.
거름	풀을 썩인 거름
걸음	빠른 걸음
거치다	영월을 거쳐 왔다.
걷히다	외상값이 잘 걷힌다.
걷잡다	걷잡을 수 없는 상태
겉잡다	겉잡아서 이틀 걸릴 일
그러므로(그러니까)	그는 부지런하다. 그러므로 잘 산다.
그럼으로(써) (그렇게 하는 것으로)	그는 열심히 공부한다. 그럼으로(써) 은혜에 보답한다.

노름	노름판이 벌어졌다.
놀음(놀이)	즐거운 놀음
느리다	진도가 너무 느리다.
늘이다	고무줄을 늘린다.
늘리다	수출량을 더 늘린다.
다리다	옷을 다린다.
달이다	약을 달인다.
다치다	부주의로 손을 다쳤다.
닫히다	문이 저절로 닫혔다.
닫치다	문을 힘껏 닫쳤다.
마치다	벌써 일을 마쳤다.
맞히다	여러 문제를 더 맞혔다.
목거리	목거리가 덧났다.
목걸이	금 목걸이, 은 목걸이
바치다	나라를 위해 목숨을 바쳤다.
받치다	우산을 받치고 간다. 책받침을 받친다.
받히다	쇠뿔에 받혔다.
밭치다	술을 체에 밭친다
반드시	약속은 반드시 지켜라.
반듯이	고개를 반듯이 들어라.
부딛치다	차와 차가 마주 부딪쳤다.
부딪히다	마차가 화물차에 부딪혔다.
부치다	힘이 부치는 일이다.

	편지를 부친다.
	논밭을 부친다.
	빈대떡을 부친다.
	식목일에 부치는 글
	회의에 부치는 안건
	인쇄에 부치는 원고
	삼촌 집에 숙식을 부친다.
붙이다	우표를 붙인다.
	책상을 벽에 붙였다.
	흥정을 붙인다.
	불을 붙인다.
	감시원을 붙인다.
	조건을 붙인다.
	취미를 붙인다.
	별명을 붙인다.
시키다	일을 시킨다.
식히다	끓인 물을 식힌다.
아름	세 아름 되는 둘레
알음	전부터 알음이 있는 사이
앎	앎이 힘이다.
안치다	밥을 안친다.
앉히다	윗자리에 앉힌다.
어름	두 물건의 어름에서 일어난 현상
얼음	얼음이 얼었다.
이따가	이따가 오너라.

└ 있다가	돈은 있다가도 없다.
┌ 저리다	다친 다리가 저린다.
└ 절이다	김장 배추를 절인다.
┌ 조리다	생선을 조린다. 통조림, 병조림
└ 졸이다	마음을 졸인다.
┌ 주리다	여러 날을 주렸다.
└ 줄이다	비용을 줄인다.
┌ 하노라고	하노라고 한 것이 이 모양이다.
└ 하느라고	공부하느라고 밤을 새웠다.
┌ －느니보다(어미)	나를 찾아 오느니보다 집에 있거라.
└ －는 이보다(의존 명사)	오는 이가 가는 이보다 많다.
┌ －(으)리만큼(어미)	나를 미워하리만큼 그에게 잘못한 일이 없다.
└ －(으)ㄹ 이만큼(의존 명사)	찬성할 이도 반대할 이만큼이나 많을 것이다.
┌ －(으)러(목적)	공부하러 간다.
└ －(으)려(의도)	서울 가려 한다.
┌ －(으)로서(자격)	사람으로서 그럴 수는 없다.
└ －(으)로써(수단)	닭으로써 꿩을 대신했다.
┌ －(으)므로(어미)	그가 나를 믿으므로 나도 그를 믿는다.
└ (－ㅁ, －음)으로(써)(조사)	그는 믿음으로(써) 산 보람을 느꼈다.

2) 띄어쓰기

개정된 '한글 맞춤법'에는 띄어쓰기 원칙을 다음과 같이 규정하였다.

【1】조사는 그 앞말에 붙여 쓴다.

꽃**이** 꽃**마저** 꽃**밖에** 꽃**에서부터** 꽃**으로만**
꽃**이나마** 꽃**이다** 꽃**입니다** 꽃**처럼** 어디**까지나**
기기**도** 멀리**는** 웃고**만**

【2】의존 명사는 띄어 쓴다.

아는 **것**이 힘이다. 나도 할 **수** 있다.
먹을 **만큼** 먹어라. 아는 **이**를 만났다.
네가 뜻한 **바**를 알겠다. 그가 떠난 **지**가 오래다.

【3】단위를 나타내는 명사는 띄어 쓴다.

한 **개** 차 한 **대** 금 서 **돈**
소 한 **마리** 옷 한 **벌** 열 **살**
조기 한 **손** 연필 한 **자루** 버선 한 **죽**
집 한 **채** 신 두 **켤레** 북어 한 **쾌**

다만, 순서를 나타내는 경우나 숫자와 어울리어 쓰이는 경우에는 붙여 쓸 수 있다.

두**시** 삼십**분** 오초 제일**과** 삼학**년** 명**층**
1446**년** 10**월** 9**일** 2**대대** 16**동** 502**호** 제1**실습실**
80**원** 10**개** 7**미터**

【4】수를 적을 적에는 '만(萬)' 단위로 띄어 쓴다.

십이억 삼천사백오십육만 칠천팔백구십팔
12억 3456만 7898

【5】두 말을 이어 주거나 열거할 적에 쓰이는 다음의 말들은 띄어 쓴다.

국장 **겸** 과장	열 **내지** 스물
청군 **대** 백군	책상, 걸상 **등**이 있다.
이사장 **및** 이사들	사과, 배, 귤 **등등**
사과, 배 **등속**	부산, 광주 **등지**

【6】단음절로 된 단어가 연이어 나타날 적에는 붙여 쓸 수 있다.

그때 그곳　좀더 큰것　이말 저말　한잎 두잎

【7】보조 용언은 띄어 씀을 원칙으로 하되, 경우에 따라 붙여 씀도 허용한다. (ㄱ을 원칙으로 하고, ㄴ을 허용함)

ㄱ	ㄴ
불이 꺼져 **간다.**	불이 꺼져**간다.**
내 힘으로 막아 **낸다.**	내 힘으로 막아**낸다.**
어머니를 도와 **드린다.**	어머니를 도와**드린다.**
그릇을 깨뜨려 **버렸다.**	그릇을 깨뜨려**버렸다.**
비가 올 **듯하다.**	비가 올**듯하다.**
그 일은 할 **만하다.**	그 일은 할**만하다.**
일이 될 **법하다.**	일이 될**법하다.**
비가 올 **성싶다.**	비가 올**성싶다.**
잘 아는 **척한다.**	잘 아는**척한다.**

다만, 앞말에 조사가 붙거나 앞말이 합성동사인 경우, 그리고 중간에 조사가 들어갈 적에는 그 뒤에 오는 보조 용언은 띄어 쓴다.

잘도 놀아만 **나는구나!**	책을 읽어도 **보고**…….
네가 덤벼들어 **보아라.**	강물에 떠내려가 **버렸다.**
그가 올 듯도 **하다.**	잘난 체를 **한다.**

【8】성과 이름, 성과 호 등은 붙여 쓰고, 이에 덧붙는 호칭어, 관직명 등은 띄어 쓴다.

김양수(金良洙)	서화담(徐花潭)	채영신 씨
최치원 선생	박동식 박사	충무공 이순신 장군

다만, 성과 이름, 성과 호를 분명히 구분할 필요가 있을 경우에는 띄어 쓸 수 있다.

남궁억/남궁 억	독고준/독고 준	황보지봉(皇甫芝峰)/황보 지봉

【 9 】 성명 이외의 고유 명사는 단어별로 띄어 씀을 원칙으로 하되, 단위별로 띄어 쓸 수 있다.(ㄱ을 원칙으로 하고, ㄴ을 허용함)

ㄱ	ㄴ
중학교	대한중학교
한국 대학교 사범 대학	한국대학교 사범대학

【 10 】 전문 용어는 단어별로 띄어 씀을 원칙으로 하되, 붙여 쓸 수 있다.(ㄱ을 원칙으로 하고, ㄴ을 허용함)

ㄱ	ㄴ
만성 골수성 백혈병	만성골수성백혈병
중거리 탄도 유도탄	중거리탄도유도탄

3) 문장부호 사용법

문교부 고시 제88-1호(1988.1)로 제정되어 1989년 3월 1일부터 시행된 '한글 맞춤법' 의 부록에 규정된 문장 부호 사용법은 다음과 같다.

Ⅰ. 마침표〔終止符〕

(1) 온점(.), 고리점(。)

가로쓰기에는 온점, 세로쓰기에는 고리점을 쓴다.

① 서술, 명령, 청유 등을 나타내는 문장의 끝에 쓴다.

젊은이는 나라의 기둥이다.

황금 보기를 돌같이 하라.

집으로 돌아가자.

다만, 표제어나 표어에는 쓰지 않는다.

압록강은 흐른다.(표제어)

꺼진 불도 다시 보자.(표어)

② 아라비아 숫자만으로 연월일을 표시할 적에 쓴다.

1919. 3. 1.(1919년 3월 1일)

③ 표시 문자 다음에 쓴다.

1. 마침표　ㄱ. 물음표　　　가. 인명

④ 준말을 나타내는 데 쓴다.

서. 1987. 3. 5.(서기)

(2) 물음표(?)

의심이나 물음을 나타낸다.

① 직접 질문할 때에 쓴다.

이제 가면 언제 돌아오니?

이름이 뭐지?

② 반어나 수사 의문(修辭疑問)을 나타낼 때 쓴다.

제가 감히 거역할 리가 있습니까?

이게 은혜에 대한 보답이냐?

남북 통일이 되면 얼마나 좋을까?

③ 특정한 어구 또는 그 내용에 대하여 의심이나 빈정거림, 비웃음 등을 표시할 때, 또는 적절한 말을 쓰기 어려운 경우에 소괄호 안에 쓴다.

그것 참 훌륭한(?) 태도야.

우리 집 고양이가 가출(?)을 했어요.

④ 한 문장에서 몇 개의 선택적인 물음이 겹쳤을 때에는 맨 끝의 물음에만 쓰지만, 각각 독립된 물음인 경우에는 물음마다 쓴다.

너는 한국인이냐, 중국인이냐?

너는 언제 왔니? 어디서 왔니? 무엇하러?

⑤ 의문형 어미로 끝나는 문장이라도 의문의 정도가 약할 때에는 물음표 대신 온점(또는 고리점)을 쓸 수도 있다.

이 일을 도대체 어쩐단 말이냐.

아무도 그 일에 찬성하지 않을 거야. 혹 미친 사람이면 모를까.

(3) 느낌표(!)

감탄이나 놀람, 부르짖음, 명령 등 강한 느낌을 나타낸다.

① 느낌을 힘차게 나타내기 위해 감탄사나 감탄형 종결어미 다음에 쓴다.

앗!

아, 달이 밝구나!

② 강한 명령문 또는 청유문에 쓴다.

지금 즉시 대답해!

부디 몸조심하도록!

③ 감정을 넣어 다른 사람을 부르거나 대답할 적에 쓴다.

춘향아!

예, 도련님!

④ 물음의 말로써 놀람이나 항의의 뜻을 나타내는 경우에 쓴다.

이게 누구야!

내가 왜 나빠!

⑤ 감탄형 어미로 끝나는 문장이라도 감탄의 정도가 약할 때에는 느낌표 대신 온점(또는 고리점)을 쓸 수도 있다.

개구리가 나온 것을 보니, 봄이 오긴 왔구나.

Ⅱ. 쉼표〔休止符〕

(1) 반점(,), 모점( )

가로쓰기에는 반점, 세로쓰기에는 모점을 쓴다.

문장 안에서 짧은 휴지를 나타낸다.

① 같은 자격의 어구가 열거될 때에 쓴다.

근면, 검소, 협동은 우리 겨레의 미덕이다.

충청도의 계룡산, 전라도의 내장산, 강원도의 설악산은 모두 국립공원이다.

다만, 조사로 연결될 적에는 쓰지 않는다.

매화와 난초와 국화와 대나무를 사군자라고 한다.

② 짝을 지어 구별할 필요가 있을 때에 쓴다.

닭과 지네, 개와 고양이는 상극이다.

③ 바로 다음의 말을 꾸미지 않을 때에 쓴다.

슬픈 사연을 간직한, 경주 불국사의 무영탑

성질 급한, 철수의 누이동생이 화를 내었다.

④ 대등하거나 종속적인 절이 이어질 때에 절 사이에 쓴다.

콩 심으면 콩 나고, 팥 심으면 팥 난다.

흰 눈이 내리니, 경치가 더욱 아름답다.

⑤ 부르는 말이나 대답하는 말 뒤에 쓴다.

얘야, 이리 오너라.

예, 지금 가겠습니다.

⑥ 제시어 다음에 쓴다.

빵, 빵이 인생의 전부이더냐?

용기, 이것이야말로 무엇과도 바꿀 수 없는 젊은이의 자산이다.

⑦ 도치된 문장에 쓴다.

이리 오세요, 어머님.

다시 보자, 한강수야.

⑧ 가벼운 감탄을 나타내는 말 뒤에 쓴다.

아, 깜빡 잊었구나.

⑨ 문장 첫머리의 접속이나 연결을 나타내는 말 다음에 쓴다.

첫째, 몸이 튼튼해야 된다.

아무튼, 나는 집에 돌아가겠다.

다만, 일반적으로 쓰이는 접속어(그러나, 그러므로, 그리고, 그런데 등) 뒤에는 쓰지 않음을 원칙으로 한다.

그러나 너는 실망할 필요가 없다.

⑩ 문장 중간에 끼어든 구절 앞뒤에 쓴다.

나는, 솔직히 말하면, 그 말이 별로 탐탁하지 않소.

철수는 미소를 띠고, 속으로는 화가 치밀었지만, 그들을 맞았다.

⑪ 되풀이를 피하기 위하여 한 부분을 줄일 때에 쓴다.

여름에는 바다에서, 겨울에는 산에서 휴가를 즐겼다.

⑫ 문맥상 끊어 읽어야 할 곳에 쓴다.

갑돌이가 울면서, 떠나는 갑순이를 배웅했다.

갑돌이가, 울면서 떠나는 갑순이를 배웅했다.

철수가, 내가 제일 좋아하는 친구이다.

남을 괴롭히는 사람들은, 만약 그들이 다른 사람에게 괴롭힘을 당해 본다면, 남을 괴롭히는 일이 얼마나 나쁜 일인지 깨달을 것이다.

⑬ 숫자를 나열할 때에 쓴다.

1, 2, 3, 4

⑭ 수의 폭이나 개략의 수를 나타낼 때에 쓴다.

5, 6세기 6, 7개

⑮ 수의 자릿점을 나타낼 때에 쓴다.

14, 314

(2) 가운뎃점(·)

열거된 여러 단위가 대등하거나 밀접한 관계임을 나타낸다.

① 쉼표로 열거된 어구가 다시 여러 단위로 나누어질 때에 쓴다.

철수 · 영이, 영수 · 순이가 서로 짝이 되어 윷놀이를 하였다.

공주 · 논산, 천안 · 아산 · 천원 등 각 지역구에서 2명씩 국회의원을 뽑는다.

시장에 가서 사과 · 배 · 복숭아, 고추 · 마늘 · 파, 조기 · 명태 · 고등어를 샀다.

② 특정한 의미를 가지는 날을 나타내는 숫자에 쓴다.

3 · 1운동 8 · 15광복

③ 같은 계열의 단어 사이에 쓴다.

경북 방언의 조사 · 연구

충북 · 충남 두 도를 합하여 충청도라고 한다.

동사 · 형용사를 합하여 용언이라고 한다.

(3) 쌍점(:)

① 내포되는 종류를 들 적에 쓴다.

문장 부호 : 마침표, 쉼표, 따옴표, 묶음표 등

문방사우 : 붓, 먹, 벼루, 종이

② 소표제 뒤에 간단한 설명이 붙을 때에 쓴다.

일시 : 1984년 10월 15일 10시

마침표 : 문장이 끝남을 나타낸다.

③ 저자명 다음에 저서명을 적을 때에 쓴다.

정약용 : 목민심서, 경세유표

주시경 : 국어 문법, 서울 박문서관, 1910.

④ 시(時)와 분(分), 장(章)과 절(節) 따위를 구별할 때나, 둘 이상을 대비할 때에 쓴다.

오전 10 : 20(오전 10시 20분)

요한 3 : 16(요한복음 3장 16절)

대비 65 : 60(65대 60)

(4) 빗금(/)

① 대응, 대립되거나 대등한 것을 함께 보이는 단어와 구, 절 사이에 쓴다.

남궁만/남궁 만　　　　백이십오 원/125원

착한 사람/악한 사람　　　　맞닥뜨리다/맞닥트리다

② 분수를 나타낼 때에 쓰기도 한다.

3/4분기　　3/20

Ⅲ. 따옴표[引用符]

(1) 큰 따옴표(" "), 겹낫표(『 』)

가로쓰기에는 큰따옴표, 세로쓰기에는 겹낫표를 쓴다.

대화, 인용, 특별 어구 따위를 나타낸다.

① 글 가운데서 직접 대화를 표시할 때에 쓴다.

"전기가 없었을 때는 어떻게 책을 보았을까?"

"그야 등잔불을 켜고 보았겠지."

② 남의 말을 인용할 경우에 쓴다.

예로부터 "민심은 천심이다."라고 하였다.

"사람은 사회적 동물이다."라고 말한 학자가 있다.

(2) 작은 따옴표(' '), 낫표(「 」)

가로쓰기에는 작은 따옴표, 세로쓰기에는 낫표를 쓴다.

① 따온 말 가운데 다시 따온 말이 들어 있을 때에 쓴다.

"여러분! 침착해야 합니다. '하늘이 무너져도 솟아날 구멍이 있다.' 라고 합니다."

② 마음 속으로 한 말을 적을 때에 쓴다.

'만약 내가 이런 모습으로 돌아간다면 모두들 깜짝 놀라겠지.'

③ 문장에서 중요한 부분을 두드러지게 하기 위해 드러냄표 대신에 쓰기도 한다.

지금 필요한 것은 '지식' 이 아니라 '실천' 입니다.

'배부른 돼지' 보다는 '배고픈 소크라테스' 가 되겠다.

Ⅳ. 묶음표[括孤符]

(1) 소괄호(( ))

① 원어, 연대, 주석, 설명 등을 넣을 적에 쓴다.

커피(coffee)는 기호 식품이다.

3 · 1운동(1919) 당시 나는 중학생이었다.

'무정(無情)' 은 춘원(6 · 25때 납북)의 작품이다.

니체(독일의 철학자)는 이렇게 말했다.

② 특히 기호 또는 기호적인 구실을 하는 문자, 단어, 구에 쓴다.

(1) 주어(ㄱ) 명사(라) 소리에 관한 것

③ 빈 자리임에 나타낼 적에 쓴다.

우리 나라의 수도는 (　　)이다.

(2) 중괄호({ })

여러 단위를 동등하게 묶어서 보일 때에 쓴다.

주격 조사 {이, 가}　　국가의 3요소 {국토, 국민, 주권}

(3) 대괄호(〔 〕)

① 묶음표 안의 말이 바깥 말과 음이 다를 때에 쓴다.

나이〔年歲〕 낱말〔單語〕 手足〔손발〕

② 묶음표 안에 또 묶음표가 있을 때에 쓴다.

명령에 있어서의 불확실〔단호(斷乎)하지 못함〕은 복종에 있어서의 불확실〔모호(模糊)함〕을 낳는다.

Ⅴ. 이음표〔連結符〕

(1) 줄표(—)

이미 말한 내용을 다른 말로 부연하거나 보충함을 나타낸다.

① 문장 중간에 앞의 내용에 대해 부연하는 말이 끼여들 때 쓴다.

그 신동은 네 살에–보통 아이 같으면 천자문도 모를 나이에–벌써 시를 지었다.

② 앞의 말을 정정 또는 변명하는 말이 이어질 때 쓴다.

어머님께 말했다가 — 아니, 말씀드렸다가 — 꾸중만 들었다.

이건 내 것이니까 — 아니, 내가 처음 발견한 것이니까 — 절대로 양보할 수가 없다.

(2) 붙임표(-)

① 사전, 논문 등에서 합성어를 나타낼 적에, 또는 접사나 어미임을 나타낼 적

에 쓴다.

겨울 – 나그네 불 – 구경 손 – 발

휘 – 날리다 슬기 – 롭다 – (으)ㄹ걸

② 외래어와 고유어 또는 한자어가 결합되는 경우에 쓴다.

나일론 – 실 디 – 장조

빛불 – 에너지 염화 – 칼륨

(3) 물결표(~)

① '내지' 라는 뜻에 쓴다.

9월 15일 ~ 9월 25일

② 어떤 말의 앞이나 뒤에 들어갈 말 대신 쓴다.

새마을 : ~운동 ~노래

–가(家) : 음악~ 미술~

Ⅵ. 드러냄표〔顯在符〕

(1) 드러냄표(°, ·)

• 이나 °을 가로쓰기에는 글자 위에, 세로쓰기에는 글자 오른쪽에 쓴다.

문장 내용 중에서 주의가 미쳐야 할 곳이나 중요한 부분을 특별히 드러내 보일 때 쓴다.

한글의 본 이름은 훈민정음이다.

중요한 것은 왜 사느냐가 아니라 어떻게 사느냐 하는 문제이다.

〔붙임〕 가로쓰기에서는 밑줄(—, ~~)을 치기도 한다.

다음 보기에서 명사가 아닌 것은?

Ⅶ. 안드러냄표〔潛在符〕

(1) 숨김표(××, ○○)

알면서도 고의로 드러내지 않음을 나타낸다.

① 금기어나 공공연히 쓰기 어려운 비속어의 경우, 그 글자의 수효만큼 쓴다.

배운 사람 입에서 어찌 ○○○란 말이 나올 수 있느냐?

그 말을 듣는 순간 ×××란 말이 목구멍까지 치밀었다.

② 비밀을 유지할 사항일 경우, 그 글자의 수효만큼 쓴다.

육군 ○○부대 ○○○명이 작전에 참가하였다.

그 모임의 참석자는 김××씨, 정××씨 등 5명이었다.

(2) 빠짐표(□)

글자의 자리를 비워 둠을 나타낸다.

① 옛 비문이나 서적 등에서 글자가 분명하지 않을 때에 그 글자의 수효만큼 쓴다.

大師爲法主□□賴之大□薦(옛 비문)

② 글자가 들어가야 할 자리를 타나낼 때 쓴다.

훈민정음의 초성 중에서 아음(牙音)은 □□□의 석 자다.

(3) 줄임표(……)

① 할 말을 줄였을 때에 쓴다.

"어디 나하고 한 번……."

하고 철수가 나섰다.

② 말이 없음을 나타낼 때에 쓴다.

"빨리 말해!"

"……."

4. 이 주일의 노래

한 학기 16주 강의에 맞춰 노래를 선정했습니다.

본 강의 시작 전에 분위기 전환을 위해 한 곡씩 선정하여 다함께 불러 봅시다.

둘이서

유창근 요
한용회 곡

다정하게

아름다운 것들

영국 민요

C F G7
1. 꽃 잎 끝 에 – 달 – 려 있 는
2. 엄 마 잃 고 – 다 리 도 없 는
3. 모 두 가 사 라 진 – 숲 에 는
C G7
작 – 은 – 이 슬 방 – 울 들 –
가 엾 은 – – – 작 은 새 는 –
나 무 들 만 – – 남 아 있 네 –
C G7 C
빗 줄 기 – 이 들 을 찾 아 와 – 서
바 람 이 – 거 세 게 불 어 오 – 면
때 가 되 면 이 들 도 사 – 라 – 져
C G7 C
음 – 어 – 디 로 데 려 갈 까 –
음 – 어 – 디 로 가 야 할 까 –
음 – 고 요 만 이 남 – 겠 네 –
C F C
바 람 아 너 는 알 고 있 나
C G7
비 – 야 네 가 알 고 있 나 –
C G7 C
무 엇 이 이 숲 속 에 – 서
C G7 C
음 – 이 들 을 데 려 갈 까 –

목장의 노래

석용원 요
이수인 곡

가볍게

그 옛날에

너무 느리지않게 외국 곡

아 침

보통빠르기로

외국 곡

도레미 노래

보통빠르기로 외국 곡

진주 조개잡이

경쾌하게

외국 곡

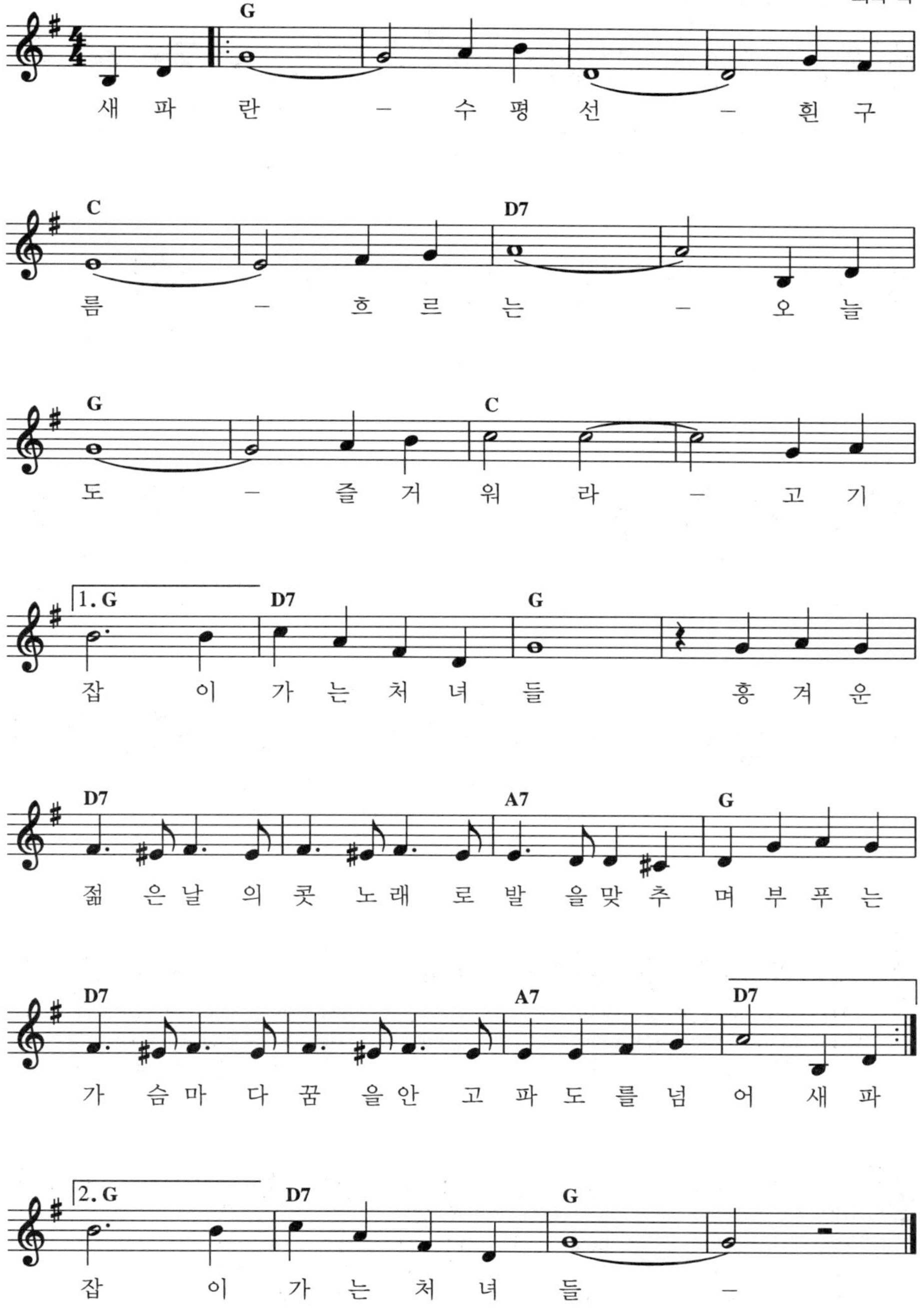

Flee as a Bird

고향 생각

Moderato ♩ = 66

외국 곡

귀여운 꼬마

보통빠르기로

미국 민요

그래 그래서

조금빠르게
외국 곡
F Bb F C7 F
박 서 방 네 농 장 엔 그 래 그 래 서 그
F Bb F C7 F
농 장 의 오 리 들 이 그 래 그 래 서
F F7 Bb Bb7
꽥 꽥 꽥 꽥 꽥 꽥 하 루 종 일 꽥 꽥 꽥
F Bb F C7 F
박 서 방 네 농 장 엔 그 래 그 래 서

Edelweiss

에델바이스

Words by Oscar Hammerstein 2nd
Music by Richard Rodgers

Moderato Refrain (Slowly, with expression)

동물 농장

보통빠르기로

외국 곡

안 녕

보통빠르기로

외국 곡

귀뚜라미 우는 밤

조금느리게
외국 곡
귀 뚜 라 미 가 또 르르 우 는 달 밤 엔 멀
귀 뚜 라 미 가 또 르르 우 는 달 밤 엔 만
리 떠 나 간 동 무 가 그 리 워 져 요 정
나 고 싶 은 동 무 께 편 지 나 쓰 자 즐
답 게 손 잡 고 뛰 놀 – 던 내 동 – 무 그 곳
겁 게 뛰 놀 던 지 난 – 날 이 야 – 기 그 동
에 지 금 도 귀 뚜 린 울 고 있 을 까
무 지 금 도 내 생 각 하 고 있 을 까

창밖을 보라

경쾌하게
외국 곡
C G
창 밖 을 보 라 창 밖 을 보 라 흰 눈 이 내 린 다
Dm G C G7 C
창 밖 을 보 라 창 밖 을 보 라 찬 겨 울 이 왔 다
C G
썰 매 를 타 는 어 린 애 들 은 해 가 는 줄 도 모 르 고
Dm G C G7 C
눈 길 위 에 다 썰 매 를 깔 고 즐 겁 게 달 린 다
F C
긴 긴 해 가 다 가 고 – 어 둠 이 오 면
F D7 G7
오 색 빛 이 찬 란 한 – 거 리 거 리 에 성 탄 빛
C G
추 운 겨 울 이 다 가 기 전 에 마 음 껏 즐 기 라
Dm G C G7 C
맑 고 흰 눈 이 새 봄 빛 속 에 사 라 지 기 전 에

종소리

조금빠르게

외국 곡

참 고 자 료

〈단행본〉

강윤호, 언어, 배영사, 1981.

강인언 · 김영숙, 유아문학교육, 양서원, 1988.

과학백과사전 출판사, 현대 조선말 사전, 평양 종합인쇄공장, 1981.

권명옥 외, 문학이란 무엇인가, 이회문화사, 1998.

금성출판사편, 국어와 문학, 금성출판사, 1975.

______, 소년소녀세계문학 제30권, 금성출판사, 1973.

김민주, 어린이의 상한마음을 돌보기 위한 독서자료, 도서출판 한울, 2004.

김봉군 외, 문학개론, 개문사, 1986.

김성배, 한국의 민속, 집문당, 1980.

김세희 외, 아동문학의 전달매체, 양서원, 1999.

김소양 외, 그림이야기책을 통한 유아문학활동, 양서원, 2001.

김숙희, 동석이와 자전거, 교학사, 1981.

김요섭편집, 창작기술론, 보진재, 1970.

______, 현대 일본 유아문학론, 보진재, 1974.

김원경, 문학개론, 교문사, 1987.

김지도, 초등학교 독서교육, 교학사, 1999.

김현희 외, 유아문학교육, 학지사, 2003.

김희진, 영아를 위한 프로그램의 이론과 실제, 창지사, 2004.

남미영, 엄마가 어떻게 독서지도를 할까, 대교출판, 2002.

문학과 문학교육연구소, 문학독서교육 어떻게 할 것인가, 푸른사상사, 2005.

문학정신사, 문학정신 제27호, 문학정신사, 1988.

문화관광부, 추천도서 목록, 2002. 12.

박경용, 글짓기 교실, 예림당, 1979.

박남숙 외, 유아문학의 전달매체, 양서원, 2002.

박두진 엮음, 한국전래동요독본, 을유문화사, 1963.

박목월 편저, 실용문장백과, 독서신문사, 1975.
박붕배, 국어과 교육방법론, 학문사, 1975.
박종구, 동화의 이론과 실제, 신망애, 1974.
박철희, 문학개론, 형설출판사, 1988.
박춘식, 아동문학의 이론과 실제, 학문사, 1987.
박홍근 엮음, 인도의 민화, 한국자유교양추진회, 1982.
백 철, 한국신문학발달사, 박영사, 1985.
북한연구소, 북한총람, 북한연구소, 1983.
석용원, 아동문학 원론(증보판), 학연사, 1992.
______, 유아동화의 구연교육, 장학출판사, 1981.
성기조, 문학의 세계, 학문사, 1988.
신동욱, 문학의 아름다움, 지학사, 1985.
안순혜, 이 방이 고래 뱃속이야?, 꼬마나라, 1999.
어문각, 창작실기론, 어문각, 1972.
오천석, 스승, 배영사, 1986.
유소영, 아동문학 어떻게 이용할까, 건국대학교출판부, 2001.
유창근, 안데르센, 도서출판 용진, 1988.
______, 현대아동문학론, 동문사, 1989.
______, 이럴 땐 이런 얘기, 양서원, 1991.
______, 짧은 얘기 깊은 지혜, 도서출판 서원, 1993.
______, 현대아동문학의 이해, 동문사, 1999.
______, 동시창작 12강, 학지사, 1999.
______, 마음으로 부르는 전래동요, 학지사, 2000.
유창근 · 홍성식, 아동문예교육의 이론과 실제, 창조문학사, 2003.
윤석중, 윤석중 아동문학독본, 을유문화사, 1972.
윤재근, 청소년 애송시집 · Ⅰ, 현대문학사, 1985.
이기반, 문예창작론, 맥밀란, 1984.
이명섭편, 세계문학비평용어사전, 을유문화사, 1985.

이병호 · 최현섭, 글짓기와 독서, 계몽사, 1981.
이상금 · 장영희, 유아문학론, 교문사, 1988.
이상노 엮음, 한국전래동화독본, 을유문화사, 1963.
이상섭, 문학비평용어사전, 민음사, 1981.
______, 문학의 이해, 서문당, 1986.
이상준, 문학 창작 및 감상의 기본원리, 탐구당, 1986.
이상현, 아동문학강의, 일지사, 1987.
이선이 편저, 사이버문학론, 도서출판 월인, 2001.
이승훈, 시론, 고려원, 1982.
이오덕, 시정신과 유희정신, 창작과 비평사, 1977.
이용욱, 사이버 문학의 도전.
이원수, 아동문학입문, 웅진출판사, 1984.
______, 아동과 문학, 웅진출판사, 1984.
이원수 · 손동인편, 한국전래동화집, 창작과 비평사, 1980.
이재철, 한국현대아동문학사, 일지사, 1978.
______, 아동문학의 이해, 상서각, 1977.
______, 아동문학의 이론, 형설출판사, 1983.
임동권, 옛날 옛적에, 계몽사, 1980.
장병림, 심리학개론, 박영사, 1982.
______, 아동심리학, 법문사, 1984.
장수철, 아름다운 약속, 성문각, 1961.
장혜순, 아동문학론, 창지사, 1998.
장휘숙, 아동발달, 박영사, 2001.
전규태, 국문학의 연구방법론 연구, 평민사, 1981.
전정재, 독서의 이해, 한국방송출판, 2001.
정영숙 외, 아동발달과 부모교육, 시그마프레스, 2001.
조동일, 구비문학의 세계, 새문사, 1981.
조명한, 한국 아동의 언어 획득연구, 서울대학교출판부, 1982.

조연현, 문학개론, 정음사, 1980.
조재수, 북한의 말과 글, 한글학회, 1986.
주 평, 나비를 따라간 소년, 교학사, 1963.
_____, 아동극집, 교학사, 1964.
_____, 날나리 아저씨, 교학사, 1964.
_____, 밤나뭇골의 영수, 숭문사, 1967.
진명희, 멀티미디어시대의 유아언어교육, 창지사, 2000.
차원재 엮음, 글짓기 징검다리, 한국공문수학연구회, 1986.
최내옥 엮음, 한국전래동화집, 창작과 비평사, 1983.
최승순 · 이길록, 문장과 논문작법, 신아사, 1978.
최윤미 외, 청년심리학, 학문사, 1998.
최재서, 문학원론, 춘조사, 1957.
최정석외, 문학개론, 학문사, 1988.
한국아동문학가협회편, 동시, 그 시론과 문제성, 신진출판사, 1975.
한국아동문학연구소, 아동문학연구 제5집, 문학교육원, 1988.
한국아동문학회, 우리도 하늘만큼, 근역서재, 977.
_____, 해바라기의 꿈, 보림, 1986.
_____, 하늘만큼 바다만큼, 민족 문화문고간행회, 1987.
한철우외, 문학중심 독서지도, 대한교과서, 2001.
한혜선, 아동문학 창작론, 푸른사상, 2000.
홍문표, 문학개론, 양문각, 1985.
홍은표, 즐거운 학교연극, 계몽사, 198.

〈논 문〉

김영일, “시작법” ‘창작기술론’ , 보진재, 1970.
김인애, “한국전래동화의 연구”(석사학위논문), 중앙대학교 대학원, 1985.
김재호, “남북한 어휘의 형태논적 비교분석” , ‘북한’ , 북한연구소 10호, 1985.
김학선, “한국창작동화 · 아동소설연구”(석사학위논문), 단국대대학원, 1985.

김현주, "미국의 자녀교육-아이의 입장이 되어 최대한 존중하라", 조선일보, 2005. 7. 11.
박상규, "한국아동문단의 교단작가현황", '아동문학연구', 아동문학연구소, 1986.
방정환, "개벽사 십년간의 발행잡지", '어린이', 제76호, 개벽사, 1930.
_____, "7주년 기념을 맞으며", '어린이', 제73호, 개벽사, 1930.
소 파, "동화작법(동화짓는 이에게)", 동아일보, 1925. 1.
손동인, "전래동화의 교훈", '한국전래동화집', 창작과 비평사, 1980.
안준식, "기념사", '별나라', 제6권 5호, 1931.
양영희, "유아를 위한 한국창작동화의 내용 분석"(석사학위논문), 이대교육대학원, 1984.
요안자, "동화에 대한 일고찰", 동아일보, 1924. 12. 24.
유경환, "동시와 성인시", '동시, 그 시론과 문제성', 신진출판사, 1975.
이세리, "동요소론", 대구일보, 155. 5. 1.
이연섭, "아동도서가 어린이의 성장 발달에 미치는 영향", '어린이의 성장발달과 아동도서', 배영사, 1976.
이원수, "아동문학 프롬나아드", '아동문학', 제13호, 1966.
_____, "동화창작법", '창작기술론', 보진재, 1970.
이현복, "분단된 강토에 갈라진 모국어", 평화통일, 1988. 5. 30.
_____, "남북한 언어 차이와 북한어의 언어학적 특징", '북한', 통권 190호, 북한연구소, 987.
_____, "달라진 말", 조선일보, 1985. 7. 10.
이호접, "동화제작소고(1)", 매일신보, 1931. 1. 16.
장혜순, "유아기의 아동문학 교육에 관한 연구", 석사학위논문, 이대대학원, 1980.
전 식, "동요 동시론 소고(3)", 조선일보, 1934. 1. 29.
정만영, "한국전래동화에 관한 연구", 석사학위논문, 공주사대교육 대학원, 1988.
조영미, "동화의 전달양식에 따른 유아의 이해도 연구"(석사학위논문), 이화여자대학교, 1984.

조희숙, "유치원에서의 동화지도에 관한 연구"(석사학위논문), 중앙대대학원, 1980.

최남선, "간행취지", '소년', 제1호, 1908.

_____, "바둑이", '붉은 저고리' Vol. 1. No. 2, 신문관, 1913.

한상수, "한국아동문학의 교육적 기능연구"(박사학위논문), 단국대대학원, 1988.

조선일보 2003.12.19자

동아일보 2004.03.16자

인터넷 소설, 〈늑대의 유혹〉

〈번역서 및 외서〉

F. Philip Rice, 정영숙외 역, 청소년 심리학, 시그마프레스, 2001.

Fergus P. Hugher, 김광웅외 역, 시그마프레스, 2003.

John W. James외, 홍현숙 역, 우리 아이가 슬퍼질 때, 북하우스, 2004.

L. H. Smith, 김요섭 역, 아동문학론, 교학연구사, 1998.

Terry Eagleton, 김현수 역, 문학이론입문, 도서출판 인간사랑, 2001.

A. H. 라키토프, 이득재 역, 컴퓨터혁명의 철학, 문예출판사, 1996.

〈Internet〉

http://www.greenpr.com

http://www.gulnara.net

http://www.izonbook.com

http://nongae.gsnu.ac.kr

http://kin.naver.com

http://kr.encycl.yahoo.com/kidsenc

저자소개

■ **유창근**(兪昌根)

- 충남 부여산
- 1974년에 아동문학, 1980년에 시, 1986년에 문학평론이『월간문학』에 당선되어 등단
- 현재, 문학박사이며 명지전문대 도서관장 겸 문예창작과 교수로 재직.
  한국창조문학가협회 부회장, 은평문인협회 부회장, 한국문예비평학회 이사,
  한국국어교육학회 이사, 한국아동문학회 지도위원, 계간『창조문학』편집국장
- 한국문인협회 감사 · 이사 역임, 한국아동문학회 부회장 역임.
  숙명여대, 명지대, 경원대 강사 역임.
- 서울시 음식문화개선 문예작품심사위원장, 세종글짓기를 비롯한 각종 문예작품심사위원
- 1991년 제1회 조국문학상(평론)수상, 1995년 제17회 한국아동문학작가상(평론)수상, 1998년 제6회 명지문학상(평론)수상, 2002년 제15회 대한민국동요대상(노래말)수상, 2004년 제13회 한국아동문학대상(평론)수상.
- 시집:『둘이서』(을지출판사)/평론집:『소월평전』(서울문화사), 『문학과 인생』(양서원), 『문학의 흐름』(서원)/이론서:『한국 현대시의 위상』(동문사), 『김소월의 시세계』(둥지), 『비평 클리닉』(대학출판사), 『문학을 보는 눈』(학지사), 『현대 아동문학의 이해』(동문사), 『동시 창작 12강』(학지사)/기타:『대학생은 이런 시를 읽는다 (국내편 · 국외편)』(도서출판 덕인), 『짧은 얘기 깊은 지혜 · 3권』(도서출판 서원), 『이럴 땐 이런 얘기』(양서원), 『마음으로 부르는 전래동요』(학지사), 『한국인의 탈무드 · 5권』(학지사), 『암탉이 울어도 집안은 홍한다』(도서출판 둥지) 외 여러 권.

문화관광부 우수 학술도서 선정

차세대문학의 이해(개정판)

초판발행 2006년 1월 25일
개정3쇄 2009년 2월 5일

저 자 유 창 근
발행인 김 현 태
발행처 태영출판사

주 소 (152-705) 서울시 구로구 구로동 104-10 동남오피스텔 201호
전 화 02 · 839-3757, 839-3752
팩 스 02 · 837-3754
등 록 2005년 5월 30일 제12-421호
E-mail tys2005@paran.com
ISBN 978-89-91777-64-4 93370
정 가 18,000원